国家哲学社会科学成果文库

NATIONAL ACHIEVEMENTS LIBRARY
OF PHILOSOPHY AND SOCIAL SCIENCES

中国金融稳定：
内在逻辑与基本框架

何德旭　等著

社会科学文献出版社
SOCIAL SCIENCES ACADEMIC PRESS (CHINA)

何德旭 经济学博士，研究员，享受国务院政府特殊津贴专家。现任中国社会科学院数量经济与技术经济研究所党委书记、副所长，中国社会科学院研究生院教授、博士生导师。兼任国家社会科学基金学科评审组专家、中国金融学会常务理事。曾任美国科罗拉多大学和南加州大学访问学者、西南财经大学博士后研究员、国家信息中心博士后研究员。主持完成了国家社会科学基金重大项目、国家社会科学基金重点项目、中国社会科学院重大项目等十余项国家级和省部级重大课题的研究，出版和发表成果逾二百部（篇），多项研究成果获省部级以上优秀科研成果奖。主要研究方向为金融制度、货币政策、金融创新、金融安全、金融发展、资本市场、公司融资等。主要论著有《中国金融创新与发展研究》、《中国金融安全的多向度解析》、《中国市场金融体制论》、《中国金融服务理论前沿》（主编）、《中国投资基金制度变迁分析》、《中国宏观经济：管理体制与调控政策》等。

《国家哲学社会科学成果文库》
出版说明

　　为充分发挥哲学社会科学研究优秀成果和优秀人才的示范带动作用，促进我国哲学社会科学繁荣发展，全国哲学社会科学规划领导小组决定自2010年始，设立《国家哲学社会科学成果文库》，每年评审一次。入选成果经过了同行专家严格评审，代表当前相关领域学术研究的前沿水平，体现我国哲学社会科学界的学术创造力，按照"统一标识、统一封面、统一版式、统一标准"的总体要求组织出版。

全国哲学社会科学规划办公室

2011 年 3 月

主要撰稿人

何德旭　张军洲　张雪兰　周中胜　郑联盛
娄　峰　张　捷　史晓琳　吴伯磊　饶云清
应寅锋　王朝阳　饶　明　刘海虹　王卉彤
陈　红　周　宇

本书系国家社会科学基金重大项目"构建金融稳定的长效机制研究——基于美国金融危机的经济学分析"（08&ZD035）的研究成果

序

2007年美国次贷危机爆发已五年有余，由其引发的"金融海啸"，是"大萧条"以来最严重的全球性金融危机，使全球发达经济体和发展中国家的房地产市场、信贷市场、金融部门乃至实体经济都遭受严重的冲击，重创了全球经济和金融体系。

此次金融危机在对实体经济产生巨大冲击的同时也给金融体系本身带来了深远的影响。金融危机爆发之前，金融体系在发达国家的经济增长中占据重要的地位，也发挥着重要的作用，比如美国，其金融部门与房地产、汽车等已成为极其重要的支柱产业，是21世纪网络泡沫破灭之后美国经济较快增长的重要基础，当然，这时的金融业是一个高杠杆、高风险行业；金融危机爆发之后，金融机构和相关的企业、家庭部门都被迫实行"去杠杆化"，金融部门的规模、赢利能力和系统影响力随之下降，全球贸易金融往来严重受损，全球经济增长陷入了低谷。更重要的是，全球金融体系处于一定程度上的混乱状态。

首先，金融体系的基本功能受到了重创。在金融危机蔓延的过程中，美国政府支持的企业、大型保险公司、顶尖商业银行纷纷陷入困境；美国五大投资银行要么破产，要么转型为银行控股公司；市场主导和银行主导的金融体系受到了极大的冲击，金融体系的脆弱性在金融危机中暴露无遗。其次，金融监管缺陷凸显。在金融危机爆发和深化过程中，美国金融监管暴露出了明显的缺陷：现行的监管体系无法跟上经济和金融体系变化和发展的步伐；

缺乏统一的、权威的监管者，无法消除系统性风险，防范系统性危机；金融监管职能的重叠造成金融监管死角；金融监管有效性大为降低，尤其是缺乏对金融控股公司的有效监管；金融分业监管体系与混业经营的市场模式严重背离。金融监管体系的问题成为引发金融危机的重要根源。再次，金融创新风险加大。毫无疑问，在这次全球金融危机爆发过程中，金融创新是始作俑者。美国可调整利率抵押贷款、次级抵押贷款证券化、金融机构以市定价的会计记账方法、以风险价值为基础的资产负债管理模式以及过度杠杆化等金融创新，都催生了这次金融危机。甚至在一定意义上可以说，全球金融危机是对过度金融创新的一次清算。最后，金融监管模式与金融经营模式的背离。金融监管体系与金融行业经营模式的错配也是导致这次金融危机的制度性根源之一。1999年，美国《现代金融服务法》取代了《格拉斯—斯蒂格尔法》，美国金融业的经营模式随即从分业经营步入混业经营时代，并与英国、日本等组成了混业经营阵营。最初的一些年，混业经营模式展现出了德国、瑞士、法国等固守的分业经营模式难以企及的灵活性和高效率，于是，混业经营一度成为拉美国家和一些新兴经济体发展金融业的模板。问题的严重性在于，与美国混业经营模式相"匹配"的是分业监管，这就产生了监管模式与经营模式的错配，造成了大量的监管漏洞。

到目前为止，金融危机的影响仍然没有完全终结，全球经济依然风声鹤唳、难以平复，金融市场更是在低迷之间动荡不已。财政赤字带来的债务问题依然十分突出，就业增长依然十分缓慢，全球贸易依然没有实质性改观，全球经济增长依然处在较低区间。在全球经济复苏仍然乏力的当下，必须加快金融监管体系建设、促进金融创新机制完善、维护金融市场健康稳定，通过金融重建为全球经济发展构建一个坚实的金融基础、提供一种强劲的金融动力。

金融重建的内在逻辑涉及如下几个方面。

其一，市场体系与风险管理相匹配。无论是以美国为代表的资本市场主导的金融市场体系模式，还是以德国为代表的银行主导的金融市场体系模式，都必须建立各自适用的风险管理机制。各自的风险管理机制必须能够覆盖金融当局、金融机构、投资者等金融市场参与主体。其中的关键在于，金融监管当局必须出台相应的监管政策以进行有效的监管，确保整个金融市场体系的稳定与安全；金融机构在进行风险管理的过程中，必须注重资本充足率、杠杆率、表内和表外业务、场内与场外业务、资产风险定价以及负债期限等风险管理规则；投资者个人必须对金融产品的风险收益水平、自身的风险偏好以及风险承受与处置能力有充分的理解与评估；特别是，针对资本市场主导的金融市场体系，大型金融机构应该得到更加严格的监管，以防止"大而不倒"效应引发严重的道德风险和系统性风险。

其二，金融创新与金融风险相协调。金融创新作为金融领域各种要素的重新优化组合和金融资源的重新配置，有利于金融发展和经济增长，但与此同时，金融创新也可能造成资金流通的不确定性、金融体系的脆弱性、金融危机的传染性和系统性风险。因此，必须在金融创新和金融风险管理中取得一个有效的平衡，也就是要在利用金融创新重新配置金融资源的同时，有效地防范金融风险。这就要求，提高金融创新的信息透明度（比如，要求金融创新产品发起人进行强制性的信息披露）；加强对金融创新产品的风险管理（比如，金融机构按市场风险、信用风险、操作风险和流动性风险等不同风险的特质，进行资产损失计提）；完善金融创新的监管体系，监管当局必须针对金融创新产品的安全性、流动性和赢利性以及金融机构的资本充足率、资产质量和表内表外业务等设计一个科学、合理而有效的监管体系。当然，在注重加强金融创新风险管理的同时仍然需要支持、鼓励金融创新，因为金融创新也是规避或削减金融风险、保障金融安全的重要措施和主要途径。

其三，深化金融体制改革，消除制度性矛盾。众所周知，每种金融市场体系、金融经营模式和金融监管机制的产生都有其历史背景和制度基础，都有其合理性和适应性，但是，随着经济环境的变化和金融业自身的发展，制度本身的缺陷也将日益凸显。可以说，制度性矛盾的产生具有一定的必然性。以金融监管模式与金融经营模式的匹配为例，即便美国出台了新的金融监管体系改革计划，混业经营模式与分业监管模式的错配问题仍然没有得到根本解决。在这个意义上，金融重建要着力完善各种金融制度及其相互间的匹配性，包括：加强风险管理并实现与金融市场体系的匹配；完善监管体系并实现与金融经营模式的协调；推进各个层级之间的配合，保障风险管理的上下贯通；建立市场间的隔离墙制度，防止危机的无限传染；优化金融创新机制，在金融创新和金融风险之间取得平衡。

其四，金融经济（虚拟经济）向实体经济回归。随着经济缓慢复苏和金融市场功能的逐步恢复，金融机构和家庭部门出现了重新杠杆化的迹象。比如，新兴市场国家的房地产泡沫化风险正在加大，虚拟经济再次出现偏离实体经济需求的倾向。然而，金融部门最基础的作用是与实体经济相匹配，为实体经济服务，促进实体经济发展。在金融重建过程中，必须坚持金融机构和家庭部门的去杠杆化，防止虚拟经济过度膨胀，避免金融经济再次偏离实体经济的实际需求，进而防范可能出现的"新的更大危机"。

总而言之，从有效管理金融风险、消除制度性缺陷、促进金融市场发展和金融功能完善以及推进金融经济与实体经济协调发展的角度来看，金融重建已经日益重要和紧迫。然而，金融重建是一项艰巨的系统工程，相关经济体和政策当局必须在市场模式、经营模式、监管效率、金融创新和制度完善等层面付诸长期而有力的行动。在此过程中，一方面，是迥异于以往的金融危机导致的经济社会的急剧变化；另一方面，则是对其变动前景的茫然，整个世界似乎正处于制度转型与秩序重构的临界时刻。与茫然相对应的，是金融稳定重要性前所未有的凸显，以及由此激发的一系列关于新形势、新趋势背景下如何实现金融稳定的探究。

在众多的学人之中，我们有幸承担了国家社会科学基金重大项目"构建金融稳定的长效机制研究——基于美国金融危机的经济学分析"（08&ZD035）的研究，与国内知名高校及研究机构的专家通力合作，对中国金融稳定长效机制的构建问题进行了较为系统而深入的探讨，并由此形成了此最终成果——《中国金融稳定：内在逻辑与基本框架》，在全面梳理国内外金融稳定机制的相关文献、全面掌握金融稳定的相关理论和研究方法的基础上，紧紧围绕构建金融稳定长效机制这一中心，深刻反思和总结了美国金融危机的教训，深入分析了金融稳定的影响因素及作用路径，系统阐述了金融稳定长效机制的各组成构面，描绘了一个相对完整的金融稳定长效机制分析框架。

我们以经济学人的视角，探析此次金融危机的成因及演进历程，基于对历次金融危机的比较反思，描摹西方国家政府为应对金融危机而在金融监管体系、货币政策、政府职能重构等方面做出的种种努力，挖掘其蕴涵的改革理念与研究思潮；我们根植中国现实，在构建及测度中国金融稳定指数的基础上，从宏观审慎管理制度、货币政策选择、金融安全网设计、金融市场结构、房地产价格波动、政府职能及行为、主权财富基金诸方面，探讨如何在由西方所主导的全球化进程和世界秩序中捍卫中国的经济金融稳定。

我们的主要观点包括：第一，金融自由化和金融监管制度缺位是此次美国金融危机爆发的重要诱因，完善金融监管体系是防范系统性金融风险的核心要求。第二，在美国金融监管体系中，系统性风险的监管失败主要体现在缺乏系统性风险的权威监管机构，缺乏系统性风险的监管机制和协调机制，缺乏对系统重要性金融机构的有效监管以及对系统重要性金融机构的冲击力缺乏足够的认识和有效的应对措施。第三，为了在预防金融危机与约束道德风险之间求得平衡，既需要监管当局对金融体系稳定知之详尽，更多地倚重市场化手段，特别是金融安全网的建设与应用，也需要监管当局更善于未雨绸缪。第四，根据中国国情以及"十二五"规划纲要，建立一个稳定有效的金融体系和金融宏观审慎管理制度框架已经提上重要议事日程，系统性风险应对机制、监管协调、防范制度错配、填补监管漏洞、加强金融基础设施建设以及防范外部金融风险，是中国金融宏观审慎管理制度框架建设的重要内容。第五，金融制度的完善对治理和防范金融危机至关重要，在金融危机过程中，对不合理的制度进行尽可能快、尽可能早的调整，可以在更大程度上减轻金融危机的负面冲击。第六，政府干预是挽救金融危机的最有效手段，政府在危机救援中的地位和作用不可替代，在救治金融危机的过程中，政府必须及时、适度地采取具有针对性的有效措施，处理流动性不足、问题资产累积和金融机构破产等问题，并实施货币、财政和监管等方面的政策和改革，恢复金融机构和市场的资源配置功能，以促进金融稳定和经济复苏。第七，应对金融危机必须提高和强化银行体系应对传染弹性，完善金融稳定的监管政策，参照《新资本协议框架完善建议》，切实加强资本充足率监管，加大对金融创新的资本约束力度，从根源上杜绝监管资本套利的动机，最终达到监管资本与经济资本统一。第八，影子银行比例极高的杠杆操作、不断突破传统商业银行的业务界限、大胆而复杂的金融创新、有意识的信息披露不完整以及刻意地规避金融监管等特性给整个金融体系带来了新的脆弱性，甚至是系统性风险，必须引起高度关注和警惕。

这项研究的创新之处在于：第一，多棱面折射的研究视角。该成果在金融稳定系统性研究框架的基础上，从多维度构因入手，细致解构了金融稳定。第二，研究方法的整合运用。该成果围绕金融稳定这一核心问题，综合运用政治经济学、产业经济学、制度经济学、金融学、法律经济学、管理学、博弈论、激励理论等多学科理论及经验研究结论，并综合运用经济数学建模、比较分析、案例研究、市场调研等多种研究方法，理论演绎与实证检验相结合，形成了较为完整的理论分析基础和经验分析框架。第三，新鲜因素的并入。该成果在传统的金融稳定研究内容的基础上，加入金融安全网、金融结构、房地产价格波动、政府行为和主权财富基金等与金融稳定密切相关的因素的研究，拓展了金融稳定研究视野，尤其是丰富了以转型经济国家为背景的金融稳定问题的研究。第四，系统性解决方案的提出。基于中国的政治、经济、社会、文化和金融发展等现实，提出了中国金融稳定问题的系统性解决方案，即构建了中国金融稳定长效机制的原则、目标和策略，具有重要的参考价值和现实意义。

尽管学识及笔力有限，但在努力建构一个全景式的中国金融长效稳定机制的诉求背后，有我们以思辨笔耕践履抱效社会使命的责任感，更有我们对伟大祖国繁荣昌盛的美好祝愿。我们也深刻地认识到，我们所做的努力，不过是学术长河中的一朵小小浪花。中国金融稳定长效机制的构建，需要更多学界同人的共同努力。我们真诚地期待着各位专家学者的批评与建言。

何德旭

2013 年 3 月

目　　录

Contents

图目录

表目录

第　一　章

金融稳定：研究框架及相关理论

　　在经济理论发展进程中，金融体系的稳定问题一直都是各国经济学家关注的焦点之一。关于金融体系稳定的研究大致分为两类：一类是马克思主义对货币经济不稳定的分析；另一类是西方经济学家关于金融稳定的各种研究。在第二类研究的早期主要是从宏观角度对金融稳定进行研究。其中新古典主义经济学的代表性人物、剑桥学派的创始人马歇尔就曾着重研究过金融市场和工商业波动之间的关系，认为脱离实际的商业和银行信用助长了工商业的波动，是经济周期性波动的重要原因。英国经济学家凯恩斯在研究经济周期的时候，也曾非常关注金融市场的不确定性对资本边际效率，进而对经济周期性波动的影响。不过，直到 20 世纪 70 年代末，关于金融体系稳定性的研究基本上都与经济周期性波动的分析紧密结合在一起，并没有取得独立的地位，而且大多数研究所关注的主要是金融活动是否以及如何对经济危机产生影响，很少关注金融不稳定或金融危机自身的成因。后期关于金融体系稳定性的研究则借助信息经济学、博弈论等现代经济学研究手段，逐渐由宏观视角的分析转入微观领域的研究，推动了金融稳定性研究的进一步深入。

第一节　金融稳定的界定及评估

一　金融稳定的界定

　　尽管从瑞典中央银行和欧洲中央银行率先履行金融稳定职能以来，越来越多国家的货币当局将金融稳定作为重要的操作目标，但直到目前，人们对金融稳定的认识和理解并不一致。根据 IMF（Houben et al.，2004）的归纳，各国政府、中央银行和学术界对金融稳定的定义达数十种之多。再如，我国学者张洪涛和段小茜（2006）将国际学术界关于金融稳定的定义归纳为五类：抵御冲击说、要素描述说、金融功能说、管理系统风险说和金融不稳定假说。大致看来，现有研究对金融稳定的定义可以分为两大类：一类是用金融稳定的具体表现和特征来直接描述金融稳定的内涵，代表性文献为 Duisenberge（2001）、Noutwellink（2002）、Padoa-Schioppa（2003）、Houben 等人（2004）；另一类是用金融稳定时不应有的表现和特征来间接描述其内涵，如 Crockett（1996）、Mishkin（1999）、Freguson（2002）、Chant（2003）等所作的界定。

（一）直接描述金融稳定特征的阐述

瑞典中央银行作为世界上第一家设置金融稳定部门并于 1998 年率先出版金融稳定报告的中央银行，将金融稳定定义为整个支付体系的安全有效运行，并认为确保金融体系稳定的支柱有：①由规章和法令组成的监管框架，再结合对个别机构进行风险评估和违规检查的具体行动；②央行对系统风险的及时监察；③危机管理措施。这些支柱都需要中央银行和监管部门的分工与合作。

此后，各国央行相继对金融稳定的含义作出了界定或探讨。例如，欧洲中央银行的 Dulsenberg（2001）认为，金融稳定没有公认的统一定义，但大家的共识是：在金融稳定的状态下，金融体系的各个组成部分能自如地履行其经济职能。荷兰银行 Wellink（2002）则认为，一个稳定的金融体系应该能够良好地配置资源，抵御冲击，防止冲击对金融部门和实体经济部门产生不良影响。挪威中央银行（2003）指出，金融稳定是指金融体系能够不受实体经济部门的干扰，能够履行中介资金交易，开展支付清算，分散风险等职能。欧洲中央银行的 Padoa-Schioppa（2003）认为，金融稳定是指金融体系能够抵御经济冲击，避免矛盾的积累，继续履行调动储蓄投向高效率部门以及支付清算等职能。而金融体系包括金融中介机构、正式和非正式金融市场、支付清算体系、技术支持平台、金融法律法规和金融监管机构。据此，可通过对储蓄配置、信息公布和处理方式、经济人风险转移的行为、支付清算的方法的研究达到系统研究金融体系稳定的目的。而德意志银行的学者（2003）认为，金融稳定是指一种稳定的状态，在此状态下，金融体系能够良好地履行其配置资源、分散风险、便利支付清算等经济职能。即使实体经济部门受到外部冲击、发生紧缩或较大规模的结构调整，稳定的金融体系应不为所动，继续正常运行。德意志联邦银行执行董事荷曼·瑞斯勃格（2007）认为，金融稳定是指金融体系有效履行其主要职能的能力，即在配置资源、分散风险、支付结算及证券交易结算方面的能力。即使在市场压力或是结构调整阶段这些职能也应能平稳履行。英国金融服务机构的执行董事Foot（2003）则强调，金融体系稳定要满足以下几点：货币稳定；就业水平接近经济体的自然就业率水平；公众对经济体中运行的主要金融机构和市场保有信心；经济体中的实物资产或金融资产的相对价格变化不会损害货币稳定和自然就业水平。

国际货币基金组织的研究人员Houben等人（2004）提出，在金融稳定状态下，金融体系应具有如下功能：在各种经济活动中以及资源的跨期配置中的资源分配是有效的；能够有效评估和管理金融风险；能够吸收冲击。国际货币基金组织国际资本市场部经济学家Schinasi（2004）则指出，广义上，金融稳定性可以从金融体系能力方面来考虑，金融稳定性的概念不仅与真实金融危机的消失相关，而且与金融体系减少、遏制和处理突发的不平衡事件的能力相关。他认为金融稳定性的界定通常是根据它推动和增强经济运行、管理风险和消化吸收冲击的能力来进行的。当金融体系有能力促进经济表现并解决内生的或因重大负面事件而造成的金融失衡时，它就处于稳定区间了。金融稳定性既需要从预防性方面考虑又需要从补救方面考虑。

在我国，中国人民银行（简称"人行"）在首次发布的《中国金融稳定报告2005》中对金融稳定作出了如下的定义：金融稳定是指金融体系处于能够有效发挥其关键功能的状态。在这种状态下，宏观经济健康运行，货币和财政政策稳健有效，金融生态环境不断改善，金融机构、金融市场和金融基础设施能够发挥资源配置、风险管理、支付结算等关键功能，而且在受到外部因素冲击时，金融体系整体上仍然能够平稳运行。吴念鲁和郧会梅（2005）也从金融稳定的特征描述角度作出了界定，认为金融稳定包括：货币供求均衡从而币值（通货）稳定；资金借贷均衡从而信用关系和秩序稳定；金融企业在无外界援助或干预下能够履行合同义务从而金融机构稳定；金融资产价格稳定并能够反映经济基础因素从而金融市场稳定；国际收支平衡从而汇率基本稳定；金融体系内部不同系统之间协调，并与经济和社会及其发展阶段有良好的适应性从而金融结构稳定。

（二）从金融稳定的对立面——金融不稳定的角度来界定

通过从金融稳定的对立面来观察金融稳定，主要是强调金融不稳定所造成的影响，有助于更深入和全面理解金融稳定。例如，Crockett（1996）提出，金融稳定就是不存在金融不稳定，金融不稳定是指实体经济部门受到来自金融体系的负面影响，如金融资产价格的急剧波动或金融机构的倒闭产生的负面影响。这一定义强调了金融不稳定的以下四个特点：①对实体经济部门产生的影响；②潜在的危害超过实际表现出的危害；③金融不稳定既可能产生于银行系统，也可能产生于非银行金融机构、金融市场或其他金融机构；④银行并不是唯一需要密切关注的对象，任何机构，不论其是否直接处于支付清算体系中，只要与支付清算体系中的机构关系密切，一旦其发生支付困难将危及整个支付体系，它就应该成为密切关注的对象。

Mishkin（1999）认为，金融不稳定源于信息对金融体系的冲击，受到冲击的金融体系不能再正常履行其配置资金的能力，资金不能投入到最有生产效率的投资项目。前美联储董事会主席Ferguson（2002）认为，定义金融不稳定似乎比金融稳定更有意义，对中央银行和其他当局来说，最有用的金融不稳定概念与可能会对真实经济行为产生潜在损害的市场失灵和外部性密切相关。金融不稳定有以下三个特征：①一些重要的金融资产价格严重偏离实际；②金融市场的正常运行及可贷资金量受到严重影响；③总支出与经济的生产能力出现明显的偏离（或即将偏离）。

Chant（2003）强调，金融不稳定是指金融市场上的这样一种状态：金融市场的正常运作受到干扰，实体经济部门的增长因此受到或将要受到威胁。金融不稳定影响实体经济部门的主要途径有两个：①作用于家庭、企业和政府等非金融机构，导致其财务状况恶化，失去继续融资的能力；②作用于某些金融机构或某个金融市场，导致其失去继续为企业和个人提供资金融通的能力。引发金融不稳定的冲击有许多，因时间、地点、冲击起源的部门及影响金融体系的部分的不同，冲击的结果也不同。甚至于非洲某国政府在债券到期时的偿付困难，一家外国小型外汇兑换银行的倒闭，南美一家大银行计算机系统的瘫痪或美国中西部地区一家中小型银行的惜贷行为都有可能成为引发金融不稳定的导火索。

综上所述，金融稳定应该是一种状态，即在金融稳定的状态下，金融体系能充分发挥其配置资源和分散风险的功能，而要实现和保持这种功能，就必须保证金融体系的要素——金融机构（商业银行、政策性银行、证券公司、保险机构、金融资产管理公司、信托投资公司等）、金融市场（股票、债券、票据、外汇和衍生品市场等）以及相关金融基础设施（法律、支付、清算、会计、审计体系等）的稳定，并能够评估、防范和应对金融风险特别是系统性风险的冲击。此外，从上述界定中，我们还可以得到一些启示：①金融稳定的含义十分广泛，与金融体系各组成部分均有关联，涉及金融基础设施、金融机构和金融市场等，需要用系统的观点来分析；②金融稳定与货币稳定、银行稳定密不可分；③金融稳定不仅要求不发生大的金融危机，还要求金融体系自身能够抵御并消化一定的不平衡；④评判金融稳定应十分关注其对实体经济的影响；⑤金融稳定是一个宏观的、全局的、综合的、连续的、动态的概念，不是一个微观的、局部的、离散的、静态的概念，并不需要每一个金融机构在任何时候都保持最优状态。如果有几家金融机构在竞争中破产倒闭就认为金融不稳定，是以偏概全；如果在某一时点上出现了暂时的金融困难，就认为是金融不稳定，也同样是小题大做。

二 金融稳定的框架

一个较为完善的金融稳定框架，可以加深人们对金融稳定政策的理解与认识，强化对现行金融规则的遵守与执行。关于金融稳定的框架，国外很多学者和机构进行了分析和讨论，但未形成统一的结论，而且讨论多局限于学术层面而未在政策层面上加以运用。很多学者采用"冲击-传导"的传统分析方法，从金融体系面临的外部冲击及其蔓延所引发的金融危机角度看金融稳定的政策导向（Mishkin，1999；Krugman，1979）。比利时中央银行（2002）认为，金融稳定所面临的外部冲击包括国际环境、国内环境和银行系统，并通过银行间的风险传递与信贷行为等传导机制最后导致金融的不稳定。Houben、Kakes 和 Schinnasi（2004）则尝试把宏观经济、货币、金融市场和监管投入综合在一起进行评估，并把金融稳定作为一个系统来分析金融体系的潜在风险和脆弱性，他们认为金融稳定框架应包括分析、评估和三类可行的政策选择。Large（2005）提出的金融稳定框架包括危险源分析、对金融稳定构成威胁的评估、减弱风险、预防和管理风险。此外，还有学者和机构认为随着信息革命和全球化以及金融创新的发展，要维护金融稳定，需要在鼓励竞争的同时，建立金融稳定的快速应对机制，通过及时的校正、消除支付清算系统中的时滞，以建设性的方法运用市场力量以预防和阻止金融危机的爆发和蔓延（Litan，1997）。国际货币基金组织和世界银行于 1999年 5 月发布了"金融部门评估规划"（简称 FSAP），该计划重点关注成员国金融部门的系统风险及脆弱性问题，主要通过对成员国金融机构、金融市场、支付体系、监管和法律体系等的评估，找出金融体系的优劣点，进而控制其主要的危机源，并提出相应的应对措施等。在金融稳定的预防方面，FSAP 提出了测试金融稳定的压力测试方法，主要从利率风险、汇率风险、信用风险、流动性风险、股价和房地产价格风险等 28 个方面进行，但在评估时存在较强的主观倾向。

综合以上的研究，金融稳定的框架一般包括金融稳定的预防机制、金融稳定的评估与预警机制、金融危机发生后的应急处理机制三个部分，具体又包括环境分析、目标确定、风险评估、应对措施、责任授权等要素。金融稳定的预防机制主要是对可能引发金融不稳定的内外部环境及其风险进行分析，并建立相应的预防机制，以降低金融不稳定发生的概率。影响金融稳定的内部环境主要来自金融体系内部要素的冲击，包括金融机构自身的风险、金融市场风险和金融基础设施风险。影响金融稳定的外部环境主要来自外部实体经济的冲击。此外，在目前的国际货币体系和经济全球化的背景下，一国的金融稳定还可能受到别国金融不稳定或实体经济不稳定的影响。

金融稳定的目标就是金融体系能正常地发挥其功能。目前关于金融稳定的目标，国外的研究存在一定的争议。国外传统的经济学观点认为，金融稳定的目标和币值稳定的目标一致，高通货膨胀会导致市场的大幅波动，从而阻碍储蓄向投资的转化，诱发金融的不稳定（Schwartz，1995）。另外，部分学者则认为金融稳定的目标与币值稳定的目标不一致，他们认为货币政策制定机构对通货膨胀的控制会影响人们对经济发展的预期，从而影响资产价格的稳定并诱发金融不稳定（Borio，English and Filardo，2002）。从现实来看，金融稳定的目标与币值稳定的目标在长期内存在一致性，但在特定时期内则可能存在一定的冲突与矛盾。金融稳定的评估与预警机制是指通过建立一套金融稳定的评估与预警指标体系，对金融体系与实体经济进行监测并预警，从而便于及时、正确地提出应对措施，将金融不稳定所引发的后果降到最低。金融危机发生后的应急处理机制包括危机发生后各部门的责任授权与相应的应对措施。一般来说，当金融体系出现危机后，往往会出现金融机构挤兑、通货膨胀、货币危机、股市下降、经济衰退等现象，此时金融体系已不能正常发挥其功能。此时，政府相关机构包括中央银行，证券，银行与保险等监管机构，财政主管部门，中央政府与地方政府等应明确自己的职责，并相互配合，以有效应对危机所可能造成的后果，并重塑金融稳定格局。

三　金融稳定的评估

近年来，世界各国和一些国际经济组织都推出了一些方法来对金融部门的稳定状况进行评估。例如，国际货币基金组织和世界银行于 1999 年 5 月推出"金融部门评估规划"，对成员国和其他经济体的金融体系进行全面评估和监测。这一规划主要关注成员国金融部门的系统性风险及金融脆弱性问题，通过采取金融稳健指标、压力测试、标准和准则评估等三种分析工具，评估一国的宏观经济，衡量宏观审慎监管的效果，判断金融体系的脆弱性和承受损失的能力，判断金融基础设施和金融部门监管的完善和有效程度，控制其主要的危机及风险源，提供有关政策措施的优先安排，增强一国金融体系的稳健性。再比如，欧洲中央银行专门成立了金融稳定性评估工作组，通过银行体系健康性的系统指标、对银行体系有影响的宏观经济因素、蔓延因素等来判别金融稳定状况。十国集团新兴市场经济金融稳定工作组则于 1997 年 4 月发表了一份关于新兴市场金融稳定性方面的工作报告，将金融稳健性指标分为：法律及司法框架；会计、披露和透明度；利益相关者的控制和机构的治理；市场结构；监管与规制当局；社会安全网的设置等。

2005 年 11 月 7 日，中国人民银行发布了我国首份金融稳定报告《中国金融稳定报告 2005》。在这份报告中，央行提出维护金融稳定分为监测和分析金融风险，评估和判断金融稳定形势，采取预防、救助和处置措施及推动改革三个层面。第一，对金融风险进行监测，密切跟踪和分析宏观经济环境、金融市场、金融机构、金融基础设施和金融生态环境及其变动情况。第二，按照有关评估标准和方法，评估和判断宏观经济环境、金融机构、金融市场、金融基础设施和金融生态环境对金融稳定的影响。第三，针对评估和判断结果，采取应对措施。在金融运行处于稳定状态时，充分关注潜在风险，采取预防措施；在金融运行逼近不稳定的临界状态时，采取救助措施，对有系统性影响、财务状况基本健康、运营正常、出现流动性困境的金融机构提供流动性支持，并通过重组和改革、转换机制，促使这些机构健康运行，在金融运行处于不稳定状态时，积极迅速采取危机处置措施，对严重资不抵债、无法持续经营的金融机构，按市场化方式进行清算、关闭或重组，强化市场约束，切实保护投资者利益，维护经济和社会稳定。同时针对薄弱环节，及时推动经济体制、金融机构、金融市场、金融基础设施和金融生态环境方面的改革，通过全方位的改革促进金融稳定。

具体而言，目前对于金融稳定的评估主要有以下几种方法。

（一）指标描述

国内学者对金融稳定的衡量多从指标体系的构建入手。冯宗宪和管七海（2001）对商业银行的非系统风险的度量及其预警进行了实证研究，但这只是针对单个银行而不是整个银行体系。伍志文（2002）借鉴西方国家在选取指标过程中的共同经验和研究成果，结合中国的现实国情，从银行部门和实体经济部门两个层面初步测度银行体系脆弱性状况，并对中国银行体系脆弱性成因进行了实证分析。张元萍和孙刚（2003）认为：判断中国金融危机发生可能性的金融预警指标体系应该包括三个组成部分：一是包括 GDP 增长率、通货膨胀率和利率水平等在内的反映宏观经济发展状况的指标；二是包括信贷增长率、信贷增长量/GDP、不良债权占总资产的比例、资本充足率、M2 增长率等在内的反映国内金融机构资产质量、经营稳健性、信贷增长率等的指标；三是包括短期外债/外汇储备、短期外债/外债总额、实际汇率升值幅度、经常项目的差额/GDP、外债总额/GDP、（FDI + 经常项目差额）/GDP、外汇储备/外债总额、外汇储备/M2、偿债率等在内的反映利用外资情况、外债规模、外债投向、偿还能力和外汇汇率等方面的指标。唐旭和张伟（2002）认为，预警指标是能够对金融危机发生提前发出警报的经济、金融指标，可以是定性的也可以是定量的。考虑到货币、股市以及银行危机具有各自的特点和成因，应该选择这三类危机预警指标并保持相当的独立性。他们选择的货币危机预警指标共18个，即实际汇率偏离时间趋势之偏差、出口、股价指数、M2与国际储备比率、GDP、M1超额供给、国际储备、M2乘数、国内信贷额/GDP、实际利率、贸易条件、国内外实际存款利差、经常项目差额/GDP、M2/国际储备、外债额、资本流动总额、短期外债、资本项目管制程度；股市危机预警指标共12个，即国内外政治环境、国内重大经济政策实施、经济增长趋势、利率水平调整、股票价格指数、人气心理指标、交易量指标、国家产业政策、上市公司整体质量、资本流入、资本流出、国外发生的金融危机；银行危机预警指标共16个，即GDP实际增长率、消费增长率、投资增长率、资本产出率、储蓄存款变动率、公共部门贷款总额、私人部门贷款总额、外债总额、通货膨胀率、实际利率、实际汇率、实际进口增长率、贸易条件、银行体系整体资本充足率、银行体系整体资产质量、利率自由化程度。一般认为，可通过金融风险的程度来衡量金融稳定状况（如表1-1所示）。

表 1-1　金融稳定与金融风险

稳定状况	风险状况	金融运行状况
金融稳定	无明显风险	各项风险指标均在安全区内,金融市场稳定,金融运行有序,金融监管有效,金融业稳健发展
金融基本稳定	轻度风险	金融信号基本正常,部分指标接近预警值;不良资产占总资产比重较低;有正常的金融机构倒闭,但所占比重很小;货币有贬值的压力;金融运行基本平衡
金融不稳定	严重风险	大部分金融指标恶化;大多数金融机构有程度不同的不良资产问题,不良资产占总资产比重较高;有较多的金融机构倒闭;货币较大幅度贬值;金融动荡、经济衰退
金融危机	风险总爆发	金融不稳定状况积累的结果,爆发严重的货币危机和银行危机,货币大幅度贬值、大批金融机构倒闭;金融崩溃、经济倒退、社会动荡

李天德（2007）则参照国际货币基金组织的划分方法，提出了一套三级金融稳定评估指标体系，如表1-2所示。

表 1-2　金融稳定评估指标体系

一级指标	二级指标	三级指标
宏观审慎指标	经济增长类指标	经济增长率
		财政赤字额占 GDP 的比率
		银行贷款占 GDP 的比率
	国际收支类指标	经常账户逆差与 GDP 之比
		外债指标(外债与 GDP 之比、偿债率、负债率、外债期限结构、外债中各币种比重)
		外汇储备指标(外汇储备与进口付汇之比、与一国短期外债之比、与广义货币之比)
		短期外债与外债总额的比率
	通货膨胀类指标	通货膨胀率
		货币供应量增长率
	利率和汇率类指标	国际国内利率差
		实际利率
		利率风险率
		真实汇率偏离度
	政府影响及其他	政府和法规风险
		政府的不正当干预
		监管效率、金融秩序等
		制度因素(如存款保险制度等)
		重大突发事件
	金融部门指标	资本充足率(不良贷款比率、信贷资产在某些部门或某类债务人的集中度、信贷规模)
		资产和负债的流动性以及对称性指标(资产流动性比率、向央行借款的比率、存贷款比率、拆入资金比率、存款与广义货币总量比率、短期负债比率、备付金比率)
		赢利性指标(资产利润率、权益利润率、利息回收率、无息资产比率)
		内部管理质量指标(支出结构、支出收入比、人均赢利、费用收益比)
		金融机构对市场的风险敏感度(资产持续期、负债持续期、市值敏感性比率、外汇敞口头寸比率)

续表

一级指标	二级指标	三级指标
微观审慎指标	企业部门指标	总债务与净资产比率
		净资产收益率、收入对利息和本金支出的比率
		应收账款增长率
		利润总额增长率
		销售收入增长率
	家庭住户指标	家庭部门负债占 GDP 的比率
		家庭部门偿还债务的还本付息支出占收入的比率
市场指标	货币市场指标	银行间拆借市场加权平均利率
		银行间拆借市场日均成交量
		银行间债券市场加权平均利率
		银行间债券市场回购日均成交量
	证券市场指标	平均买卖价差占中间价的百分比
		平均日成交量
		平均日换手率
	房地产市场指标	房地产价格指数
		居民房地产贷款占全部贷款的比重
		商用房地产贷款占全部贷款的比重

（二）主观分析：压力测试

国际货币基金组织和世界银行发布的"金融部门评估规划"（FSAP）主要采用压力测试评估金融稳定性，这种方法通过主观地假定风险因素发生极端变化并测试这种变化对金融稳定的影响，考虑了历史数据无法涵盖的极端事件风险。2003 年，一篇署名为国际货币基金组织和世界银行全体员工的文章《FSAP 分析工具》详尽总结了压力测试的分析技术、范围、方法和操作方式，利用压力测试法从利率风险、汇率风险、信用风险、商品价格风险、流动性风险、股价和房地产价格风险、其他风险等七方面评估了 28 个成员单位的金融风险，并指出了应在金融部门监管、机构和市场基础设施、政策透明性三方面确立国际准则。但由于压力测试法过于主观，并且不能很好地处理对于度量风险至关重要的相关性问题，而相关性对于风险度量恰恰是非常关键的，如果资产组合中的资产相关性低，组合风险就小，反之亦然。但压力测试法所考虑的仅仅是在某一时刻某一风险因素发生较大变化时造成的影响，因此它只能作为 VaR 方法的一个必要的补充。

（三）量化分析方法

在金融稳定的量化分析方面，原则上，人们希望对预期损失的变化进行测量，用金融危机概率（Probability of Financial Crisis，PFC）和经济损失压力（Economic Losses Given Stress，ELGS）的乘积来表示。但这两个指标的精准计算面临着极大的挑战：与实体金融关联的复杂程度、实体和金融市场中不同参与者的相互作用、对可能随时间变化的冲击所采取的可能反应、破产考虑与监管约束之间的非线性等。而且，对预期损失进行预测难度更大，金融危机概率（PFC）和经济损失压力（ELGS）可能随着结构发展而不断发生变化，甚至有可能伴随着有待争论的结果而不断发生变化（White，2006）。在实证研究中，学者往往针对研究的具体问题，用银行体系的脆弱性、系统性银行危机、较大的银行危机、风险相关性等作为代理变量，从对立面衡量金融稳定状况（如 Honohan，2003；De Nicoló and Kwast，2002；Barth，Caprio and Levine，2000；Caprio and Klingebiel，1999；Jiménez et al.，2007）。

我国学者吴军（2005）对金融稳定的量化分析方法——金融预警的 KLR 方法（Kaminsky，Lizondo and Reinhart，1997）、Probit/Logit 模型（Frankel and Rose，1996；Berger and Pattillo，1998，1999；Bussiere and Fratzscher，2002）、马尔可夫状态转移法（Markov-Switching Approach）（Jeanne and Masson，2000；Fratzscher，1999；Abiad，2003；Arias and Erlandsson，2004）、STV 法（Sachs，Tornell and Velasco，1996）、自回归条件风险模型（Zhang，2001）、双元递归树法（Ghosh，2003）、风险价值法（Blejer and Schumacher，1998）等方法进行了归纳比较。

第二节　金融稳定的宏观理论分析

一　马克思主义关于货币与金融不稳定性的论述

（一）货币与金融不稳定性分析的三个层次

马克思对货币与金融不稳定性的分析可以分为三个层次。第一，在简单商品经济流通条件下，经济不稳定的可能性纯粹产生于货币的社会功能。马克思在这方面的论点同他对于货币与其他商品直接的交换能力垄断性的解释是一致的。因此，货币作为流通手段的功能必然意味着："只要没有人购买，也就没有人能卖。但谁也不会因为自己已经卖出，就一定马上去购买"。萨伊定律的原始形式断言，商品的供给总能产生一个相等的需求（隐含商品间进行直接交换的假设），而这对于货币经济来说是完全错误的。的确，在货币经济中，销售和购买本身的对立形式"意味着危机的可能性"。货币在简单流通中充当支付手段的职能，也能造成货币危机的可能性。只要因为某一特殊支付的违约而导致一连串的反应，并造成"不论由什么引起的机制的总失调"的时候，一系列的互相联系的支付承诺以及"对它们进行清算的人为制度"就会中断。在这种情况下，商品必须以"亏本"的价格出售，以便获得作为支付手段的货币，对于商品的所有者来说，这是艰难的时期，"就像鹿渴求清水一样，他的灵魂渴求货币这个唯一的财富"。因此，商品市场的灾难必然导致"信用体系突然转变成货币体系"。

第二，在一个具有由先进信用与金融支持的发达交换过程的经济中，影响范围与复杂性次序各不相同的金融危机的爆发成为可能。货币危机可能会由某一特定国家普通的工业与商业交换的链条的完全断裂而引起。货币危机同样还会由于贯穿工业与贸易领域的信用链条的冲击而加剧。

第三，在资本主义经济中，资本主义积累的实质运动会不可避免地导致金融危机。马克思提出了几个关于这种危机逻辑必然性的观点。其中关键的一点是，在工业资本主义积累基础上建立起来的货币经济中，从抽象角度来看，货币危机的内在可能性成为必然性。特别是在构成资本主义积累特征的周期危机中，这一必然性会得到证实。

马克思区分了两种货币危机：形成工业与商业总危机一个特殊阶段的货币危机（第1种类型）和独立于工业和商业总危机的货币危机（第2种类型）。他指出，无论是产生于货币的社会功能的货币不稳定性还是第2种类型的货币危机都不是资本主义经济所特有的。货币交换与互相联系的支付承诺链条，在资本主义建立前的很长时间里就已经存在。然而，只要市场的过程还没有深入到社会经济再生产的内核，并依然是一种外在的现象，货币不稳定性的社会影响就是相对有限的。对货币机制冲击的社会意义与坏天气、疾病、战争所造成的冲击的意义是不相同的。

（二）虚拟经济与金融稳定

马克思最早在《资本论》中对虚拟资本（Fictitious Capital）作出系统论述。虚拟资本以金融系统为主要依托，包括股票、债券和不动产抵押等，它通过渗入物质资料的生产及相关的分配、交换、消费等经济活动，推动实体经济运转，提高资金使用效率。马克思指出抽象劳动是价值的唯一源泉，价值是凝结在商品中的人类的无差别劳动，因此虚拟经济本身并不创造价值，其存在必须依附于实体生产性经济。脱离了实体经济，虚拟经济就会变成无根之草，最终催生泡沫经济。显然，当前的美国金融危机正是经济过度虚拟化和自由化后果的集中反映。无独有偶，德国经济学家乔纳森·泰纳鲍姆也认为，虚拟经济的过度发展会对实体经济和金融稳定产生了不利影响。他在《金融癌症：世界金融和经济秩序总危机》提出"虚拟经济倒金字塔"结构。其底层是实际的物质生产；其上层是由商品交易和服务贸易构成；再上面一层是由一般金融资产如债券、股票等构成；最顶端层是衍生期货以及其他纯粹的虚拟资本。总体来讲，在现代经济条件下，这种倒置的"金字塔"结构表现出一种极不平衡的增长方式，上层部分的增长要远远高于底层部分的增长，使整个塔形出现扭曲，即底层的实体经济越来越小，上层的虚拟资本越变越大，势必破坏虚拟经济"倒金字塔"结构的稳定性。这种倒置的状况严重削弱金融稳定所需的稳健宏观经济基础，加剧了金融体系的不稳定，最终这种金字塔必将崩溃（向新民，2005）。

二　西方学者对金融稳定的宏观理论分析

（一）经济周期理论中的金融稳定性

在西方传统宏观经济理论中，对银行危机的分析也往往与经济周期理论结合在一起，如凡勃伦在其《商业企业理论》和《所有者缺位》中提出的银行体系内在不稳定性假说，Wicksell（1898）对自然利率和市场利率相背离引起经济的累积性扩张的分析等。凯恩斯（1936）对于预期和不确定性的强调是分析经济周期性过程中金融不稳定性的主要贡献。他认为资本边际效率的循环变动是引发经济周期变动的主要原因。他提出危机的产生不仅仅是由投资过度引起，而且还是由投资的环境方面的因素引起的，因而使得投资时的预期不能得到实现。一个典型的危机，爆发的原因往往不是利率的上涨，而是资本边际效率的突然崩溃。在经济繁荣时期，一般人对资本品的未来收益是很乐观的，使得资本品逐渐增多。如果经济持续保持繁荣，新投资的收益就不会很低。但当市场风向发生逆转，人们对于未来收益的可靠性发生了疑问，不信任就会产生并迅速传播，资本的边际效率大幅下降，经济衰退便开始了。Borio 和 Lowe（2001）说明了金融系统"内在周期性"的程度，即对价值和风险的认知和风险承担意愿一样，都会随着经济上下波动而变化。存贷差、资产价格、银行内部风险评级以及诸如贷款损失准备对预期损失的会计计量都是顺周期性的，这些顺周期行为会与实体经济相互作用，放大经济波动。William（2006）则进一步指出，诸如 20 世纪 80 年代末北欧国家和日本的银行危机，1994 年的墨西哥危机以及 1997—1998 年东亚严重的银行问题，都足以说明经济周期的萧条阶段会伴随着金融体系的危机。

（二）金融不稳定假说

Minsky（1972，1985，1991）提出了金融不稳定假说（Financial Instability Hypothesis）。这一假说在金融危机史上具有十分重要的影响地位。他认为，以商业银行为代表的信用创造机构和借款人的相关特性使金融体系具有天然的内在不稳定性。在现实经济中，存在三种融资行为：谨慎融资、投机融资和庞兹融资（Ponzi Finance）。在经济周期性变化过程中，会出现所谓的市场换位，即谨慎融资逐渐换位于投机融资，投机融资则换位于庞兹融资。大面积的"换位"很快导致获利部门的资产价格迅猛上涨，进而导致过度繁荣和过度投资的情况出现，相应地整个经济中的投机和泡沫成分也会迅速扩大。在这一阶段，市场对未来的担心开始产生并逐渐增强，一旦银行信贷中断，这种担心就会发展成为恐慌，接着就是市场的崩溃。因而，金融体系具有由借贷双方的行为特性的内在不稳定性产生的金融脆弱性。

Minsky 还对金融危机周而复始的出现进行了解释，他认为，不仅是因为资本主义经济具有长波运行的特征，而且还有以下两个主要的原因：一是"代际遗忘"，即过去金融危机的痛苦常常会被今天的贷款人遗忘，周期性出现的新的获利机会促成了人们乐观的预期，人们预期当前资产价格的趋势会继续下去，进而推动了信贷的扩张；二是"竞争压力"，即贷款人担心日益激烈的竞争会让他失去顾客和市场，从而作出许多不谨慎的贷款决策。

（三）金融稳定的货币主义观点

以 Friedman 和 Schwartz（1963）为代表的货币主义强调了货币因素对金融体系稳定的作用，认为货币需求是一个稳定的函数，而货币数量决定了物价和产出量；货币存量的增长及其变化在金融危机的形成中起着决定性的作用。他们在《美国和英国的货币趋势》（1982）中指出，通过对美国1867—1960年发生的六次金融大振荡和经济大衰退的研究发现，其中四次金融振荡和经济衰退与银行或货币因素有关。

货币学派的美国学者 Brulmer 和 Meltzer 提出货币存量增速与这种增速的易变性导致银行业危机的理论（张旭，2004）。他们认为，货币存量增速对产生金融危机有巨大的影响。一旦因中央银行对货币供给的控制不当而导致货币过分紧缩，即使在经济运行平衡时，突发性的大幅度货币紧缩会迫使银行出售资产以保持所需的储备货币，资产价格下降导致利率上升，会危及银行的偿付能力，存款人信心就会受到打击。银行因失去流动性和偿付能力而倒闭并使货币供应进一步减少，最终使大批银行倒闭而引发金融危机。

（四）金融稳定与经济发展、经济增长之间的关系

关于金融稳定与经济发展、经济增长之间的关系，国外的研究一般认为是一种互相制约、互相促进的关系。稳定的金融中介和金融市场有助于经济发展进而促进经济的增长；反之，金融体系的不稳定甚至是金融危机则会对经济发展和经济增长有巨大的破坏作用甚至使经济发展出现倒退的局面（Goldsmith，1969；King and Levine，1993）。而经济发展的速度、质量与结构也会对金融稳定产生影响（Mishkin，1999）。

金融发展与经济增长之间的协调程度一般可能呈现三种状态：金融发展不充分、滞后于经济发展；金融发展与经济发展相适应；金融发展超前于经济发展。无论金融发展处于哪一个阶段，金融的不稳定都会影响到经济发展和经济增长。当前，随着金融机构的种类和数量的增多，金融创新的不断出现，金融商品和金融服务的数量和种类的不断增加，金融机构之间的业务交叉，以及新技术的不断采用，在提高金融机构的运作效率和规模优势的同时，金融监管的领域不断扩大，影响金融不稳定的因素也在不断增强。

实证研究发现，信贷周期、资产价格周期与金融监管周期的同周期性是绝大部分经济危机产生的基本机制。通常在经济上行时期，金融机构信贷风险减少，银行的资本充足，银行等金融机构倾向于扩大信贷规模，导致经济的过度扩张；而在经济下行时期，银行倾向于缩减信贷规模，造成流动性下降，导致经济过度紧缩。而信贷扩张或紧缩又往往催生资产价格的膨胀或大幅下降，最终导致泡沫经济的出现，最后演变成经济危机。

经济发展的速度对金融稳定的影响主要体现在：如果经济发展速度过快，超过了生产要素内在的增长需求，会导致伴随经济快速发展的金融体系出现过速发展，从而使并不稳健的金融体系无法承受快速发展的经济所蕴涵的巨大风险，金融体系不稳定的因素增加。反之，如果经济发展速度过慢，则会影响企业的经营，增加金融体系的贷款风险，此外，过慢甚至停滞的经济发展，也会增加金融机构本身的经营困难，从而使金融体系所累积的不稳定因素扩大。经济发展的质量对金融稳定的影响则主要在于：持续稳定的经济发展会使金融体系所依赖的实体经济有坚实的稳固基础，与经济发展相适应的金融体系的发展也会更加稳健。经济发展的结构对金融稳定的影响体现在不合理的经济结构是金融稳定的重要隐患，过于依赖投资或出口都会导致经济发展的基础不牢固，经济发展受外部金融风险或实体经济冲击的影响较大，从而也影响到金融体系的稳定。

第三节 金融稳定的微观理论分析

20 世纪 80 年代以来，有很多经济学家开始研究金融危机的这一宏观经济现象的微观基础。借助信息经济学、委托—代理理论和博弈论等经济理论和分析方法的最新发展，建立了一些分析模型，使得这方面的研究取得了长足的发展，将金融体系稳定性研究逐步引入微观领域，并逐渐得以深入发展。

一 Diamond 和 Dybvig（1983）：银行挤兑模型

银行挤兑模型源于 Kindleberger（1978）提出的太阳黑子论，认为银行体系不稳定之所以产生主要是由于存款者的流动性要求不确定，以及银行的资产比负债缺乏流动性。Diamond 和 Dybvig（1983）运用信息不对称和博弈理论，深刻解释了银行挤兑形成原因及后果，认为挤兑的发生主要源于信心问题；银行挤兑的成本是相当高的，一个银行倒闭会带来两方面的负面影响——终止生产性投资和破坏存款者之间的最优风险分担，如果银行挤兑发生，货币系统的瓦解以及其他经济问题都会出现；将政府的存款保险作为防止挤兑平衡的工具，在实施存款保险的情况下消除挤兑均衡状态。但是它的前提是政府要征收最优的税金，否则在实施政府存款保险时会发生税收扭曲再加上实施过程中的费用问题，有可能会导致社会福利的下降。

其后，Wallace（1988）、Chari（1996）、Champer 等人（1996）对银行挤兑模型进行了补充和完善。例如，Gorton（1985，1988）和 Park（1992）建立了以信息为基础的模型，强调由于存款人对银行信息的缺乏，无法正确估计存款的未来收益，从而对银行的清偿力作出错误的判断，也即存款者在存在银行私人信息的情况下，根据投资"噪声"指标作出的决定有可能比完全信息条件下的决定更糟糕。从这个观点出发，银行系统的稳定性问题就不是内生的，完全可以由银行自身控制。Chari 和 Jagannathan（1988）将存款人分为持有较多信息的存款人和持有较少信息的存款人，信息少的存款人通过观察其他人的行为行事。这样银行挤兑就表现为个别存款人的理性行为导致的一种"非理性"结果。Jacklin（1988）、Jacklin 和 Bhattacharya（1955）研究了由于生产回报的不确定性带来的银行体系的不确定性，提出了可能引起挤兑的因素，并认为挤兑是由经济上相关指标的变动引起的"系统性"事件。Dowd（1992）继续了这一研究，认为如果银行资本充足，公众没有理由害怕资本损失，不会参与挤兑。但是，银行具有多少资本才算是充足的，目前还没有得出充分的具有说服力的研究结果。

二　信息不对称——逆向选择和道德风险：金融体系关键功能的弱化

在金融市场上，信息不对称问题广泛内生地存在，无法从根本上消除，因而使市场的有效性大打折扣。金融市场的信息不对称导致两种结果：发生在签约交易前的信息不对称导致逆向选择；发生在签约交易后则导致道德风险。

在逆向选择与金融稳定关系的理论分析方面，最具代表性的当属 Stiglitz

和 Weiss（1981）对逆向选择和不当激励总是存在于信贷市场上的证明。他们指出，最容易诱使金融机构陷入困境的是那些在经济繁荣环境下可能产生丰厚收益，而一旦经济形势逆转便会出现严重问题的投资项目（如房地产、股市等）。这些项目的所有者在信贷市场上往往愿意支付较高利率。另外，从金融机构这一方面来看，由于内控制度方面的原因，机构管理者在经营业绩上获得奖励和受到处罚的不对称性也使其倾向于选择那些风险较高，而一旦成功便会产生高回报的项目。另一方面，由于贷款人不能确认高风险的借款人，他就很可能要削减贷款数额，从而使得在更高利率条件下，贷款的供给不是增加而是减少，利率的上升可能导致借款市场的萎缩。贷款的减少可能会影响家庭和企业的偿债能力，从而对银行和金融机构的经营产生负面影响。而利率的上升还会引起股票市场和外汇市场的相应波动，从而引发一定程度的金融不稳定。总之，逆向选择所导致的金融不稳定因素的累积，使金融风险不断加剧，最终可能导致极端金融不稳定情形——金融危机的发生。

在道德风险方面，Mishkin（1999）直接将银行危机与道德风险相联系，认为银行危机源于逆向选择和道德风险的不对称信息问题严重恶化，使得金融市场无法有效地将资金导向那些拥有最佳生产性投资机会的人或部门。他指出，在缺乏适当贷款条件的情况下，最终贷款者的行为造成的道德风险会极大地加大银行体系的不稳定性。刘锡良（2002）认为亚洲金融危机充分体现了金融体系的脆弱性，甚至指出这一脆弱性的根源就在于道德风险。此外，一些学者认为，中央银行的最后贷款人职能会诱发道德风险：一是会导致银行的管理者和股东过度的风险承担行为（Freixas and Roch，1997）；二是由于中央银行作为公共部门会给行将破产的金融机构提供风险资本，那些没有受到存款保险保障的存款人对于他们存款机构的行为和表现的监管动机将会弱化（Kaufinan，1991；Tirole，1996）。

第四节　金融稳定的风险来源及影响因素：理论及经验研究归纳

金融稳定的风险来源可概括为两类：一是外生风险来源，源于宏观经济波动和突发事件冲击；二是内生风险来源，主要源于金融机构风险累积、金融市场动荡、金融基础设施不完善和货币政策措施失当（Schinasi，2007）。此外，国内有部分学者结合我国实际，探讨了转型经济时期影响金融稳定的一些特殊因素。

一　外生风险来源及影响因素

（一）宏观经济波动

宏观经济波动可能给金融体系稳定带来严重冲击。一国经济结构不合理将导致该国国际收支失衡，如果缺乏有效的宏观经济政策予以缓解，在国际热钱冲击的特定情形下可能引发货币危机和银行危机。传统上，学者们多关注真实 GDP 增长（Real GDP Growth）（负相关，Kaminsky，1999；Frankel and Rose，1998），外部真实利率（External Real Interest Rates）（正相关，Goldfajn and Valdes，1995；Eichengreen and Rose，1998；Kaminsky，1999），国内真实利率（Domestic Real Interest Rates）（正相关，Mishkin，1998；Demirgüç-Kunt and Detragiache，1998），大额资本流入（Large Capital Inflows）（正相关，McKinnon and Pill，1994），资本流出或资本外逃（Capital Outflows）（正相关，Calvo，1997；Demirgüç-Kunt and Detragiache，1998；Kaminsky，1999），通货膨胀（正相关，Bordo and Murshid，2000；English，1996；Hardy and Pazarbasioglu，1999；Demirgüç-Kunt and Detragiache，1998），固定汇率制（Fixed Exchange Rate System）（若是外部冲击正相关，若是威胁内部稳定则负相关，Eichengreen，1998；Eichengreen and Arteta，2000；但危机发生时须付出高成本，Domaç and Martínez Peria，2000）与金融危机之间的关系。次贷危机的爆发之后，以下因素引起了学者们更多的关注。

1. 国际收支

第一，国际贸易。羌建新（2007）认为，对外贸易流量同时形成了与之相对应的金融流量，因而在贸易与金融之间形成了相互影响和作用的渠道。中国持续走高的对外贸易依存度、贸易顺差与中国金融体系的稳定性之间存在着什么样的影响途径及相互关系，是一个值得我们关注的重要课题。

第二，外汇储备。在外汇储备与金融稳定的关系方面，苑德军（2006）认为，过高的外汇储备加大了中央银行的对冲操作成本，削弱了中央银行货币政策的独立性和货币政策调控的有效性。

第三，国际资本流动。国际资本流动与金融稳定的关系并无定论。一些研究认为国际资本流动促进金融稳定。代表人物主要是 Markowitz（1952），他基于资产组合理论，认为国际资本流动促进金融一体化，继而有利于金融稳定。Classen 等人（2001）、Henry（2000）、Stulz（1999）均支持了Markowitz（1952）的观点。但更多的学者认为国际资本流动，尤其是短期的国际资本流动不利于金融稳定。例如，Radelet 和 Sachs（1998）认为亚洲金融危机的核心根源是 20 世纪 90 年代被吸引到该地区的大量的资本流动。鄂志寰（2000）指出，各类资本持续流入在推动金融深化、扩大金融市场规模、提高金融市场效率的同时，也带来了金融体系波动性上升以及金融市场动荡频繁爆发等问题，资本流动导致金融体系不稳定。张礼卿（2004）结合 20 世纪 70 年代以来发展中国家的有关经验，实证研究了资本账户与金融不稳定之间的关系，阐明了资本过度流入对宏微观经济和金融部门的不利影响，同时探讨了"渐进模式"下开放前提、顺序和相关政策安排。王跃生和潘素昆（2006）通过对 20 世纪 90 年代中后期马来西亚国际收支和金融稳定受到外国直接投资（FDI）不利影响的经验及其作用机理的分析，认为外国直接投资并非总是有利于发展中国家国际收支和金融稳定，甚至可能成为金融危机的重要因素之一。陈秀花（2007）则指出，从 2002 年开始，中国非外国直接投资资本流入和"错误与遗漏"账户一改过去十多年的运行模式，由负转正，明确地显示出人民币升值预期下大量投机性资本的偷偷流入，继而对中国金融稳定造成了负面影响。

2. 金融自由化

Diaz-Alejandro（1985）是最早意识到金融自由化会带来金融风险的专家之一。他在《送走了金融压抑，迎来的金融危机》一文中研究 20 世纪 70 年代中后期智利的早期金融自由化经历时发现，智利早期的金融自由化实践带来了金融危机。Caprio 和 Klingebiel（1996）发现自 20 世纪 70 年代以来，银行危机越来越成为各国共有的现象，由金融自由化带来的宏观经济的不稳定，尤其是出口和价格的不稳定是银行发生危机的重要原因。在他们所考察的 29 例银行危机中，有 20 例是因为贸易条件恶化而发生的。此外在推动金融自由化进程中，由于金融监管措施跟不上而发生的危机比例也很高，在 29 例危机案例中就占有 26 例。Demirgüç-Kunt 和 Detragiache（1997）是最早系统研究金融自由化与金融脆弱性相关性的学者。他们选取1980—1994年为样本区间，估计宏观经济变量和金融变量，尤其是代表金融自由化的实际利率变量对银行危机发生概率的影响。他们发现，实际利率的变化、资本的突然性流出、银行流动性不足、对私人部门放贷比例过高以及信贷增长过快与金融危机的相关性比较显著。Caprio、Honohan 和 Stiglitz（1999）在他们的研究报告中指出，金融自由化对金融部门和整体经济运行有显著的影响。他们分别考察了取消利率管制、金融机构私有化和放宽金融机构市场准入条件的作用，指出这些金融自由化措施因初始条件不同，效果不同，也会带来新的金融风险。Weller（2001）通过分析1973—1998年27个新兴市场经济国家的经济数据，发现新兴市场经济国家实现金融自由化后更容易遭受货币危机和银行危机的袭击。Dooley（1996）和 Rossi（1999）的研究共同指出，金融自由化的负作用在制度不健全的国家发生，诸如缺乏适当的银行监管制度、存在普遍性腐败、"法律和秩序"质量比较差的国家。他们的研究表明，金融自由化并不一定会增加金融危机的可能性。但是金融自由化的改革一旦与糟糕的政策和制度环境结合在一起，就会有很大的风险。这些政策的负面影响在金融压制的环境里显得不明显，但是在金融自由化的环境下，制度和政策的不适应就会显得尤其明显。

3. 国际金融监管与合作

随着金融市场的日趋一体化，各国金融监管机构的共识和合作也在逐步增进，而国家利益、责任的差异，特别是其在整个国际金融体系中的话语权和影响力，成为合作深入推进的主要障碍。White（2006）指出，当前的根本问题在于缺乏一个统一的体系，可以在一定程度上迫使各国改变他们的相对国内消耗度、相关的汇率，从而以有序的方式减少外部失衡。

（二）突发事件冲击

各种突发的政治事件（包括恐怖主义袭击和战争）、自然灾害以及大型企业的倒闭等，都可能重创市场信心，影响整个金融体系的正常运转。例如，巴曙松等人（2007）指出，未来维护金融稳定的重要一面是防范未预期扰动因素带来全球资产投资领域的交互式影响。国际货币基金组织（IMF）指出的禽流感可能对国际金融体系和世界经济造成破坏性影响，一旦禽流感在人群中传播将影响经济的正常运行，在这种情况下监管者应在商业持续发展计划方面给予紧急指导，测试金融体系的基本功能，确保其能够在很多人缺席以及对流动性和现金需求大增的情况下维持运转，以及发展通信战略以帮助市场将过度反应最小化。随着流动性增加提升金融系统的敏感性，传染病、地缘政治、局部冲突等方面的压力测试和应对都将引起各国金融稳定和监管的足够重视。

二　内生风险来源

（一）金融机构风险累积

金融机构风险累积主要是金融机构自身面临的各种金融风险，如信用风险、市场风险、流动性风险、外汇风险等。这些风险的积累可能触发单个金融机构的经营失败，继而引发多米诺骨牌效应，导致大量银行倒闭和整个金融体系瘫痪。其中最为重要的金融机构是银行，正如吴敬琏（2002）所指出的："银行系统的稳定是金融稳定的核心，这是从 20 世纪金融业研究中得出的一项基本结论。"吴军（2005）分析了银行信贷质量与金融稳定的关系。他认为，金融稳定的一个基本要素是作为价值形态的金融资产与在实体经济中运转的实物资产的适应度；价值实体与价值形态的分离，引致了作为价值形态的金融资产与在实体经济中运转的实物资产发生价值背离的可能性；一旦以银行信贷作为筹集资本的主要方式，金融资产与实物资产在价值方面发生背离的可能性就会转化为现实性；由此导致所谓的"泡沫经济"问题将影响金融的稳定。Gavin 和 Hausman（1996）、Sachs 等人（1999）、Kaminsky（1999）、Eichengreen 和 Arteta（2000）研究结论均表明，银行对私人部门信贷增长过快将诱发银行危机。

金融机构风险积累很大程度上来源于金融机构内在的不稳定性，对此，学者们作出了如下解释：①信息不对称导致逆向选择。Smith（1987）借用 Rothchild 和 Stigliz（1976）对保险合约分析的结论，利用逆向选择要领进行分析，提出竞争导致的银行内在不稳定源于存款合约的性质。②竞争风险与资产风险的替代。Coggins（1988）指出，银行的安全约束由竞争风险与资产风险构成，两者相互制衡、此消彼长。而银行的管理者更愿意以资产风险替代竞争风险，因为资产风险显现存在一段时滞。③信贷机制的内在不稳定。Mill（1848）就指出，经济上升易导致信贷扩张，价格上升，泡沫破裂，产生金融恐慌。Simons（1948）也提出了同样的观点。

（二）金融市场动荡

金融市场动荡主要表现为交易对手风险（Counterparty Risk）、资产价格泡沫、市场挤兑和传染。其中，交易对手风险即合约对方不履行合约责任的风险，此次次贷危机就因此令整个金融系统陷入十分悲惨的境地。资产价格泡沫是指在资产价格持续上涨的过程中，容易出现市场信心过度膨胀，从而导致企业、居民和金融机构的非理性行为，助长资产价格泡沫，加大了未来市场调整的风险。一旦市场预期逆转，资产价格泡沫破裂甚至会引发金融体系崩溃。市场挤兑则是指由于各种金融风险事件的突发，如大型金融机构倒闭、资产价格急剧下降等，可能引发市场信心丧失，造成市场流动性紧缺甚至枯竭，从而引发系统性风险，危及整个金融体系。造成金融市场动荡的原因主要包括金融结构失衡、金融创新风险转移不当、资产价格波动幅度过大等。

1. 金融结构失衡

金融结构是指金融过程中金融中介机构和金融工具之间的数量比例关系或者构成状态，不同类型的金融工具与金融机构的存在、性质以及相对规模体现了一国的金融结构，可分为金融上层结构、金融工具结构和金融中介结构（Goldsmith，1969）。Stiglitz（1985）认为，金融结构的失衡往往会导致经济的衰退，如果控制不当，爆发金融危机也就不足为怪了。Demirgüç-Kunt和 Levine（1998）利用 155 个国家的相关资料来验证 Goldsmith 所阐述的金融结构与经济发展的关系，研究表明：随着财富的增加，银行、非银行金融机构和股票市场规模越大的国家，金融作用更强，效率更高。在不同收入水平的国家，金融结构的规模与收入增加没有呈现出明确的变化规律，但是高收入国家的股票市场作用更强、更有效率。Levine 和 Zervos（1993，1998）通过银行和金融市场的比较研究发现，股票市场和银行对经济增长的贡献作用是相对独立的。郭翠荣（2005）首次对美国、日本和德国等发达国家的金融倾斜演变态势进行了实证研究，提出了金融倾斜的趋势是金融结构自然的、历史的、逐渐的发展演进过程的观点。她强调指出，人为地、主观地、过急过早地硬要向逆向金融倾斜"穷过渡"，是不现实和有害无益的，这为金融稳定提供了一个新的视角。应寅锋和刘诗音（2006）通过对金融结构功能对金融稳定作用机理的研究，认为金融结构与实体经济的相互作用影响金融稳定；金融结构对经济的反作用影响金融稳定；金融结构与实体经济协同性问题影响金融稳定。

第一，金融合并（Financial Consolidation）。在对金融中介结构层面的分析中，金融合并因显著提高市场集中度而备受关注。然而，金融合并对风险的影响有两种截然不同的看法：一类学者认为，金融合并会降低金融体系风险，有助于金融稳定。例如，Beck 等人（2006）研究指出，大银行具有较佳的风险分散效果；集中度较高的银行体系可增加利润；少数大银行的体系较容易监管。通过上述三种效果，金融合并可降低整体风险。Carlson 和 Mitchener（2005）认为，金融合并会强化整体市场的竞争，迫使劣质银行离开市场，因而降低整体风险。另一类学者则认为，金融合并后集中度的上升可能增加整体金融体系风险。如，De Nicoló 和 Kwast（2002）研究指出，通过金融合并可以分散个别机构的风险，但在合并之后也增加了金融相关性，总合风险因而上升；且因金融活动集中度的增加，也可能增加整体风险。Boyd 和 De Nicoló（2006）研究指出，集中度增加，会增加少数大型金融机构市场控制力，导致市场竞争降低，从事风险行为的机会上升，如此将增加整体风险。Leithner（2005）研究认为，金融市场集中度越高，发生全面风险的概率也越高。

第二，竞争程度。经济学界定的竞争程度以市场势力（Market Power）为依据，即探讨厂商对市场价格是否具有影响力。竞争程度有别于集中度，其影响因素包括市场结构、可竞争性、产业内竞争与经济发展等（Claessens and Laeven，2004）。

竞争程度与银行体系稳定性研究的分歧主要有三种观点：① "特许价值"（Franchise Value）范式，认为竞争程度与稳定性负相关，一个更为集中的市场结构提高利润率继而增加银行的特许价值，高特许价值又减少了银行承担过多风险的诱因，最终降低了脆弱性（Hellman et al.，2000；Schaeck et al.，2006）；② "风险转移（Risk-shifting）" 范式，认为竞争程度与稳定性正相关，因为竞争程度低导致贷款利率上升，继而可能引发因道德风险引致的信用风险（Stigilz and Weiss，1981），企业失败风险增加导致银行问题贷款增加，银行业不稳定性提高；而激烈的竞争迫使银行介入风险更高的业务以补偿被侵蚀的边际利润，继而导致银行组合风险加大、脆弱性提高甚至银行失败（Amable et al.，1998；Carletti and Hartmann，2001；Canoy et al.，2001；Boyd and De Nicoló，2005；Boyd et al.，2006；De Nicoló and Loukoianova，2007）；③竞争程度与稳定性之间呈"U"型形态，Martínez-Miera 和 Repullo（2007）考虑了企业个体失败可能性的不完全关联，认为在竞争程度低的环境下，当利率上升时，风险转移效应引致更多银行失败；与此同时，存在一个边际效应，即源自于那些未失败借款人支付更高利率而增加了银行收入，故随着竞争程度的增长，银行失败的可能性首先下降，然后在某一点之后上升。

2. 金融创新风险转移不当

金融创新与金融稳定的关系目前仍存在分歧。一部分学者认为，金融创新可以优化金融结构，提高金融效率，从而使得金融体系由稳定变得更稳定。例如，Merton（1995）认为，金融创新是提高金融体系效率，促进金融结构优化的原动力。另一部分学者则认为金融创新可能冲击金融稳定，导致金融脆弱。Carter（1989）指出，金融创新实际上掩盖了日益增长的金融脆弱，是一种金融上的围堵政策，最终激励了基于难以实现的未来收入流和资产价格预期之上的投机融资。日益壮大的全球衍生品市场对金融稳定的冲击也不容忽视。金融交易衍生品能稳定市场行情也能造成意外冲击，由于缺乏实体经济和证券市场的稳定性，新兴市场衍生品的兴起或许会成为将来金融稳定监管中值得关注的重要因素。格林斯潘（1996）认为，金融衍生品具有极大的渗透性，其风险更具有系统性；同时，由于金融衍生品本质上就是跨国界的，系统性风险将更多地呈现出全球化特征。由此可见，金融衍生产品市场的发展，打破了银行业与金融市场之间、衍生产品同原生产品之间以及各国金融体系之间的传统界限，从而将金融衍生产品市场的风险传播到全球的每一个角落，使得全球金融体系的不稳定性不断增加。

3. 资产价格波动幅度过大

目前文献主要有两种分歧明显的观点：传统论和"新环境假设"。传统观点认为，保持价格稳定有利于实现金融体系的稳定。Bordo 等人（2000）通过对美国、英国和加拿大这三个国家在18世纪和20世纪初所发生的系统性和非系统性金融危机和通货膨胀的现象进行观察和分析后，得出结论：历史地来看，不考虑因为货币因素还是非货币因素引起的价格波动，金融危机通常都是发生在持续的通货膨胀之后。Bergman 和 Hansen（2002）通过对瑞典 20 世纪 90 年代货币和银行危机的数据进行建模分析之后，认为既然价格冲击的效应较之于其他冲击是较强而且持续存在的，价格稳定和金融稳定在货币政策中应该是属于相互一致的目标，不存在相互竞争的关系。Tonnna（1995）、Demirgüç-Kunt 和 Detragiehe（1997）、Hardy 和 Pazarbasioglu（1999）等人所进行的理论和实证分析在一定程度上也支持了上述观点。"新环境假设"论者则提出了一种与传统观点完全相反的观点。"新环境假设"论者认为，20 世纪 90 年代以来，西方发达国家出现的低通货膨胀情形创造了一个"新环境"，需要重新审视甚至推翻以前提出的关于价格稳定和金融稳定二者关系的观点。在"新环境假设"论者看来，较低而且稳定的通货膨胀率使得人们对于未来的经济前景的预期过于乐观，助长了资产价格泡沫，加大了金融体系的脆弱性。他们进一步分析后认为，保持价格稳定为目标的货币政策造成了金融体系的动荡，放大了金融体系的潜存风险，不利于金融体系的总体稳定。伴随着各国在实践中出现低通货膨胀和金融稳定冲突的状况的出现，如 20 世纪 80 年代的日本，"新环境假设"论者尝试进行相关分析，即在企业的定价能力较低或宏观经济中存在供给方的正向冲击或存在低通货膨胀的预期时，通货膨胀的压力并不一定都表现为通货膨胀本身。所以，即使价格没有出现大幅度的波动，金融不稳定状况仍然有可能出现。

我国学者段忠东和曾令华（2007）对资产价格波动与金融稳定的关系进行了评述，认为资产价格的大幅度波动和信用的快速扩张相互作用，是导致金融不稳定的重要原因。目前关于资产价格波动与金融稳定关系的理论研究主要集中在：研究资产价格波动和信用扩张相互作用，进而影响金融稳定；研究资产价格波动与银行流动性相互作用，进而影响金融稳定；强调信息不对称问题在资产价格波动影响金融经济中的作用；研究资产价格波动传递未来不平衡信息，进而影响金融稳定。大部分实证研究都支持资产价格大幅度波动、信用扩张与金融稳定之间存在显著的相关性。从引发金融不稳定的条件来看，面对资产价格的波动，良好的金融经济环境、制度环境和政策环境对于维护金融体系稳定性具有重要作用。在研究价格波动与金融稳定关系的文献中，房地产价格因次贷危机而备受瞩目。张晓晶和孙涛（2006）

指出，房地产周期对金融稳定的影响主要体现在房地产信贷风险暴露、政府担保风险以及长存短贷的期限错配风险，并在此基础上提出相应的政策建议：努力解决银行业自身问题、规范地方政府行为以及有效监管外资进入中国房地产业。

（三）金融基础设施不完善

清算支付体系、金融法律制度、会计准则、信用环境等不完善将会带来风险。任何一个漏洞都可能直接影响大部分金融部门的运作。而且因为金融基础设施的载体是单个金融机构，所以基础设施脆弱性也可能受个体金融机构风险的影响。其中，支付体系是金融体系的核心基础设施，一旦支付结算链条中断，有可能形成整个体系的支付困难，从而引发系统性金融风险。

1. 法律制度

La Porta、Lopez-de-Silanes、Shleifer 和 Vishny（1998）认为，法律制度是投资者权利的主要来源，金融监管的关键在于实现对中小投资者权利的有效法律保护。由于转型经济条件下法律框架不健全，企业广泛涉及机会主义和非法行为（Nee，1992；Peng and Heath，1996），有时甚至得到当地政府的默许或者授意。

2. 会计准则

会计准则中的公允价值计量原则在此次次贷危机中备受诟病和责难。Plantin 等人（2007）认为，公允价值会计有时引起的资产价值的波动会扭曲它一直储存的真实价格信息。他们分析了银行在面对出售或持有贷款抉择时的动机。因为银行更了解其借款人，它自己对贷款到底有什么价值拥有最好的认识。它的经理们因为银行的会计利润而受到奖赏。如果贷款以历史成本计量并且市价上升，那么尽管市场可能低估其价值，但是在卖出是唯一实现利润的方式的情况下，贷款仍然很可能被卖掉。虽然持有贷款对股东最有利，但是银行的经理们仍会卖出贷款获取利润并相应得到报酬。公允价值会计能够规避这种代理问题。贷款不会在价值上升时被卖出套现，将资产标记为市场价值可以对利润和经理们的报酬产生同样有利的作用。但是，在错误的情况下公允价值可能引起不经济的卖出长期非流动贷款。在账簿和市场中，一项贷款的价值是其卖家愿意卖出的价格。但是当只有少数潜在买家的时候，价格会非常低。所以经理们会希望能卖一个更高的价格。因为所有拥有相同资产的银行都有同样的动机，所以都卖出导致价格下降。其实持有贷款至到期日对银行的股东们是最有利的。对于长期资产来说，卖出的吸引力更大。这样，公允价值自身会歪曲反映资产实际价值的真实价格。而对更低价格的预期会促进继续卖出使价格进一步降低。从市场价格中得来的信息变得有缺陷，结果是报告的净值与实际价值偏离的越来越大。

3. 信用披露

从目前的文献来看，就存在着"披露—稳定"观和"披露—脆弱"观两种分歧的观点。前者认为信息披露充分，市场透明度高，市场优胜劣汰规律得以发挥作用，监管部门即可在弱势银行引发危机之前及早察觉（Tadesse，2005）。后者认为信息披露可能误导某些公众将具体的银行财务信息误判为整个银行体系普遍存在的问题，继而诱发银行挤兑或股市崩盘（Calomiris and Mason，1997；Gilbert and Vaughan，1998；Kaufman，1994）。

4. 存款保险制度

目前，国际学术界中论及存款保险制度与金融稳定间关系的文献众多，观点可分为两类：存款保险制度赞成论和存款保险制度质疑论。存款保险制度赞成论者认为，作为一项防范银行挤兑的制度安排——存款保险制度可有效促进金融的稳定和发展。他们认为这一项为防止挤兑、降低因挤兑而产生的巨大社会成本的制度安排十分必要，而存款保险制度是实现这一目的的最优政策（Diamond and Dybvig，1983）。此外，对维护金融稳定的效果，存款保险制度赞成论者认为，与暂停兑付相比，存款保险制度可以完全阻止和消除银行挤兑均衡的出现，并且不会降低银行提供流动性的功能（Chari and Jagannathan，1988；Bhattacharya，Boot and Thakor，1995）；与最后贷款人相比，存款保险制度具有强可信性和减少逆向选择发生的优点（Diamond and Dybvig，1983）。

然而，存款保险制度质疑论者对于存款保险制度能够促进金融秩序的稳定持怀疑和否定的态度。他们从该制度实施后所产生的问题出发，认为存款保险制度的实施会导致逆向选择的出现，从而造成金融秩序的混乱，加大金融危机爆发的可能。而对于维护金融稳定的效果，存款保险质疑论者认为存款保险制度一点也不比最后贷款人手段明显优越，以提供流动性为主要措施的存款保险并不能有效解决导致银行恐慌乃至金融危机的信息不对称问题

（Park，1999），并且危机爆发后采取存款保险制度特别是全额存款保险的国家所支出的费用往往较高，由此加深危机、延缓复苏（Honohan and Klingebiel，2000）。存款保险质疑论者还通过大量的实证结果对自己的观点进行了有效的维护。比如 Saunders 等人（1990）通过对美、日、韩等国的分析，证实了存款保险制度通过促使银行扩大风险投资、政府增加支出等方式破坏金融稳定、加大了金融危机爆发的可能。

5. 金融安全网

广义金融安全网包括金融监管当局的审慎监管、中央银行的最后贷款人制度和存款保险制度三种类型。狭义安全网一般只包括后两者。其理论基础是，审慎监管可以防止问题的产生，最后贷款人可以帮助银行保持流动性，存款保险制度可以消除挤兑，三者各有短长，难以相互替代，故应相互配合，共同达到维护金融稳定的目标。但金融安全网也是有利有弊，其优点在于具有风险防范、风险补偿和危机救助处理功能；缺点在于可能诱发道德风险、逆向选择，导致资源错配和成本负担（林平，1999）。例如，Nier 等人（2006）认为，弱化银行体系整体净资产的聚合可能造成低聚合资本化（Low-aggregate Capitalization），但低聚合资本化也可能是过度的金融安全网保护使单个银行保持足够资本缓冲的激励降低的结果，因而金融安全网的诱因作用可能在很大程度上增加系统崩溃的可能性。

（四）货币政策举措失当与金融监管制度设计

从已有的研究文献来看，货币政策和金融稳定政策是相互交织在一起的（Healer，2001）。从货币政策作用于金融稳定的角度来看，相关研究将其归纳为三个方面：其一，如货币政策举措失当，通货膨胀波动的幅度较大且极不稳定，会导致真实财富在存款人与贷款人之间重新分配，从而进一步导致金融机构财务状况和风险状况的变化。其二，持续的、紧缩的货币政策将通货膨胀推向低点，甚至为负的水平时，也会带来风险，通货膨胀率越低，持有现金较之于银行存款吸引力更大。银行存款的流失可能降低银行的利润，这就意味着银行可能面临破产倒闭的境地。其三，在利率水平的设定上，短期名义利率的临时急剧变动会增加金融市场的不确定性，增加经营失败的变动比率，尤其在货币政策过度的情形下，会对信贷紧缩时期银行的资产负债表产生较大的负面冲击。因此，对通货膨胀的冲击作出适时适度的利率反应有利于促进长期的金融稳定。威廉·怀特（2008）以积极的非对称货币政策为例，指出货币政策的扩张意味着当前的失衡在加强约束的过程中并未被解决，反而扩大了初始均衡（外贸均衡或者内部债务均衡），或造成资产价格上涨。

1. 货币稳定与金融稳定

对于金融稳定与货币稳定的关系的研究，主要有传统论和"新环境假设"论两种相左的观点。传统论以"Schwartz（1988）假设"为代表，该假设认为，金融不稳定通常是由总体价格波动引起或使之更加严重，因而维持价格稳定的货币政策也能够促进金融稳定。货币稳定是实现金融稳定的充分条件，旨在维持价格（货币）稳定的政策同样可以用于实现金融稳定（Bordo and Wheelock，1998）。支持传统论的其他学者对于两者存在一致性关系的论述则采取了十分慎重的态度。他们认为，虽然金融稳定和货币稳定之间存在着某种一致性，但也只能是简单地认同货币稳定能够促进金融稳定，或者说货币稳定对于金融稳定是有益的（Issing，2003），而并非金融稳定的充分条件（Bordo and Wheeloek，1998）。"新环境假设"论则认为以稳定为导向的货币政策策略容易造成较高利率的形成，它所产生的负面效应也会对金融稳定造成影响。Mishkin（1996）分析认为，为控制通货膨胀而采取的高利率政策会恶化银行的资产负债表和企业的净值，尤其是如果他们由于吸引资本流入导致过度的负债和较高的信用风险，或者由于外国资本流入以货款的名义转变为国内货币，将会出现货币错配。Cukierman（1992）认为保持低通胀的政策要求迅速和实质性地提高利率，如果银行不能迅速进行资产和负债的转化，就会加大利率的错配，从而导致面临较大的市场风险。Issing（2003）据此指出，货币政策不应仅以价格稳定为目标，还必须直接关注金融不平衡本身。这种直接的关注由两个部分组成，首先是努力采取措施避免或减少金融不平衡的累积，并在上述措施不足够的情况下，尽可能地将发生的金融不稳定造成的危害和成本降到最低水平。

2. 金融监管制度设计

政府实施金融监管是为了社会公众利益而纠正金融市场的脆弱性、外部性和垄断性。Merton（1995）认为，金融体系的功能相对金融机构来说更具稳定性，为金融机构的管理与监督提供了一个功能视角。然而，监管制度设计的缺陷却有可能恶化金融稳定。例如，Barth 等人（2004）以 152 个国家（地区）为样本，检验银行监管措施对银行发展、效率和脆弱性的影响，结果发现：政府加强监管的措施非但不能稳定银行体系，反而适得其反。Barth、Caprio 和 Levine（2000）选取经济发展水平和政府质量作为控制变量，采用多种计量经济学方法，对发生银行危机的国家进行研究，实证结果表明：一个国家对商业银行从事证券或者涉足非银行商业活动进行限制的程度越深，该国越有可能拥有一个脆弱的金融体系（Frigile Financial System），并且容易发生金融危机（银行危机）。Quintyn 和 Taylor（2003）认为监管的独立性同货币政策独立性一样，对金融稳定有着重要作用。Herrero 和 Pedro del Rio（2003）运用二元模型对时间跨度长达 30 年（1970—1999 年）的 79 个国家（27 个工业国家、32 个新兴国家和 20 个转型国家）的 1492 份不均衡观察报告进行了实证分析，评估了货币政策制定在决定银行危机发生可能性方面的作用。研究结论表明，央行目标的选择影响银行危机发生的可能性。特别地，具有有限而严密的央行目标，紧密关注价格稳定，会减少银行危机发生的可能性。

作为肩负金融稳定重责的部门，央行监管质量高是金融稳定的题中之义。Schinasi（2003）认为，存在几方面的原因使得央行在确保金融稳定工作中天生就适合发挥作用。首先，央行是支付手段和紧急流动性的唯一提供者。其次，央行确保了整个国家支付体系的正常运转。任何单一一个银行的问题都可能通过支付体系传播，可能导致整个支付体系的运转不畅，甚至可能在更大范围内产生多米诺效应。再次，银行处于货币政策影响经济的传导机制中的关键一环。一旦商业银行体系陷入困境，央行为达到其货币政策目标而采取任何必要措施将会更加困难。因而央行从稳健的金融机构和稳定的金融市场天然能够获益。最后，货币稳定与金融稳定之间有明确的联系。当金融不稳定发生的时候，信用也就破灭了，人们通常会抢着去获得流动性最强的法定货币。这就意味着银行信用和货币供给开始紧缩。如果这种情况持续发展，货币总量就有可能急剧收缩最终导致经济活动的衰退。

那么，如何提高央行的监管质量呢？央行独立性和政策透明度是两个备受关注的话题。就央行独立性而言，Kydland 和 Prescott（1977）开创的关于规则和相机抉择的动态不一致研究，指出应增强央行的独立性。事实上，一般认为，由于中央银行的独立性会促进价格稳定 （Alesina and Summers，1993；Lybek，1999），从而也应当有助于促进金融稳定。政策透明度可分为目标透明度、工具透明度和认知透明度 （Hahn，2002）。透明度有 4 个属性：公开 （Openness）、清晰 （Clarity）、诚实 （Honesty） 与共同理解（Common Understanding） （Winkler，2000）。Howells 和 Mariscal （2002） 在研究中指出，增强央行货币政策操作的透明度，不但可以使得货币政策更加有效，而且能够保证以很小的成本实现央行的政策目标；Chortareas、Stasavage 和 Sterne （2003） 通过建立计量模型，对货币政策透明度的提高能否降低央行抑制通货膨胀的成本进行了实证研究，其对 21 个 OECD 国家进行计量检验的结果显示，货币政策透明度越高，政策抑制通货膨胀的成本就会越低；除此之外，Pooer （2001） 研究得出，货币政策透明度提高不仅有利于提高中央银行的责任心，而且也会增进市场的信心和货币政策的有效性。

三 我国转型经济中的特定影响因素

于润和孙武军 （2007） 通过对企业、银行、地方政府和中央政府四方目标函数的分析和构建博弈模型的论证，得到的结论是：以 GDP 等数量指标为导向的政绩考核制度以及中央与地方之间存在的严重信息不对称，是近年来中央政府时常陷入 "经济增长与宏观调控两难" 窘境的主要原因。为此，必须尽快改革政绩考核制度，创建银行信贷监测系统，提高中央对地方经济相关信息的可获得性，有效地引导地方政府行为，在制度上提高金融稳定性和管理的科学性。黄少安和何坤 （2007） 则从产权角度出发，建立央行和金融机构的微观行为模型，通过分析和考察理论模型和现实情况，认为在中国当前金融稳定政策的框架下，由于央行与微观金融机构事实上的产权关系，其货币稳定和金融稳定职能均受制于微观金融机构，独立性受到损害。为了保持央行的独立性，必须切断其与微观金融机构的产权关系。

第五节 金融风险传染与金融稳定：基于金融网络的考察

在经济全球化背景下，金融创新产品标准化带来的传播便利及信息不对称程度的加剧，全球金融信息网络的紧密相连，对金融风险传染推波助澜，并使其呈现出复杂网络中活动的独有特征。正如 Gai 和 Kapadia（2007）所指出的，金融网络具有复杂网络对随机故障的鲁棒性和对蓄意攻击的脆弱性（"Robust yet Fragile"）：金融网络日益增加的联通程度和风险共担将降低传染的概率，但大量的金融联结将增加风险广泛传播的潜力。

一　网络视角下的风险传染与金融稳定

从金融网络的视角来探察，金融风险传染与金融稳定关系的相关研究一般采用两种方法：第一种方法，通过直接的联结探究传染效应（Contagious Effect）。这一领域的开山之作是 Allen 和 Gale（2000）发表的《金融传染》一文。该文研究了不同网络结构下银行体系如何应对传染。他们假设消费者拥有 Diamond 和 Dybvig（1983）类的流动性偏好，银行通过交易银行间存款而完美地应对流动性冲击。存款互换创造的关联将金融系统暴露于传染风险之中。论文以不完全网络为例，假定一家银行的失败将触发整个银行体系的失败，证明了在同样的参数条件下，如果银行相连于一个完全的网络架构中，则金融系统应对传染效应会更具弹性。因而，相较而言，不完全的网络更易于传染；而较完全的网络，由于银行资产组合的损失部分可通过银行间协议转移至更多银行，故而更具弹性。

Freixas 等人（2000）提出了一个模型，讨论了单个银行风险对整个金融体系的网络负外部性。考虑银行面对消费者因不确定消费而引起的流动性需求，银行间的关联通过银行间信用额度实现，这些信用额度可确保银行对冲地区性流动性风险。正如 Allen 和 Gale（2000）所指出的，银行间关联提高了系统对单个银行偿付能力的弹性，其弊端在于弱化了关闭低效银行的激励。Leitner（2005）构建了一个模型，指出代理人项目投资的成功依赖于与其联结的其他代理人的投资。这是由于资源禀赋随机分布于代理人之中，单个代理人未必有足够的现金作必要的投资。因而，代理人为了防止整个网络的崩溃，可能愿意帮助其他代理人。Leitner 的研究重点在于如何优化网络设计，寻求最小化风险共担与崩溃可能之间的折中方案。Vivier-Lirimont（2004）则从另一个不同的角度提出了最优网络（Optimal Networks）的问题，他认为，最优网络体系结构下，银行间风险转移提高存款人效用。他发现，只有非常密集的网络，才与帕累托最优配置兼容。Dasgupta（2004）也认为，银行间互相持有存款形式的联结是传染崩溃的一个来源。当存款人收到关于银行基本面的私人信号，相信有足够多的其他存款人会取出存款时，也想要取出存款，脆弱性由此而生。事实上，传染不仅仅发生在银行业。Cummins 等人（2002）分析了巨灾风险市场结构如何引致传染，展示了网络结构如何限制保险业吸收重大巨灾事件效应的能力。

与此类文献相似，一些文章运用数学和理论物理中的网络技术研究传染。例如，Eisenberg 和 Noe（2001）运用此类技术方法研究单个清算机制中的公司违约。他们首先展示了一个清算支付矢量的存在决定了公司间的联结水平。其次，开发了一个评估小型冲击对该清算体系影响的算法，该算法以需要多少违约波（Wave of Defaults）使得系统中的特定公司失败为基础，产生一个系统风险的自然度量。类似地，Minguez-Afonso 和 Shin（2007）运用格论（Lattice-theoretic）方法研究高价值支付系统（如工业企业的应收账款和应付账款清算、银行间支付系统）的流动性和系统风险。Gai 和 Kapadia（2007）应用类似流行病学中关于网络中疾病传播的方法，提出了金融网络的传染模型，根据银行资本缓冲、联通（Connectivity）程度、不良银行资产的市场流动性评估金融体系的脆弱性。他们发现，较高的联通程度降低了违约广泛传播的可能性，但冲击对金融体系的影响也更大更显著。此外，金融网络对大型冲击的弹性取决于与结构脆弱性相关的、特定的冲击脆弱点。

第二种方法则集中于间接负债表联结上。Lagunoff 和 Schreft（2001）构建了一个模型，将代理人与其对投资组合回报的感觉相关联。模型中，易受冲击影响的代理人重新配置了他们的投资组合，从而使一些联结断裂，继而影响两类相关的金融危机——一类危机逐步发生，表现为损失扩大，更多联合断裂；另一类则是即时发生，前瞻性的代理人先发制人，转向更为安全的投资组合，以避免传染造成的未来损失。类似地，de Vries（2005）认为，由于潜在资产的厚尾（Fat Tail）特性，银行投资组合间存在关联，从而蕴涵了使系统崩溃的潜能。

Cifuentes 等人（2005）提出了一个模型，认为金融机构通过持有投资组合而联结。如果每个人都持有相同资产，则网络是完整的。尽管在模型中也通过共同信用敞口纳入直接联结，但传染主要是由资产价格变化所驱动。上述论文所持有的共同观点是：金融体系内在脆弱。脆弱性不仅外生于金融机构面对的宏观风险因素［如 de Vries（2005）中的案例］，而且正如Cifuentes 等（2004）所指出的，脆弱性同样内部演进于某些银行资产的强制出售而压低市场价格继而造成对其他机构的进一步压力。

Babus（2007）对网络效应文献作出了进一步补充，建立一个模型，银行彼此形成联结，以减少传染风险，网络内生而成并形成一种保险机制。他在 Allen 和 Gale（2000）联结形成流程的基础上，提出联结更佳的网络应对传染更具弹性。模型预测了一个传染不会发生的联结性门槛，认为银行应联结彼此以达到这一门槛水平。然而，融入联合的隐含成本阻碍了银行形成达到门槛所要求的联合水平。Castiglionesi 和 Navarro（2007）也对银行是否设法分散网络结构以使之达到最优水平进行了研究，他们假定银行代表存款人投资，对投资回报产生正网络外部性，当银行资本不足以运用存款人的资金投机时，脆弱性就会产生。若破产概率低，则分散化解决方案近似于最优。

在理论探讨之外，相当一部分学者试图寻找金融机构因彼此间的要求权导致的传染性失败的证据。大多数此类文献运用资产负债表上的信息估计不同银行体系的双边信贷关系，然后通过模拟单个银行崩溃来测试银行同业市场的稳定性。例如，Upper 和 Worms（2004）、Sheldon 和 Maurer（1998）分别分析了德国和瑞士的银行体系；Cocco 等人（2005）为葡萄牙银行同业市场上的借贷关系提供了经验证据；Furfine（2003）、Wells（2004）则分别研究了美国和英国银行间的内在联结；Boss 等人（2004）对澳大利亚银行同业市场的网络结构进行了实证分析，并讨论了某一节点消失对网络稳定性的影响。Degryse 和 Nguyen（2007）以同样的方式，评估了比利时银行同业市场上银行失败的链条反应造成的风险。他们发现，即便应对巨大冲击，银行体系仍具有高弹性。模拟的最差情形表明，在比利时银行同业市场上，银行因传染造成的损失低于全部资产负债表资产的5%，而德国银行体系的损失则可能高达15%。损失的大小在很大程度上取决于银行是如何联结的（以银行同业市场的信用敞口来估计）。对于大多数国家而言，数据均取自银行的资产负债表，因其可以提供报告机构相对于其他银行的总敞口信息。要预测银行与银行敞口（Bank-to-bank Exposures），通常假设银行尽可能均匀地拓展信贷。事实上，这一假设要求银行联结于完整的网络之中。如此一来，鉴于理论研究认为联结更佳的网络对于冲击的蔓延更具弹性，假设可能偏离结果。Upper（2006）对此进行了文献评述。不同于模拟方法的是，Iyer 和 Peydro-Alcalde（2007）运用一家大型印度银行失败时银行同业敞口的数据检测金融传染，发现与失败银行存在高银行同业敞口的银行会遭遇更高的存款提取风险，且基本面较不理想的银行存款挤兑的风险更高。

总而言之，上述文献的基本结论是：金融网络较高的联通程度降低了违约广泛传播的概率，换言之，金融网络结构越完全，其应对传染的弹性越大，但也由此导致冲击对金融体系的影响越来越显著。

二　金融网络特征与金融稳定

既然金融网络具有的对随机故障的鲁棒性和对蓄意攻击的脆弱性影响金融风险的传染及金融稳定，那么，金融网络结构是如何影响风险传染的呢？换言之，金融组织体系的结构与金融体系的不稳定之间存在何种关联？相对而言，较为集中的金融网络（如荷兰和瑞典），是否比较不集中的金融网络（如意大利和德国）更容易使风险传染，继而导致金融不稳定？同时，是否由少量大型银行和少数小型边缘银行组成的金融体系对金融风险更敏感？此外，银行同业敞口和金融体系资本（及其管制）如何交互？对金融机构设定资本充足率要求是否足以抑制网络状态下金融机构的系统风险？Nier 等人（2006）构建了一个包含 25 家银行的金融网络（即 25 个网络节点），变动范围为 10—25，设定外部资产总规模为 100000 单位，两个节点间的 Erdös-Rényi 概率标杆值为 0.2，变动范围为 0—1，模拟分析网络结构与金融稳定之间的关系。从央行监管的角度出发，决定金融网络体系结构的关键参数包括：①资本化水平；②同业敞口规模；③银行联结程度；④金融体系集中度。这些参数决定了金融网络应对风险传染的弹性。

第一，资本化水平。Nier 等人（2006）模拟银行净资产与银行系统弹性之间的关系，以研究银行资本化水平与传染的关联。其基本研究结论为：金融机构资本健全度越高，则金融体系更具应对传染效应的弹性，二者之间呈较弱的单调非线性负相关关系。但是，传染并未随银行资本化水平而线性降低。第一家银行违约时，高净资产吸收了大部分的冲击。当净资产降低到一定水平时，由于第一家已经无力抵御外部冲击，第二轮违约发生。更多的损失传输至贷款人，从而增加了第二轮违约发生的可能性。当银行净资产持续下降，但并未降至引发新一轮违约传染的水平，我们可观察到在1%—4%的净资产区间，违约数量几乎为常数，这是因为市场参与者的净资产仍足以吸收风险。然而，一旦净资产水平低于1%，就会触发多重违约，因而违约数量急剧上升。分析表明，聚合打击使传染或违约连锁效应的范围大幅增加。

第二，同业敞口规模。同业资产比例的增加对银行体系产生两个截然不同且潜在对立的效应。首先，它意味着冲击在同业信贷者之间的传导增加以及由顾客存款滋生的冲击规模下降，即它导致冲击蔓延升级；其次，由于设定银行持有缓冲同业敞口的资本，同业市场规模的扩大使得其整体净资产增加，从而可能加剧传染效应。事实上，当同业资产处于较低水平时，第一轮的违约并不引发传染效应。这是因为大多数的损失均为顾客存款所吸收，任何传导至贷方银行的损失均小到足够为银行净资产所吸收。当同业资产规模占比超过门槛时，我们开始看到第二轮违约。这是由于更多的冲击传导至贷方银行，其净资产的增加并不足以抵补损失的增加。Nier等人（2006）认为，同业资产增加时，第一家银行的净资产及其贷方银行相对于第一家银行的违约外部资产也会增加。更多的损失由第一家银行及其贷方银行的净资产吸收，并在第三轮违约中传导至相关银行。总之，同业负债规模的增大将增加传染的威胁，即使银行对此类风险已做好资本缓冲。

第三，联结程度。同业联结有两个对立的效应：一方面，作为将冲击蔓延至整个金融体系的渠道，扮演着冲击传导者（Shock-transmitters）的角色；另一方面，通过同业联结分担冲击，即冲击吸收者（Shock-absorbers）（Nier et al. ，2008）。首先，当联结程度处于非常低的水平时，由于联结增加了冲击传导的可能性，联结度的增加降低了系统弹性。当联合度处于较高水平时，联结度的增加可能降低也可能提高系统弹性。但当联结程度足够高时，联结度的进一步提高无疑减少了传染，冲击吸收效应开始发挥作用，使得越来越多的银行抵御了冲击。不仅如此，联结度效应与传染之净资产相关联。在银行资本不健全的金融体系中，只有非常小部分的冲击为净资产所吸收，其余部分传导至其他银行。此时，当联结程度提高时，由于净资产处于低水平，银行失败数量增加，同业联合成为冲击传导器而非冲击吸收器。因而我们不难得出这样的结论：资本不健全的银行体系非常脆弱，联结程度高时更为脆弱。但是，对于资本健全银行体系而言，效应恰好相反。虽然同业联结仍将冲击从一家银行传导至另一家银行，高阶的净资产作为缓冲，增大了同业联结的负载能力，使同业联结发挥冲击吸收的角色，从而提高了金融系统的弹性。据此，资本健全银行体系应对冲击更具弹性，联结程度高时更是如此。故研究的基本结论是：联结程度的效应呈非单调（Non-monotonic）特征，即最初联结程度的少量增加会加大传染效应，但超过一定门槛值时，联结程度将会提高金融系统吸收冲击的能力。

第四，金融体系集中度。金融体系越集中，越倾向于发生同等或更大的系统风险。与受冲击的银行外部资产相关的冲击规模增加，违约数量也增加。并且，同等冲击比例下，银行体系的集中度越高，违约数量越大，即传染的风险越高。

综上所述，金融风险传染是金融不稳定的题中之义。在经济全球化背景下，全球金融信息网络的紧密相连，对金融风险的传染推波助澜，并使其呈现出复杂网络中活动的独有特征。对金融网络中的风险传染进行建模的分析表明，金融网络具有复杂网络对随机故障的鲁棒性和对蓄意攻击的脆弱性，即金融网络日益增加的联通程度和风险共担将降低传染的概率，但大量的金融联结将增加传染广泛传播的潜力。金融创新的风险传染受金融网络结构特征影响：①金融机构资本健全度越高，则金融体系更具应对传染效应的弹性；②同业负债规模的增大将增加传染的威胁；③由于同业联结同时扮演着冲击传导者和冲击吸收者的角色，因而最初联结程度的少量增加会加大传染效应，但超过一定门槛值时，联结度将会提高金融系统吸收冲击的能力；④金融体系越集中，越倾向于发生同等或更大的系统风险。

第六节　促进金融稳定的相关对策

金融稳定具有准公共产品的特征，有消费的非竞争性、供给的非排他性和较强的外部性等特点。金融稳定是宏观经济稳定的重要表现，也是社会稳定的重要内容。社会经济主体只有在金融稳定的前提下才能开展活动，从而实现经济社会的科学发展。但是，由于市场失灵和金融体系高风险的特征，政府需要采取维护金融稳定的措施。瑞典中央银行副行长 Kristina Perrson（2004）提出确保金融体系稳定的三根支柱：①由规章和法令组成的金融监管框架；②对机构风险系统的风险评估与日常监管、危机管理，而日常监管又包括单个银行机构的监管、系统稳定的监管和金融基础设施的监管；③危机管理措施。国际货币基金组织自 2002 年以来定期出版的《全球金融稳定报告》，集中于关注世界金融市场的"系统性、结构性"缺陷以及风险在金融机构和国家间的传递渠道，其主要从结构性改革的角度对各国维护金融稳定提出建议。而瑞典银行作为世界上第一个设置金融稳定部门并于 1998 年最先出版金融稳定报告的中央银行，其对维护金融稳定的关注主要在于支付体系的安全与高效运转。

　　一般来说，维护金融稳定的措施除了由法律法规所体现的金融监管理念、原则和方法，以及金融监管机构的职能定位与职责划分外，维护金融稳定的框架大体上可以分为三个部分：金融机构的自我风险管理、微观审慎监管和宏观审慎管理。Powell（2001）、Johnehant（2003）则从政府公共政策的角度将一国金融稳定的政策措施划分为危机预防、危机管理政策或预防性政策、遏制性政策和纠正性政策。其中预防性政策包括良好的法律基础设施、审慎的金融监管框架、支付清算体系的风险预防措施及存款保险制度等，遏制性政策包括最后贷款人政策、及时处理脆弱的金融机构等，纠正政策措施包括通过再注资、购并或管理层更新等措施重组陷于困境的金融机构等。

　　就金融监管的理念和原则而言，作为金融监管的立足点与原则，以往的国外监管理念主要基于规则的、以单个金融机构为出发点设计监管指标和方法，而从美国次贷危机看，信贷扩张、资产价格膨胀与证券市场泡沫已成为周期性问题。只有将针对单个金融机构的监管转变为对单个金融机构的监管与整个金融体系的监管并重，从单纯的维护金融稳定转变为维护金融稳定与维护实体经济、资产价格稳定与商品、服务的稳定并重并进行宏观调控，在此基础上进行反周期操作，才能减少金融危机发生的可能性。

　　就金融监管机构的职能定位与职责划分而言，世界上主要有三种形式：第一种是根据金融部门的业务划分界限并分立负责不同领域的监管机构，如美国、中国、法国、希腊、西班牙等；第二种是将不同金融部门的监管责任重组到一个单一的机构，如德国的联邦金融监管局、英国的金融服务局、瑞典金融监管局等；第三种模式介于前两个模式之间，这种模式主要将监管责任分配给两个机构，一个负责维护金融稳定，一个则专注于金融业务监管。由于分业监管通常受到信息沟通和监管权力分散的限制，因此建立单一的监管机构或加强各监管机构之间的监管合作就成为金融监管的发展方向。如欧洲的比利时和葡萄牙就成立了由中央银行与金融监管部门组成的金融监管理事会，负责协调解决金融市场和金融机构的相关事务。德国和法国等则成立了由财政部、中央银行与监管机构参与设立的金融稳定委员会，具体负责金融稳定事务。就我国的实践而言，维护金融稳定的职责主要由一行三会和财政部承担。但是，随着金融创新和金融市场的发展，也存在着如何加强监管协调、建立信息共享机制和工作沟通制度，实现金融调控与审慎监管相结合的问题。

一 央行维护金融稳定职能的履行

作为维护金融稳定的重要力量，从最后贷款人（Lender of Last Resort）到发展存款保险制度，再到建立金融安全网至构建全面金融稳定框架，央行的金融稳定职能在不断发展。从中央银行的角度来看，央行维护金融稳定的职能主要体现在宏观审慎管理方面。Dosterloo 和 DeHaan（2004）指出，通常央行维护金融稳定主要有两套手段：事前的预防性政策工具，分为宏观审慎工具（包括稳健的监管框架、银行监管措施的有效实施以及早期的预警体系等）和微观的审慎工具（包括金融机构头寸和资本充足的定期比较分析、流动性状况及风险的监测、内控系统的检查等）两类，从而减少损害严重的金融紊乱发生的可能性；还有事后应对性反应工具，主要是指向金融机构提供紧急流动性援助和银行的清算、重组等。

事前的预防性措施主要包括评估预警体系、货币政策、道义劝告、存款保险制度等方面。维护金融体系稳定的第一步就是建立金融体系的评估预警系统、对金融体系的状况进行实时监测和评估分析。目前较具代表性的金融预警指标体系是 Evans 等人（2000）构建的金融预警系统指标框架、IMF 核心指标集（2003）、IMF 鼓励指标集（2003）。央行要有效实现金融体系的稳定，就必须要能够充分掌握各种宏观经济状况、金融市场、机构以及金融基础设施的情况，能够及早发现可能导致金融不稳定的因素。另外，通过存款保险制度可以确保单个金融机构的财务稳健，减少金融机构破产倒闭的可能性。同时，道义劝告也是预防金融不稳定的有效工具，但常常被忽略。通过道义劝告，央行向金融市场和金融机构传递风险相关的信息，作出必要的提示，影响各参与主体的行为。《中国金融稳定报告2005》也已将其列为中央银行使用的政策工具之一。

当金融不稳定发生以后，负责金融稳定的机构可能必须为问题金融机构或是整个金融市场提供短期紧急流动性援助。根据 Frydl 和 Quintyn（2000）的研究，央行对问题金融机构的援助需要在银行危机的系统性特征被识别之前进行。当一家银行，或几家银行开始从存款者和债权人（包括国内和国外）撤回，这些人就再也不能直接借钱，或只能以高利率从银行间市场借到钱，央行便成为最后贷款人。原则上，央行应当只是援助流动性不足但仍然具有偿付能力的银行。然而，在危机逐渐显露的早期阶段，通常很难区分流动性与资不抵债。大多情况下，商业银行求助于央行的流动性援助就证明已经是资不抵债有一段时间了。Goodhart（1999）也强调认为在危机情形下，通常不可能区分流动性不足与资不抵债。所以，央行以最后贷款人的身份介入干预大多包含高风险的贷款，而最终这些风险和成本可能就被强加给纳税人。

除了给单个金融机构短期流动性援助以外，流动性援助也可能给予整个市场。根据经济与金融委员会（2001）观点，给予市场的紧急流动性援助可以区别于宽松的货币政策（如预防性流动性的提供）。给予市场提供紧急援助是缓解暂时的由外来的不利冲击（如恐怖袭击）所带来的市场压力。然而货币政策改变的目的在于维持长期的物价稳定。

在实践中，各国央行采取的第一个反制措施是运用资产负债表为金融体系提供短期流动性。它包括通过贴现贷款为有偿付能力的机构提供所需流动性，发表声明声称所需的充足流动性会及时通过贴现窗口放出，或通过暂时的货币政策放松为整个市场提供流动性。大多数央行明确地说明这些短期流动性援助措施是以足够的抵押为条件的。就像一家央行所说的，"我们认为央行没有义务为资不抵债的机构提供保障"。

一旦危机的真正本质被识别，银行的资不抵债也广为人知，就需要像存款保险基金等类似措施来稳定金融体系（Frydl and Quintyn，2000）。虽然存款保险基金设立的初衷在于预防银行间风险因素的传染和相应的流动性问题，然而在许多国家这些安排也被运用到问题银行的重构，通常还包括流动性援助（经济与金融委员会，2001）。

　　大多数国家都建立了某种形式的存款保险，但各个国家存款保险基金设立的方式区别较大。例如，在荷兰，存款保险体系在 1992 年信用体系监管法案中得到了系统的阐述，从而便于荷兰中央银行开展存款保险。在土耳其，存款保险基金是由银行监管机构管理。在美国，存款保险由独立的联邦政府机构——联邦存款保险公司运作。

　　当单个金融机构的失败有可能造成系统性问题的时候，政府可能就会决定为这一机构的债务“埋单”。开始的时候，国有化的成本可能相对较高，但政府可能会在以后以合理的价格转售已获得的资产（经济与金融委员会，2001）。

　　系统性危机的管理涉及政府的独特作用。在美国，联邦存款保险公司通常必须以运用最少存款保险基金的方式解决失败银行问题。然而，还是存在一个系统性例外，即一旦这一最低成本解决方案会对经济形势或金融稳定产生严重不利影响，同时非最低成本解决方案可以避免或减轻这一严重的后果，那么在个案处理情况中财政部部长有权放弃实施最低成本实施方案。根据另外一家央行“如果一家银行的破产关系到系统稳定，那么就应由政府来决定税收收入能否用于防止系统性危机。但这只有在个别机构主动解决方案失败以后才能施行。”

　　系统性银行重构的目的在于恢复其清偿力和盈利能力，改善银行体系作为为存款人与借款人提供媒介的能力，重新获取公众的信任（Dziobek and Pazarbasioglu，1997），而不是央行责任范围之内的反制措施。因为为金融机构重新注入资本之类的干预需要较高的财政成本。这对于政府与央行和监管者的合作是一项挑战。

二　金融机构内控

　　吴晓灵（2004）认为，维护金融稳定，首要的是健全金融机构的自我约束机制——内控机制。这与巴塞尔协议要从注重外部监管转向注重内部控制的监管理念是一致的。金融内部控制属于金融机构现代管理的范畴，是金融机构的一种自律行为，是金融机构内部为完成既定的工作目标和防范风险，对各职能部门及其工作人员从事的业务活动进行风险控制、制度管理和相互制约的方法、措施和程序的总称。对于金融企业，内控机制的建立与完善不仅是手段，而且是生命，是其生存的必然要素。巴塞尔银行监管委员会的调查显示，世界范围内所有出现问题的金融企业都是因为其内控机制出现了问题。

实践证明，只有金融机构形成良好、严格的内控机制，外部金融监管才能有效。无论是中央银行等官方监管当局，还是行业协会等自律组织，或者是社会监督，只能对金融机构进行非现场检查和偶尔的现场检查，都不可能替代金融机构在日常业务中的自我约束，这就需要金融机构的内部控制保证财务报告的准确，提高稽核检查结果的可靠性。随着金融业的快速发展，高科技手段在金融业中不断应用，金融业务日趋复杂多变，金融机构的内部控制在金融监管中的基础作用地位越来越突出。因为金融机构是金融创新的主体，为了追逐利润和逃避金融监管，新的金融产品、金融工具不断涌现，而金融监管机构的监管方式和监管手段往往相对滞后。为了规避金融机构自我创新而形成的金融风险，加强金融机构的内部控制是实施有效金融监管的前提和基础。世界金融监管的实践证明，外部金融监管的力量无论如何强大，监管的程度无论如何细致而周密，如果没有金融机构的内部控制相配合，往往事倍功半，金融监管效果会大打折扣。

巴塞尔银行监管委员会（1998）认为，战略计划、内控环境因素的设立、业务活动水平目标的设立、风险识别活动、风险管理、控制活动的实施、信息识别采取和交流、监督评审及纠正行为均属于金融机构内控的范畴。

三 中央银行、监管机构、财政部门的协同配合

大多数西方学者认为，维护金融稳定需要由许多不同的机构来承担相应的职责，而不能仅仅局限于中央银行。Goodhart 等人（1995）提出："中央银行没有必要的资本基础和资源来独自承担较大的救助行动，因此它在危机

管理中会向私人银行体系寻求金融支持和其他帮助。但现在，随着更加具有竞争力的跨国金融机构的进入，中央银行寻求私人银行机构支持的难度逐渐加大，甚至几乎成为不可能。这就迫使中央银行转向财政部寻求支持来处理银行体系内哪怕是最小的动荡或危机。"在现代市场经济条件下，危机管理已经超出了中央银行的力所能及的范围，中央银行需要加强同其他有关部门的密切协调与合作，才能有效地维护金融稳定。同时，单靠央行的力量无法获得维护金融稳定所必需的及时、全面的信息。宏观的金融有赖于微观金融的良好支撑，央行金融稳定政策的制定与实施需要强大的信息平台。虽然央行本身建有独立的数据信息系统，但是如果缺乏监管机构的一手资料，信息的时滞与不完全可能导致政策的失灵。因此为维护金融稳定，需要央行建立信息沟通的协调机制；最后，央行作为最后贷款人在采取事后的应对性措施时，也需要监管机构的紧密配合，如果配合不协调，就可能使央行最后贷款人制度实施不到位或过度，都可能形成金融不稳定的诱因。因此，为了维护金融稳定，需要中央银行、监管机构、财政部门在职责明确的基础上进行有效协调。

作为世界第一家设置金融稳定部门并于 1998 年率先出版金融稳定报告的中央银行，瑞典银行把对金融稳定的研究重心放在支付体系的安全与高效运转上，其支付体系涵盖了全部金融市场、各类金融机构、所有支付工具及其技术与管理支持系统。Large（2005）也指出了维护金融稳定或危机管理应当包括中央银行、财政部门和监管机构之间的合作。他提出了维护金融稳定的三种必要职能：即监管金融机构和金融市场；从整体上对金融系统施行监督；财政支持，在金融溃败发生的情况下尤为重要。一般状况下，监管机构、中央银行和财政部门的"角色"与上述职能相对应。因此，维护金融稳定或危机管理应当包括中央银行、财政部门和监管机构之间的合作、评估与协议。但截至目前，对于这一协调机制具体应该如何构建仍缺乏研究。值得注意的是，威廉·怀特（2008）强调，要防止出现"合成谬误"问题，即假设其他的机构都采取同样的行动，这时单独向一个机构推荐的看起来正确的东西，可能会使整个体系的问题更恶化。

何德旭（2007）也指出，实现金融稳定不能仅仅依靠或寄希望于某些短期的、临时的应急措施，而应该建立一种长效机制。这就要求除了平时密切关注金融开放条件下的金融运行状态并采取相应的对策（如预防、救助、危机处置等）以外，更为重要的还是要通过深化金融改革、加快金融创新和健全法制规范来促进金融业自身的稳健发展，增强和提高金融体系整体抵御金融风险的能力和竞争力。威廉·怀特（2008）指出，建立一个新的宏观金融稳定框架来抵御系统性失衡，最好是能在国内和国际两个层面上进行。

第七节　国内外研究现状的总体评价

综观各类研究文献，尽管目前国内外学术界关于金融稳定的著述和理论探讨非常多，但仍然有许多理论和实际问题没有得到很好认识。究竟什么是金融稳定？如何衡量一个国家的金融稳定？至今没有定论。金融加速国际化将会给这个国家带来哪些冲击？发达国家和发展中国家在金融国际化过程中又有哪些经验教训？尚缺乏系统性的考察。而对于如何加强对一个国家金融风险的有效防范，目前的研究还有待深入。金融业开放与金融稳定的相互关系并非想象的那么简单。一般而言，金融业的开放度越大，金融的竞争会更激烈，对金融体系的冲击会更大。而新加坡和中国香港特别行政区的案例显示，其银行业开放度较高不一定金融更不稳定，风险更大。这一现象值得深入研究。当前，国际金融资本的集中和集聚，增加了国际资本的流动性和投机性，同时又加剧了实体经济与虚拟经济的融合，突出表现在国际商品期货期权市场与国际金融市场日益交汇融合，波动性近两年突然加剧，这种现象也值得高度关注和深入探讨。

目前在微观层面上，有关金融风险以及防范的研究成果比较多，也较深入，但在宏观层面上，研究相对薄弱，许多领域尚待深入探讨，诸如：①金融开放度以及金融安全的认识和衡量有待进一步深化；②宏观金融脆弱性以及稳定性的衡量，有待进一步探讨；③随着国际资本流动渠道和方式不断拓展，其流量和流速不断增大，国际与国内市场之间相互传递和联动的溢出效应和传染效应等也越加显著，其传导的方式和机制，以及有效防范措施等，均亟待加强研究；④一国金融基础设施的完善程度与金融安全是否存在必然的因果关系，金融稳定与经济发展究竟是一个什么样的量化关系，金融监管与金融稳定及效率的选择和优化如何进行等均需要深入探讨；⑤在内外均衡条件下，汇率、利率、外债、资本账户收支及外汇储备与金融稳定将保持何种数量关系等也都需要进行深入分析；⑥跨国金融并购对一国金融服务领域的控制和垄断以及反垄断问题等也是有待深入探讨的重要领域。

第 二 章

美国金融危机：从金融稳定角度的反思

由美国次级抵押贷款问题引发的"金融海啸"，逐步升级并蔓延，已经演化成为"大萧条"以来最严重的全球性金融危机，其负面冲击已经远远超过 1987 年美国储贷危机、20 世纪 90 年代北欧银行危机、20 世纪 90 年代日本股市泡沫和 1997 年亚洲金融危机。本轮金融危机发生在全球金融体系的核心地带，并向全球发达经济体和发展中经济体广泛扩散，对房地产市场、信贷市场、金融部门乃至实体经济部门都造成严重的冲击。更为严重的是，到目前为止，金融危机是否会演化为经济危机尚没有定论。

在金融危机蔓延过程中，全球主要经济体都采取各种政策措施，进行史无前例的金融救援。但是，截至 2009 年初，各国救援措施并无法挽回全球经济的颓势，金融危机的冲击甚至更加严重而广泛。美国政府出台的新的金融稳定计划已经遭到市场的否定，各个金融市场跌跌不休，使得全球经济的前景更加令人担忧。

在一定程度上，各个国家的救援政策还没有发挥应有的作用，意味着这些政策也遭受到了某种否定。回顾 20 世纪的主要金融危机，政府都是遏制金融危机进一步扩散并提振经济复苏的主要力量，政府的行为与危机的演进、冲击和治理等都是紧密相关的。特别值得注意的是，在这个过程中，政府的作用不一定都是正面的。政府的政策甚至可能是金融危机爆发的根源之一，政府的干预可能导致金融危机的进一步恶化。尽管新古典主义和凯恩斯主义在政府行为的作用和政府与市场关系等方面都存在争议，但是毫无疑问的是，政府最后必须为金融危机"埋单"，金融危机的治理责任必然要落在政府身上。

虽然每次金融危机都具有不同的表现形式、性质和特点，很难把各次金融危机纳入一个统一的分析框架，但是对历次金融危机进行类比特别是分析政府在金融危机中的政策选择和行为特征是非常有必要的。本章将对此进行重点讨论和分析。

第一节　金融危机理论研究回顾

金融危机对实体经济具有严重破坏力，长期受到政府部门、实业界和学术界的高度关注。IMF（1998）根据金融危机的根源、影响范围与程度，将金融危机划分为银行危机、货币危机、债务危机和系统性金融危机等四个类别。然而，随着经济全球化和金融自由化的深入和深化，银行危机经常与货币危机相互联系并交织在一起，发生货币危机的同时也往往产生银行危机，即是一种新型危机（Calvo and Mendoza，1996）或者称双重危机（Kaminsky and Reinhart，1999），而且，各种危机都可能引发系统性的金融危机。关于金融危机的理论更是层出不穷，并出现了所谓的第一代至第四代金融危机理论和模型。

第一代和第二代金融危机模型实际上是阐述货币危机的理论（Eichengreen，Rose and Wyplosz，1995）。在第一代货币危机模型中，主要是针对墨西哥、阿根廷货币危机等的分析。分析结果表明，在一定程度上，第一代货币危机的演进是政府政策失败的结果，因为政府政策之间缺乏一致性（尤其是财政货币政策与汇率制度安排），过度扩张的财政货币政策导致经济变量的恶化（Salant and Herderson，1978；Krugman，1979；Flood et al.，1984），其中强调的是制度性缺陷与政策不协调性导致货币金融危机，尤其是市场投机中的制度性缺陷更加脆弱（Flood and Garber，1984）。在政府政策方面，Flood 等人（1995）讨论了在固定和管理汇率制度下货币当局是否冲销投机资本及其有效性与影响等。

在第二代金融危机模型中，关注的重点仍然是货币危机，尤其是英镑和意大利里拉危机和新兴经济体的货币危机。Obstfeld（1994，1996）扩展了 Barro 和 Gordon（1983）的规范性政策选择模型，讨论了开放经济体中的货币政策选择问题。第二代金融危机模型（Obstfeld，1994，1996；Sachs et al.，1996；Calvo et al.，1996）强调金融危机演进过程中的政府与市场的博弈，政府政策的非线性可能产生多重均衡，市场预期的改变会实质性地影响政府政策的成本收益和政策取舍。更重要的是，这一模型强调的是政府市场博弈中金融危机演进的自我实现性（Self-fulfilling），也就是，市场预期可能导致政府政策失效和金融危机的爆发，同时也反映了政府政策在金融危机演进过程中可能是"推波助澜"。

值得注意的是，第一代和第二代金融（货币）危机模型没有将银行等金融中介纳入分析框架，因而无法很好地解释亚洲金融危机的爆发和蔓延。鉴于此，第三代金融危机模型跳出了货币领域，将微观机制和宏观机制的分析纳入统一的框架，强调金融中介在金融危机演进中的重要作用，强调道德风险、市场预期、信息不对称以及金融系统不稳定性等对金融稳定和金融危机的影响，也由此演化出了多种模型（刘明兴、罗俊伟，2000；朱波、范方志，2005），其中比较典型的有银行挤兑模型、道德风险模型、金融系统不稳定性模型、危机传染模型等。

Diamond 和 Dybvig（1983）（即 D—D 模型）、Chari 和 Jagannathan（1988）强调了银行行动的微观经济学机制（挤兑模型）及其在金融危机中的作用，率先建立了金融危机微观分析的初步框架。Chang 和 Velasco（1998）、Radelet 和 Saches（1998）等认为，市场预期是多重均衡中不合意均衡（即危机）产生的决定性因素之一，即市场预期的突然改变可能造成恐慌性的集体行动，最后导致金融危机。在 D—D 模型及其扩展分析的基础上形成了银行挤兑模型（也称为金融恐慌模型）。McKinnon 和 Pill（1997），Krugman（1998），Corsetti、Pesenti 和 Roubini（1999）等建立了道德风险模型，他们认为政府对银行负债的隐性担保会使银行产生道德问题，即信贷过程中的不良资产可能会增加，从而导致金融风险。金融系统不稳定性模型则强调信息不对称引起的存款者的协调失败（Morris and Shin，1998）、不承诺和流动性创造（Diamond and Rajan，2000）、资产证券化（Allen and Gale，1998）和流动性资产与非流动性资产替代（Allen and Gale，2000）等的金融风险及其对金融稳定性的冲击。在危机传染模型中，Allen 和 Gale（2000）讨论了银行同业之间流动性危机是如何通过信息渠道和信贷渠道进行传染的；在国际金融危机传染中，金融机构的多国经营造成不同市场的溢出效应（IMF，1998）、蝴蝶效应和羊群效应等（Calvo and Mendoza，1998；Eichengreen and Donald，1998）是金融危机传染的根本原因。

可以看出，第三代金融危机理论及其模型，通过兼顾宏观层面和微观层面的分析，尤其是以内生增长模型为基础的金融危机模型将微观变量（金融中介）纳入分析框架，可以较好地解释金融危机。但是，随着经济全球化和金融自由化的进一步发展，各个经济体之间、企业与整体经济、政府和市场之间的关系更加复杂，金融危机似乎需要更加全面也更为系统的框架来解释。因此，在第三代金融危机模型的基础上，很多学者（Krugman，1999；Cespedes，Chang and Velasco，1999；Cavallo et al.，2002）引入了国家资产负债分析，强调一个经济体（包括企业、部门、国家等）所面临的内外失衡、期限错配、货币错配、资产结构错配和偿付能力问题等在金融风险累积和金融危机爆发蔓延中的作用，从而建立起相应的金融风险和危机分析框架，这就是第四代金融危机模型。事实上，第四代金融危机模型并没有非常明确的界定与分类，Krugman（2001）认为第四代金融危机模型讨论的可能根本不是货币危机，而可能是更一般的金融危机，资产价格在其中可能扮演主要角色，同时强调开放性对金融危机爆发的影响。还有一些学者（Kam Hon Chu，2007）认为，第四代金融危机模型需要重返宏观领域，将宏观变量、微观基础和政府行为统一起来进行分析。

第二节　金融危机的演进

金融危机通常被认为是对经济体系中不健全的部分进行的"自残式"的自我矫正，尤其是对市场和制度失灵的"清算"，促发金融危机的因素有内部、外部和内外结合之别。当金融危机发生时，全部或者部分金融指标（比如短期利率、资产价格、企业破产数和金融机构倒闭数等）都发生了急剧的恶化甚至造成整个金融行业的困顿，并对经济基本面产生巨大的冲击（IMF，1998）。

不同类型的金融危机，其演化过程是存在很大区别的。Kindleberger（2007）认为，很难将不同的金融危机纳入一个统一的分析框架。如果以一个系统性金融危机为例，也必须区分是由货币危机、银行危机还是债务危机引起的。双重危机理论就认为，货币危机和银行危机可能同时发生，进而演化为系统性金融危机。在第四代金融危机模型中，资产价格发生较大的变化，引发了更为严重的金融危机，整个金融体系都受到冲击。由美国次贷问题引发的全球金融危机可能是第四代金融危机模型的典型代表。

很多学者（Minsky，1992；Kaminsky and Reinhart，1996，1999；IMF，1998；Eichengreen and Rose，1998；Allen and Gale，1998，1999；Kindleberger，2007；Mendoza and Terrones，2008）都对金融危机的演化过程进行了描述。基于不同的分析框架和金融危机类型，这些描述还存在不小的差异。比如，Minsky、Kindleberger 等侧重于一般性金融危机的分析，Kaminsky 和 Reinhart 关注银行危机和货币危机的双重危机分析，而 IMF、Krugman 和 Eichengreen 等主要分析新兴经济体的金融危机，Allen 等人侧重于基于金融中介等微观基础的银行系统性危机。尽管如此，基于 Minsky 和 Kindleberger 的一般性框架（主要基于系统性银行危机），同时考虑到其他一些相关的研究，金融危机的演进还是有一定的路径和规律可循的。

一　金融危机孕育阶段

很多研究认为，政府政策过失和制度缺陷是金融危机产生的土壤。在 Minsky 和 Kindleberger 看来，这个阶段的典型特征是"错位"（Displacement），包括政策与制度之间的错位、政府与市场的错位等。Krugman（1979）等分析新兴经济体的货币危机时认为，新兴经济体的制度错配、政府过度扩张的财政和货币政策为金融危机的爆发埋下了种子。Laeven 等人（2008）通过分析 1970—2007 年共计 42 次系统性银行危机得出结论，金融危机往往是不可持续的宏观经济政策（比如巨额的贸易逆差、债务）、过度的信用扩张和外部冲击等的产物。金融危机的爆发一般都是和经济萧条之后的扩张相联系的，与经济扩张相伴随的信用扩张一般是金融危机产生的重要原因，尤其是银行危机大部分是与信用过度扩张直接相关的。Mendoza 和 Terrones（2008）对 1960—2006 年之间 49 次信用扩张（工业化国家为 27 次，新兴经济体为 22 次）的研究表明，经济扩张过程中信用急剧扩张带来了公司、银行业和整体经济的潜在脆弱性，虽然不是所有的信用危机都以金融危机的方式结束，但是大部分金融危机都和信用扩张紧密相关。

在金融危机孕育阶段，经济往往处在一个上升的通道之中。在政府扩张性的政策引导下，加上金融自由化的强大支撑，一个经济体的总需求是不断扩张的。经济和信用扩张使得微观层面的公司杠杆倍率、公司价值和对外部融资的依赖性都大幅增加。在银行等金融部门，资产质量、利润和信贷出现膨胀（Mendoza and Terrones，2008）。私人部门投资需求不断增长，银行大肆发放非审慎的贷款，特别是在资产证券化的推动下，资金流动速度加快，货币乘数变大，即产生了货币创造的过程（Diamond and Rajan，2000；Allen and Gale，1998，2004），整个经济的货币供应量扩大，投机需求大量浮现，同时就产生了过度交易的情况（Minsky，1992）。此时，市场就进入到上升阶段，由于投机需求已经转化为对商品和金融资产的有效需求，结果是商品和资产价格快速上涨（Allen and Gale，1998，1999）。价格的上涨又带来了更多的盈利机会，并吸引更多的投资者进入市场。在金融中介和金融业务的推动下，尤其是银行信用扩张，使得总需求水平不断偏离真实需求水平，经济出现了非理性的繁荣。以北欧银行危机为例，芬兰银行贷款占 GDP 的比重从 1984 年的 55% 狂升至 1990 年的 90% 多，挪威、瑞典的情况也相似。Minsky 认为，如果政府能够在这个阶段采取果断的措施，尤其是控制货币扩张的途径，那么由此带来的不稳定性可能可以避免。Minsky 的观点得到了 Shiller（2008）的认同。Shiller 在《非理性繁荣》一书中就指出，格林斯潘在 1996 年底就意识到非理性繁荣的危害性，但是他并没有采取紧缩性金融政策，反而在网络泡沫之后，格林斯潘期权（Greenspan Put）大肆盛行。

二　金融危机引发阶段

这个阶段被 Minsky 称为"财务困难"阶段。随着投机性繁荣的继续，利率、货币流通速度和资产价格等都大幅上升，整个金融体系已经成为一座高耸入云的摩天大厦，金融系统的脆弱性大大增加。此时市场预期已经发生变化，大幅上升的资产价格使得市场预期未来资产的价格将更高，市场预期和信用扩张进一步推高资产价格，从而产生泡沫，危机的爆发就只是时间的问题了。金融危机爆发的早晚实际上取决于外部冲击（Allen and Gale，1999；Laeven et al.，2008）和"内部人"（Minsky，1992）。此时，体系内的"内部人"开始抛售资产，以锁定利润，或者外部冲击使得投资者作出了卖出的决定，市场开始走向脆弱的均衡。随着"内部人"的进一步行动

或外部冲击逐步深化，资产价格开始下跌，对投资者的资产负债表开始产生
影响。由于某些金融机构的过度冒险，在资产价格调整过程中首先会成为遭
殃者，这些机构将由此面临重大的财务困难。危机爆发的诱因除了"内部
人"因素之外，还有贸易恶化（芬兰等）、利率上升（墨西哥、阿根廷、美
国等）、汇率变动（拉美、东亚等）等外部因素。

三　金融危机爆发阶段

在金融危机爆发初期，如果金融机构是以自有资金进行投资，那么市场
下跌仅仅会影响到各个机构自身而已。但是，金融中介已经完全超乎"中
介"的职能，而成为一个市场投资者，更重要的是，金融中介往往是举债
投资而且杠杆率很高。金融体系是由众多金融机构组成的以流动性为血液的
有机体，单一金融机构的过度冒险行为可能导致其他金融机构出现问题，即
现代金融体系具有内在传染性（Allen and Gale，2000）。传染性使得财务困
难并不是问题的终结，投资者和金融机构开始急需流动性，整个金融体系的
流动性发生逆转，市场开始出现巨量的恐慌性卖出，资产价格急剧下挫，投
资者纷纷溃逃，大量金融机构破产，最后演化为金融危机。金融危机主要是
通过信息渠道和信贷渠道传染的（Jorge and Chen，1998），这个过程通常具
有四个典型的特征：资产价格大幅快速下挫，产生大量问题资产，金融机构
大量破产，流动性状况逆转和金融市场的资金融通功能受到冲击。其中，流
动性状况逆转和金融市场的资金融通功能受到冲击，使得市场的整体流动性
大幅萎缩（即信用骤停），产生流动性危机（Reinhart et al.，2008a，
2008b），进而产生信用的大幅萎缩，即从信用急剧扩张骤变为信用的极度
紧缩。因此，这个阶段也被 Minsky 称为"骤变"阶段。

四　金融危机深化阶段

金融危机爆发之后，资产价格大幅下挫，金融机构大量破产，金融市场
资金融通和资源配置功能受到重创，金融危机对实体经济部门开始产生重大
影响，即金融危机演化为经济危机。当然，并不是所有的金融危机都会引发
经济危机，这主要取决于金融危机的严重程度和政府政策的有效性。金融危
机深化的另一个表现是金融危机的国际传染，由于金融机构的多国经营造成

不同市场的溢出效应（IMF，1998）、蝴蝶效应和羊群效应、贸易和金融渠道等（Calvo and Mendoza，1998；Eichengreen and Donald，1998；Allen and Gale，2000）使得金融危机可能在区域（亚洲金融危机）甚至全球范围内（美国次贷危机）传导，进而对区域经济和全球经济产生重大的负面影响和冲击。

第三节　金融危机的冲击

政府失败的政策和金融市场的各种"理性"行为可能导致整体的非理性，即出现所谓的"囚徒困境"，实际上是丧失了对现实和理性的感觉，甚至是某种近似于集体的歇斯底里或疯狂（Kindleberger，2007）。这些崩溃性的金融动荡，不仅导致资产价格下挫、金融机构破产和金融行业危机，而且冲击实体经济稳定增长的基础，甚至破坏全球经济的基本面。另外，每次金融危机都对金融市场和金融制度带来程度不同的或大或小的矫正，这种矫正对未来的金融稳定和经济发展也是有利的。当然，这种矫正的代价往往也是非常巨大的。

在金融危机巨大的破坏力下，首当其冲的是金融机构的大量破产和坏账的大量产生。以"大萧条"为例，1930—1933 年，每年银行倒闭的比例分别为5.6%、10.5%、7.8%和12.9%，到1933年底，坚持经营的银行仅为1929年的一半多一点，美国的银行数量从25000家减少到不足15000家（Bernanke，1995）。在日本的银行危机中，1993年3月，日本前20家银行的官方坏账规模为12.8万亿日元（约合GDP的2.5%），5年以后，银行冲减了37.6万亿日元的坏账，并且还面临40万亿日元的坏账。更严重的是，银行大量不良贷款的产生（见表2－1），问题资产的处理和金融机构的救援还使得政府处于两难的境地。

表 2－1　部分国家金融危机的影响

单位：%

国家	危机年份	不良贷款占比	财政损失/GDP	产出损失/GDP	实际 GDP 增长率
阿根廷	1980	9	55.1	10.8	－5.7
	1989	27	6	10.7	－7
	2001	20.1	9.6	42.7	－10.9
智 利	1981	35.6	42.9	92.4	－13.6
芬 兰	1991	13	12.8	59.1	－6.2

续表

国家	危机年份	不良贷款占比	财政损失/GDP	产出损失/GDP	实际 GDP 增长率
挪　威	1991	16.4	2.7	—	2.8
瑞　典	1991	13	3.6	30.6	-1.2
泰　国	1997	33	43.8	97.7	-10.5
印　尼	1997	32.5	56.8	67.9	-13.1
韩　国	1997	35	31.2	50.1	-6.9
墨西哥	1994	18.9	19.3	4.2	-6.2
土耳其	2000	27.6	32	5.4	-5.7
美　国	1988	4.1	3.7	4.1	-0.2
乌拉圭	2002	36.3	20	28.8	-11

数据来源：Laeven, L. and Valencia, F., "Systemic Banking Crises: A New Database", IMF Working Paper 08/224, 2008；笔者根据 IMF 数据库整理，仅列出部分数据较全的金融危机。

金融危机的破坏力还表现在破坏了金融市场的资金融通功能。1930—1933 年是美国历史上金融体系最艰难、最混乱的时期。1933 年 3 月，银行破产达到高潮，银行体系瘫痪，违约和破产程度严重，影响了除联邦政府之外的几乎所有借款人，金融机构和投资者基本上丧失了再融资功能，使得市场的整体流动性大幅萎缩（即信用骤停），进而产生流动性危机（Reinhart et al.，2008a），金融体系的资金融通功能受到巨大影响，资金配置的效率也大大降低。Krugman 认为，金融体系流动性的逆转将使得经济的复苏处在非常被动的境地，市场信心在流动性方面是最为关键的因素，而且由于市场对政府公信力和行为能力的质疑，政府很难恢复市场对流动性的信心。

金融危机爆发将影响金融稳定性。金融机构所从事的证券化和高杠杆操作，使得金融体系的流动性容易被数倍放大或者缩小。一方面，金融机构的行为改变了人们持有货币的动机，引起货币需求结构的变化；另一方面，货币需求的决定因素变得更为复杂和不确定，各因素的影响力及其与货币需求函数关系的不确定性增加，从而降低了货币需求的稳定性；再一方面，货币供给的内生性也大大增加。总体上看，金融危机使得货币供应在一定程度上脱离中央银行的控制，而越来越多地受制于经济体系内部因素的支配（比如货币乘数的变化），从而严重削弱了中央银行对货币供应的控制能力和控制程度（Allen et al.，2001，2004；Reinhart et al.，2008a，2008b）。在金融危机爆发之后，市场开始出现严重的惜贷和信用紧缩（Credit Crunch），尤其是大型金融机构的纷纷倒闭，给市场带来了巨大的信心问题。这样，金融危机就给信贷流动渠道造成了大量渠道内和渠道外的变动，扰乱了正常的信贷配置的过程，金融市场不确定性大大增加，金融稳定性受到极大的冲击。Minsky（1992）在金融不稳定假说中指出，在这个阶段，政府重新掌控信贷规模及迅速，恢复信贷渠道的功能是最为重要的任务，恢复信贷功能是克服金融不稳定性的负面影响的主要手段。

　　更为严重的是，金融危机可能引发经济衰退。银行危机爆发之后，对挤兑的担忧导致存款人大规模提前提取存款，政府不得不因此提高存款准备金的比率，银行也必须增加流动性强的资产（Ariccia et al.，2005）。当整个金融部门提供服务的效率大幅降低，中介行为的实际成本大幅提高，借款人就会发现信贷变得昂贵且难以获得，信贷紧缩就会演变为总需求的萎缩，最终导致产出的大量下挫，从而演变为一次经济衰退（见表 2 - 1）。衰退持续的时间长短取决于两个要素：一是在信贷混乱之后，建立新的信贷渠道或者重塑旧的信贷渠道的时间；二是债务人恢复正常经营和偿还能力的时间（Bernanke，1983）。

　　从全球层面来看，金融危机还具有区域和（或）全球传染性。危机的传染指的是始于一个地区、经济体或行业的危机传导至与其相关的其他地区、经济体或行业。金融危机的传染一般是通过两个渠道，即信息渠道和流动性渠道（BIS，2008）。信息渠道是一个节点上发生的金融危机，经过信息渠道迅速扩散并放大，成为一个大的金融动荡，即所谓的"蝴蝶效应"；而流动性渠道则是一个节点发生危机，直接影响相关金融机构的流动性，进而可能导致更多的金融机构倒下，即所谓的"探戈效应"，同时还具有严重的羊群效应（Chari et al.，2003）。尤其是金融机构近来出现的交叉持有对方流动性（Cross-holdings of Liquidity）的操作，在金融体系稳定阶段有利于缓解金融机构的流动性困境，但是这种机制只是流动性的再分配而不是流动性创造，由此产生了更大的一张流动性交叉网络，使得流动性渠道网络化，在金融危机阶段其金融风险的传染性更强（Allen et al.，2000；BIS，

2008）。Krugman、Eichengreen 等除了认同信息和信贷渠道之外，他们强调金融危机对贸易和直接投资的影响。他们认为，金融危机可能使得区域之内和区域之外的贸易关系发生改变，并对外国直接投资的流向产生实质性影响，而且贸易渠道和 FDI 渠道对于发展中经济体的创伤是更加严重的，因为发展中国家主要依靠贸易和投资拉动经济增长。

就政府而言，金融危机带来了巨大的政策压力，尤其是危机的救治和危机之后相关方面的改革对政府的智慧和能力是一个大的考验。在"大萧条"中，美联储的失策是危机进一步深化升级的重要诱因。比如，1931 年 10 月美联储迅速提高了贴现率，带来了更多的银行失败以及更大程度的经济衰退。[①] 不断加深的通货紧缩在 1931 年秋天变成了"大萧条"（Friedman and Schwartz，1963；Temin，2008）。Temin 甚至认为，美联储的政策已经使得"大萧条"不可避免，因为此时全面通货紧缩中的蒙代尔效应已经远远大于凯恩斯效应，通货紧缩终将导致"大萧条"。[②] 在危机救治中，政府在财政收入大幅下滑之时还必须花费大量的财政资金（见表 2 - 1），扩大赤字，这将带来更大的政治压力。

当然，任何危机都是危险和机会并存的，只是危险和机会的大小程度不同。一般情况下，金融危机之后，政府会对金融市场和制度的失败进行纠正，同时加强金融监管，完善金融制度和法律框架，为金融市场和金融体系的进一步发展打下一个更加坚实的基础。比如，北欧三国在金融危机之后对其银行体系的放松政策进行了反思和改革，破除各种压力健全了监管制度和透明度要求，使得北欧国家的银行体系更加健康。而美国"大萧条"使得美国金融体系走向分业经营和分业监管的模式。1933 年，罗斯福新政后批

[①]　美联储从 1931 年 10 月 8 日开始上调贴现率，从 1.5% 上调至次日的 2.5%，一星期之后又上调至 3.5%。引自 White，R. N. 《20 世纪的银行与金融业》，《剑桥美国经济史》，中国人民大学出版社，2008。

[②]　全面的通货紧缩有两种效应：动态的和静态的。静态效应，就是凯恩斯效应，即货币增加了购买力，一定的货币可以购买更多的商品，使得真实的资产余额增加，这样，通货紧缩取代了经济萧条。动态效应，就是蒙代尔效应，它通过预期发生作用。如果人们预期通货紧缩将继续，那么他们就预期将来的价格会比现在的价格更低。他们会持币待购以从未来预期的更低价格中获益。他们就不愿意以任何名义利率贷款，因为他们将来必须用美元还款，而那时的美元会因为物价水平比现在低而更值钱。简而言之，实际利率这时会高于名义利率。这样，通货紧缩引起了经济萧条（Temin，2008）。

准了《格拉斯—斯蒂格尔法案》（即银行法），将投资银行业务和商业银行业务严格地划分开，保证商业银行避免证券业务的风险，确立了分业经营和分业监管的制度框架。以后的 60 多年时间里，美国金融业坚持银行、证券分业经营的模式，美国政府对金融业基本都朝着减少干预的方向发展，直到 1999 年《格拉斯—斯蒂格尔法案》被全部废止。

第四节　美国金融危机与"大萧条"的比较

美国金融危机已经成为"大萧条"以来最严重的金融危机，在前美联储主席格林斯潘的眼中，它甚至比"大萧条"更为严重。本轮金融危机发生在全球化的背景之下，是一次流动性危机和偿付危机，同时，也是一场信心危机。"大萧条"是一次严重的金融危机，更是一次破坏性极大的经济危机。比较之下，两者都是金融危机，但到目前为止，金融危机尚未对实体经济造成破坏性影响。金融危机的发展还存在许多变数，是否会演化为经济危机，现在还不得而知。

一　两次危机的相似性

"大萧条"是美国历史上乃至全球经济史上最严重的一次经济危机，虽然已经过去 80 多年，但对于危机的研究仍是美国经济学界的一个重要议题。对比两次金融危机，其相似性主要体现在以下几个方面。

（一）爆发点相似

两次危机的爆发点是相似的，即都是由房地产市场问题引发的。"大萧条"爆发初期，房地产市场生产过剩，而且所有住宅中大约一半被抵押；其后，大规模的违约造成美国房地产市场的崩溃。[①] 1934 年 1 月美国《城市住宅金融调查》显示，在被调查的 22 个城市中，自有房屋抵押贷款的违约比例均超过 21%，其中，超过一半的城市，违约比例超过了 38%，克里夫兰甚至高达 62%（Bernanke，1983）。而本轮金融危机的引爆点，也是众所

---

① 这个观点同样得到基于凯恩斯主义分析的 Kindleberger 和 Temin 等人的认同。但是，货币主义学派的代表人物弗里德曼以及舒瓦茨不同意这个观点，他们认为，美国房地产崩溃是紧缩的货币政策造成的，是"大萧条"的结果，而不能被认为是原因。

周知的住房次级抵押贷款和房地产泡沫。

（二）破坏力极大

1930—1933 年是美国历史上金融体系最艰难、最混乱的阶段。1933 年 3 月，美国银行破产达到高潮，银行体系瘫痪，违约和破产程度严重，影响了除联邦政府之外的几乎所有借款人。1930 年 11—12 月，第一次银行危机爆发；1931 年夏天，金融恐慌演化为经济衰退；1933 年 3 月，"银行休假"，整个银行体系陷入瘫痪；直到 1933—1935 年，罗斯福新政之后，重建金融体系，经济才缓慢复苏。1930—1933 年，每年银行倒闭的比例分别为 5.6%、10.5%、7.8% 和 12.9%，到 1933 年底，坚持经营的银行仅为 1929 年的一半多一点，美国的银行数量从 25000 家减少到不足 15000 家（Bernanke，1995）。本轮美国金融危机，截至 2008 年 6 月底，已经产生了 117 家"问题银行"。随着"两房"被接管，雷曼兄弟、美林倒下，AIG 被国有化，可能还会有上百家金融机构出现问题。

（三）与金融部门的行为密切相关

"大萧条"和美国银行业的资产债务期限错配以及非审慎经营是紧密相关的。一方面，由于美国的银行业是由小型的分散的独立银行组成，带来了银行体系的整体脆弱性。银行持有的负债主要是活期存款，而其资产却主要是非流动性资产，这就导致了期限错配，带来了一种不良的预期。对银行破产的市场预期，就可能产生挤兑，最后导致不良预期的自我实现。另一方面，"大萧条"和 20 世纪 20 年代大规模的债务扩张紧密相连。公开发行的公司债券和票据从 1920 年的 261 亿美元增长到 1928 年的 471 亿美元，非联邦公开证券从 118 亿美元增长到 336 亿美元，城市房地产抵押债券的未清偿价值从 1920 年的 110 亿美元增加到 1929 年的 279 亿美元，而 1929 年美国国民收入为 868 亿美元（Bernanke，1983）。美国金融危机和住房抵押贷款标准的放松、过度证券化和会计准则、资产管理等创新模式密切相关。这点在前面已经提及，不再赘述。Stiglitz（2008）认为，两次危机是市场不诚实的后果，美国金融机构通过各种途径规避了金融当局的监管，并拒绝反垄断的任何举措。两次危机都是金融机构的不诚实行为和政策决定者的无能的共同结果。另外，两次危机都是引致性金融危机，危机的传导存在相似性。"大萧条"和本轮金融危机中的金融合约是非指数化的，这样，货币存量和价格水平的变化，就可以通过债务型通货紧缩和银行资本及其稳定性来影响实体经济。资产和商品价格下降，对债务人构成还债压力，债务人就不得不贱卖自己的资产，进而引起资产价格进一步下跌，金融环境更加窘困。资产负债表的结构决定了通货紧缩的程度，也就是自有资金和流动性、非流动性资产的构成。债务型通货紧缩（Debt Deflation）就是借款人（一般是企业和家庭）发生财务困难，通过各种传导机制，对经济产生实际影响。如果债务型通货紧缩足够严重，就会危及银行和其他金融中介机构，直接造成银行的实际或潜在的贷款损失，影响金融机构的资本实力，损害金融机构的经济效益。比如金融机构可贷资金会减小、挤兑风险加大、贷款供给萎缩。当然，银行业恐慌也明显地降低了货币乘数，这就产生了引致性金融危机（Induced Financial Crisis）（Eichengreen and Grossman，1994）。

（四）政府干预力度大

1933年3月，美国银行体系几乎瘫痪，金融体系的自我修正能力已经丧失，市场参与者对市场自我调整的信心也已经失去。新任总统罗斯福只好宣布"银行休假"（1933年3月7日，罗斯福宣布临时关闭全国17032家银行，3月12日，12817家银行获准重新开业），关闭大部分金融中介和金融市场，"大萧条"达到危机的底部。罗斯福新政之后，政府主导金融重建，理顺了债权人和债务人的关系，稳定了经济和金融秩序。1934年，政府通过复兴金融公司（Reconstruction Finance Corporation）向银行和大量金融机构注资。1933年之后，政府成立了联邦储蓄与贷款保险公司（FSLIC）和联邦存款保险公司（FDIC），对存款贷款提供一定的保险。此外，政府授权金融机构发放贷款，比如，1934年，新增的抵押贷款中，政府支持的房屋产权人贷款公司发放了71%的贷款。罗斯福还和国民进行"炉边谈话"，稳定了国民对市场和政府的信心。在本轮金融危机中，为了防止危机进一步恶化，造成更加严重的后果，尤其是警惕危机造成系统性破坏，演化为经济危机，美国政府和欧洲央行、日本央行、英国央行等货币当局紧密合作，对次贷危机进行了史无前例的救援。BIS（2008）指出，货币政策当局主要的救援体现在四个方面：一是使短期利率接近于目标水平；二是向市场提供流动性支持；三是加强国际合作；四是调整货币政策的基调（BIS，2008）。其中，美联储在2007年12月和2008年3月连续推出四项重要的金融创新，包括期限拍卖工具（Term Auction Facility，TAF）、扩展的公开市场操作（Expanded Open Market Operation，Expanded OMO）、期限证券借款工具（Term Securities Lending Facility，TSLF）和一级交易商贷款工具（Primary Dealer Credit Facility，PDCF）（Cecchetti，2008）。截至 2008 年 5 月底，美联储大约动用 6000 亿美元资产实施上述金融创新，截至 9 月中旬，各国央行向市场注入的流动性已经超过 1 万亿美元；美国政府动用大约 7000 亿美元救援房利美、房地美和 AIG 以及向市场注入流动性；美国财政部还提出了一个价值为 7000 亿美元的救援计划。

二　两次危机的差异性

（一）历史背景不同

"大萧条"是和金本位制度相联系的，而本轮金融危机则是和"后布雷顿森林体系"相联系。现任美联储主席 Bernanke 认为，全球范围内的国内货币供给崩溃，导致 20 世纪 20 年代末和 30 年代初总需求的急剧收缩和价格下降，其内部制度因素是 20 年代后期大多数国家所采用的国际金本位制存在技术缺陷和管理不善等缺点（Bernanke and James，1991）。"一战"以后，各国努力重建金本位制度，以期稳定货币供给和金融体系。英国于 1925 年恢复金本位制度，法国于 1928 年恢复该制度，至 1929 年主要市场经济国家多采取金本位制度。但是，在金本位制度下，一个国家的货币供给受黄金储备存量和中央银行买卖黄金价格的影响，同时受货币乘数、黄金拨备率（Glod Backing Ratio，基础货币除以央行的国际储备加黄金储备之和）、国际储备和黄金储备之比等因素的影响。由于黄金大量流入美国，使得美国的货币供给大幅度增加（数倍于黄金流入增量），带来了严重的市场投机，1928 年，美联储为了抑制股票市场的投机，转向了紧缩货币政策，以冲销黄金流入。而另外，其他国家的黄金流入美国，货币供应量相应减少，陷入通货紧缩的境地。这样，由于实行金本位制度的国家的内部货币（Inside Money）存量大幅下降，全球都陷入了货币紧缩的境地。因此，"大萧条"是货币紧缩的结果（Friedman and Schwartz，1963）。Eichengreen（1984）认为，各国国内政治经济局势的动荡，中央银行的信誉大打折扣，而且银行业状况变差，国际协调不力，已经没有稳定的市场预期来维持金本位制的运行。

　　而本轮金融危机的爆发和全面升级与全球经济失衡以及所谓的"后布雷顿森林体系"是紧密相关的。当前的全球国际收支失衡主要表现为美国持续的经常账户赤字，以及东亚国家和石油输出国持续的经常账户盈余。根据全球流动性的传导方式，可以将之划分为位于中心的美国，以及位于外围的东亚国家和石油输出国。中心国家产生并释放流动性，而外围国家吸收流动性，同时将一部分流动性重新注入中心国家。Dooley 等人（2003）将当前的全球国际收支失衡视为一种新的稳定的国际货币体系，并将之称为"后布雷顿森林体系"（the Revived Bretton Woods System）。在这一体系下，中心国美国得到的好处是能够以低利率为经常账户赤字和财政赤字融资，保证本国居民的高消费；外围国家（东亚国家、石油出口国）可以通过长期出口来拉动经济增长和解决就业问题。Dooley 等人认为，当前的国际收支失衡格局符合中心国家和外围国家的长期利益，因此是富有效率而且能够长期维持的。但是，Dooley 等人认为的这种平衡实际上是一种非常脆弱的平衡，它可以描述全球经济失衡的资本流动机制，但将之定义为一个稳定的、能长期维持的体系就有点过于勉强。Roubini 和 Setser（2005）认为，由于当前的体系对中心国家的货币没有任何约束，缺乏一种在成员国之间分担国际收支调整成本的制度化机制，加上国别货币长期充当中心货币的时代已经一去不复返，因此当前的国际收支失衡只能维持两年左右的时间，到 2007 年左右就会发生剧烈调整。不幸的是，被他们言中。

　　（二）性质有所差别

　　"大萧条"不仅是金融危机，更是经济危机，其诱因不仅是货币紧缩，还有实体经济的因素；而本轮金融危机首先是流动性危机。"大萧条"主要是两个传导渠道，一是通货紧缩引起的金融危机；二是名义工资相对价格变动的调整不充分，造成实际工资高于市场出清水平（Bernanke，1995）。"大萧条"的一个重要根源来自于实体经济，总需求下降以及 20 世纪 20 年代耐用消费品或住房的生产过剩是危机爆发的重要原因。Kindleberger（2007）也认为，商品的过度供给以及由此引起的商品价格下跌是"大萧条"的导火索，而商品过剩的重要原因是国际贸易品价格下跌。当然，"大萧条"对实体经济造成的破坏性影响，目前也是本轮金融危机所不及的。

而本轮金融危机首先是一个流动性危机①，金融机构所从事的证券化和高杠杆操作，使得金融体系的流动性出现易变性，容易被数倍放大或者缩小。一是金融机构的行为改变了人们持有货币的动机，引起货币需求结构的变化；二是货币需求的决定因素变得更为复杂和不确定，各因素的影响力及其与货币需求函数关系的不确定性加剧，从而降低了货币需求的稳定性；三是货币供给的内生性增加。金融创新和杠杆操作使货币供应在一定程度上脱离中央银行的控制，而越来越多地受制于经济体系内部因素的支配，比如货币乘数的变化，从而严重削弱了中央银行对货币供应的控制能力和控制程度。更值得注意的是，创新型金融产品和资本运作在过去几年对信用创造的作用非常大，同时对流动性极其依赖，这些产品和运作在金融动荡的条件下容易丧失再融资功能，使得市场的整体流动性大幅萎缩（即信用骤停），从而产生流动性危机（Carmen and Rogoff，2008）。

（三）美联储的救援态度和力度大相径庭

1929 年，危机初现端倪的时候，美联储不仅没有放松货币供应，还紧缩货币，提高了基准利率。1931 年 5 月，奥地利最大银行破产，8 月份英国放弃金本位，此时如果美联储放宽货币供给，可能防止市场恐慌，稳定市场情绪，但是美联储却提高贴现率 2 个百分点。1929—1933 年，美国基础货币存量下降 35%，狭义货币 M1 同期下降 25%。实际上，在"大萧条"危机爆发初期，美联储没有将大量流入的黄金储备货币化，而且还将正的黄金储备流入转化为货币存量的负增长，美联储的政策实际上不仅没有对危机进行适当的政策应对，而且是在破坏金融稳定（Friedman and Schwartz，1963）。而到危机全面爆发的阶段，美联储没有很好地承担起最后贷款人的职能，使得近一半的银行倒闭，仅 1933 年，就有 4000 多家银行破产。Friedman 和 Schwartz 还认为，"大萧条"中美联储犯的巨大错误在于美联储缺乏一个英明的领导，因为长期担任纽约联储主席的本杰明·斯特朗在危机前逝世了。

在本轮金融危机中，美联储和"大萧条"时期的美联储是两个完全相反的角色。在危机爆发初期，美联储就密切关注事态的发展。随着危机的升

---

① 当然，凡是金融危机都与流动性紧密相关，"大萧条"一定意义上也是流动性危机，只是相对于金融危机而言，"大萧条"的流动性紧缩对金融体系的冲击没有本轮金融危机明显。

级，美联储的救援是史无前例的。一是大量注入流动性，2007 年 8 月 11 日，次贷危机爆发，金融市场流动性状况发生逆转，其后 48 小时，美联储等货币政策当局向市场注入 3262 亿美元的资金，当日，美联储三次向市场注资 380 亿美元。随着危机的升级，货币政策当局向市场注入的流动性规模不断扩大，截至 2008 年 9 月中旬，各国央行向市场注入资金规模已经超过 1 万亿美元。二是放松货币政策，降低贴现率和联邦基金利率。2007 年 9 月到 2008 年 4 月期间，美联储累计降息 325 个基点，从 5.25% 降低至 2%，而且贴现率从一般高于基准利率 100 个基点下降至 25 个基点，拆借期限从隔夜扩大至 30 天，甚至 90 天。三是不断解除政策束缚，扩展政策空间。"大萧条"以来首次对投资银行提供流动性，参与接管"两房"和 AIG，批准摩根士丹利和高盛转型为银行控股公司，摒弃市场主义信条等。如果现在的美联储是 20 世纪 30 年代的美联储，那么金融危机的破坏力无疑将会更大。还有一点，现任美联储主席 Bernanke 是研究"大萧条"的专家，其对美联储在"大萧条"的错误有着深刻的认识。

（四）对金融监管改革的作用不同

"大萧条"使得美国金融体系走向分业经营和分业监管的模式，而本轮金融危机可能使金融监管向混业监管转变，监管结构可能从伞形监管向功能监管转变。

在美国金融危机中，美国政府已经意识到金融监管的不力。随着美国银行兼并美林、雷曼兄弟出售资产给巴克莱银行，美国金融行业可能重新走回混业经营。美国财政部因此公布了美国金融监管改革方案，该方案的本质是将美国政府的金融监管权力和结构重新整合，将现有的 7 家联邦监管机构精简为 3 家。美联储的监管职能将显著扩充，监管范围由商业银行扩展到投资银行、经纪公司和对冲基金，以加强对混业经营的监管。[①] 新设立的"审慎金融监管机构"（Prudential Financial Regulator）将目前的货币监管局（OCC）与储蓄机构监管局（OTS）包括进来，对受联邦担保的金融机构实施监管。新设立的"商业运营监管机构"（Business Conduct Regulator）将目

---

① 实际上，2008 年 9 月 21 日，美联储批准摩根士丹利和高盛转型为银行控股公司的申请，投资银行作为一个独立行业的时代已经结束。

前的证券交易委员会（SEC）和商品期货交易委员会（CFTC）合二为一，负责监管金融机构的商业运营以及保障投资者和消费者的利益。长期而言，美国金融监管体系可能从伞形监管向英国、德国等的统一监管（功能监管）转变，从而建立一个更加有利于金融稳定的监管体系。

三　相关启示

从美国金融危机的爆发和升级过程中，可以得到诸多启示。第一，制度性缺陷是金融危机爆发的总根源。不管是"大萧条"还是金融危机，都有其特定的经济环境。无论是金本位制还是布雷顿森林体系（以及所谓的后布雷顿森林体系），虽然都为世界经济的快速平稳健康发展做出过积极的贡献，但是随着全球经济的发展，制度本身的缺陷也逐步显现，对其进行调整就具有一定的必然性，相应地，潜在危机的爆发也具有一定的必然性。一个不可持续的经济制度迟早都要对经济活动产生负面冲击，只是程度不同而已；如果对这一制度调整得快、调整得早，那么其负面冲击可能会小一些。

第二，在当前的历史条件下，一个巨大的风险因素就是全球化。虽然中国等新兴市场国家是全球化的最大受益集团之一，但是，当"两房"危机发生之后，中国外汇储备的风险急速加大之时，全球化就可能成为中国进一步开放进程中面临的巨大风险。全球化具有两面性，问题的关键是把握好全球化红利和全球化风险的平衡。而且，一定的经济历史背景可能造就不同的经济发展模式，比如美国的过度消费和中国的出口拉动是在全球化背景下彼此联系的两种经济发展模式，一定的条件下可以相互维系脆弱的平衡，但是一旦有外部冲击，制度性缺陷就将暴露，建立在沙滩之上的大厦就一定会倒塌。另外，在全球化的背景下，全球金融市场和金融投资的风险需要重新评估，在全球流动性过剩的情况下，对风险的定价严重低估，导致非理性交易过度膨胀；而流动性在全球化背景下更容易发生逆转，金融产品的定价也可能丧失理性。因此，深刻认识历史条件，重估金融风险与收益，并积极主动地进行相关制度、结构和投资策略的调整，才是明智的选择。

第三，金融是现代市场经济的核心，而流动性是金融的核心。不管在什么年代，流动性都具有易变性的本质，流动性过剩向流动性短缺的逆转可能在短短的几天内就能完成。在金融繁荣阶段，在货币流通速度加快、信贷非理性扩张等刺激下，流动性通常显示为过剩；但是，在金融动荡时期，由于出于风险防范和金融机构本身的资金需求，流动性可能发生逆转，即出现流动性不足的状况。一旦流动性过剩突然发生逆转，将会给世界经济和全球金融体系造成破坏性极强的冲击。这意味着，货币政策当局应该加强对流动性的管理，不断完善并实施流动性的监测、控制、调整和预警等政策。

第四，注重协调金融创新与金融监管的关系。完善金融创新的监管体系是防范风险的核心要求。仅仅靠金融机构自身的风险管理是远远不够的，监管当局进行的有效监管是保障金融稳定性和金融安全的利器。首先，金融监管当局要改变监管的理念和监管模式，金融全球化条件下的金融创新和混业经营的再次繁荣，使得原本的监管机制已经无法满足新形势的需要。监管当局需要针对金融市场的安全性、流动性和盈利性以及金融机构的资本充足率、资产质量和表内表外业务设计一个科学的监管体系，以此来提高防范和化解金融风险的快速反应能力（IMF，2008）。其次，金融监管应强调针对性，比如银行业需要关注其表外业务的变化，对资产证券化应强调对基础资产和各级证券化产品的风险分级与评估。再次，离岸金融、税收天堂、私募股权基金、对冲基金等仍然缺乏具有针对性的监管措施。最后，监管当局的能力建设需要放在突出的位置，监管能力应和金融业务、金融创新的发展保持动态的协调。尽管金融监管可能永远落后于金融发展，但是应该严防出现"监管真空"和"监管死角"。

第五，货币金融当局的有力救援是金融风险扩散的有效防火墙。从此次金融危机的救援来看，货币金融当局的强力声援可以有效防止市场信心的非理性下挫，同时，流动性的及时注入可以缓解流动性紧张，防止金融创新中的风险通过流动性渠道转移扩散（Economist，2008c）。另外，国际金融合作可以有效防止金融风险的国际传播，比如美联储和欧洲央行的联合行动，对防止金融危机的进一步扩散起到了一定的积极作用。还有，在应对各种金融动荡和金融安全问题时，应该有一个强有力的最后贷款人。当然，亚洲金融危机和美国金融危机的经验表明，最强大的最后贷款人是金融机构自身。

第五节　美国金融监管体系改革及其新进展

美国当前的金融机构监管框架是在 70 多年前建立的架构基础之上产生的，可能已经无法适应市场主导的金融体系和混业经营的模式。对存款机构监管的基础绝大部分基本构架与 20 世纪 30 年代构架相似。证券业和期货业同样实行分业监管，该监管模式也是在 70 年之前就已基本确立。

然而，目前资本市场全球化带来资本流动的不稳定性，信息技术和信息流的改善导致了创新型、风险分散及通常较为复杂的金融产品和交易策略的出现，使得投资者和其他市场参与者难以对其风险进行恰如其分的评估。资本市场中机构投资者在混业经营模式下，给市场带来了更多更具敏感性的流动性、改变了定价机制和风险分散格局。但这些机构可以使用较高比例的杠杆操作和更加相关的交易策略，这对广泛的市场具有潜在的破坏性。这些发展状况正暴露出监管的差距和冗余，给美国金融服务业及其监管架构施加了压力（美国财政部，2008）。

从次贷危机演化为"金融海啸"，美国金融市场受到极大冲击，美国金融监管制度的责任受到极大的非议，美国政府因此进行了深刻的反思。布什政府于 2008 年出台了改革监管机制的"蓝图"，以期对美国金融监管体系进行系统性改善。

奥巴马政府同样将金融监管体系的改革作为挽救美国金融体系和美国经济的重要一环。2009 年 3 月，美国财政部公布金融系统全面改革方案，其中金融监管体系改革重点是强化集中监管、扩大监管范围和内容，以避免再次发生系统性的金融危机。2009 年 6 月 17 日，美国财政部正式公布金融监管体系改革方案，长达 88 页的改革方案被认为是"大萧条"以来美国最为全面的金融监管体系重整计划。

一　布什政府的金融监管改革方案

布什政府的改革蓝图提出了相关的短期和中长期的政策选择。在短期内，美国政府将主要注重和解决以下问题：一是强化总统金融市场工作小组在金融市场监管和政策问题上保持一种有效和有用的机构之间协调人的角色。二是解决抵押贷款监管中存在的缺陷，建立一个按揭监管委员会，起草全国按揭贷款法律条例应该继续成为联邦储备银行的专有职责，明确并加强联邦法律的执法权限（Enforcement Authority）。三是联邦储备体系提供流动性。联邦储备银行需要解决金融体系总体流动性供应方面有关的某些根本问题，在保持市场稳定性和考虑扩大安全网的相关问题之间取得平衡（美国财政部，2008）。

在中长期，逐步废除并将联邦储蓄宪章转变为国民银行宪章，因为美国消费者居民按揭贷款已经具有足够的来源，联邦储蓄宪章已经无法满足新时期的要求。加强对州注册银行的联邦监管，应该对州注册银行的直接联邦监管进行合理的调整，要么将对参加联邦存款保险的州注册银行进行检查的职责交由联邦储备银行来负责，要么对参加联邦存款保险的州注册银行进行检查的职责交由联邦存款保险公司来负责。还有，加强对支付结算系统的监管，美国的主要支付结算系统往往不受到任何统一的、专门制定的及全局性的监管制度的监管，最后导致的结果是对支付结算系统的监管具有异质性。另外，加强对保险业的监管，美国保险业主要由州监管机构进行监管，而联邦政府几乎没有介入监管。全国保险监管者协会更多是一个零散的组织，而不是一个强有力的监管机构。最后是期货和证券业的监管，在其当前的监管架构之内和当前的权力之下，证券交易委员会应该采取若干特定举措使其监管方法现代化，以实现一种机构之间无缝的监管融合，以防止监管疏漏。

二　奥巴马政府的金融监管体系改革方案

2009 年 6 月中旬，奥巴马政府正式公布金融监管体系改革方案——《金融监管改革：一个全新的基础》，该方案将在金融机构稳健监管、金融市场全面监管、消费者投资者保护、金融危机应对以及全球监管标准及合作等五个方面进行深入的改革（Treasury，2009）。[①]

在金融机构稳健监管方面，美国首先将建立一个由主要监管机构负责人组成的金融服务监督委员会，以促进各个监管机构的信息共享和监管协调，同时辨别新的风险以及针对可能影响金融体系稳定的金融机构的问题向美联

---

① 以下五个方面的介绍，来源于美国财政部的改革方案，由笔者翻译整理得出。

储提供监管建议。其次，将加强对所有大型、相互关联的金融机构（主要为一级金融控股公司，不论其是否拥有存款机构）的统一监管，主要监管职责将赋予美联储，美联储将对这些具有系统重要性的机构设置包括资本金、流动性和风险管理等更加审慎的标准。再次，美国将提高所有银行和银行控股公司的资本金水平和其他审慎标准，并使金融机构管理层薪酬水平与长期股东价值更好匹配，以防止管理层的行为对金融安全和稳健性产生冲击。最后，美国将建立联邦级的银行监管机构——国民银行监管署（National Bank Supervisor），负责对在联邦政府注册的存款机构、分行、外国银行代理行以及任何控股存款机构的公司等进行审慎监管。最后是扩展监管范围，包括五个方面：一是投资银行的监管纳入美联储的监管范围，二是对冲基金和私人股权基金必须在证券交易委员会注册；三是证券交易委员会加强对货币市场共同基金的监管；四是财政部设立国家保险办公室对保险业进行联邦层面的监管；五是明确房利美、房地美和联邦住房贷款银行体系的作用。

在金融市场实施全面监管方面，一是强化对证券市场的监管，证券化信用敞口的大部分信贷风险必须与发起人的经济利益相关，证券交易委员会应继续提高证券化市场的透明度和标准，加强对信用评级机构的监管。二是对所有场外交易衍生品市场实行全面监管，防止市场操纵、欺诈，防范不熟悉衍生品的投资者投资该市场，提高衍生品市场的透明度和效率，防止衍生品市场的活动对金融体系带来风险。三是强化对期货和证券市场的统一监管。四是授权美联储加强对具有系统重要性的支付、清算与结算体系及其相关活动的监管。最后是提高整个体系的结算能力，增加支付、清算和结算体系的流动性支持。

在保护消费者和投资者方面，首先是建立一个新的独立的联邦消费者金融保护监管署，对信贷、储蓄、支付和其他金融产品和服务的提供商进行监管，以保护消费者。其次是改革消费者保护机制，强化透明度、简单性、公平性和机会均等性原则。最后是加强投资者保护，赋予证券交易委员会更大权力提高信息透明度，监管投资者顾问和证券机构。

在金融危机应对机制上，一方面，政府要建立一种破产处置机制，防止陷入破产困境的银行控股公司（包括一级金融控股公司）的无序破产，进而导致对金融体系和经济造成严重的负面冲击。另一方面，政府将修订美联储紧急贷款条例，美联储在"非常和紧急情况下"向任何个人、合伙企业或公司提供的信贷支持都要获得财政部部长的事前书面批准。

在提高国际金融监管标准和改善国际合作方面，美国首先敦促巴塞尔银行监管委员会修改和完善巴塞尔新资本协议，以巩固国际资本协议的作用。其次，美国敦促各国金融监管当局提高标准、改善对信用衍生品和其他场外交易衍生品市场的监管，进而改善对全球金融市场的监管。另外，加强对在国际市场非常活跃的金融机构的监管，美国建议金融稳定委员会和各国加强对全球性金融机构的监管。还有，改革危机预警防范和危机管理，各国监管部门应改善信息共享机制并在跨境危机管理中实行金融稳定委员会的原则。同时，通过重组金融稳定委员会，使其制度化运行，维系全球金融体系的稳定。最后，通过加强审慎监管、扩大监管范围、执行更加合理的薪酬制度、提高会计标准、强化对信用评级机构的监管等措施，提高监管有效性，促进全球金融稳定。

三　美国金融监管的发展趋势

自次贷危机爆发以来，美国政府就致力于金融监管体系的改革，不管是布什政府的短期、中期和长期改革方案，还是奥巴马政府的五个方面的改革方案，实际上都隐含着美国当前金融监管体系已经无法适应全球化、金融创新、混业经营等对监管的要求。通过分析两届政府的监管改革重点，可以看出美国金融监管体系将有新的改革和发展特征。

美国金融监管体系中将建立较为有效的协调机制。美国现有金融监管部门之间在应对威胁金融市场稳定的重大问题时缺乏必要的协调机制，这一缺陷在全球金融危机的爆发和蔓延过程中暴露无遗。美联储主席Bernanke（2008）指出，美联储无法对一级交易商（Primary Dealers）进行监管，而这些大型机构是基于证券交易委员会的自愿监管原则的，由于监管协调机制的缺失，美联储和证券交易委员会在2008年才达成谅解备忘录，以充分分享信息，并对一级交易商的金融环境进行跟踪分析。布什政府希望通过强化总统金融市场工作小组在金融市场监管和政策问题上的作用，以形成一种有效和有用的机构协调机制。奥巴马政府则选择通过创立金融服务监管委员会，将主要监管机构融入其中，进而保障监管的有效性。虽然，国会可能对金融服务监管委员会的职能和运作机制提出调整要求，但是，美国金融监管体系的协调机制势必以某种形式建立起来。IMF（2004）研究指出，在金融全球化日益明显的情况下，金融集团的广泛出现及其带来的风险多层次转移以及各个经济体监管体系基础设施方面的不足使得金融监管存在明显差距，而各个监管机构的协调是弥合这些差距的有效途径。

美联储将成为超级监管机构，美国金融监管体系将呈现集中监管的特征。与英国通过金融服务管理局作为单一监管机构进行统一监管的模式不同，美国在新的改革方案中并没有进行根本性的机构调整，仍然保持双层多头的监管模式。但是，美联储的监管职能将得到强化，将成为"全能型超级监管人"而进行更为集中的监管。IMF（2009）指出，美国金融危机的重要教训就是需要建立一个宏观审慎的监管机制并明确授权予一个系统监管机构。在奥巴马政府的金融监管体系改革方案中，美联储将在促进对金融机构的稳健监管和对金融市场实施全面监管两个方面发挥更加重大的作用，其对金融机构和对金融市场的监管职权将被强化和扩大。在金融机构监管中，美联储将负责对具有系统重要性的所有机构进行监管。美联储将执行包括资本充足率、流动性和风险管理标准等审慎经营监管，美联储具有金融机构资本金要求的最终决定权。而且，美联储在为防范系统性风险采取行动时，甚至无需金融服务监管委员会的批准。在金融市场监管方面，美联储有责任和权力对具有系统重要性的支付、清算和结算体系以及金融机构的活动进行监管；同时美联储有权向具有系统重要性的支付、清算和结算体系提供联储银行账户、金融服务和贴现窗口等服务。

监管范围将扩大，监管力度将加强，监管标准将提高。投资银行和货币市场共同基金将分别纳入美联储和证券交易委员会的监管范围，对冲基金和私募股权基金必须在证券交易委员会注册，国家保险办公室对保险业进行联邦层面的监管，同时诸如房利美等国家支持企业、衍生品市场和资产证券化市场等将被纳入新的监管体系，金融体系中的支付、清算和结算系统也将受到统一监管，最后金融机构的资本金、流动性、风险敞口等风险管理标准将更加严格而保守。IMF（2009）强调，将不受监管或很少受到监管的金融体系组成部分尤其是具有系统重要性的部分纳入金融监管的范围是保障金融稳定的重要一环。Goodhart 等人（2004）强调，监管标准提高是限制金融机构过度冒险的有力工具。

消费者和投资者权益保护成为监管改革的一个重点。在金融全球化和金融创新盛行的市场环境中，金融产品极其复杂，消费者和投资者无法对交易成本、风险收益结构和法律义务等深入了解，因此他们在与金融机构订立合同的过程中处于相当劣势的地位。另外，由于信息不对称，消费者和投资者对金融机构的违约概率和偿付能力并不了解，一旦这些机构出现问题，消费者和投资者的利益将受到极大的损害。麦道夫欺诈案就是最为经典的例子。因此，消费者和投资者权益保护将成为美国金融监管的一个重要方面，以平抑消费者和投资者对金融机构欺诈的愤恨。IMF（2009）认为，消费者和投资者保护的一个重要途径就是填补信息缺口，那些几乎不受监管的金融机构和表外交易应该受到监管并披露信息。

全球监管和国际合作将成为有效监管的一个重要方面。随着经济全球化和国际金融一体化进程的不断深化，金融风险在全球传播，金融危机具有更大的全球传播性，但是金融监管者对金融机构和全球金融市场的杠杆率、风险敞口和风险管理安排等信息的把握是不足的。而且各个国家监管当局的监管水平和机制存在很大差异，各个国家监管机构也无法独立承担全球监管责任，因此，包括美国监管当局、欧洲监管当局和众多新兴国家监管者，以及以美联储、英国金融服务管理局为代表的监管机构都强调全球监管和国际合作的重要性。Goodhart（2008）认为，全球金融监管的合作是应对全球金融危机的一个重要方面。2009 年 6 月，八国集团（G8）财长会在意大利 Lecce 召开，甚至提出了 Lecce 框架，以制定全球金融监管的原则与标准，并提交 G8 峰会。

第六节　金融监管改革对金融稳定的影响

金融监管是金融稳定的重要基础保障，适应金融发展的金融监管可以有效抑制金融风险的形成与传播，而难以适应形势的金融监管则无法有效监控、防范金融风险甚至成为金融风险滋生的土壤。美国金融监管体系改革是一次"全面"的改革，将对金融机构、金融市场、消费者和投资者保护、危机的政策应对以及监管的国际合作等作出深刻的调整。美国金融监管体系的改革，不仅是应对金融危机的短期政策措施，而且将深远地影响美国金融体系及其金融稳定。IMF（2009）强调，建立一个更加审慎的监管体系是防止监管套利（Regulatory Arbitrage），提高监管有效实施力度，进而支撑系统稳定性的基础。

一　金融监管方案对金融稳定的积极作用

美国新的金融监管方案强化了监管协调机制，一定程度上将提高监管的有效性，从而促进金融体系的稳定与发展。金融服务监管委员会可以促进各个监管机构的信息共享和监管协调，同时辨别新的风险和可能影响金融体系稳定的金融机构的问题。金融服务监管委员会的设立将改变美国监管体系由几个部分零散组成的局面，促进美国金融监管体系的总体有效性。

美联储成为超级监管机构，可以有效加强对大型金融机构的监管，从而防止金融机构对系统性稳定的冲击。如果美国金融监管体系改革方案能得到国会的赞成，那么美联储将成为美国金融体系的超级监管者。美联储不仅对银行业进行监管，而且对所有具有系统重要性的机构（包括银行但不限于银行，比如通用资本公司）进行监管，同时还对整个支付、清算和结算体系进行监管。此前，高盛、雷曼兄弟、美林等五大投行和通用资本公司、AIG金融产品部等接受证券交易委员会的自愿监管原则，实际上这些大型机构（由于自愿监管原则）并没有得到有效的监管，其支付、清算和结算也游离于监管体系之外，最后导致对系统稳定性的极大冲击。在新的监管方案中，美联储的监管职能就涵盖个体、行业和整个体系，美联储前理事Mishkin（2009）认为，这样的机制安排可以有效促进美国金融体系的稳定。一方面，个体金融机构（尤其是具有系统重要性的机构）由于资产负债的期限错配以及高杠杆率，带来了金融体系的更大脆弱性，而且这些机构在危机时期旨在保持偿付能力的努力，可能影响整个体系的稳定，因此，自愿监管原则必须转为强制性的审慎监管；另一方面，如果过分关注单个机构的监管，也可能导致监管部门忽视金融体系中的整体性重大变化，因此金融监管应该个体监管和综合监管并重，才能有效保障金融稳定。

新的监管体系的覆盖面更大，监管力度更强，将有效地防范监管漏洞。金融机构和金融市场将受到更加全面和审慎的监管，保险公司、投资银行、对冲基金、私募股权基金以及场外衍生产品市场等被纳入新的监管体系，同时对金融企业设立执行更严格的资本金、风险管理及其他标准，并加强对支付、清算和结算体系的监管。一方面，在本轮金融危机中的监管漏洞将被填补，财政部将设立保险监管办公室加强对保险公司在联邦层级的监管力度，投资银行和其他大型金融机构不能采取自愿监管原则而必须接受审慎监管，对冲基金、私募股权基金和场外交易必须受到证券交易委员会的监管。另一方面，新的监管体系将采取审慎监管原则，安全性将作为重要的监管指标，具有系统重要性的机构在资本金、风险敞口、流动性、杠杆率和风险管理机制等标准方面将更加保守和严格，这将直接降低金融机构和金融体系的脆弱性。Morris 和 Shin（2008）在反思本轮金融危机时指出，即使金融机构能够按要求执行资本金要求，可能也无法抑制危机的爆发与传染，因为目前金融机构的资本金要求都是基于风险管理的要求而忽视了流动性管理要求，必须符合包括资产组合在内的流动性要求以及设置最高杠杆率标准才能确保大型金融机构和整个体系的稳健。因此，Brunnermeier 等人（2009）在论述金融监管的基本原则时强调，清偿力、流动性和期限配置是金融机构风险管理的三大指标，在监管中应该得到强化。

消费者和投资者的利益得到有效保护，金融稳定和金融发展的基础加强。新方案将对金融产品和服务市场实行严格监管，促进这些产品透明、公平、合理，使消费者和投资者获得充分的有关金融产品与服务的信息。对消费者进行保护可以通过减少金融服务使用者逆向选择的机会来解决信息不对称问题，监管机构必须强调信息披露，防止金融中介机构滥用市场力量，这将有利于减少信息不对称对消费者和投资者的损害，并促进金融稳定。金融监管在加强对金融机构监管的同时，强化了对消费者和投资者权益的切实保护，这将强化金融业发展的社会基础。

危机应对政策的明确及金融机构破产处置，将降低金融机构破产的无序性，从而削弱破产对金融体系的冲击。在"大而不倒"政策导向下，规模和风险之间一般存在比较明确的相关性，"大而不倒"救助政策影响银行的规模选择和资产风险的组合选择，导致银行可能追求更大的风险，可能导致更大的道德风险问题，因此，政府有时候必须允许大型金融机构破产。一般情况下，问题严重的金融机构必须及早处置，该破产的就要破产，否则问题积聚会进一步影响整体金融稳定，但是破产的有序性同样重要，比如尽早敦促有问题机构不良债权的处理，降低社会成本，提高金融体系稳定性。

全球金融监管原则与标准的确立，以及金融监管全球合作的进行，将有利于防范金融风险的全球传播。金融机构在全球化和金融一体化的条件下，出现了普遍的交叉持有对方流动性（Cross-holdings of Liquidity）的操作，这在金融体系稳定阶段有利于缓解金融机构的流动性困境，但是这种机制只是流动性的再分配而不是流动性创造，由此产生了更大的一张流动性交叉网络，使得流动性渠道网络化，在金融危机阶段其金融风险的传染性更强（Allen et al.，2000），而目前国际金融监管与协调机制远远落后于金融国际化、金融自由化的发展步伐，从而对全球金融风险防范和金融危机应对是不充分的。因此，通过建立全球金融监管原则与相关标准，并加强全球金融监管和危机应对的合作，将有利于全球金融稳定，为各个经济体的金融体系稳健提供一个良好的外部条件。

二　新监管方案中的隐忧

奥巴马政府金融监管体系改革方案《金融监管改革：一个全新的基础》一出台，就有反对声音认为，提高集中监管力度，扩大监管范围等措施与市场规则相互背离，不利于美国金融市场的繁荣与发展，可能存在矫枉过正的嫌疑。更重要的是，美国新监管体系中的监管协调机制的有效性、美联储政策目标多重性以及混业经营与分业监管的错配更是受到严重的质疑。

（一）监管协调机制仍存不确定性，整体监管有效性受限制

奥巴马政府出台的金融监管体系改革方案，虽然扩大了监管覆盖面，强化了监管力度，采取金融机构监管和整体监管并重的模式，但是，伞形、双层、多头金融监管框架并没有根本性的改变，监管协调机制仍是重大问题。美国将新设立金融服务监管委员会作为监管机构的协调机制，该委员会由财政部部长担任主席，其他金融监管机构第一负责人担任委员，该委员会及其主席是否具备权威性和号召力以有效地促进各金融监管机构的协调仍然是一个问题，如果委员会的内部协调机制无法理顺，那么美国金融监管体系仍然

是多头格局，对金融体系稳定性的促进作用将受到限制。另外，金融服务监管委员会是否能成为监管者的监管人也存在疑问，在新方案中美联储和证券交易委员会的监管职能都将加强，其系统稳定性的责任增大，如何监管这些超级监管机构也是影响美国金融体系稳定的一个重要因素。Goodhart 等人（2007）指出，美国金融监管机构之间一直存在内部协调和机构对立的问题，虽然联邦政府致力于改变这一不利的状况，但是从历史经验看这些努力基本没有取得预期效果甚至是失败的。金融服务监管委员会是否能够有效承担协调责任存在不确定性。

（二）美联储目标多重化，可能酝酿新的风险

美联储成为全能超级监管机构，面临政策目标多重性、独立性降低等潜在风险。美联储出于监管有效性的目标，可能会妨碍其作为中央银行执行货币政策这一更基本目标的实现，即美联储在政策目标上具有多重性。即使极力支持美联储成为系统性监管机构的 Mishkin（2009）也担忧，如果要同时考虑金融稳定目标，美联储实现产出与物价稳定（即货币政策）这一明确的重点目标可能变得模糊。而美国货币政策在保证物价稳定、充分就业、适度经济增长和国际收支平衡等方面发挥着基础性作用，如果货币政策目标被弱化，那么美国经济波动性可能加大，实体经济可能受到更加负面的影响。因此，美联储在拥有更大监管权力和致力于监管有效性目标的同时，如何保证货币政策效力是其最为重大的任务。

另外，美联储的独立性可能受到一定影响。加强对金融机构监管的改革中一个重要的举措是成立金融服务监管委员会，该委员会由美国现有 7 个联邦监管机构和方案中的消费者金融保护署的一把手组成。该委员会可以就如何识别新出现的风险、如何识别那些破产可能会威胁金融体系稳定的机构（由于其规模、杠杆比率以及相互关联性等问题）向美联储提供建议，并为解决不同监管部门之间的管辖争议提供一个平台。这说明金融服务监管委员会及其委员可以就新的系统性风险、具有系统重要性的金融机构的监管等向美联储施加影响。市场更是担忧，这可能导致货币政策独立性在一定程度受到冲击，影响美联储货币政策目标的实现，这对金融体系稳定性的冲击可能更大。

（三）混业经营与分业监管的背离没有改变，危机根源犹存

从理论上讲，分业经营模式向混业经营模式转变建立在金融体系不确定性参数、风险回避系数、外部性因素和监管成本等减小的基础之上（谢平等，2003）。但是，在混业经营下，金融创新往往导致杠杆化操作，效率提高时损失了稳定性，风险回避系数的变化趋势不明确。混业经营促进金融行业的外部成本内部化，但是，却可能导致道德风险的泛滥。最后，监管成本问题更是混业监管面临的最大现实挑战之一。因此，政府作为整个市场投资者的监管代理人遭遇了较为复杂的监管难题。Coffe（1999）指出，混业经营的风险可能被低估了，而且如果是以功能监管为主，可能出现监管目标和机构之间的竞争，而不是紧密的协调与配合，那么混业经营的理论基础可能就动摇，甚至可能导致监管体系的分裂。

更重要的是，在混业经营的条件下，金融监管的力量相对薄弱。因为当前金融体系的监管是建立在股东对债务负有限责任以及提供公共存款保险的基础之上，股东和储户、投保人等市场主体对代理人的监管积极性不足，金融机构运作的内部监管部分缺失。这样就造成了市场规则、保险、监管和流动性援助之间的平衡关系扭曲，导致了公众对监管功效和资产安全性的不现实的预期（Spencer，2000）。由于内部监管人的职能丧失，政府监管部门监管不到位，加上混业经营中金融体系日益复杂化，即使存在合适的机制激励监管人进行充分的监管，以股东为代表的内部监管人和以货币当局为代表的外部监管人也会逐渐丧失进行充分监管的能力。另外，Hoenig（2008）认为美国主要的法规、监管政策和中央银行流动性支持工具主要是为了处理传统的银行危机，在应对资本市场产生的危机和外部银行危机方面，显得力不从心，而且，监管和政策框架没有以同样的速度跟上金融市场的发展步伐，这使得混业经营的风险不断暴露和传递，最后造成严重的金融危机。

Kansas 联储主席 Hoenig（2008）认为，在新一轮的金融危机中，混业经营和分业监管的背离是危机爆发和升级的一个制度因素。要最大限度地防止金融风险的跨市场传导和扩散，客观上要求金融监管体系必须做到金融风险的全覆盖，有效监测金融市场的局部风险和系统性风险，而分业监管和机构主导的监管模式在次贷危机的蔓延与恶化中暴露出了局部性风险监管无法覆盖系统性风险的巨大缺陷。

　　恩格尔曼等人（2008）指出，在金融一体化和全球竞争的条件下，各产业的界限模糊，机构成为多样化的金融混合物，20 世纪初期的核心问题之一就是金融部门的安全和稳定运行，这是金融监管当局面临的主要政策问题。在金融自由化和技术创新的情况下，金融部门机构、产品和市场的变化，将极大地改变金融市场结构和金融监管体系，因此，金融监管必须遵循匹配原则，才能提高监管有效性（World Bank，2006）。美国新金融监管方案可能是"大萧条"以来美国最全面的金融监管体系改革计划，但是，这一方案并没有改变美国双层、多头的金融监管机制，更重要的是并没有改变分业监管的现有格局，美国分业监管和混业经营的矛盾依然存在。实际上，这一改革方案并非如美国政府所言是"确立全新的游戏规则"，"一次最全面的根本性改革"，而更像是对原有系统的"修修补补"。金融经营模式和监管模式的持续背离，是本轮金融危机爆发的重要诱因。因此，金融行业和金融体系的安全与稳定仍然是美国金融监管当局的主要政策问题之一。

　　从对几次重大金融危机的比较来看，金融危机的产生具有一定的历史背景、市场制度和金融体系的特性。但是，金融危机的演进和影响具有某些共性，金融危机的应对也有着一定的普遍性原则与方法。

　　金融危机的演进过程，一般可以分为危机孕育、危机引发、危机爆发和危机深化等阶段。在危机初期，政府政策失败和制度缺陷是重要的诱因，政府及时有效的行动可以遏制危机的进一步发展，但是在危机爆发和深化阶段，政府往往失去对危机的控制，危机可能逐步升级，造成更大范围的冲击，甚至是系统性风险。

　　系统性金融危机的影响是巨大而深远的。金融危机不仅导致资产价格下挫、金融机构破产和金融行业危机，还将冲击实体经济稳定增长的基础，甚至冲击全球经济的基本面。

　　历史经验表明，政府干预往往是挽救金融危机的最有效手段，政府在危机救援中的地位和作用是不可替代的。恢复市场功能、重建资源配置的机制以及保持宏观经济稳定就成为政府救援金融危机和干预市场的主要目标。在救治危机过程中，政府必须坚持若干原则，及时、适度地采取具有针对性的有效措施，处理流动性不足、问题资产累积和金融机构破产等问题，并实施货币、财政和监管等方面的政策和改革，恢复金融机构和市场的资源配置功能，以促进经济复苏。

金融危机的历史还表明，失败的财政货币政策往往是金融危机爆发的基本面因素。失败的财政货币政策将直接导致金融体系的流动性变化迅猛，流动性过剩和流动性短缺及其逆转在不恰当的政策体系中具有更大的易变性，将会给世界经济和全球金融体系造成破坏性极强的冲击。而且，不恰当的政策措施不仅无法有效治理金融危机，甚至可能进一步恶化金融危机。同时，金融自由化和监管制度不到位是金融危机爆发的重要诱因，完善金融自由化的监管体系是防范金融风险的核心要求。仅靠金融机构自身的风险管理是远远不够的，金融监管当局进行的有效监管是保障金融稳定性和金融安全的重要手段。金融监管当局需要针对金融市场的安全性、流动性和盈利性以及金融机构的资本充足率、资产质量和表内表外业务设计一个科学的监管体系，以此来提高防范和化解金融风险的快速反应能力。

在治理和防范金融危机方面，特别是在金融危机期间，政府适时适当的干预金融市场是遏制金融危机蔓延的有效手段。政府强力干预可以有效防止市场信心的非理性下挫，同时流动性的及时注入也可以缓解流动性紧张，防止金融风险通过流动性渠道转移扩散。而在金融危机之后，政府系统性的危机救援措施、经济刺激政策和改革，对金融市场功能恢复和经济增长提速是十分重要的。另外，对金融体系和制度适时的、有力的改革也有助于遏制金融危机，稳定市场，促进金融业的稳健发展。

应该强调，金融制度的完善对治理和防范金融危机也是十分必要的。一个不完善、不健全的经济和金融制度早晚都要对经济活动产生负面冲击，只是程度不同而已。因此，在金融危机过程中，对不合理的制度进行尽可能快、尽可能早的调整，可以在更大程度上减轻金融危机的负面冲击。

第 三 章

中国金融稳定指数的构建及测度

随着全球经济一体化的快速发展和我国金融业对外开放，资本的杠杆作用被发挥得越来越充分，金融的负外部性在金融对经济发展贡献不断提高的同时也越来越明显，我国金融体系内的高风险和不稳定因素渐渐凸显出来，金融稳定性已经成为我国经济发展中所面临的关键问题之一。因此，研究如何构建中国金融稳定指数，如何定量测度我国金融稳定性具有重要的现实意义。

第一节 金融稳定的度量

金融稳定的内涵是人们对金融稳定研究的起点和本质认识，也构成了金融稳定性测度的基础。由于金融稳定涉及的范围及领域具有广泛性和复杂性，所以目前在国际学术界对金融稳定内涵的界定还未达成共识。从文献上看，早期有关金融稳定内涵的理解主要是从金融市场和金融机构自身的稳定特征和具体表现来阐述的，认为金融稳定的内涵主要包括：金融市场能够平稳运行；金融机构风险处于可控范围之内；金融市场的储蓄和投资均能得到有效配置（Mishkin，1991；Crockett，1997；仲彬，2004）。近些年来，随着世界金融一体化的迅速发展，一些研究者认为金融稳定内涵还应体现在：能有效地承受各种较大的外生冲击；经济中的实物资产或金融资产的相对价格变化不影响币值稳定等方面（Schinasi，2003；EBC，2008；惠康，2010）。本章在已有研究基础上，总结上述学者的研究成果，将金融稳定内涵归纳为三个维度：①金融机构和金融市场的正常平稳运行，金融机构风险处于可控范围之内；②金融市场能有效地承受各种较大的外部冲击；③经济中的实物资产或金融资产的相对价格变化相对稳定，不出现剧烈波动。

在金融稳定量化方面，由于金融稳定的内涵是多方面的，因此很难用单一指标进行衡量。从文献上看，金融稳定的量化都是通过一个包含多个金融稳定内涵基础指标的综合指标进行度量的。早在1999年，国际货币基金组织（IMF）开始探索选取多个基础指标编制金融稳健指标，用来衡量和评估国家之间金融机构整体以及作为金融机构客户的公司和住户部门的当前金融健康状况和稳健性；2004年，IMF对金融稳健基础指标作了进一步修改，并且正式出版了《金融稳健指标编制指南》。2006年，欧洲中央银行（ECB）在IMF金融稳健指数的基础上，构建了宏观审慎指数，用来评价其成员国金融体系的稳定性。此外，不少学者也在金融稳定指数方面进行了探讨，比较有代表性的有：Adam（2008）比较了国际货币基金组织的金融稳健指数和欧洲中央银行的宏观审慎指数的优缺点，然后在这两者基础上进行简化，构建了一个仅含有6个基础指标的金融稳定指数；Miguel（2010）在前人研究的基础上，根据7个基础指标构造了一个金融稳定指数，并应用等方差加权方法、主成分分析法、定量反应方法对哥伦比亚的金融机构稳定性进行了测评和分析。从中可以看出，欧洲中央银行以及国外许多学者关于金融稳定指数的研究大都以国际货币基金组织编制的金融稳健指数为基础，然后进一步补充和修正。可以说，国际货币基金组织编制的金融稳健指数具有较高的权威性。

从国内文献上看，近年来随着我国金融市场的不断开放和金融体制改革逐步深化，国内对金融稳定性测度的研究也逐渐展开。王明华等人（2005）以银行稳定的宏观成本控制为理论依据构建了金融稳定的评价指标体系；万晓莉（2008）以银行稳健性指数为金融稳定的代理变量对中国金融稳定进行测度；中国人民银行金融稳定分析小组（2009）从宏观经济运行环境、金融机构发展状况、金融基础设施建设情况以及金融风险管理四个方面对2008年我国的金融稳定性进行了评估；霍德明和刘思甸（2009）在参考ECB宏观审慎指数基础上，构造了宏观金融稳定性评估指标体系；王雪峰（2010）应用状态空间模型确定指标权重，构造了中国金融稳定状态指数，用该指数反映我国金融稳定状况；惠康等人（2010）将金融稳定归纳为金融体系基本要素平稳运行和具有抵抗巨大冲击的能力两个维度，在此基础上构建了一个金融稳定指数。以上学者从不同的角度，借鉴国外研究成果，进行中国金融稳定指数的有益探讨，做了很多有价值的工作。

　　通过以上梳理国内外相关研究文献不难发现，虽然 IMF 编制的金融稳健指数是对金融稳定性进行量化考察的代表性方法，但是，一方面由于各国的会计标准、指标体系以及数据统计口径等方面存在明显差异；另一方面由于 IMF 的金融稳健指标体系中，比如一级监管资本对风险加权资产的比率、按部门分布的贷款对贷款总额的比率、非利息支出对收入总额的比率等这些核心基础指标在中国无法获得，因此，还不能完全搬用 IMF 的金融稳健指数用于中国的金融稳定分析。国内现有关于中国金融稳定性测度的研究虽然作了一些有益的、开拓型的探索，也在不同程度上反映了我国金融稳定的某些侧面，但由于存在数据获取困难或方法选择差异等多方面原因，所以还不能够在整体上对金融稳定进行全面的真实度量。可以说，到目前为止，如何构建中国金融稳定指标体系在国内外学术界还没有形成一致的看法，仍然处于探索和完善之中。鉴于此，本章试图从金融稳定的内涵出发，在借鉴国内外学者研究成果的基础上，构建我国的金融稳定指标体系，为探索适用于中国国情的金融稳定指标进行一些尝试。

第二节　金融稳定指标的选取

　　本章紧紧围绕金融稳定的基本内涵，即金融机构和金融市场的正常平稳运行，金融机构风险处于可控范围之内；金融市场能有效地承受住各种较大的外部冲击；经济中的实物资产或金融资产的相对价格变化相对稳定，不出现剧烈波动，并以国际货币基金组织的金融稳健指数体系为基础，结合我国的金融市场和金融机构特征，选取我国金融稳定的基础指标。

　　在金融机构方面，金融机构的正常平稳运行是指主要金融机构能够正常运转并顺利履行职责，主要体现在银行业、证券业和保险业金融机构的资本安全、运行状态平稳等方面。

　　对于资本安全，根据前述文献，国际货币基金组织（2004）、欧洲中央银行（2006）、Adam（2008）、Miguel（2010）等均把不良贷款率作为金融机构资金安全衡量的基础指标，不良贷款率越高表明金融机构的损失可能越大，从而金融机构面临的破产风险越高，金融机构稳定性越差。因此，本章同以上国外文献一样，把不良贷款率纳入我国金融稳定指数体系，作为衡量金融机构资本安全的主要基础指标。

对于运行状态平稳，几乎所有的国内相关文献，如万晓莉（2008）、霍德明和刘思甸（2009）、王雪峰（2010）等都把新增贷款额作为衡量金融稳定指数的基础指标，这可能与我国金融机构运行机制的特点有关。我国银行业起源于传统体制下政府主导性的银行体制，许多银行业金融机构仍然带有浓厚的行政色彩，特别是四家大型商业银行，长期以来扮演着第二财政的角色，因此，新增贷款的大小往往取决于国家实施的货币政策。2009 年，为应对金融危机，我国实施了积极的财政政策和适度宽松的货币政策，而 2009 年我国的新增贷款额达到 9.6 万亿元的天文数字，是 2008 年新增贷款额的 2.31 倍。短期内骤然增加的没有得到充分审核的新增贷款，无疑会导致较高的坏账风险，从而给金融机构带来较高的未来风险，影响金融稳定。因此，本章借鉴国内学者的研究经验，选取新增贷款额作为衡量我国金融稳定指数的基础指标之一。

金融机构的平稳运行还体现在银行间同业拆借利率上，剧烈波动的同业拆借利率也影响金融体系的稳定性。本章在实际计算过程中发现银行间同业拆借利率和银行间债券质押式回购利率的相关性很强（两者相关系数为 0.93），两者在图形上也很相似，因此为避免类似信息的比重过大，本章舍去后者，保留银行间同业拆借利率这一基础指标。

另外，本章同国际货币基金组织（2004）、Adam（2008）、Miguel（2010）等的指标体系一样，选择金融企业流动负债/流动资产这一基础指标来衡量金融机构的偿债能力。

在金融市场方面，金融市场的正常平稳运行主要表现在资产价格的平稳上，过高的资产价格必然隐藏大量资产泡沫，而资产泡沫的破裂又是必然的结果，因此过高的资产泡沫或者快速增长的资产价格不利于金融市场的稳定。本章借鉴王雪峰（2010）的指标体系，选取股票市盈率、商品房销售价格作为金融市场运行状态的基础测度指标。另外，国外传统的经济学观点认为，金融稳定的目标和币值稳定的目标一致，高通货膨胀会导致市场的大幅度波动，从而阻碍储蓄向投资的转化，诱发金融的不稳定（Schwartz，1995）。因此，本章选取实际利率来衡量金融市场的通货膨胀因素，因为当实际利率较小或为负时，居民或企业会减少银行存款，这些资金往往会流入房地产市场或股票市场，从而加大资产泡沫，诱发金融的不稳定性。另外，借鉴 IMF 金融稳健指标体系，本章选取 M2/GDP 比率作为反映流动性情况的主要指标之一。这一指标值的上升可以为金融机构和金融市场保持充裕流动性创造条件，但是该比率过大可能会引起通货膨胀，从而对金融稳定性造成不利影响。

从承受冲击的能力来看，金融体系承受外部和内部动荡冲击的能力主要取决于宏观经济的保障、金融体系的开放以及金融结构的协调发展，国民经济健康快速平稳的发展可以为金融稳定提供坚实的物质基础，金融体系的开放会使得外部冲击给金融稳定带来一定压力，协调发展的金融结构是金融稳定的内在要求。国外的研究一般认为，影响一国金融稳定的因素也可能受到外部实体经济因素的冲击，其将间接影响金融体系的运转，诱发金融不稳定（IMF and WB，2003）。根据相关金融理论和数据的可得性，本章选择外汇储备量、实际有效汇率、外债/外汇储备等变量作为金融体系承受巨大冲击能力的基础测度指标。[①] 综上所述，本章选择的金融稳定指标体系如表3-1所示。

表 3 - 1　金融稳定指标构成

综合指标	分类指标	基础指标	指标属性	
			正指标	逆指标
金融体系运行平稳	金融机构	新增贷款额		√
		主要商业银行不良贷款率		√
		银行间同业拆借利率		√
		金融企业流动负债/流动资产		√
	金融市场	实际利率		√
		股票市盈率		√
		商品房销售价格		√
		M2/GDP		√
承受较大冲击能力	外汇风险	外汇储备量	√	
		实际有效汇率		√
		外债/外汇储备		√

----

① 外汇储备量是偿还国外债务和国家金融体系稳定运行的重要物质保证；外债与外汇储备比是反映我国资本状况安全性的重要指标，过多的外债不仅使我国承受较大的偿债压力，而且外部资本的流动会影响外汇市场供求的迅速变化，会影响资源的配置，从而威胁金融的稳定性；实际有效汇率会对国家的经济产生显著影响，尤其是中国这样的外贸大国，实际有效汇率快速上升不仅会明显减弱我国出口商品竞争力，从而影响我国的宏观经济增长，而且会改变国际资本流动预期及其流动方向，从而对我国金融稳定产生不利影响。

第三节　金融稳定指标的合成方法及稳健性

一　金融稳定指数的定义和指标合成方法选取

由于金融稳定的内涵非常丰富，涉及金融机构、金融市场、国际和国内宏观经济形势等方面，因此，金融稳定不是一个简单的经济范畴，而是一系列因素的综合反映，这也就意味着金融稳定指数必须是由多个方面、多个指标所构成的一个综合指标体系。本章构造的金融稳定指数（FSI）是通过确定反映金融机构、金融市场、外部冲击以及宏观经济运行状况的各项基础指标，分别计算基础指标对其长期均值的偏离，然后根据主成分分析法赋予不同基础指标的权重，合成综合的金融稳定指数，用来衡量一国的金融稳定状况。

本章借鉴 Miguel（2010）构造金融稳定指标（FSI）的等方差加权方法（Variance-equal Weight Method），将金融稳定指数定义如下：

$$FSI_t = \sum \omega_{it} \times \left(\frac{X_{it} - \bar{X}_{it}}{\sigma_i} \right)$$

其中，FSI_t 为第 t 期的金融稳定指数；ω_{it} 为第 t 期第 i 变量的权重，X_{it} 为第 t 期基础指数 X_i 的取值，$\bar{X}_{it}$ 为第 t 期基础指数 X_{it} 的中长期趋势值；σ_i 为第 i 个基础指标的标准差；$\frac{(X_{it} - \bar{X}_{it})}{\sigma_i}$ 为第 t 期基础指标 X_{it} 对其中长期趋势值的相对标准方差偏离度。第 t 期的金融稳定指数（FSI_t）的经济含义为：相对长期（样本数据区间）的平均金融压力（Financial Stress）水平的第 t 期金融稳定性大小。若 FSI_t 大于零（长期的平均金融压力水平），说明第 t 期的金融风险大于平均金融风险水平，FSI_t 值越大，金融风险越高，金融稳定性越差；若 FSI_t 小于零（长期的平均金融压力水平），说明第 t 期的金融风险小于平均金融风险水平，FSI_t 值越小，金融风险越低，金融稳定性越好。

一般说来，从技术角度上讲，确定综合指数体系中多个基础指标的权重有三种方法。

（一）加权平均法

加权平均法是根据相关背景知识对各项原始指标数据进行评分，然后给出各项基础指标的权值，利用基础指标的权重，把这些基础指标合成一个综合指数。这种方法的优点在于简单方便，但是由于这种方法不仅没有考虑到各分项指标之间可能存在的高度相关性，会使得指数合成存在权重结构问题；而且权重的确定具有较大的人为主观性和随意性，缺乏相对客观性。

（二）层次分析法（AHP）

层次分析法是一种将决策者对复杂问题的决策思维过程模型化、数量化的过程。通过这种方法，可以将复杂问题分解为若干层次和若干因素，在各因素之间进行简单的比较和计算，就可以得出不同方案重要性程度的权重，从而为决策方案的选择提供依据。但是应用层次分析法需要由研究者根据对各指标重要性程度的认识进行赋值，这在很大程度上依赖于人们的经验，具有一定的主观因素。因此，层次分析法虽然可以排除思维过程中的严重非一致性，却无法排除决策者个人可能存在的片面性和主观性。

（三）主成分分析法（Principal Components Analysis）

主成分分析法的思路是通过降维技术把多个相互关联的基础指标简约为少数几个综合指数的指数合成方法，而且这些较少的综合指数之间互不相关，又能提供原有指标的绝大部分信息；另外，伴随主成分分析的过程，将会自动生成各主成分的权重，这就在很大程度上抵制了在评价过程中人为因素的干扰，因此以主成分为基础的综合评价理论能够较好地保证评价结果的客观性，如实地反映实际问题。相比较而言，主成分分析法提供了科学而客观的评价方法，完善了综合评价理论体系，为管理和决策提供了客观依据。正是基于主成分分析法的优越性，本章选取主成分分析法确定基础指标的权重。

二　基础数据的处理

本章金融稳定指数体系共有 11 个基础指标，由于均采用基础指标对其长期均值的相对标准方差偏离度来度量，各基础指标具有相同的量纲，因此，可以进行指标的合成。但从指标属性上看，金融稳定指数的一些基础指标属于正指标，即指标越大金融稳定性越好，金融风险越低；一些基础指标属于逆指标，即指标越大金融稳定性越差，金融风险越高。如果将不同性质的基础指标直接合成加总就无法正确反映出不同作用力的综合结果，因此本章对所有逆指标均采取倒数形式来改变其性质，从而使所有指标对金融稳定性的作用力趋于一致。

　　一般情况下，任何一个月度或季度数据时间序列 Y 均由四种因素构成：长期趋势 T（Trend），代表经济指标时间序列长期的趋势特性；季节变动因素 S（Seasonal），是每年重复出现的季度变动；周期性波动因素 C（Cycle），代表一种景气变动，经济变动或其他周期变动，可以代表某个经济或某个特定行业的波动；不规则变动因素 I（Irregular），也称为噪声，是由无法预测的因素引起的。这四种因素共同影响和作用，形成了经济指标时间序列的整体变动的特征。在经济分析中，季节变动因素 S 和不规则变动因素 I 往往遮盖或混淆经济发展中的客观变化，给研究和分析经济发展的趋势，判断目前经济处于何种状态带来困难，因此需要在经济分析之前，先将经济时间序列进行分解，剔除其中的季节变动因素和不规则变动因素。去除季节变动因素 S 和不规则变动因素 I 有多种方法，比如移动平均法、Tramo-Seats 方法、X—12方法等，其中比较常用的是美国普查局推出的 X—12 方法。

　　金融稳定指数体系的各个基础数据处理过程如下：若基础指标是逆指标，则通过倒数形式使其变成正向指标，然后使用 X—12 方法对所有基础数据序列的季节性进行检验，对季节性明显的指标序列进行季节调整去掉季节变动因素和不规则变动因素；接着利用 H—P 滤波法计算每个基础序列的中长期趋势值 $\bar{X}_{it}$，然后计算剔除季节变动因素和不规则变动因素的基础指标序列 X_{it} 与其中长期趋势之间的差值，最后计算基础指标 X_{it} 对其中长期趋势值的相对标准方差偏离度 $\dfrac{(X_{it} - \bar{X}_{it})}{\sigma_i}$。

　　另外，在进行主成分分析时，既可以使用相关系数矩阵 R_1，也可以使用协方差矩阵 R_2。使用相关系数矩阵的优点在于它可以消除量纲不同对总指数合成所带来的影响，能够避免主成分过分依赖于量级过大的指标变量；但是这一方法的缺点在于各指标变量都具有单位标准差从而造成具体分析中对不同指标的相对离散程度的低估或夸大。采用协方差矩阵的优点不仅可以消除量纲和数量级上的差异，还能够保留各指标变量在离散程度上的特性，避免对不同指标相对离散程度的低估或夸大。因此，基于以上综合考虑，本章选择协方差矩阵进行主成分分析。

本章中所使用的数据来源于"CEIC 中国经济数据库"，以及"中国经济信息网宏观月度库"和"中国统计数据应用支持系统"；样本时间区间为：2000 年 1 月—2010 年 7 月。

三　中国金融稳定指数的测度结果

根据上述方法对基础数据处理后，运用 Eviews 软件进行主成分分析，获得各基础指标的相应权重（见表 3 - 2）。

表 3 - 2　中国金融稳定指标体系中的基础指标权重值

基础指标	基础指标权重值	基础指标	基础指标权重值
新增贷款额	- 0. 27728	实际利率	0. 24202
银行间同业拆借利率	0. 05981	M2/GDP	0. 40197
金融企业流动负债/流动资产	0. 38397	深圳证券交易所股票市盈率	0. 24016
实际有效汇率	0. 10259	外债/外汇储备	0. 46641
商品房销售价格	- 0. 25681	主要商业银行不良贷款率	0. 44750
外汇储备量	0. 10228		

第一主成分特征值 λ_1 = 7. 579608；Proportion = 0. 68906；Cumulative Proportion = 0. 68906
第二主成分特征值 λ_2 = 0. 859001；Proportion = 0. 07809；Cumulative Proportion = 0. 76715

注：所选定的权重根据第一主成分的各指标得分求得。

第四节　中国金融稳定性分析

根据计算出的金融稳定指数，2000 年 1 月—2010 年 7 月期间的中国金融稳定指数图如图 3 - 1 所示。从图 3 - 1 可以看出，中国金融稳定指数在此期间波动幅度较大，大体可以分为三个阶段。

一　2000 年 1 月—2008 年 4 月

这一阶段，我国金融稳定指数不断下降，从 2000 年 1 月的最高点 4.16 下降到 2008 年 4 月的最低点 - 2.39，说明这期间我国的金融风险逐渐减弱，

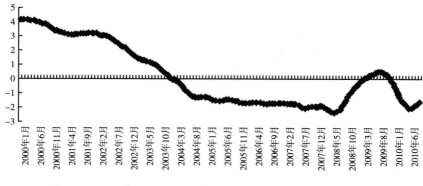

图 3-1 2000 年 1 月—2010 年 7 月中国金融稳定指数变化趋势

金融稳定性逐渐增强。从宏观经济因素上看，主要是由于 1998 年亚洲金融危机后，亚洲各国的经济逐渐恢复，加上国际宏观经济形势的不断好转，我国经济进入新一轮的快速增长时期，国内生产总值增长率从 2001 年的 8.3% 逐年快速上升到 2007 年的 14.2%；同时，我国的外汇储备增长很快，从 2000 年的 1655.74 亿美元快速增加到 2007 年的 15282.49 亿美元，七年增长 8.23 倍，为我国金融稳定奠定了坚实的物质基础。另外，我国主要商业银行的不良贷款率也逐年下降，从 2000 年初的 23.6% 下降到 2008 年初的 6.3%，商业银行资产质量明显提高。还有，在这期间，我国的实际有效汇率、股票市盈率、金融企业流动负债/流动资产以及新增贷款额也基本保持稳定。总之，这一时期我国宏观经济保持快速平稳增长的良好势头，我国金融机构和金融市场平稳发展，金融风险不断下降，金融稳定性不断得以改善。

二 2008 年 5 月—2009 年 7 月

这一时期我国金融风险逐渐上升，金融稳定性有所减弱。从国际上看，主要是由于国际金融危机的影响，2008 年下半年，随着美国金融危机的蔓延，我国的宏观经济出现明显下滑，我国的工业增加值、出口额等出现明显下降，尤其是进出口总额从 30% 左右的增长速度迅速下滑，并出现负增长；从国内因素上看，主要是政府的宏观经济刺激计划所带来的金融风险。2008 年，为减弱国际金融危机对我国宏观经济的不利影响，中央政府制定了 4 万亿元投资刺激计划，各地方为争取国家资金支持，纷纷上马各种大型投资项目，其中有些项目的必要性、可行性并没有得到充分论证，这不仅进一步加剧了产能过剩，而且使得我国的产业结构、经济结构进一步失衡；另外，由于 2009 年商业银行新增贷款达到 9.6 万亿元的天文数字，一些地方政府负债竟达到 300%！为商业银行巨额不良贷款埋下了祸根，使得这一时期的金融风险急剧增加，中国金融稳定性大大失衡。另外，由于这一时期缺乏其他有效的投资渠道，国内外资金纷纷进入房地产市场，房地产价格火爆异常，房地产市场投机盛行。据中国指数研究院2009 年度报告显示，2009 年上半年，20 个重点城市中，12 个城市商品房成交均价超过历史最高水平，其余 8 个城市也已接近历史最高水平，上涨幅度已经达到 50% 以上。根据美联物业发布的报告，2009 年北京的楼市租售比再创纪录，首次突破了 1∶500，达到了 1∶546，部分区域甚至达到了1∶700；上海的楼市租售比也超过 1∶500，远远高于国外楼市租售比 1∶200的警戒线。据 2009 年房地产中介机构中大恒基计算，2009 年北京市的房价收入比已达 27∶1，远超出国际平均 5∶1 的水平。以上种种数据表明，在这期间，我国的房地产市场已经积累了大量的资产泡沫，一旦高房价无法维持，那么楼市泡沫的破裂将给我国金融市场以及金融机构稳定性带来很大的冲击，我国的金融稳定将面临严峻的考验。

三　2009 年 7 月—2010 年 7 月

2009 年下半年以来，政府部门逐步加强了金融风险管理，一方面逐步收紧货币政策；另一方面对地方政府融资平台进行了整顿和清理，同时加强了房地产市场的调控和管理，这使得我国金融风险逐渐减弱，金融稳定性逐步改善。然而值得注意的是，自 2010 年 5 月以来，我国金融稳定指数出现明显上翘，这意味着我国的金融风险有所上升，金融稳定性开始减弱，并有进一步失稳之趋势。据初步预测，我国金融稳定指数在未来一段时间仍将保持上升趋势，我国金融稳定性将进一步减弱。这由以下几个方面原因引起：①价格因素。由于国内食品价格上涨、劳动力工资上涨、资源产品调价等结构性价格上涨压力仍将长期存在，不排除结构性上涨压力在未来某些时段突出显现。另外，由于 2010 年我国自然灾害频繁发生，部分地区的粮食旱涝绝收，而自然灾害对物价的影响具有一定的滞后性，加上国际市场的原因，如俄罗斯的粮食出口禁令等，因此，2009 年下半年以来，我国物价一直承受较大的上涨压力。②利率因素。2009 年下半年以来，我国居民消费价格指数远高于银行存款利率，实际上是处于负利率状态。虽然短期负利率对经济增长具有一定的刺激作用，但是长期的负利率将对国家的金融稳定和金融安全造成不利影响：一方面，负利率实际上是对居民储蓄存款征收一定的惩罚性税收，而逃避这一税收的方式则是进行投资，对于居民而言，由于中国投资渠道有限，所以负利率的直接结果就是使得居民储蓄投向楼市和股市，从而引起房地产泡沫和股市泡沫急剧膨胀，进一步加剧资本市场泡沫；另一方面，负利率会刺激企业家开始投资一些原本不该投资的项目，特别是一些重工业、房地产等资金密集型产业，这些项目对利率的反应非常敏感，流动性过剩导致的股票市场泡沫也会进一步助长固定资产投资热潮，导致投资过度扩张，最后使得产能进一步过剩，资源配置将进一步扭曲；再一方面，负利率将进一步加剧国民收入分配的失衡，造成国有企业越来越富，居民越来越穷，负利息的实质就是用居民储蓄补贴"国企"，随着居民消费价格的步步高升，利率水平有望逐步提高，而利率的提高，对地方巨额的债务以及充满泡沫的房地产市场将是一个严峻的考验，中国金融稳定性也将随之发生变化。③实际有效汇率。2009 年底，我国外汇储备余额突破 2 万亿美元，达到 2.399 万亿美元，远远高于全球其他国家，相当于七国集团（G7）的 1.93 倍，是外汇排名第二位的日本的 2.2 倍；2010 年一季度，我国外汇储备同比增长25.25%。如此巨额的外汇储备和快速增长招致越来越多国家的不满。欧盟、日本、美国等国家和地区，国际货币基金组织、世界银行等国际组织多次向我国施加压力，敦促和迫使人民币升值，人民币升值的压力越来越大。2009 年 6 月我国重启人民币升值计划以来，人民币汇率持续小幅升值，不断创出新高。从未来中长期来看，人民币不断升值是必然趋势，然而，人民币升值一方面会造成我国巨额外汇的损失，另一方面也会因为外资的快速流入和流出危及我国金融稳定。

金融产生于实体经济、服务于实体经济而又逐步深化为相对独立的力量，在市场资源配置过程中发挥着举足轻重的作用，特别是稳定的金融体系通过把资金导向更高效率的部门而促进了经济增长。在这个意义上，维护金融稳定就成为促进经济持续发展的重要基础和必要前提。然而，随着经济金融全球化进程的进一步加快发展，金融自由化加速推进，金融创新大量涌现，导致金融不稳定的因素不断增多并日趋复杂。美国次贷危机引发的"金融海啸"及其对实体经济的恶劣影响更是令世界猝不及防，导致国际金融市场动荡加剧，全球经济增长明显放缓。因此，各国政府和国际金融机构无不高度重视维护金融体系的整体稳定，无不需要一个能够动态反映金融体系和金融市场潜在风险或不稳定状态的前瞻性指标体系来帮助分析和进行决策。

本章以构建一个能够全面反映一国金融稳定状况动态变化的综合指数为目标，借鉴国际货币基金组织以及其他已有的研究成果，进行了构建中国金融稳定指数的尝试。本章所构建的金融稳定指数显示，从 2000 年初到 2008 年上半年，我国的金融风险逐渐减弱，金融稳定性逐步增强；2008 年下半年到 2009 年上半年，我国金融风险逐渐上升，金融稳定性有所减弱；2009 年下半年到 2010 年上半年，我国的金融风险逐渐降低，金融稳定性得到改善，但潜在的金融风险不容忽视，特别是要关注价格（包括资产价格）、利率、汇率的变化，采取审慎的措施予以应对。可以看出，这一指数基本上能够揭示一个时期以来和当前的金融稳定状况，而且由于包含了反映未来金融运行状况和宏观经济状况的相关信息，所以还能够作为预测、研判未来金融稳定走势的先行指标，从而为政府进行有效的宏观调控、为监管当局制定和实施金融稳定政策、为投资者和消费者判断未来金融和经济走势提供有益的借鉴和参考。

正如前文所述，金融稳定的内涵具有明显的多维性，这也就决定了用一个单一指标来反映金融稳定状况是极为困难的。很显然，尽管本节对金融稳定指数构建进行了有益的尝试，但其中仍然有些问题需要进一步研究，比如，如何更为科学地选择构建金融稳定指数所需的金融乃至经济变量，以更加准确、更为全面地反映金融机构的行为、金融市场的变化及其对金融稳定的影响。这一指数既不能过于繁杂而无从测度，也不能过于简单以至于不能精准地反映金融运行状态。因此，一个全面、准确、及时反映金融运行状态的金融稳定指数的构建仍有待更深入地探讨。

附录 计算结果

Principal Components Analysis

Date：10/31/10 Time：15：51

Sample：2000M01 2010M07

Included observations：127 after adjustment

Extracting 11 of 11 possible components

Eigenvalues：（Sum = 11，Average = 1）

Number	Value	Difference	Proportion	Cumulative Value	Cumulative Proportion
1	7.579608	6.720607	0.68906	7.5796	0.68906
2	0.859001	0.159542	0.07809	8.4386	0.76715
3	0.699459	0.188268	0.06359	9.1381	0.83073
4	0.511191	0.091106	0.04647	9.6493	0.87721
5	0.420085	0.042473	0.03819	10.0693	0.91539
6	0.377612	0.181136	0.03433	10.4470	0.94972
7	0.196476	0.051813	0.01786	10.6434	0.96758
8	0.144663	0.018903	0.01315	10.7881	0.98074
9	0.125760	0.063683	0.01143	10.9139	0.99217
10	0.062077	0.033549	0.00564	10.9759	0.99781
11	0.028528	—	0.00259	11	1

Eigenvectors（loadings）：

Variable	PC1	PC2	PC3	PC4	PC5
Y01	− 0.27728	− 0.047411	0.129387	− 0.241410	0.038978
Y02	0.05981	0.422385	− 0.015039	− 0.480777	0.345805
Y03	0.38397	0.199049	− 0.221545	− 0.032767	0.097380
Y04	0.10259	− 0.550748	− 0.163683	0.004779	0.157060
Y05	− 0.25681	0.322173	0.343107	− 0.140338	− 0.165134
Y06	0.10228	− 0.018319	0.569314	0.314675	− 0.150216
Y07	0.24202	0.035020	− 0.276945	− 0.046598	0.125147
Y08	0.40197	0.326880	0.236655	− 0.162170	0.168888
Y09	0.24016	0.454197	− 0.149962	0.666327	− 0.071569
Y10	0.46641	− 0.114021	0.315088	0.295167	0.840332
Y11	0.44750	0.211887	− 0.459178	0.176570	0.198621

Eigenvectors（loadings）:

Variable	PC6	PC7	PC8	PC9	PC10	PC11
Y01	0.416549	0.322136	0.477795	−0.068981	0.403896	−0.250721
Y02	−0.331289	−0.270124	0.472958	0.175020	−0.038735	0.016374
Y03	0.087044	0.297869	−0.028964	−0.483077	0.433006	0.422899
Y04	−0.189066	0.488405	0.395742	0.041655	−0.401847	0.105058
Y05	0.582952	0.169438	0.024061	0.084169	−0.509013	0.138579
Y06	−0.222683	0.146572	0.158216	0.460175	0.392151	0.191830
Y07	0.145129	0.211457	−0.233931	0.377044	0.175549	−0.630676
Y08	−0.406279	0.593776	−0.387360	−0.073815	−0.125131	−0.084962
Y09	−0.094383	0.086611	0.385343	−0.210990	−0.161093	−0.293810
Y10	0.221903	−0.146572	−0.098117	−0.111866	−0.026996	−0.021748
Y11	0.199293	0.139762	−0.045536	0.553194	0.018990	0.446341

第 四 章

货币政策选择与金融稳定:
金融加速器视角

2003 年 4 月 28 日，随着中国银行业监督管理委员会（简称"银监会"）的成立，中国人民银行集货币政策、金融监管和商业银行职能于一身的"大一统"时代宣告结束。人民银行可以将更多的精力投入到货币政策的制定和实施上，但这并不意味着人民银行可以放松其对金融体系稳定性的关注。维护金融体系的稳定仍应是我国中央银行货币政策的重要目标。多年来世界各国的金融实践表明，金融稳定和货币稳定作为货币政策的双重目标，两者之间既有一致性，也存在一定冲突。如何正确协调矛盾、妥善处理两者之间关系，成为中央银行认真履行货币稳定职责、维护金融稳定的关键。

第一节　货币政策与金融稳定的一致性探讨

一　货币政策作用于金融稳定

货币政策对于金融稳定具有重要的意义，货币政策对金融稳定的影响，主要是通过物价水平和利率水平两个渠道产生效应。

（一）物价水平的稳定

稳定的物价水平是保证金融稳定的必要条件，原因是通货膨胀会扭曲价格信号，不利于资源的有效配置，并加剧资产泡沫的产生。[①] 一个国家的货币

---

① 例如 19 世纪 80 年代末 90 年代初北欧国家的银行危机正是由于货币政策过于宽松并且没有及时作出调整造成的。

政策要保持本币币值的稳定，须采取得当的货币政策措施，如果货币政策举措失当，会导致通货膨胀迅速攀升，进而形成恶性通货膨胀。当通货膨胀成为脱缰野马时，快速上涨的物价使货币大幅度贬值，名义利率极大地低于通货膨胀率，实际利率为负值时，常常会引发居民挤提存款，银行业出现会挤兑危机。而此时金融市场的融资活动也会由于通货膨胀使名义利率被迫上升，导致证券价格相应下降，股票市场也因此处于不稳定状态之中。恶性通货膨胀的后期，会使社会公众失去对本位币的信心，人们大量抛出纸币，甚至会出现以物易物的排斥货币的现象。到了这种程度，一国的货币制度就会走向崩溃，引发金融体系的极度混乱、不稳定（何林峰，2007）。此外，如果是持续的、紧缩的货币政策将通货膨胀推向低点，甚至为负的水平时，也会带来风险，通胀率越低，持有现金较之于银行存款吸引力更大。银行存款的流失可能降低银行的利润，这就意味着银行可能面临破产倒闭的境地。

（二）利率水平的稳定

稳定的利率水平也是保证金融稳定的必要条件，原因是利率的大幅度波动容易导致金融机构经营的风险，进而引发金融市场的不稳定。一个国家的货币政策须以适当的举措保持本币利率的相对稳定，如果利率的大幅度波动，将引发金融市场的动荡。以利率的大幅度上升为例，利率急剧提高会导致长期债券和抵押贷款产生巨大的资本损失，从而导致持有这些资产的金融机构蒙受巨大损失；利率的急剧提高会加速居民的储蓄热情，从而大幅度减少了消费需求；利率的急剧提高会降低企业的贷款需求，导致投资和总体经济活动下降；利率的急剧提高导致股票市场价格暴跌，不利于资本市场的稳定。因此，国际上的历次金融危机，往往与利率的大幅度上升密切相关。虽然利率的波动会直接影响金融市场的稳定，但如果对利率进行强行管制，同样不利于金融体系的稳定，其中的风险在于利率不能随经济环境的变化而适时的调整，利率对经济环境失去反应的敏感性，这本身脱离了经济发展的规律。一旦调整来临，往往会产生金融市场的过度反应，对金融市场产生不稳定的影响。

二　金融稳定作用于货币政策

（一）金融稳定对货币政策目标的实现具有重要意义

从金融稳定的概念来看，货币政策和金融稳定政策是相互交织在一起的。金融稳定政策最终所实现的目标中必然包含货币稳定，这是与货币政策相一致的。金融稳定作为一项公共职能，其体现目标通常包括价格稳定、利率稳定、金融市场有序稳定等一系列目标。而降低通货膨胀率和实现价格稳定被普遍认为是基本的长期货币政策目标（何林峰，2007）。因此，从理论上讲，金融稳定政策涵盖了货币政策目标，两者激励相容。

（二）金融稳定举措促进货币政策有效实施

一国经济社会中，以促进金融稳定而实现的措施，有助于相应货币政策的有效实施。在经济危机时期，为维护金融稳定所采取的一系列措施（如提供流动性、政府担保和国有化等）对刺激经济的宽松货币政策起到了促进和支持作用。而在经济高涨时期，为防止泡沫的进一步扩大，为维护金融稳定采取的一系列措施（如压缩政府开支、进行宏观调控，提高税收水平等）对紧缩货币政策起到了促进和支持作用。因此，金融稳定政策与货币政策相互依赖，互为交织，对一国的经济社会发展起到了重要的指引作用。

第二节　货币政策与金融稳定的冲突性分析

由于金融稳定量化困难和运行机制的复杂性，金融稳定对货币政策既可以起到促进和加强的作用，又可能在某些时候增加货币政策执行的难度。

一　金融危机时期流动性的注入会偏离货币政策目标

由于金融市场与实体经济之间存在着金融加速器效应①，因此，在金融危机时期，货币当局通过向陷入危机的金融机构注入流动性，打破金融加速器效应的恶性循环，成为治理危机的必备良方。2007 年金融危机以来，新凯恩斯主义的回归使政府干预成为危机时期的主流经济学，世界

---

① 金融不稳定导致金融体系内部流动性不足，影响到对实体经济的资金供给，降低了投资的增长。投资增长的降低又进一步降低了企业的净值，而金融机构向企业提供资金往往都以企业可以提供的担保或抵押净值为依据的，因此，企业净值的降低使其能从金融体系获得的资金供给又进一步减少。如此循环，最终导致投资萎缩，从而阻碍了经济的正常发展，这就是金融不稳定向实体经济传导的"金融加速器"效应。

各国均对流动性短缺的金融市场进行积极救助，我国也在 2008 年推出了 4 万亿元投资计划，以达到刺激经济的效应。但是随着扩张性经济政策的实施，社会经济面临价格上升的压力，若要继续对陷入困境的机构进行救助，势必增加流动性的供给，扩张性的货币政策将会使货币供应偏离目标，使通货膨胀预期进一步恶化。因此，在面对金融危机时，货币当局在对陷入困境的机构进行救助这个问题上处于尴尬的境地：一方面，对于陷入困境的金融机构来说，货币当局需要注入更多的流动性，以帮助他们摆脱困境；另一方面，从保持低通胀的角度考虑，货币当局客观上需要采取紧缩性的货币政策，收回流动性，提高利率（王自力，2005）。如果在流动性的问题上处理不好，或宽松政策的退出时机不合适，会产生货币政策的正反馈机制，使经济停滞和通货膨胀并行，进而进一步危害社会经济的发展。

二　低通胀货币政策不利于金融稳定的维护

货币稳定和金融稳定之间的冲突，还表现在保持货币稳定以及低通货膨胀的货币政策可能使金融体系面临流动性短缺的难题，从而造成金融机构经营困难，引发金融不稳定。目前全球许多国家的货币政策以低通货膨胀为目标，主要的宗旨是保持物价稳定，抑制通货膨胀。因此，在经济高涨时期，必须采取紧缩性货币政策，如提高贴现率和存款准备金率，进行公开市场出售。提高贴现率和存款准备金率的结果是直接减少了金融机构的流动资金，应对兑付风险的能力下降。一旦面临挤兑，流动资金不足以用于支付。货币当局进行公开市场出售的结果是提高了市场利率，市场利率的提高，使金融机构的负债成本大大提高，而补充流动性的能力不足（王自力，2005）。因此，反通货膨胀的货币政策，使金融机构的脆弱性增加，应对风险的能力降低，一旦发生不利因素冲击，即容易引起金融机构的破产和倒闭。当然，低通胀货币政策对金融稳定产生了一定的影响，但并不是金融不稳定的根本原因，只有在金融体系过度信用扩张存在的情况下，面临外部冲击如经济基本面或宏观政策变化，抑或其他突发性事件发生时，本已脆弱的金融机构和金融体系将更加脆弱，进而产生金融体系的危机。

第三节　中央银行加强货币政策与金融稳定的协调

由于货币政策与金融稳定之间既存在着一致性，也存在着一定的矛盾与冲突。中央银行在执行货币政策时，为最终达到维护金融稳定的目的，实现资金资源配置的最优化，需加强货币政策与金融稳定的协调。

一　保持稳健货币政策，创造稳定宽松货币环境

尽管就货币稳定与金融稳定的关系，在理论上主要有传统论和"新环境假设"论两种相左的观点，但大多数学者认为金融不稳定通常是由总体价格波动引起或使之更加严重，因而维持价格稳定的货币政策也能够促进金融稳定。货币稳定是实现金融稳定的充分条件，旨在维持价格（货币）稳定的政策同样可以用于实现金融稳定。而在实际生活中，20 世纪 30 年代以来，历次较为严重的经济危机或金融危机，最终都体现为币值的不稳定。如我国 20 世纪 80 年代的消费膨胀与投资膨胀，其实质是通货膨胀。亚洲金融危机及 20 世纪 90 年代日本房地产泡沫破裂等最终都是本币的大幅贬值。由于在信用经济条件下，货币运动在空间和结构上也存在着非均衡性。这种非均衡性虽然可以通过商业银行进行初次信用调节，但由于商业银行要追求自身的经济利益，往往导致利益调节倾斜，从而会加剧货币结构的失衡，如商业银行本身的经济行为具有顺周期效应。基于商业银行调节货币环境的局限性，需要中央银行代表国家，从社会整体利益出发，进行第二次调节。而中央银行这种调节摒弃了单个经济体的利益倾向，代表了整个国家的利益诉求，更能通过正确货币政策，引导货币在社会经济中的流动和结构调整，使货币政策实现货币稳定的基础目标。

二　保持稳健的货币政策，合理把握货币供应总量

从宏观上看，通货膨胀与通货紧缩都是一个国家金融不稳定的主要表现。通货膨胀表现的是过量的货币供应带来市场物价的持续上涨。通货紧缩表现的是缺量的货币供应带来市场物价的持续下跌。对于任何一个国家的经济发展，过度的通胀和持续的通缩，无论对于经济运行还是金融运行都是有

百弊而无一利。在中国历史上并没有发生过金融危机，但货币市场的系统性风险仍然存在。这种风险主要体现在某些特殊时期，国内的通货膨胀数据较高，货币贬值速度较快，使国内物价出现了不稳的状态。而对于通货膨胀的防御，货币当局应保持中性的货币供应量。所谓中性货币供应量是指与一国经济自然增长率和正常货币深化系数相适应的货币供应量。实践证明，以币值稳定为目标，正确处理防范金融风险与支持经济增长的关系，在提高贷款质量的前提下，保持货币供应量适度增长，支持国民经济持续快速健康发展的稳健货币政策，是我国近几年金融稳定的重要基础（孟建华，2005）。

三 保持稳健货币政策，稳定人民币利率

随着金融市场的开放，利率市场化已经成为中国金融市场改革的主要内容。利率市场化是指金融机构在货币市场经营融资的利率水平由市场供求来决定，它包括利率决定、利率传导、利率结构和利率管理的市场化。实际上就是将利率的决策权交给金融机构，由金融机构自己根据资金状况和对金融市场动向的判断来自主调节利率水平，最终形成以中央银行基准利率为引导，各种利率保持合理利益和分层有效传导的利率体系。利率市场化是我国金融产业走向市场的重要步骤之一，也是国民经济运行体制转变到市场经济上来的基本标志之一。短期利率作为资金的价格，是最重要的经济变量之一，其变动主要受市场物价水平和资金供求关系的影响，能够在一定时期内保持利率的相对稳定，无疑对金融稳定有明显的促进作用，因为利率的提高和下降与通货膨胀和通货紧缩有着必然的关系，而这正是金融不稳定的重要表现。中央银行可以充分利用货币政策工具来保持利率水平的相对稳定。如中央银行能够运用公开市场操作，通过有价证券的公开买卖，直接影响利率水平高低和利率结构的变化，对经济增长会产生扩张性或紧缩性影响。同时，由于我国目前仍然存在着利率管制，在利率市场化改革中，实施及时的和渐进式的利率调整政策，有利于维持金融体系的长期稳定。

四 建立金融稳定与货币政策有效的沟通协调机制

由于金融稳定与货币政策存在着一定的矛盾和冲突，需要货币当局在执行货币政策时，加强金融稳定与货币政策的协调。对于中央银行来说，需加

强两个层面的协调：第一个层面是中央银行与市场的沟通。单家金融机构作为微观市场主体，在决策中经常面临信息不对称的问题，并因此可能导致资产价格过度偏离基本面，由此产生的资产泡沫是很多金融危机的主要原因。中央银行作为宏观决策部门，可以通过加强与市场主体的沟通来引导市场预期。第二个层面是宏观决策部门之间的协调和沟通（魏莉，2010），如央行与财政部门、央行和金融监管当局之间协调和沟通等。由于金融稳定和货币政策的协调工作，涉及面宽，范围广，必要时需要调动多个部门的资源，仅仅依靠中央某一部委或某一金融监管部门的力量是难以做到的。要确保金融稳定协调管理机构的权威和工作的高效，就需要建立一个高层次的金融稳定协调机构，协调全国金融稳定工作。例如专门成立由"一行三会"和财政部人员共同组成的联合工作组，定期交流意见，在出现问题时迅速采取联合行动，防止风险继续扩散。同时，还应明确人民银行在这个高层次金融稳定协调机构的主导地位，由人民银行会同其他金融监管部门建立相关的沟通协调制度，如：构建工作沟通协调小组，建立统计资料定期交流制度，建立信息查询、通报制度。通过金融稳定协调机制，解决一些带有综合性的、全局性的、单一的专业部门所解决不了的金融稳定问题。

第四节　货币政策的金融加速器效应

在货币政策的历史长河中，从新古典主义的货币中性到凯恩斯主义的需求管理，再到卢卡斯的理性预期学派、真实经济周期学派的供给冲击论，经济学发展到新凯恩斯主义经济学阶段，始终将货币政策当做一门科学来研究。但在此次席卷全球的国际金融危机中，与正常时期渐进主义的货币政策不同，各国货币政策表现出更强的非常规性、波动性和灵活性，使得危机中的货币政策更接近于艺术而非科学。当世界经济进入缓慢复苏进程，学术界需要更深刻地思考此次金融危机中各国货币政策的功与过、得与失。当现代经济周期越来越表现出金融经济周期的特征，当其理论创始人、美联储主席Bernanke 将其反危机的核心理念在危机中一以贯之，金融加速器（Financial Accelerator）理论也许能够提供很好的观察和分析视角。

金融加速器理论是美联储主席 Bernanke 等人（Bernanke，Gertler，

1989；Bernanke，Gertler，Gilchrist，1996，1999）在研究"大萧条"的基础上提出的。它将金融市场摩擦融入经济周期波动的分析框架，阐述了信贷市场不完美性导致的最初的反向冲击通过信贷市场状态的改变被加剧和传递的机理。就货币政策而言，金融加速器效应的存在造成货币政策有效性的周期内生非线性，直接影响反危机的扩张性货币政策的有效性。同时，金融加速器理论揭示了"金融危机－信用成本上升－真实产出持续下滑"以及危机时期金融动荡和经济下行两者之间反馈循环的微观机制，这正是危机时期货币政策操作的内在机理，也正是有了前期以金融加速器理论为核心的对大危机的研究，美联储才能够在此次金融危机中迅速而有效地行动，挽救美国经济于衰退的边缘，避免了"大萧条"的再次上演。

简单来说，金融加速器是指信贷市场的自身条件变化能够将初始的经济冲击放大和加强的效应（Bernanke，Gertler and Gilchrist，1996）。现实中金融系统的一个典型特征是不对称信息情况的普遍存在。这会导致逆向选择和道德风险，产生借贷者之间的委托—代理问题，使外部融资的资金成本更高，即存在外部融资溢价（Bernanke and Gertler，1989）。假设信贷市场存在摩擦或成本、总的融资需求不变、存在不对称信息，那么外部融资额外成本与借款者资产净值负相关（Bernanke，1996），金融加速器传导机制的关键是外部融资溢价与借款者资产净值之负向关系。显然，借款者的资产净值（如企业利润、资产价格等）随经济周期正向变动，导致外部融资溢价随经济周期反向变动，由此触发企业融资的波动，随之而来的是企业投资、支出和生产波动（Bernanke，1996）。因此，负向冲击或经济扩张的自然结束可能显著恶化财务状况，影响企业和家庭的信贷可得性。与此同时，外部融资需求（例如非意愿存货融资）上升，结果导致支出或产出的下降，这进一步加重了经济下滑的趋势。信贷市场的变化放大和传播了最初的真实或货币冲击的效应，这种由信贷市场状况变化导致的初始冲击被放大的机制称作金融加速器（Bernanke and Gertler，1989）。

就货币政策而言，金融加速器效应的存在使货币政策的传导机制除传统的资金成本这一直接效应以外，还有通过资产价格渠道、信贷渠道作用的间接效应。对此，可以在 Bernanke 和 Gertler（1989）的理论基础上加以说明。

假设有两期 0 期和 1 期，企业家在 0 期投入，在 1 期产出。投入有两种，固定资本 K 和可变投入 x_1。在 1 期末，企业家可以价格 q_1 卖掉单位固定资本，可变资本（可以被看做原材料）在使用中被完全折旧。1 期的产出是 $a_1 f(x_1)$，$f(\cdot)$ 是增的凹函数。企业家在期初有从前期继承来的现金流、负债。因此，可变投入的表达式为：

$$x_1 = a_0 f(x_0) + b_1 - r_0 b_0 \tag{4-1}$$

其中 b_1 表示负债。新的负债在 1 期偿还，利率为 r_1。企业家选择 x_1 和 b_1，以最大化 1 期的净产出。假设企业家违约，固定资本的所有权转移是无成本的，也就是说固定资本可以用作抵押。我们可以看出借贷者提供的资金受固定资本的净现值约束，即

$$b_1 \leqslant (q_1 / r_1) K \tag{4-2}$$

综合式（4-1）和式（4-2），可得：

$$x_1 \leqslant a_0 f(x_0) + (q_1 / r_1) K - r_0 b_0 \tag{4-3}$$

从以上框架，可以进行有关货币政策的金融加速器效应产生途径的简单讨论：如果企业净现值 $(q_1 / r_1) K$ 小于无约束的最优投资 x_1^* [x_1^* 满足 $a_1 f'(x_1) = r_1$]，企业存在外部融资溢价，等于内部资金的影子价值 $a_1 f'(x_1)$ 和市场上借贷成本 r_1 的差额 [即 $a_1 f'(x_1) - r_1$]。企业资产净现值的下降增加了外部融资溢价 $a_1 f'(x_1) - r_1$，减少了企业的支出和产出。[①] 从上述内容可以看出货币政策的直接和间接两种效应：直接效应表现为传统的资金成本渠道，即现有债务利率 r_0 的上升减少了企业支出，因为它减少了除去现有利息支付后的净现金流 $a_1 f(x_1) - r_0 b_0$，这表现为企业内部融资来源的变化对投资支出的影响；间接效应是，利率的上升通过减少单位资产价值（q_1 / r_1）进而借贷者的净现值减少了投资支出，这表现为企业净值对外部融资升水的变化对企业投资支出的影响，因此，紧缩的货币政策通过直接和间接两种效应降低了借款人以资产价值状况衡量的金融地位，使得外部融

---

① 这是因为在式（4-3）约束收紧的情况下，随着净现值（q_1 / r_1）K 的减少，可变投入 x_1 减少，按照关于生产函数的一般设定，边际生产率 $f'(x_1)$ 增加，从而内部资金的影子价值 $a_1 f'(x_1)$ 增加。

资溢价上升、可融资数量下降，这迫使企业融资约束收紧，投资、产出收缩。

　　可以通过图4-1说明货币政策与金融加速器效应之间的关系。在金融加速器的作用机制中，核心是由外部融资溢价导致的真实融资成本的变动。家庭、企业的真实融资成本是无风险利率加外部融资溢价。货币政策直接影响无风险利率，这就是传统的利率渠道或叫资金成本渠道，如图4-1中Ⅰ所示。货币政策通过对企业（或家庭）的资产负债表、银行信贷的影响产生金融加速器效应，这就是货币政策的间接效应，其对经济的作用通过影响外部融资溢价进而真实融资成本实现，如图4-1中Ⅱ所示。金融动荡中，资产价格的剧烈变化严重影响企业（或家庭）以及银行的资产负债表状况，

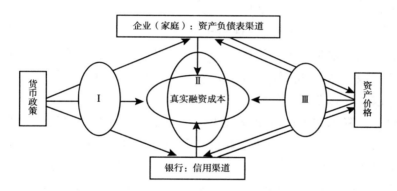

图4-1　货币政策的金融加速器效应

金融加速器机制对实体经济的作用进一步强化，如图4-1中Ⅲ所示。简而言之，货币政策通过资产负债渠道影响企业（或家庭）的净财富，通过信用渠道影响银行，通过对资产价格的影响强化基本的金融加速器机制。因此，如果货币政策的灵活性、有效性和前瞻性很差，货币政策会成为金融加速器的加速器，放大经济的周期性波动。

第五节　反危机货币政策的有效性：基于金融加速器理论的审视

　　在本轮全球金融危机中，各主要经济体的货币政策放松体现在两个方面：一方面，主要经济体在危机之后均大幅度降低利率，世界进入了史无前

例的超低利率时代；另一方面，主要经济体的中央银行均采取了"量化宽松"的货币政策，通过各种非常规货币渠道向市场注入大量流动性，以减缓金融紧张、支持信贷市场正常运行，同时积极运用各种手段保持金融稳定，主要是防止金融机构无序倒闭（Bernanke，2008e）。

一 大幅度降低利率的扩张性货币政策及其效果

2007 年 9 月至 2008 年 12 月，美联储进行了十次降息，联邦基金利率从5.25% 下降到 0—0.25% 区间，单次降息幅度有三次为 75 个基点；英格兰银行五次下调基准利率 350 个基点至 1%，欧洲中央银行下调利率 325 个基点最低至 1%；2008 年 10 月 31 日，日本中央银行决定将银行间无担保隔夜拆借利率由 0.5% 下调至 0.3%，这是史无前例的。在降息伊始，尽管联邦基金利率和美国国债利率大幅下降，个人贷款利率和企业贷款利率却呈现双双上升，商业银行和其他金融中介大幅收缩了商业信贷规模，信贷市场紧缩状态未得到改善。这些事实使人们开始质疑低利率的货币刺激政策的有效性。

实际上，降低利率的货币政策实施初期导致的真实贷款利率的上升可以通过货币政策的金融加速器理论解释。金融加速器机制的大小与初始的经济状况、经济主体的财务状况密切相关，这就导致金融加速器机制是经济周期动态内生非线性的。这是因为，经济和经济主体的财务状况良好，企业（或家庭）只需为外部融资支付较少的融资溢价。因此，在拥有充裕内部资金的经济中，当前经济的负向冲击对投资支出没有太大的影响。相反，当财务状况较差时，冲击会导致信息问题严重恶化，外部融资成本会大幅上升，从而使金融加速器效应在经济衰退中的作用更为显著。货币政策的周期内生非线性体现在，在经济和金融市场波动不大的情况下，无风险利率调整主导融资利率水平，而由于金融加速器效应不明显，外部融资溢价变动也就不剧烈。但在经济金融波动幅度较大的情况下，外部融资溢价剧烈波动形成货币政策的直接和间接双重效应，甚至外部融资升水可能主导融资利率的变化，弱化无风险利率的作用，在金融动荡的极端情况下正是这种情形。因此，在危机伊始，尽管联邦基准利率下调，但风险溢价上升的幅度更大，融资真实利率反而上升。危机时期市场对风险定价过高，信用差价高企，这是危机时期金融市场的主要特征。然而，在危机时期，为缓解由金融紧张导致的金融市场信息不对称程度的加大，并阻断金融危机向宏观经济的传导以及两者之间的互动反馈机制，使宏观经济尽可能与金融动荡相隔离（Bernanke，2008a；Mishkin，2008a，2008b），降息就成为最为直接也最为有效的手段。

二　推出非常规的量化宽松货币政策的原因

金融加速器理论是从对"大萧条"的研究中得出的结论，它深刻揭示了金融动荡与经济活动收缩的循环反馈机制引起经济剧烈而持久的波动的内在机理。早在 1933 年，剖析"大萧条"的大师 Fisher（1933）就指出，1929—1933 年，广泛的借款人资产负债状况恶化以及与此同时发生的产出和价格的自由落体式下降，使当时的美国经济出现一种债务—通货紧缩（Debt-Deflation）越来越严重的自我加速恶性循环，信用市场条件恶化并不仅仅是真实经济活动下滑的简单被动反应，它们本身就是导致经济衰退和萧条的主要力量。

可以看一下金融加速器的动态演化阶段。经济扩张时期，金融加速器的主要表现是"资产净值、抵押品价值上升—外部融资溢价降低—信贷扩张—产出增加—资产净值上升"的螺旋式循环，信贷的超常增长导致各经济部门"过度负债"，杠杆化程度提高，经济变得异常脆弱。利率提高、股票市场价格波动等冲击使企业利润下降、现金流以及资产净值减少，信息问题恶化导致外部融资溢价上升、银行主动紧缩信贷、经济活动收缩，金融加速器效应开始显现，但是作用程度较为轻微，主要表现为惜贷和更严重的信贷配给。持续的基本面恶化使银行贷款违约率上升，贷款损失和拨备增加，银行盈利下降、资本减少。同时，资产价格下降使得金融体系出现流动性不足，金融机构集体非理性的风险资产出售行为导致资产价格大幅缩水，金融机构资产负债表恶化，在资本充足率等的监管要求下，通过银行资本加速器对信贷形成进一步的收缩作用。在危机发生后的深入阶段，金融加速器效应主要通过银行资本金融加速器[①]起作用。在危机的最深层次阶段，这种循环

---

① 银行的资产负债表具有顺周期性特点，资本监管约束造成信贷行为的内生性变化，成为强化和传导经济周期的重要渠道，这就是银行资本金融加速器。

以更迅速、猛烈的形式呈现。在极度恐慌下，金融机构变卖风险资产，资产价格非理性暴跌，银行大面积倒闭，金融中介服务被破坏和切断，银行出现系统性危机，严重时导致整个金融系统崩溃。

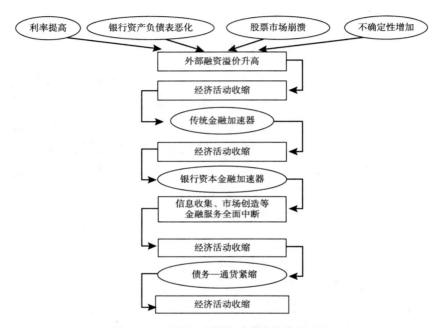

图 4 - 2　金融加速器的动态演化发展过程

　　金融系统崩溃的严重后果之一是金融机构信息中介功能的全面瘫痪。正如 Fisher（1933）所指出的，金融市场条件恶化并不仅仅是真实经济活动下滑的简单被动反应，它们本身就是导致经济衰退和萧条的主要力量。市场的投融资活动都是借助于金融机构的市场创造和信息收集完成，金融系统的崩溃导致市场创造和信息服务之效率急剧下降，进而由于信息问题导致更为严重的逆向选择和道德风险问题以及更为厉害的信贷紧缩，引起经济活动的更深入的收缩。Bernanke（1983）在分析了美国"大萧条"期间货币与金融总量的相对重要性后，强调金融系统的崩溃才是决定"大萧条"的深度和持续性的关键因素。两个主要原因导致了银行信贷流的中断：一是银行体系的崩溃，二是借款人的净财富急剧减少，正是以上原因带来的信贷紧缩将最初的经济下滑转变成1930—1933年的经济"大萧条"。金融系统崩溃的严重后果之二是对货币供应的严重影响。因为银行破产、挤兑行为的发生必然导致货币供应量锐减、利率大幅度上升，从而进一步引发 Fisher（1933）所说的债务—通货紧缩效应，导致经济被拖入全面而持久的衰退。

在整个过程中，冲击经由金融加速器机制被放大和传导的关键在于信息问题的存在和金融机构在信息生产和市场创造中的核心地位。因此，在动荡和危机中必须保持金融系统功能的正常发挥。反危机的货币政策的一个十分重要的方面，"定量宽松"的货币政策通过各种非常规货币渠道向市场注入大量流动性，核心就在于保持金融稳定、支持信贷市场正常运行、重启金融市场的功能。而在此次全球金融危机中，各国政府及货币当局联手行动积极拯救濒临破产的金融机构，直接的目的也在于避免银行危机的出现和金融系统的崩溃，其结果是经济得以较快复苏，而不是像 1929—1933 年的"大萧条"那样被拖进持续的经济衰退泥潭。

第六节　促进金融稳定的货币政策：关注资产泡沫与通胀风险

在此次金融危机中，各国中央银行及时地向市场大规模注入流动性，流动性的超常扩张为重启金融系统功能、避免经济陷入大规模的衰退创造了条件。然而，值得注意的是，这些扩大的流动性并不必然会带来经济的复苏，相反，它会迅速、便捷地转移到资产上。因此，这种全球性的量化宽松的货币政策将极易产生新一轮资产泡沫，另一潜在风险是有可能使通胀预期失控，一旦货币当局失去对通胀预期的控制，未来就可能会真的出现严重的通胀问题（Mishkin，2009）。基于金融加速器理论的视角，后危机时代的货币政策应高度关注资产泡沫和通货膨胀风险。

首先，将货币稳定（或币值稳定）作为货币政策的首要目标。在货币不稳定的情况下，债务合约呈现短期化，这就使得当利率提高的时候，非金融企业容易因为现金流或流动性问题而使得资产负债表状况恶化，增加金融和经济系统的脆弱性。在通货膨胀出现时，由于债务实际价值的降低促使融资需求的增长，通货膨胀、资产价格、债务担保效应会在金融加速器效应作用下相互交织，推动总需求的更快扩张和物价总水平的更快上涨。反之，当通货紧缩产生的时候，由于债务实际价值的增加则会出现"债务—通货紧缩"的循环。金融加速器机制表明，通货紧缩是导致债务危机同时经济衰退时间加长的重要原因，就如 1929—1933 年的"大萧条"那样。因此，灵活的通货膨胀目标制框架下，保持货币稳定是货币当局的首要任务。

其次，坚持灵活的资产价格的货币政策应对规则。资产价格上升通过金融加速器的作用刺激总需求，资产价格下降压缩总需求，货币当局应实施致力于稳定总需求的"逆风而行"（leans-against-the-wind）的调控政策，自动应对的货币政策不仅稳定总体经济，而且有助于稳定金融市场本身。由于资产价格增长刺激总需求，价格降低收缩总需求，货币政策应该密切关注资产价格上涨（下跌）对经济的扩张（紧缩）作用。因此，货币当局要密切关注由资产价格变化所带来的总需求膨胀效应，密切关注与资产价格变化、总需求和物价水平变动相关的信贷增长：当资产价格的波动没有脱离基本面引起信贷的大幅扩张、总需求的增长进而带来通货膨胀压力时，中央银行不应当对资产价格变化作出反应；当资产价格变动形成了通货膨胀压力时，中央银行应该积极调整货币政策，以便在压力形成初期予以抵消。反之，如果货币政策对扩张或紧缩压力没有反应，甚至反而加强这种反应的时候，货币政策调控会对经济产生持续的破坏作用。

再次，增强货币政策的灵活性和前瞻性。金融加速器效应的存在导致货币更多地被内生化，增加了货币政策调控的复杂性，同时金融加速器还导致了货币政策的非对称性和非线性，影响了货币政策的有效性，因此在货币政策实施过程中，必须注重提高其灵活性和前瞻性，对冲金融加速器机制对经济波动的放大作用。货币政策要平抑金融加速器的作用，先要通过通货膨胀目标制有效控制通胀。这是因为通胀水平稳定，微观主体预期稳定，名义变量黏性对金融加速器的推动力量小。同时，在制定和执行货币政策时必须充分考虑到金融加速器效应的客观存在，并通过判断和预测信贷市场对于政策操作的反应选择合理的政策工具、调节规模和时机，以消除金融加速器效应可能带来的不确定性问题，切实增强宏观调控的合理性、稳健性和可预见性。货币政策在实施中要充分考虑金融加速器的非对称和非线性影响，在紧缩货币政策的实施中，要充分考虑中小企业的融资困难；在经济衰退中，要实施力度更为强劲的扩张政策并伴之以其他政策；为更好地实现价格稳定的调控目标，货币当局需要关注资本充足监管对经济周期的影响。对一个资本不足的银行体系，货币当局要对扰动作出更及时的反应，这样，货币政策才能够平抑资本充足监管下的银行资本金融加速器效应。

最后，将经济增长、货币稳定、金融稳定纳入统一的目标框架。金融加速器效应表明，货币稳定、金融稳定和经济稳定有内在的逻辑统一性，因此单纯追求反通货膨胀是非常危险的，必须把经济增长、货币稳定、金融稳定协调考虑。例如，在经济扩张阶段，整个经济体通货膨胀水平不断提高，但同时在金融加速器效应推动下企业不断濒临过度负债状态，通过提高利率等手段抑制通货膨胀也可能得不到好的效果。因为，利率提高会恶化企业、家庭的现金流，降低金融机构的预期回报率，刺破资产价格泡沫引起金融市场动荡，通过金融加速器效应对经济产生回波效应，导致经济的剧烈波动甚至衰退。因此，在启动反通货膨胀程序之前，货币当局要密切关注金融状况和经济体的财务状况。金融加速器效应显示，货币稳定和金融稳定是相互交织和相互强化的政策目标取向，追求货币稳定必须兼顾金融稳定，反之亦然。因此，货币当局反通货膨胀的调控政策必须是审慎的。具体来说，应对资产价格波动和通货膨胀的货币政策应该充分考虑债务积累因素和杠杆化程度，因为资产价格波动造成的信贷扩张和紧缩将会对经济周期波动产生影响。短期内追求货币稳定的中央银行，应该充分考虑资产价格波动在长期内可能对信贷变动、金融和经济稳定的不利影响。

总而言之，在后危机时代，考虑到宽松的流动性所带来的资产价格泡沫和未来通胀风险的存在，一旦金融市场得以恢复，或注入的流动性使通货膨胀出现上升压力，货币政策就应迅速进行反向操作，及时收回宽松货币政策带来的过多流动性，同时货币政策应坚持尽可能在灵活的通货膨胀目标制框架下，协调经济稳定、金融稳定和货币稳定三者之间的关系。

第 五 章

金融安全网与金融稳定

　　2007 年爆发的全球金融危机对经济发展、社会稳定带来的破坏效应再次引发了人们对危机防范的深度思考。从金融机构的中介性质、地位和作用及其内在的脆弱性来看，金融风险是内生的。特别是危机所带来的金融恐慌加剧了金融传染效力，增大了其破坏力度。因此，金融安全成为一国或地区着重关注的重大问题。鉴于这些原因，各国纷纷采取措施积极应对金融风险，其中作为主动的、系统的应对机制的金融安全网再次引起各国政府和学术界的高度关注。

　　就对金融安全网的认识而言，不少学者认为金融安全网对金融机构来说是一套合约关系，这种关系帮助他们应对危机和其他经济冲击（Diamond and Dybvig，1983；Kane，1995）。Demirgüç-Kunt 和 Huizinga（1999）则认为金融安全网是保护金融体系安全的一项制度安排，是防止金融危机发生和蔓延的保护措施。Kane（2001）作了更进一步的研究，他认为每个金融安全网都是一种寻求平衡下列情形产生的成本和收益的多维政策框架，这些情形包括：①保护相关客户免受金融机构破产的危害；②限制金融机构的过度风险承担行为；③防范和减弱银行（指存款类金融机构）挤兑产生的破坏性后果；④筛选和处理问题金融机构；⑤当问题金融机构关闭时，在全社会范围内分摊损失。White（2004）提出"安全网"这一术语表示运用政府工具（手段）减轻金融体系问题的损害。唐黎军（2009）强调："金融安全网是政府用以预防和应对金融业遭受不利冲击导致传染性挤兑破坏的一组政策制度设计。它的功能主要有二：一是危机防范，即降低或控制各类金融机构对金融风险的暴露；二是危机管理，即金融危机发生时，抑制或减轻其破坏性影响。"概而言之，金融安全网是各国政府为积极应对金融风险、防范金融危机而设定的制度体系和政策框架。

　　然而，关于金融安全网的构成要素至今仍然没有一个统一的说法。Hoenig（1998）认为，金融安全网包括存款保险、联邦储备最后贷款人功能（Federal Reserve's Lender of Last Resort Function）和联邦储备银行间大宗货币结算体系（Federal Reserve's Large Dollar Interbank Settlement System）。Demirgüç-Kunt 和 Huizinga（1999）指出，金融安全网一般包括存款保险制度和中央银行的最终贷款人功能。White（2004）则强调政府用于减轻金融体系问题带来的损害的工具有微观方面的（存款保险、政府担保、对机构的短期流动性支持、危机协调和退出政策）和宏观方面的（宽松的货币政策和来自 IMF 的支持）。Schich（2008）提出，金融安全网应该包括四个基本要素，除了审慎监管、最后贷款人和存款保险制度以外，还应有一个破产退出机制。由于思考的侧重点和角度不同、关注的制度环境不同，所以学者们的观点不尽一致。基于同样的原因，相关国际组织也有不同的看法（见表 5 - 1）。

表 5 - 1　相关国际组织对金融安全网构成要素的观点

国际组织 ＼ 安全网要素	审慎监管	最后贷款人	存款保险制度	弱质金融机构退出机制	安全支付结算系统
国际存款保险机构协会（IADI）	★	★	★		
国际货币基金组织（IMF）		★	★	★	
国际清算银行（BIS）	★	★	★		★

注：★表示该组织认为相对应的制度是金融安全网的构成要素。

资料来源：根据 Johnson C. S. Chen, "Cooperation Among Safety-Net Members in Bank Resolution Practical Considerations", 2007 整理。

　　对于金融安全网的构成要素，早在 2001 年的金融稳定论坛（Financial Stability Forum，FSF）上就有过一种说法，即狭义的金融安全网局限于存款保险制度（Deposit Insurance System）和最后贷款人（Lender of Last Resort）

功能，而大家普遍接受的是包括三个基本要素，即前二者加上审慎监管（Prudential Supervision）框架。基于前人的研究，Marinkovic（2004）提出了更为系统、全面和科学的观点，即"金融安全网"覆盖了各种各样的机构、规则和程序，它们保护金融中介体系的安全和有序运行；金融安全网应该重新设计以应对实际冲击，并且应该随着冲击的变化而变化。这意味着，在动态的金融世界里，金融安全网的设计应该不断地变化以保持适用性和有效性。因此，金融安全网的构成不应是一成不变的，而应随着经济和金融体系的发展变化及时作出调整。

关于金融安全网的构成，理论界尚无定论，各国实践也不尽相同。从现有的文献来看，大多侧重于对金融安全网单个构成要素的分析。

事实上，客观认识并准确把握金融安全网的内在运行机理是十分重要的。只有充分认识金融安全网的运行逻辑，才能够更好地发挥各个要素的作用，并在具体运行过程中根据实际情况进行动态调整；只有对金融安全网的运行机理有深入的分析，才能为优化金融安全网设计打下一个坚实的基础。本章基于一般的经济制度环境探讨金融安全网运行过程中的审慎监管、最后贷款人、存款保险制度[①]和金融机构市场退出机制。当然，根据各国经济运行状态的不同，有些程序可以省略，有些程序则应该增强。[②]

第一节　金融安全网构成要素的内在联系

从流程上看，金融安全网包括预防性管理、应急管理和市场退出管理三部分。其中，预防性管理主要是对金融机构的市场准入、经营行为的监督管理以及公众信心稳定机制和安全预警机制的构建；应急管理主要是对困境中的金融机构进行救助，以稳定金融系统；市场退出管理主要是对经营失败且救助无效或救助成本过高的金融机构的处理，也即金融机构的市场退出。金

---

① 存款保险有隐性和显性之分。隐性存款保险是指政府为存款提供担保，但没有明确的机构和制度安排。相反，具有明确的机构和制度安排的存款保险即为显性存款保险。本书所研究的存款保险制度是指显性存款保险。

② 对于金融机构市场退出机制的取舍，虽然在以银行为主体的金融系统中，存款保险制度本身已有市场退出设计，不需要再重复安排该机制，但是鉴于其重要性和相对独立性，本书在进行理论分析时将其作为一个独立的要素。

融安全网所使用的制度工具有审慎监管、最后贷款人制度、存款保险制度、金融机构市场退出机制等，这些要素构成一个紧密衔接、有机结合的整体（王刚、李赫，2007）。

一般而言，审慎监管由监管当局实施，通过市场准入、资本充足率、现场及非现场监管等风险监管措施来维护金融体系安全，是一种事前防范措施；最后贷款人由中央银行实施，主要通过贴现窗口和公开市场购买等手段提供流动性援助来维护金融体系安全，是一种事前防范、事中干预、事后减震措施；存款保险由存款保险机构实施，主要通过监管和提供保险支付等手段保护存款人利益，稳定公众信心，进而维护金融体系安全，是一种事前防范、事中干预、事后减震手段；金融机构市场退出机制由市场退出执行机构（如存款保险机构）实施，主要通过合并重组或者清算等手段阻断金融风险的传染，从而维护金融体系安全，是一种事前防范[①]、事后阻断危机手段。可见，这些要素具有不同的特点并通过不同的方式、渠道为维护金融体系安全服务，在实践中存在相互配合的可能性和必要性。

一 审慎监管与最后贷款人、存款保险制度的内在联系

Fratianni（2008）认为金融安全网[②]与审慎监管是一枚硬币的两个方面，政府在向金融业提供"保护伞"的同时要监管其行为以减少风险；最后贷款人、存款保险制度和审慎监管在金融体系发展过程中是相辅相成的。最近一些年来，与审慎监管一样，最后贷款人和存款保险制度也在不断延伸或扩展。例如，饱受最严重银行危机影响的美国就展开了多方面的改革，包括1993年出台的《格拉斯—斯蒂格尔法案》，不仅建立了联邦存款保险公司（FDIC），还限制银行在地域上和功能上的扩张（如把商业银行的活动与投资银行业务分开），并通过利率限制银行竞争。事实上，金融风险的内生性以及最后贷款人和存款保险制度自身无法克服的道德风险的存在需要通过审慎监管来减轻某些负面影响；同样，信息不对称产生的监管漏洞也需要最后贷款人和存款保险制度来予以弥补。一般而言，最后贷款人和存款保险制度

---

① 市场退出机制的存在增加了金融机构特许权损失的可能性，因此金融机构会尽量避免从事高风险业务。这样，市场退出机制在事实上形成了事前预防功能。

② 这里的金融安全网仅指最后贷款人和存款保险制度。

容易鼓励过度风险承担，这就成为审慎监管力求与之互补、至少是控制风险的原因；而审慎监管也有其内在的不健全性，证据显示，审慎监管是倾向于堵住"漏洞"的滞后行为，这一漏洞产生于金融创新和金融业规避监管的动机。造成这一结果既与监管机构信息不对称、监管人员素质存在差异有关，也可能是监管者与他们所管制的行业达成认同，并且危机期间来自政治领域的压力使其变得更加宽容。因此，无论是在理论上还是在实践过程中，审慎监管与最后贷款人、存款保险制度之间是互为补充的，他们之间的内在联系难以割裂。

　　同时，也应该看到，审慎监管与最后贷款人、存款保险制度在职能上存在着一定的交叉，因为最后贷款人与存款保险制度也有某种监管职能。当然，最后贷款人与存款保险制度的监管职能是这两种制度的执行机构出于保护本部门利益的目的而形成的对获利方（获得存款保护的银行或获得最后贷款的金融机构）的一种自觉监管，而且这种监管能够在有效减少受援机构道德风险的同时产生较少的委托－代理问题。特别值得注意的是，由于最后贷款人与存款保险制度这两者本身的职责所在，当金融机构真正出现问题时，它们一般要实施救助。从这一角度来说，其监管是不彻底的，难以真正杜绝道德风险问题，因而需要进行强制性的审慎监管。然而，审慎监管作为政府为避免系统性金融风险而建立的监管体制，它以国家强制力为保障，也容易产生监管机构的委托—代理问题①和监管容忍②。因此，如果能够使审慎监管与最后贷款人、存款保险机构的监管职能很好地配合起来，将会发挥国家强制力与自觉监管的双重优势，进而产生良好的监管效果。

二　最后贷款人与存款保险制度的内在联系

　　作为救助问题金融机构的核心手段，最后贷款人和存款保险制度实施的对象都以商业银行为主。当金融机构发生危机后，这两者都有向其提供紧急贷款援助的职能，因而存在互相补充、配合的基础。极端情况下，当最后贷款人在存款保险机构缺乏资金时还可以向其提供紧急贷款；而存款保险制度

---

　　①　监管机构出于维护自身权威和利益等自私目的，可能会采取损害公众利益的、不客观的行为。

　　②　监管容忍是监管机构出于维护自己权威等目的，对问题金融机构的放松和宽容，这容易产生金融机构的适应性预期，从而引发道德风险。

的存在事实上减轻了最后贷款人的负担。

虽然最后贷款人和存款保险制度都有保护存款人利益、维护金融稳定的作用，但它们在救助目标、救助条件、救助对象、救助时机和所产生的经济效应等方面仍然存在差异。从救助目标来看，最后贷款人着重于解决金融机构暂时的流动性不足问题（即缺乏流动资金，但仍具有偿付能力），而存款保险制度着重解决商业银行清偿能力不足问题（即负债超过资产以至于金融机构的净资产为负）；从救助条件来看，最后贷款人要求寻求救助的金融机构提供合格抵押品并接受惩罚性利率，而存款保险机构要求会员银行缴纳保费；从救助对象来看，最后贷款人向陷入流动性危机的所有符合条件的金融机构提供援助，而存款保险机构仅对符合条件的会员银行提供援助；从救助时机来看，只要银行在运行，最后贷款人功能就要相应存在，而存款保险机构的支付功能只有在无偿付能力的会员银行关闭后才执行（Schich，2008）；从所产生的经济效应来看，最后贷款人是间接的（多取决于中央银行的裁决），通过提供流动性稳定信心、防止挤兑，而存款保险制度是直接的、法定的（王刚、李赫，2007），通过保护存款人利益的承诺稳定信心、防止挤兑。

正是这些差异性的存在使最后贷款人和存款保险机构的职能互补和配合更具可行性。其实，中央银行在执行最后贷款人职能时往往容易与货币政策发生冲突，而存款保险制度虽然可以防止银行挤兑，但并不能避免其他形式的流动性冲击（如同业贷款、到期商业票据展期及其他短期债务要求）。这也说明单一的制度安排无法有效保障金融安全，必须理顺最后贷款人与存款保险机构在处理银行危机时的关系，强化二者的协调与配合，并划清二者出资救助的时间和顺序（颜海波，2005）。在这一点上，Repullo（2000）提出，面对较小的流动性冲击，应以最后贷款人为主进行救助，反之则以存款保险机构的救助为主；Kahn 和 Santos（2005）在信息不对称条件下拓展了 Repullo 的研究，强调二者具有信息不共享的激励，应根据信息优势进行危机救助和监管权力分配。很显然，最后贷款人和存款保险机构的配合是必然的、必需的，但应进行恰当的职能分配。

关于最后贷款人和存款保险机构的职能分配，理论与实践上还有不一致的地方。比如，从理论上说，最后贷款人与存款保险机构的职能分配是直接而明确的，而在实践中，二者的界线并不是很清楚，因为人们经常难以区分流动性风险与清偿风险。对此，Goodhart 早在 1988 年提出关于区分流动性缺乏和无力偿付的建议是荒谬的；Frydl 和 Quintyn（2000）也指出，原则上，最后贷款人只能向有偿付能力、只是短期内遇到流动性问题的银行提供支持，而在危机的早期阶段，是很难区分流动性和清偿能力的，因为，银行因流动性不足向最后贷款人寻求流动性支持，而过一段时间它即演变成无力偿付的机构，这种情况经常发生。基于此，他们提出，人们应该注意到流动性缺乏可能预示着无力偿付，甚至可能迅速转化为清偿危机，这是因为银行需要立刻偿还其债务，它不得不以极低的价格出售其资产，而资产的损失过大可能导致其净资产为负。因此，在实际操作中，仅依靠区别流动性风险与清偿风险不足以划分最后贷款人和存款保险机构的职能，应综合考虑二者的救助目标、救助条件、救助对象、救助时机和所产生的经济效应来决定具体由谁来实施救助。

三　金融机构市场退出机制与审慎监管、最后贷款人、存款保险制度的内在联系

市场退出机制作为金融安全的最后一道防线，是审慎监管、最后贷款人和存款保险制度的重要补充。在实践中，即使有效实施了上述各种手段，仍不能完全避免金融风险，仍有可能出现救助无效的金融机构——或者救助成本过高，或者救助后更易出现系统性风险，因此就需要及时对该问题金融机构施行市场退出程序。这样不但可以阻断金融风险的进一步扩散，还可以减轻存款保险机构和最后贷款人的负担，减轻审慎监管不力带来的不良影响。特别是，金融机构市场退出机制的存在对金融机构也形成了一种硬约束，有利于减轻金融机构的道德风险问题，从而更好地发挥审慎监管、最后贷款人和存款保险制度的功能。此外，通过市场退出机制中的清算程序，能够对最后贷款人和存款保险机构因援助产生的损失提供补偿。

从职能上看，存款保险制度也涉及问题金融机构的市场退出机制设计。因此，合理界定两种市场退出机制的边界，增强两种市场退出机制的互补与合作就显得十分重要。原因在于，第一，存款保险制度的退出机制是一种市场化的手段，而金融机构市场退出机制可以采用政府行政手段也可以采用市

场手段；第二，存款保险制度主要针对参保银行，而金融机构市场退出机制针对所有金融机构；第三，由于二者面对的退出对象存在差异，所以在具体操作程序上也有很大的不同；第四，存款保险制度的退出机制是为了增强对参保银行的管理（退出将使其损失特许权价值①）、保护存款保险机构本部门的利益，而金融机构市场退出机制则是政府为了阻断金融风险的进一步扩散，出于公共利益而采取的措施。尽管存在这些差异，但不可否认的是，二者既然都涉及金融机构的市场退出，就必然存在某种内在的一致性，例如，两种退出机制在采用的退出方式上基本一致——都采取合并重组或清算手段；二者都有助于阻断金融风险的蔓延等。

一般而言，商业银行的市场退出由存款保险机构来执行有利于保障存款保险机构的利益，因为它可以把清算收益首先用于弥补本部门的损失。而且，存款保险机构针对参保商业银行有一系列事前监管、事中干预和事后减震的方案，所以此类金融机构的市场退出由存款保险机构来实施有利于提高效率。当然也要看到，由存款保险机构来实施市场退出存在着一些不利因素。例如，容易产生内部角色冲突②问题，存款保险机构出于对自身利益的考虑，当清算收益小于保费支出时，可能不会关闭问题机构，这样就不利于金融风险的迅速阻断。

从上述分析可以看出，虽然金融安全网各个要素都有其内在特征和设计目标，但是由于金融风险的复杂性，它们的职能存在某种程度的交叉，可以说，这几大元素互为前提、互相补充、相互配合，共同促进金融安全。强有力的审慎监管不仅可以减轻存款保险机构、最后贷款人和市场退出机制的负担，还可以减少存款保险制度和最后贷款人所可能产生的消极影响；最后贷款人和存款保险制度不仅可以弥补由于监管漏洞出现的差错，还可以减轻问题金融机构造成的各种损失；合理的金融机构市场退出机制可以妥善解决前

---

① 特许权是特许人授予受许人的某种权利，在该权利之下，受许人可以在约定的条件下使用特许人的某种工业产权和/或知识产权，它可以是单一的业务元素，如商标、专利等；也可以是若干业务元素的组合。金融机构的特许权是国家授予金融机构的特许营业权，其特许权价值就是金融机构拥有金融特许营业牌照的价格，较高的特许权价值将增加银行由于破产而失去特许经营的成本。因而，提高金融机构特许权价值是减少其道德风险，增强金融体系稳定的有效措施。

② 内部角色冲突是指某一机构由于身兼二职而产生的激励冲突问题。此处的内部角色冲突是指存款保险机构作为存款人的保护者和问题金融机构的清算收益人所面临的激励冲突。

三者遗留的各种问题，把危机造成的负面影响降到最低。当然，市场退出机制应以前三大要素的有效运行为前提，不能遇到金融机构有问题就一"关"了之。金融安全网各要素间的内在逻辑关系见图 5 - 1。

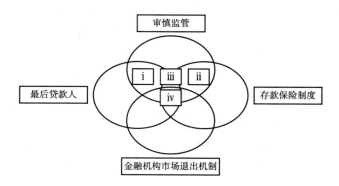

图 5 - 1　金融安全网的逻辑体系

注：ⅰ表示审慎监管与最后贷款人存在交叉职能或相互补充，二者都具有监管职能，可以进行信息共享和监管互补；

ⅱ表示审慎监管与存款保险制度存在交叉职能或相互补充，二者都具有监管职能，可以进行信息共享和监管互补；

ⅲ表示最后贷款人与存款保险制度存在交叉职能或相互补充，前者针对一般金融机构，后者只针对会员银行，在无法区分流动性和清偿性风险时二者职能存在交叉，它们可以信息共享，分工协作，前者还可为后者提供流动性帮助；

ⅳ表示前三者与金融机构市场退出机制存在交叉职能或相互配合，市场退出机制用于阻断前三大要素未能解决的危机，并为最后贷款人和存款保险机构的损失提供清算补偿。金融机构市场退出机制与存款保险制度的职能存在交叉，可以相互借鉴和融合。实践中，审慎监管部门也有可能承担市场退出的执行任务。

金融安全网各要素之间存在复杂的内在联系，这与复杂的经济环境和迅速的金融发展相适应。由于金融安全网是一个复杂的逻辑体系，所以在具体操作过程中各要素需要权衡交替使用。

第二节　金融安全网的运行机理

金融安全网是一个庞大的、复杂的体系，需要通过明晰的制度安排使其构成要素联系紧密且相互补充和配合，从而形成金融安全网内在的逻辑顺序和独特的运行机理。

一　审慎监管的实施

审慎监管是防范金融风险的最重要屏障，它侧重于事前防范，本质上是一种积极主动的制度安排。通常情况下，各国政府对金融体系的审慎监管都会参照巴塞尔资本协议的规定制定一套符合本国国情的监管制度和政策，如严格的市场准入制度、资本充足率要求等。

（一）设立市场准入门槛

市场准入是金融监管体系中的一个重要环节，是审慎监管的第一步，严格的市场准入有利于从源头上控制金融风险的产生。市场准入的门槛主要是颁发金融行业执业许可证并对金融机构的业务范围作出明确规定。巴塞尔资本协议 II 规定，颁发执业许可证需要审查的内容至少包括：银行的所有权结构、董事会成员和高级管理层的资格、银行的战略和经营计划、银行的公司治理情况、内部控制和风险管理状况，以及包括资本金规模在内的预期财务状况等。通过严格审查，就可以把品质较差的机构排除在金融系统以外，保持金融主体的稳健和优良资质，避免由单个金融机构的经营失败影响整个金融体系；通过对金融机构经营范围的限制，可以避免金融机构过度从事高风险活动。因此，这一措施不仅可以筛选合格金融从业者，还可以增加金融机构的特许权价值，增加其破产关闭的成本，减少其从事高风险业务的激励。

（二）管理资本充足率

资本充足率管理是各国金融监管当局普遍采取的监管措施。[①] 各国监管当局一般在不低于巴塞尔资本协议所划定的界限的前提下制定具体的监管措施。有充足的资本作保证，金融机构就可以正常营业、冲销意外损失、稳定存款人信心，从而可以实现银行的稳健经营。因此，金融监管当局都会强制执行资本充足率规定，对不达标的金融机构通常会采取限制资本扩张、限制分支机构的设立、限制利润分配等措施进行严厉惩罚。实践中，资本充足率要求已经得到广泛使用，这主要是因为资本充足率管理已

---

① 资本充足率是衡量银行偿付能力和流动性的一个重要指标。巴塞尔资本协议 III 要求银行的资本充足率达到 8% 、核心资本充足率达到 6% 。

经成为保障银行稳健经营的重要举措，同时资本充足率有明确的数量规定，便于相关各方的操作。

（三）确立信息披露机制

由于信息不对称问题的存在，道德风险、逆向选择始终是金融发展过程中的难题，既阻碍金融业的发展，也容易成为风险产生的助推器。因此，准确、及时、充分的信息披露是监管当局对金融机构的一个基本要求。这就需要建立强制性的信息披露机制，并且监管当局要对金融机构信息披露的可信性予以确认，以消除虚假信息的出现。在这个过程中，信息披露也是督促金融机构进行自查、防范风险的一个重要手段。

（四）监督金融机构内部风险管理

加强金融机构内部风险的监督管理是金融监管当局的一项重要任务。如果各金融机构都有运行良好的风险管理机制，那么整个社会应对金融风险的能力将大大增强。根据巴塞尔资本协议Ⅱ的要求，金融机构应该有一套符合自身特点的风险管理程序，包括：拥有自己的内部控制和审计制度；密切关注流动性风险、市场风险、信用风险、利率风险、操作风险等；在经营活动中重点关注有问题资产、拔备和储备、关联方的风险暴露等；并对大额风险暴露限额作出明确规定。

有必要指出的是，巴塞尔资本协议仅仅是为金融监管当局提供了一个范本，各国的监管机构必须结合本国金融体系的内在特征和发展态势进行监管模式设计。例如，美国由原来的多元监管模式转变为伞形监管和功能监管；日本由原来的行政指导型监管转变为单一混业监管；英国由分业自律监管转向了单一监管模式；而德国则采用全能型银行下的分业监管模式；中国也面临着由分业监管向混业监管转型的趋势。由此可以看出，金融监管模式不是固定不变的，它将随着金融体系的发展而变化。特别是在后金融危机时代，金融体系面临着新的调整，金融监管也应作出相应的改变。从趋势上看，现代金融监管将更多地强化功能监管和统一监管；金融监管框架将进一步完善，并建立有效的金融监管协调机构；对金融创新产品将制定专门的规则；金融监管的国际合作以及金融机构跨境监管将得到加强等。可以说，只有跟上金融发展的步伐、适应金融形势变化的需要，审慎监管才能保持并发挥应有的功能和作用。

二　最后贷款人功能的发挥

尽管审慎监管是金融安全网中成本最低、效果最明显的措施，但信息不对称的存在使其必然存在监管漏洞，难以准确预料和规避所有风险。特别是在金融危机爆发以后，监管发挥作用的空间极为有限，从而需要金融安全网的其他要素发挥作用。

众所周知，当一些金融机构有偿付能力但出现暂时流动性不足时，中央银行可以通过贴现窗口或公开市场操作两种方式向这些机构发放紧急贷款（这就是中央银行的最后贷款人功能），但是需要他们提供良好的抵押品并缴纳惩罚性利率（较一般贷款利率高）。中央银行对流动性不足的金融机构进行资金融通，就可以在一定程度上缓和公众对现金短缺的恐惧，遏制公众的恐慌情绪，从而避免公众的一些过激行为。当然，最后贷款人功能的实施开始于对求助金融机构清偿能力的判断。

（一）确定金融机构的偿付能力

只有在确定一家金融机构具有偿付能力、只是由于暂时流动性不足而出现问题时，最后贷款人才会予以救助，因为对陷入清偿性危机的金融机构进行救助将使最后贷款人面临很大的损失资产的可能性。中央银行的最后贷款人功能经常包含很多高风险贷款，尽管实践中很难区分金融机构的流动性和清偿能力问题，但中央银行总是会采取一切措施确定金融机构的偿付能力，尽可能减少损失。

（二）实施监督管理

最后贷款人的监管通常贯穿金融危机发生的事前、事中和事后。通过事前监管并与监管机构信息共享来获取问题金融机构的信息，评估金融机构的经营状况，判断其是否陷入流动性风险，决定是否救助以及救助方案并把握提供最后贷款的最佳时机，避免贷款资源的浪费；通过事中的现场检查和抵押品评估来确定最佳贷款规模，出于资源节约的考虑也可与监管部门配合工作；通过事后的监管来保障本部门资产的安全。在提供了最后贷款以后，中央银行对接受救助的问题金融机构将进行持续性监管以保障其资产安全和防范道德风险。如果发现问题金融机构的情况发生了进一步的恶化，那么最后贷款人有权采取严格的资产保全措施。

（三）确保资金来源

中央银行作为最后贷款人实施救援需要强大的资金作后盾。中央银行的资金主要来自各项存款（包括财政存款、机关团体部队存款和邮政储蓄存款等）、各个会员银行缴纳的存款准备金、货币发行、央行票据和抵押品的清算等。同时，中央银行在实施最后贷款人职责时要承担一定的风险，特别是对于那么无偿付能力的金融机构，由于其抵押品价值可能会低于贷款的价值，所以中央银行面临的风险会更大。因此，中央银行给一家偿付能力不确定的金融机构提供救助贷款，有可能蒙受较大的损失，并造成许多不良的后果。Goodhart（1999）认为，因援助问题银行而造成的资产负债表恶化会减弱中央银行在实施货币政策的独立性和灵活性。鉴于此，许多国家的中央银行都不愿单独承担这种风险，通常会要求政府财政给予担保和资金支持。

（四）提供最后贷款

商业银行在面临短期流动性短缺时，一般会持有已贴现但尚未到期的商业汇票向中央银行申请再贴现，通过这种方式，中央银行就向商业银行提供了融资支持；中央银行也可以通过在公开市场上购买央行票据、国债和金融债等方式向金融机构注入流动性；当金融机构陷入严重的流动性困境时，中央银行还会对合格的问题金融机构提供紧急贷款援助。通过实施贷款援助，帮助问题金融机构摆脱困境，保障整个金融体系的安全。提供贷款以后，中央银行会对受援金融机构的经营管理行为进行监督，以保证自身的资产安全。

三　存款保险制度的运行

最后贷款人为暂时陷入流动性危机的金融机构提供贷款，但受援机构要有合格抵押品并要承担惩罚性利率，意味着已陷入清偿性危机的银行仍然要付出较高的代价；同时，在能够区分流动性与清偿性问题的情况下，最后贷款人只对存在流动性危机的金融机构提供救助。因此，当银行出现问题特别是陷入清偿性危机时，存款人权益会受到威胁。为了保护存款人利益，稳定经济和金融运行，存款保险制度应运而生。设计良好的存款保险制度对问题银行是一种救助手段，对存款人则是一种保障方式，有助于增强存款人的信心、稳定金融机构乃至整个金融体系。

（一） 确定会员资格

存款保险制度采用会员制，会员资格可以是强制性的，也可以是自愿的。强制性要求有助于减轻逆向选择问题[①]，但是容易产生道德风险问题[②]；自愿性会员资格则同时存在这两方面的问题。实践中，银行权衡成本收益，有的会选择加入存款保险体系，因为，这意味着向存款人提供了一份担保，有利于其吸纳和保留存款；而有的机构会选择不加入存款保险体系，因为加入存款保险体系意味着要承担额外的保费成本，并接受存款保险机构的监管和处理。对于大银行来说，由于实力雄厚，它们自身应对风险的能力也较强，即使发生危机，国家也会因 "大而不倒" 而施以救助，因此，它们一般不会自愿加入存款保险体系。此时，为了维护金融体系的稳定，也为了创造公平的竞争环境，政府一般都会采用强制性存款保险体系会员制度。[③] 不管采取哪种方式，存款保险机构都应该有一套合适的制度设计来细化会员进入的标准、程序和时间进度，以最终确定存款保险体系的会员资格。

（二） 合理收取和管理保费

为了维持正常的日常运行和赔偿存款人的损失，存款保险机构必须有足够的资金作保证。资金通常来源于会员银行缴纳的保费、发行债务所获资金、资产管理的利得收入、清算问题机构的收益、最后贷款人的紧急援助等。由于会员银行是主要获益方，所以来自它们的保险费收入就构成了存款保险机构的主要资金来源。收取保费必然涉及保险费费率的确定问题。实践中，各存款保险机构对投保银行收取统一保险费费率。这一方式虽然操作简单，但也存在问题，因为它没有区分不同风险偏好及不同品质的投保银行，容易使风险偏好型或品质较差的银行产生道德风险，而风险规避型或品质良好的银行出现逆向选择问题；同时，这一方式也不利于激励银行自发地从事低风险的经济活动。一些学者发现人们之所以愿意收取统一保险费费率，是受到信息不对称的限制

[①] 如果不强制要求银行加入存款保险体系，则运行良好的机构由于不愿承担额外的保费成本而放弃加入系统。这样，参加存款保险的机构将是弱质的、高风险的。

[②] 参保机构进行高风险活动是有利的，因为所获得的高收益是自己的，而一旦发生危机，将由存款保险机构为其 "埋单"。

[③] 国际存款保险机构协会 （IADI） 也在 《有效存款保险制度核心原则》 中建议各国存款保险制度采用强制性会员资格。

（Freixas and Rochet，1998）。由于缺乏所需要的信息，存款保险机构往往无法正确区别银行的不同特质。目前来看，这仍然是一个有待解决的技术难题。因此，有必要加强存款保险制度与审慎监管的合作，减少由保费收取问题产生的道德风险和逆向选择。这里还应指出的是，在经济状况良好时，存款保险机构不需要支付赔偿，因而需要对其内部积累的资金进行资产管理，使其增值。这不仅可以增强存款保险机构自身的实力，而且还可以减轻会员银行的负担，增强整个社会的流动性。当然，在进行资产管理时，存款保险机构要投资于低风险、高流动性的资产，以确保资金安全和可随时支取。

（三）　实施监督管理

加入存款保险体系的会员银行必须接受存款保险机构的监督和管理，存款保险机构通过这一监督管理职能的发挥可以防止会员银行的道德风险，保护存款人和自身利益不受侵害。通常情况下，各国的法律都赋予存款保险机构对会员银行进行非现场监测和现场检查的权力，各存款保险机构都有一个合理合法的规则体系，包括监测规则、评价指标体系、操作规程等。通过这套规则，存款保险机构可以监督每个会员银行的资本状况、资产运作、日常经营活动等。通过日常的监督管理，存款保险机构能够及时发现金融机构存在的问题，并督促问题银行进行整改。

（四）　施行干预、救助和处理

当存款保险机构通过监测系统发现风险产生的迹象时，可以向问题银行发出提示和警告，使其自行规制自己的不当行为；当金融机构的问题爆发、其资本充足率低于巴塞尔资本协议规定的标准或者违反审慎监管要求时，存款保险机构就要发挥其救助和处理功能。此时，存款保险机构采取的方式是向问题银行提供紧急援助，援助的方式可以是向投保银行提供紧急贷款，或者购买其不良资产，帮助其恢复到正常状态，稳定其经营活动；当不能通过救助使问题银行恢复正常时，存款保险机构就需要采取强制合并和重组措施，包括选择有收购意向的经营良好的金融机构实施兼并和收购，并对其进行直接资助或者通过购买问题银行不良资产进行间接资助；当问题十分严重且影响面很大时，存款保险机构就必须对问题银行采取撤销关闭措施。此时，存款保险机构对存款人进行赔偿，采取的方式可由存款保险机构在赔偿限额内直接支付，也可由代理银行以现金或存款的形式支付。

四　金融机构市场退出机制的运行

当金融机构问题十分严重，甚至可能对金融体系稳定造成很大威胁时，就需要对该问题金融机构采取市场退出措施。金融机构市场退出，一般是在问题金融机构的财务状况恶化到一定程度（如资本金被侵蚀达60%以上、不良资产达到15%以上、三年连续亏损10%、不能偿还到期债务等）且出现支付困难时，由其自身或监管当局明令要求进行并购重组或撤销破产，停止经营金融业务，按照市场原则，公开、公平、公正地处理债权债务，最终注销法人资格的过程（阎维杰，2006）。金融机构市场退出机制的存在本身就是对金融机构过度风险行为的一种警示，可以避免金融机构"大而不倒"的理想依赖。金融机构市场退出机制不仅是迅速结束问题金融机构不良影响的有效手段，而且也是对金融安全网要素的保护措施，可以在一定程度上避免承担不必要的负担，锁定其成本。

（一）确定市场退出标准

确定金融机构市场退出的标准是确保金融机构市场退出机制有效运作的前提。由于各国情况的不同，特别是由于各金融机构具有不同的特性，所以退出标准也存在一定的差异。金融机构的市场退出，多年来遵循的一般原则是：陷入危机的金融机构具有不可救助性，救助的成本远远大于其收益，或救助后将引起系统性风险和地区性风险的发生。从目前的情况来看，虽然还难以就金融机构市场退出的普遍标准达成共识，但各国监管部门还是必须制定出适合本国金融体系特点的市场退出标准，否则，金融机构的市场退出将无法可依。应该注意的是，金融机构市场退出标准的确定不是一劳永逸的事，它应该随着金融业的发展及经济环境的变化不断修订、改进和完善。

（二）实施市场退出程序

明确了市场退出标准，就可以对问题金融机构采取相应的退出程序。金融机构市场退出的方式主要有合并重组和破产清算。在选取具体的市场退出方式时，还应考虑到如下原则：①社会成本最小化；②稳定市场信心；③以相关部门能够提供的资金为限。当某个金融机构达到市场退出标准时，市场退出执行机构要及时对其进行接管，以免出现更多的问题；市场退出执行机构接管以后，要开展进一步的检查与核算，以确定问题的严重程度，并据此采取下一步行动。具体采取哪种方式可视情况而定，但各国一般倾向于合并重组，而不愿意轻易启动破产清算程序，因为合并重组对整个金融体系的危害和打击要小很多。如果问题可以通过合并重组得到解决，并且有经营良好的金融机构愿意接手，那么市场退出执行机构会帮助它们完成合并重组；如果问题无法通过合并重组得到解决，或者没有金融机构愿意接手，那么市场退出执行机构就会对问题金融机构进行破产清算。

（三）分配清算收益

市场退出执行机构对问题金融机构的清算程序必须是合法的、客观的，这样才能保证问题金融机构有序退出，最大限度地减少社会损失。对问题金融机构进行破产清算，可以获得清算收益，这些收益是施行救助的各方收回投入、弥补损失的一条主要渠道。因此，要按照投入补偿原则，对最后贷款人和存款保险机构进行收益分配。合理分配清算收益保障了最后贷款人和存款保险机构的权益，有助于它们实施其他救助方案，也有助于金融安全网的良性循环运作。

图 5 - 2 直观地展示了金融安全网的运行逻辑。如图 5 - 2 所示，审慎监管、最后贷款人、存款保险制度和金融机构市场退出机制都有其内在的运行机理，而金融安全网各要素之间又存在着一定的逻辑顺序和传递机制，而且

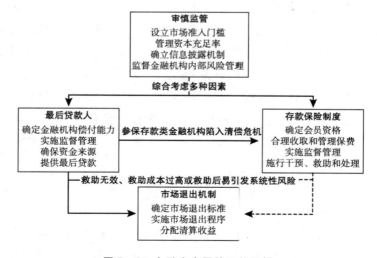

图 5 - 2　金融安全网的运行逻辑

注：图中的虚线表示可能不需要这种职能转移。

每一次职能转移都有其特定的条件和顺序安排。

从单个要素来看，每个要素侧重于金融风险的事前、事中、事后的不同环节，各个要素存在职能上的交叉，但侧重点不同，功能优势不同，存在相互配合、相互补充的基础；从金融安全网体系来看，它是一个贯穿金融风险始终的系统的制度安排；在合理的制度设计下，金融安全网能够有序运行并有效应对金融风险。

根据以上分析，对我国金融安全网建设提出如下建议：①有必要根据我国经济体制环境的特征确定金融安全网的组成要素，以构建合理而完整的金融风险应对机制，在此基础上，进一步理清金融安全网要素的内在联系；②有必要根据我国金融安全网要素的内在联系和金融安全网体系的特征进行金融安全网的优化设计，进一步完善金融安全网的功能；③合理界定金融安全网各个要素的职能范围，如审慎监管统筹安排整个金融体系的监管措施，而最后贷款人和存款保险机构负责本体系内金融机构的监督管理。鉴于我国金融体系中银行占据绝对主体地位，可考虑由存款保险机构执行市场退出程序。当积累到足够经验，并且中国金融结构发生较大变化时，再建立专门的金融机构市场退出机制；④由于关注的目标和重点不同，各部门的职能交叉是必然的、合理的，在交叉职能上要注重各个要素的分工与协作，各部门可以进行信息共享等能够降低成本、减轻金融机构负担的合作，但此时要避免职能的无效重复；⑤合理分配金融安全网各部门的权力，这不仅有利于各部门协调工作、发挥效能，而且有助于建立责任追究和权力制衡机制；⑥金融安全网的运行是一个有序的过程，必须按照其自身的逻辑顺序处理金融风险，减少人为干预，提高处置效率。

第三节　我国显性存款保险制度建设的路径选择

鉴于金融安全网的重要性，我国有必要建立显性存款保险制度。我国建立显性存款保险制度与其他国家有许多不同之处，但存款保险制度建立之后的运行机理又有很多相似的地方。因此，在设计存款保险制度时，既要考虑到我国的特殊国情，又要考虑到存款保险制度的内在运行机理，选择符合中国实际的推进路径。

一　设置推进机制

一般情况下，政府提供隐性存款保险，使得金融机构及其管理者不必为其经营不善、管理不力的行为承担应有的成本，也不用担心由于经营不善而没有存款来源。由于有政府信誉担保，存款人在选择开户银行时一般不会关注他们的经营管理水平和风险状况。而建立显性存款保险制度，银行需要缴纳保费，存款保险机构的监管职能使其面临多重监管，这就增加了额外成本，来自大储户的监督成为其经营活动的重要约束力量。这可能也是银行不愿意（更不愿自发）建立存款保险制度的重要原因之一。

政府提供隐性存款保险，储户也几乎不承担任何风险。建立存款保险制度后，一部分大存款人的资产丧失保护，为了保护自己的资产，他们必须承担实施监督的费用。对于其他小存款人来说，建立存款保险制度几乎没有影响，但是如果出现银行倒闭，他们必须支付时间和等待成本。因此，存款人也缺乏推进建立存款保险制度的内在激励。

按照 Demirgüç-Kunt、Kane 和 Laevend（2006）的研究成果，我国建立显性存款保险制度缺乏来自私人的压力。虽然存在借鉴或效仿发达国家存款保险制度的需求，但尚不足以构成我国建立显性存款保险制度的推手。排除这些因素之后，出于公共利益考虑，只能由政府来推进我国显性存款保险制度的建设。

在确定了存款保险制度推进主体之后，还必须设置相应的推进机制。

（一）设立推进机构，明确推进责任

在决定建立显性存款保险制度之后，就需成立一个专门的部门来促成其实现。这一部门的成员应熟悉我国宏观经济运行与发展、金融体制改革实践、银行体系运作以及法治环境等。因此，可考虑抽调中国人民银行、银监会、发改委、财政部和法律方面的专家组成显性存款保险制度促进委员会。

（二）进行情境调研，服务制度设计

为了制定切实可行的推进计划，为显性存款保险制度设计提供参考，该委员会还需要进行国情调研，包括：分析我国的经济环境（宏观经济发展水平、金融体系的健康状况和银行体系结构等）和制度条件（银行信用评估系统、内部治理、审慎监管力度以及合作状况、法律框架等）；掌握详细

的存款账户结构（存款类型、不同存款类型的额度分布、存款期限、存款人类型以及他们与 GDP、财政收入的关系等），找到最优担保范围和存款保险基金下限；了解各相关机构和个人对建立存款保险制度的态度以及他们可能受到的影响；还要进行保险费征收压力测试，找到存款保险基金规模的上限。

（三）普及公众教育，夯实微观基础

公众教育包括对存款人和存款类金融机构的教育，扭转二者对存款保险制度的消极态度。要通过对他们进行长期收益教育，使其认识到金融市场化改革的必然趋势以及我国建立显性存款保险制度的好处，明确各自的权利和义务。可以充分利用广播、电视和网络等途径进行广泛的宣传，也可以通过多种媒体进行定期和不定期通报、接受公众来访等方式进行。

（四）明确机构职责，建立协调机制

建立存款保险制度，原有的相关职能部门将面临职权的重新分配。例如，需要重新配置中央银行、银监会和存款保险机构对银行的监管权和信息获取权，银监会与存款保险机构对问题银行市场退出机制的参与实施权等。存款保险机构的监管权归属也需要得到确认。建立存款保险制度应该首先界定这些关系，其中的权力分配和协调机制应该尽量细化和具有可操作性。

（五）协调各方资源，优化机制设计

在国情调研的基础上，设计兼顾各方利益的、成本约束的、风险最小化的存款保险制度，同时注重培养相关方面的专业人才，以保证存款保险制度的顺利实施。

（六）进行模拟实验，提供推行依据

存款保险制度方案设计完成后，应该进行系统模拟实验，邀请各相关机构和个人代表参与，广泛征求他们的意见和建议，找出系统出现的缺陷，再进行调查研究，结合各参与方的意见进行整改，不断完善。

二　完善外部条件

（一）完善银行业信用评级制度

信用评级是信息披露制度的重要组成部分，是对银行信用状况进行科学、客观评价的手段。信用评级是存款人、监管机构了解银行风险的重要指

标。我国应加快建立和完善有关银行信用评级方面的法律法规，明确信用评级机构的职责、权力和行为规范，加强信用评级机构运行的政策性导向，加大信用评级专业人才的培养，严格考核其专业素养和职业道德。

（二）完善银行业治理结构

银行业治理结构包括外部管理和内部治理两部分。外部管理主要指中央银行和银监会等监管当局为督促商业银行改进和完善内部经营管理体制而进行的外部审计和监管；内部治理主要指银行内部明确划分股东会、董事会、监事会和经理层之间的职责并建立合理的现金薪酬和股权激励机制。同时，银行内部还应建立相应的内部审计制度，以增强银行自我监督、自行矫正的能力。

（三）继续增强审慎监管效力

强有力的审慎监管对存款保险制度的顺利运行十分重要。缺乏有力的审慎监管，存款保险机构不仅不能发挥稳定金融的作用，自身也将面临极大的风险，反而增加了金融体系的不稳定性。我国中央银行和银监会已经积累了丰富的监管经验，在过去的金融稳定方面发挥了十分重要的作用。但随着金融改革的深化和金融开放的加大，金融监管面临的形势更加复杂、任务更加重要艰巨，因此，必须建立一套动态优化监管机制，不断提高监管水平和效率。

（四）建立长效协作机制

毫无疑问，存款保险制度无法解决系统性金融危机，必须与中央银行、银监会、审计署、财政部等有效配合，在常规工作中建立密切合作和信息共享的机制，包括：建立相关各方的信息共享机制和重大事件通报制度，规范信息的收集、整理、发布和传递；在商业银行出现流动性风险、且存款保险机构的基金不足以支持银行或赔付存款人时，应由中央银行提供（或直接由央行向问题金融机构提供）紧急贷款，避免发生挤兑事件，维护金融体系的稳定；为了从根本上减少银行破产带来的损害，存款保险机构应与银监会协作强化对银行业市场准入、业务范围、资本充足率、信息披露、高级管理人员任职资格、风险管理和内部控制以及市场退出等方面的监管，促进商业银行的稳健经营。值得注意的是，在全球化进程中，我国银行业对外开放的步伐将加快，我国银行业也将面临全球化风险，这样，我国存款保险机构将很难单独完成涉及全球风险的金融稳定任务。因此，在保密的前提下，我国存款保险机构可与国外存款保险机构或其他金融安全部门进行信息交流，在国际间展开广泛的合作（如问题金融机构处理方面的协调等），"政策不协调将导致过少的监管和过多的存款保护"（Hardya and Nieto，2010）。通过制定双边或多边协定使一些合作制度化，便于金融危机中及时协调，减少危机从强监管国家转入我国（Buch and DeLong，2008）。

（五）提供法律支持

尽快出台有关存款保险制度的法律法规，对存款保险机构的设置、职能、权力、担保范围、基金来源、保险费的收缴、问题机构的处置、赔偿和追偿、人员保护等问题作出明确规定，使存款保险制度在实施中有法可依、并使其审慎行为得到法律保护，增强存款保险制度的公信力。

三 改进内部环境

（一）一步到位与分阶段进行

傅波、朱志琴（2009）从机构设置角度提出，应分两步建立存款保险机构，首先在中国人民银行内部设置，条件成熟后再分离出来。孟波（2010）也主张分阶段建立存款保险制度，但与前者不同的是，他们从存款保险成员角度建议，第一步引进存款保险制度，通过对制度的合理设计使其发挥奖优罚劣的作用，大型商业银行暂不加入；第二步再将大型商业银行纳入存款保险体系。显而易见，在中国人民银行内部设置存款保险机构虽然简单，但是容易影响中央银行的货币调控机制和信用独立性；如果大型商业银行暂不加入，则会造成存款保险体系规模小，存款保险基金规模小，存款保险的作用受到限制，也不利于银行业的公平竞争。鉴于此，更为现实的选择是，我国应构建独立的存款保险机构，建立公平的存款保险机制，并在随后的运行过程中不断改进。

（二）单一职能与综合职能

存款保险机构是"出纳箱"还是"风险最小化管理者"取决于政策制定者的目标选择。"出纳箱"仅执行单一的支付职能，而"风险最小化管理者"则具有一系列相关职能。如果仅仅作为"出纳箱"，目前的中央银行即可完成这项工作，但是存款保险制度的其他效能无从发挥。因此，我国存款保险机构应是具有综合职能的部门，其职能安排应使其成为"成本约束的风险最小化管理者"，存款保险机构的所有职能都围绕此展开。这些职能包括保护存款人、监督检查会员机构、处理问题机构、维护金融稳定等。当会员机构出现问题时，存款保险机构应及时采取警告、干预、退出处理等措施，并对存款人进行赔付，稳定公众信心，维护金融稳定。有必要指出的是，存款保险机构应该拥有履行其职能的必要权力，包括对会员机构的基本经营状况、会计与财务报表、经营行为、风险状况及不良贷款的检查权（包括现场检查和非现场检查），并有权根据不同情况，对会员机构提出建议或发出警告，当风险超出警戒时有权向中央银行报告，协助中央银行加强市场监管，促进存款机构的行业自律；存款保险机构还有权审核批准进入和退出存款保险体系、参与合约制定、参与制定银行内部预算和程序、及时介入银行和获取正确信息以确保他们迅速履行对存款人的义务等。在处理市场退出机构时，应从法律上赋予存款保险机构代位受偿优先权①，以保障存款保险基金的安全和稳定，保护存款人利益（陈向聪，2006）。

（三）强制会员与自愿会员

许多学者（如李赟宏和蒋海，2009）主张存款保险制度实行强制保险而非自愿保险。从我国的实际情况来看，存款保险体系的会员资格应该是强制性的。理由在于，一方面，大型商业银行没有参加存款保险的激励，如果大型商业银行不进入存款保险体系，则不利于存款保险制度建设的规范化和法制化，不利于加强对大型商业银行风险行为的监管；而且由于其存款数额占比很大，如果大型商业银行不参加存款保险，将直接影响我国存款保险体系的规模。另一方面，参加存款保险的中小商业银行在与大型商业银行进行竞争时，还要接受额外监督，承担保费负担，不利于金融体系公平竞争。再一方面，我国区域性商业银行、城市商业银行和城乡信用社的规模较小，抵御金融风险的能力较弱，业务空间狭窄，一部分中小金融机构的风险难以在发展过程中自行消化，因此，如果采取自愿投保的方式，那么许多银行有可能为降低成本而不参加存款保险，这些机构的风险也无法通过体制消除，存

---

① 存款保险机构代位受偿优先权是指存款保险机构基于法律规定在赔付了存款人的存款损失后，其取得的代位求偿权相对于一般债权人所具有的优先受偿的权利。

款保险制度就会形同虚设。最后一方面，由于存款保险制度牵涉社会的各个层面，肩负金融体制改革和金融稳定的重任，所以我国有必要采取强制保险的方式，所有吸收存款的合格境内金融机构都必须参加存款保险，自动赋予其会员资格，会员应主动缴纳保费、主动提供相关信息、接受存款保险机构监管、积极配合存款保险机构的工作。我国境内外资银行总资产占比较小，人民币存款少，影响范围小，他们在吸收人民币存款时受到严格监管，其存款人的风险承受能力较强，目前可暂不纳入存款保险体系。

（四）有限覆盖与全覆盖

Hardya 和 Nieto（2010）认为存款保险制度不仅应该设定担保范围的最小值，还应该尽可能地确定一个最大值。虽然危机发生时上限很难遵守，但这一原则对于处理单个银行倒闭是有效的。也有学者建议我国存款保险体系只覆盖居民储蓄存款，而不包括企业存款、银行同业存款和财政存款（如李赟宏和蒋海，2009）。由于显性存款保险覆盖范围与银行的风险承担行为之间具有 U 型关系（Angkinand and Wihlborg，2010），所以我国的存款保险覆盖范围应尽量找到使银行风险承担行为最少的那个点。建立存款保险制度初期，可担保的存款类型应该包括居民储蓄存款，这部分存款占存款总额的43% 左右，对这些存款实行有效的保护，有助于在金融体制改革过程中稳固公众对银行体系的信心。此外，对于企业存款来说，集资本和劳动于一体的小企业的存款应纳入存款保险体系。这一部分企业发挥着提供就业、方便人们生活等重要作用，但缺乏防控风险的能力。由于外币不得在我国自由流通，外币存款占存款总额的比例较小且随汇率经常变化，币值很难把握，因此，我国存款保险制度建立之初可以把其排除在外。其他各种形式的高息储蓄存款、企事业单位存款、银行间同业存款、内部人存款以及财政性存款等可不纳入保险范围，因为这些存款人实力雄厚，把他们排除在外有利于增强市场约束力，降低投保机构的保费成本。以中国人民银行 2005 年 4 月的调查结果为例，如果把存款担保金额限制在 10 万元以下，可以覆盖绝大多数的存款账户。由于这部分存款只占全部存款的小部分，其存款人缺乏监督银行的实力，为其提供全额担保有助于在不削弱市场约束的情况下稳定银行体系。不在担保之列的存款金额占全部调查存款账户金额的 70.53%，这些大额账户可以形成较强的市场约束力。如果当前我国的存款账户结构较 2005

年没有本质上的变化，则可以考虑为 10 万元以下的存款提供全额担保。这有助于过渡期的稳定，也不会给存款保险机构造成额外负担。当然，担保限额还要根据最新的调查数据，并综合考虑不同担保额度对应的最优基金规模来最终确定。此外，在存款保险制度运行过程中，应根据经济发展水平、通货膨胀率、居民收入增长率以及存款保险基金的变化对担保额度进行及时调整。

（五）事前融资与事后融资

由于存款保险制度的建立会导致商业银行成本的增加，在金融开放的外部压力之下，商业银行必然缺乏推进存款保险制度建立的内在动力，因此存款保险的基础基金应由政府提供；存款保险的补充基金主要来自会员机构交纳的保险费，在危机发生导致基金不足以应付时，存款保险机构可以发行金融稳定基金或债券募集资金，也可以由财政部和中央银行注资；各种方式的出资额度可以随经济发展状况的不同有所调整，在危机期间更应视情况所需进行事后融资。总体上，我国应采取以事前融资为主的混合融资方式。当然，在进行融资方式选择时，必须注意到存款保险融资制度设计中的公平问题，可以利用期望损失定价等理论作为我国存款保险制度设计的基础，特别是作为我国存款保险基金规模管理和风险评价的有效工具（凌涛、杜要忠、杨明奇，2007）。有必要说明的是，由于缺乏我国银行破产的经验数据，融资规模很难通过历史数据或调查数据来确定，可以设想基金融资规模为可担保存款额的 8%（参照银行资本充足率）。以 2005 年的调查数据为例，估计出不同担保限额对应的基金规模，分别计算出其占总存款额、GDP、财政收入的比例，通过综合比较来确定最优基金规模（见表 5 - 2）。可以看出，基金规模占总存款额的比例越大，其稳定作用越强；基金规模占GDP 或财政收入的比例越小，给经济体带来的负担越轻。这就要求找到适当的结合点，并综合考虑担保限额、经济承受能力等因素来确定最优基金规模。例如，限额为 5 万元以下的基金规模给 GDP 和财政收入带来的压力小，但占总存款额的比例也小，对银行体系的稳定作用自然也小；限额为50 万元以下的基金规模的影响则相反；相对于这两种极端情况，担保限额在 10 万元以下或 20 万元以下的基金规模带来的压力和稳定作用均处于中间状态。极端经济状态下可根据具体情况采用前两种基金规模，一般经济状态下可根据 GDP 或财政收入的总额和结构以及国情调研得到的保险费征收压力测试结果来确定采用限额在 10 万元以下或是 20 万元以下的基金规模。尤其是，为了制定出切实可行的担保限额和基金规模，需要对当前存款账户结构情况进行详尽调查，以获取的数据为依据进行分析以确定可采用的额度。

表 5 - 2 不同担保限额下的基金规模状况

单位：%

占 比　限 额	5 万元以下	10 万元以下	20 万元以下	50 万元以下
基金规模/总存款额	1.64	2.36	3.01	3.69
基金规模/GDP	2.57	3.68	4.70	5.75
基金规模/财政收入	14.91	21.39	27.30	33.45

资料来源：根据《中国统计年鉴（2006）》计算整理。

（六）固定费率与风险调整型费率

由于我国银行体系寡头主导、大中小金融机构并存且具有行政垄断的特征，所以可以在依据存款额确定基本保险费率的基础上，根据不同类型银行的风险抵御能力，采取"机构类别差别费率"，待条件成熟后再按照银行风险等级确定差别费率（傅波、朱志琴，2009）。目前，我国银行业仍存在较为明显的两极分化，大型商业银行与中小商业银行相比，在规模、人员、竞争力、发展态势等方面都具有明显的优势，所以可以考虑采用分类费率的征收方式，即对大型商业银行与其他中小银行执行不同的费率类别。中小银行风险差别大，可以按照其资本充足率、不良资产率、内部控制机制、赢利和流动性状况等实行风险调整型费率。一般而言，由于存款规模小，对中小银行实行差别费率的总成本也较小；大型商业银行监管严格，风险差别不大，可以对其实行中等的统一费率（低风险中小银行的费率低于大型商业银行，高风险中小银行的费率高于大型商业银行）。这种分类费率从总体上降低了我国存款保险费的征收成本，而且，对大型商业银行实行中等水平的保费费率有助于商业银行之间的公平竞争，对中小商业银行实行差别费率也有利于激励中小商业银行提高自己的经营管理水平、减少风险承担。

（七）行政化退出与市场化退出

目前我国问题金融机构的市场退出机制是政府主导型的，缺乏健全的金融机构退出的相关法律，退出决策往往依赖于主管当局的主观判断，带有很大的随意性，也不适应我国政府经济职能转变的趋势。建立显性存款保险制度后，市场退出就成为处理问题金融机构的最终手段，也是保障存款保险基金安全的重要途径。为了保证存款保险机构有序、有效地处理问题金融机构，在存款保险体系内部建立市场化退出机制应该是一种必然的选择。市场化退出机制可采用合并重组或破产清算的方式进行。合并重组就是选择有意向的经营稳健的金融机构对问题金融机构实施合并重组。当然，存款保险机构必须对这些机构进行资格审查，然后选取最合适的机构进行此项操作。在合并重组过程中，存款保险机构可对实施合并重组的机构进行资金帮助或通过购买问题金融机构不良资产的方式进行间接资助。破产清算则是对问题十分严重、救助成本过高或者没有其他金融机构愿意接手的问题金融机构进行破产清算，并对其存款人进行赔付。在破产清算过程中，存款保险机构应迅速、恰当、公平地偿付存款人，降低处理成本，并通过必要的法律途径强化市场约束，防止其中的道德风险。

第四节　完善我国最后贷款人制度的相关建议

第一，明确最后贷款人的职能定位。应借鉴一些最后贷款人制度比较成熟和健全国家（如英国、美国等）的经验，建立统一的最后贷款人制度框架，明确最后贷款人的宗旨、目标、责任、范围、方式等，增强救助的目的性、规范性、操作性和时效性。可以考虑在《中国人民银行法》中明确中央银行的最后贷款人的地位及职能，赋予中央银行应有的自主决策权，提高中央银行在决策方面的独立性。

第二，规范最后贷款人的救助程序。我国最后贷款人制度目前最突出的问题之一就是不管金融机构出现什么问题，中央银行总是第一个出来救助，最后贷款人变成了"第一贷款人"，偏离了最后贷款人的宗旨。因此，中央银行应该明确对金融机构的救助程序，并向市场公开和接受监督。金融企业在陷入困境时，应先让金融企业展开自我救助、同业救助和股东救助，在这些救助都无效的情况下中央银行才进行最后贷款人救助。

第三，明确救助对象的标准。中央银行应分辨问题银行是由于系统性的风险而陷入流动性危机还是由于自身的经营管理不善而陷入危机，对于自身经营管理不当而引起的流动性问题应由市场决定其命运，而对于由系统性的风险导致其流动性不足的金融机构，中央银行应该展开救助，以避免造成更严重的金融危机。当然，在经济危机时期，对于一些举足轻重的金融机构，即使没有偿债能力，中央银行依然要对其实施救助，防止这种大型金融机构倒闭所引发的社会恐慌。

第四，完善救助手段。一般情况下，对于轻度的流动性短缺，最后贷款人无须任何干预；对于中度和严重的流动性短缺，最后贷款人需要适时进行干预，甚至应该直接向银行提供流动性。由于我国目前还是银行主导的金融体系模式，所以在对问题金融机构的救助中选择再贷款方式无可厚非，这一方式的效果可能更加明显。当然，救助问题金融机构的前提是发生系统性的流动性短缺，而不是去救助所有陷入困境的金融企业。此外，在我国市场融资比例日益提高的背景下，中央银行应该寻求救助手段的多元化，充分发挥窗口贴现和公开市场操作的作用，特别是要根据金融风险的程度、金融企业的经营状况等搭配使用。

第五，收取惩罚性利率。应改变目前救助贷款利率过低的状态，在提供最后贷款援助时，适当提高救助贷款的利率，高利率的贷款会增加问题银行寻求最后贷款人帮助的成本，减少因利率过低而引起的金融机构的过度寻求帮助行为。另外，在救助贷款的期限方面，应缩短贷款的期限，在经济形势转好或银行的经营状况转好时及时归还贷款，毕竟中央银行提供最后贷款不是提供经营性资本，而是应急性的资本，在度过危机后应立即归还贷款，从而增加金融机构努力经营的约束。当然，还可以考虑在收取较高利率的同时辅之以一些其他手段（如在贷款时附加更加严厉的"监管条款"等隐性手段），以避免收取过高利率的负效应。

第六，灵活运用建设性模糊策略。一般情况下，在经济形势好的时候，个别金融机构出现问题并引发系统性风险的概率并不大，而且这种背景下陷入困境的金融机构大多是由于自身的经营管理不善所导致的，因此这种情况下的最优策略应该是减少救助的概率，以降低道德风险；而在经济环境较差甚至经济衰退时期，金融机构陷入困境的原因多是受到大环境的拖累，这时就应该加大救助的力度。当然，在这个过程中，规范中央银行最后贷款的决策机制也是至关重要的。

第 六 章
宏观审慎监管与金融稳定

2008 年爆发的美国金融危机带给世界各国的一个最大的教训就是单个金融机构运转良好并不足以保证整个金融系统的健康运转，传统的以单个金融机构为对象的微观审慎监管体系在防范系统性金融风险方面作用十分有限，甚至有时会增加系统性风险（G20，2009；Borio，2007；White，2006）。典型的事例是，在经济复苏、高涨时期，金融机构的财务指标都很健全，各个金融机构此时选择扩大信贷规模也是理性的，但是，所有的金融机构都扩大信贷规模的直接结果必然是造成资产价格的急剧膨胀，从而积聚大量的系统性风险，甚至有可能引发金融危机。Acharya（2009）和 Zhou（2010）分别从理论上构建模型论证了微观审慎监管失败的原因，得出了基于单个金融机构的微观审慎监管会增加金融体系的系统性风险的结论。

美国金融危机发生以来，世界各国及国际货币基金组织、国际清算银行（BIS）等国际组织在采取措施应对危机的同时，也在着手进行金融体系改革。虽然各国对构建新的国际金融监管体系还存在争论，但对于加强宏观审慎监管则达成了共识。2009 年 4 月，G20 峰会发表的《强化合理监管，提高透明度》的报告中，正式提出宏观审慎监管是微观审慎监管的重要补充，各国要加强宏观审慎监管。可以说，如何健全和完善宏观审慎监管框架以及注重其与微观审慎监管的有机结合已经成为世界各国亟待研究和解决的重大课题。

有必要提及的是，宏观审慎监管并不是一个新名词。早在 20 世纪 80 年代，宏观审慎监管这一提法就出现在 BIS 的工作论文中①，但在当时还只是一个模糊的概念，并不具备实践的条件。直到 21 世纪，Crockett（2000）、Borio（2003）以及 Borio 和 White（2004）相继完善了宏观审慎监管的概念和框架，宏观审慎监管相关指标的研究也取得了进展（White，2006；Knight，2006），宏观审慎监管问题也才被更多的人所重视。

目前，国内也有了一些研究宏观审慎监管的文献，但其主要集中在概念性的介绍（成家军，2009）、技术性层面的研究（周小川，2009；李文泓，2009）以及简单的政策框架的介绍（李妍，2009）。总体上看，对于宏观审慎监管的理论及政策框架的探讨还不深入。本章试图分析宏观审慎监管的理论框架及与之密切相关的政策框架和组织架构，在此基础上结合我国的实际提出相关的政策建议。

第一节　宏观审慎监管的内涵

虽然宏观审慎监管已经为人们所熟知，但若要给出宏观审慎监管一个广为接受的定义还是比较困难。BIS 认为宏观审慎监管是微观审慎监管的一种有益补充，它的监管对象为整个经济系统；而 Evans（2000）、Hilbers 等人（2000）则将宏观审慎监管定义为有利于维护金融系统稳定的一系列方法；Borio（2007，2008）从监管对象、监管目的、风险性质以及监管手段等方面对宏观审慎监管和微观审慎监管进行了比较（见表 6 - 1）。

表 6 - 1　宏观审慎监管与微观审慎监管的比较

	宏观审慎监管	微观审慎监管
直接目标	减少金融系统风险	减少金融机构的风险
最终目的	避免产出下降	保护消费者(存款者或投资者)利益
风险的性质	(部分)内生性	外生性
机构间的共同风险暴露及相关性	重要	不相关
审慎控制的方法	自上而下，关注系统性风险	自下而上，关注个体金融机构的风险

资料来源：王自力《地方政府隐性金融干预行为及福利损失分析》，《甘肃金融》2007 年第 12 期。

---

① BIS 的货币与经济研究部在宏观审慎监管的研究方面一直处于世界前沿。BIS 早在 20 世纪 70 年代就认识到系统性风险的危害，宏观审慎监管一词 1986 年正式出现在 BIS 的文件中，Crockett 和 Claudio Borio 等 BIS 研究人员为宏观审慎监管概念以及框架的建立做出了开创性的贡献。

第一，从监管对象来看，微观审慎监管着眼于金融机构个体，它关注的是金融机构个体的经营是否稳健；而宏观审慎监管则着眼于整个经济系统，其关注的是整个金融系统的稳定性，除了一些影响系统稳定的大型金融机构外，宏观审慎监管并不关注单个金融机构。具体而言，宏观审慎监管就是监管机构对影响金融系统稳定的重要因素进行监管。由于大型金融机构在市场上的导向作用及其关联性，其倒闭很可能会引发金融系统的恐慌，严重时甚至会引发金融危机，因此大型金融机构就成为宏观审慎监管的重要对象；还有，由于金融市场在现代经济中发挥着至关重要的作用，如在融资、风险转移以及定价中发挥着举足轻重的作用，因此宏观审慎监管也会重点关注金融市场的运行情况；另外，近年来，对冲基金、投资银行等"影子银行体系"① 的影响日益增大，也会产生系统性的影响，它们也是宏观审慎监管的重点对象。

第二，从监管目的来看，宏观审慎监管是为了防范系统性风险的发生，最终目的在于保障金融系统的稳定；而微观审慎监管则是防范个体金融机构的倒闭，最终目的在于保护消费者或储蓄者的利益。纵观近年来的金融危机（如墨西哥金融危机、阿根廷金融危机、亚洲金融危机以及此次由次级贷款问题引发的美国金融危机），不难发现其中的一个共同点：都是由系统性的风险所引发的，在危机爆发前都会伴随一段时间的流动性过剩、信贷快速增长、资产价格上涨、金融机构杠杆率过高等系统性风险，这些系统性风险积累到一定程度就会爆发金融危机。而宏观审慎监管就是为了补充微观审慎监管的不足，它从一开始就将金融系统作为一个整体进行监管，力图避免系统性风险引发的金融危机或使金融危机造成的损失降到最低。

第三，从风险特性方面来看，微观审慎监管假设风险是外生的，只要控制好单个金融机构的风险就能保证金融体系的良好运转；但近年来的金融危机反复说明，单个金融机构运转良好并不一定能够保证金融体系整体的健康。宏观审慎监管则认为风险是内生的，在经济（或金融）运行的过程中，由于金融机构通常会持有相似的资产，因此必然会有相似的风险暴露，一旦

---

① 影子银行（Shadow Banking）就是将银行贷款证券化，通过证券市场获得信贷资金、实现信贷扩张的一种融资方式，它使传统的银行信贷关系演变为隐藏在证券化中的信贷关系。在传统的银行体系中，融资的来源主要是存款，而在影子银行中，金融机构的融资来源主要依靠金融市场的证券化。

资产价格下滑，这些金融机构会立即遭遇困境，从而使整个金融体系陷入危机。因此，宏观审慎监管更加关注这种隐藏在金融系统内部、在某一时刻突然爆发的风险。

第四，从金融机构风险暴露的相关性来看，由于微观审慎监管假定系统性风险是外生的，只要单个金融机构的经营是稳健的，那么金融机构之间共同的风险暴露就不重要；与此相反，宏观审慎监管认为系统性风险是内生的，近年来的金融危机反复证明，对于共同风险暴露较多的金融市场，一旦市场遭受负面的冲击，这些拥有共同风险暴露的金融机构经营形势便急转直下，这些金融机构就有同时破产的可能。值得注意的是，在金融混业经营日益成为趋势的今天，金融机构的经营越来越同质化，金融机构更容易出现一荣俱荣、一损俱损的局面。此次美国金融危机再次验证了这一点。美国金融危机发生后，除了华尔街投行等危机肇事者之外，美国保险业巨头 AIG 以及银行业巨擘花旗银行等也深受危机的拖累。鉴于此，宏观审慎监管特别重视金融机构的共同风险暴露。

第五，从审慎监管的方法来看，微观审慎监管认为单个金融机构的健康运行自然会保证金融系统的健康运行，因此微观审慎监管强调的是对单个金融机构的监管，是一种从个体到整体、自下而上的监管方法。宏观审慎监管则认为单个金融机构的健康运行并不足以保证金融系统的健康运行，金融系统的运行存在一个"合成谬误"的问题，在金融机构存在大量的共同风险暴露时，来自宏观层面的负面冲击可能会导致金融系统的危机，因此宏观审慎监管更关心来自金融系统层面的风险，资产价格、信贷总量等宏观指标是其重点监控的对象，因此宏观审慎监管是一种更强调整体（或系统）、自上而下的监管方法。

第二节　宏观审慎监管的研究进展

"防范未来危机的关键在于改进金融规制与监管"（IMF，2009），而改进的方向则是旨在弥补诸如"合成谬误"等现行微观审慎监管框架缺陷的宏观审慎监管。正如英国金融服务管理局（FSA）在其危机应对报告中所指出的，"这次金融危机是对目前以微观审慎层面为基础的金融规制与监管体系的根本性挑战。一个稳健的微观审慎体系是必需的，但是还并不足以保证整个金融体系的稳定，而宏观审慎则恰恰以系统性稳定为目标"（FSA，2009）。学术界也普遍认为，尽管依然无法消除有效控制不可持续信贷扩张的政治与制度障碍，宏观审慎监管确实能有效解决此次金融危机所暴露出来的诸如过度杠杆化、短期融资不稳定、对手风险预计不足等脆弱性问题（Milne，2009）。

　　然而，尽管加强宏观审慎层面的规制与监管的重要性是如此不言而喻，宏观审慎监管的理念也早已在 20 世纪 70 年代后期萌芽，有关宏观审慎监管的具体执行问题至今仍悬而未决，因其不仅涉及不同领域政策制定者特别是金融监管者和货币政策制定者的理念问题，而且牵涉诸如会计准则的设定等问题。正如 Galati 和 Moessner（2011）所言，"宏观审慎政策研究仍处于萌芽状态，还远远谈不上为政策框架提供支撑"。鉴于此，本章拟在梳理宏观审慎监管政策框架的基础上，就宏观审慎监管政策工具及其潜在的利弊，以及宏观审慎监管政策与货币政策的协同等问题，针对近年来的相关文献进行回顾式的讨论，期望借此抛砖引玉，以进一步深化对宏观审慎监管的理解，为金融监管改革夯实认知基础。

一　宏观审慎监管的对象与目标

（一）宏观审慎监管的对象

　　宏观审慎政策的出发点是金融稳定（Bank of England，2009），其监管对象是系统性风险。国际货币基金组织、金融稳定委员会（FSB）和国际清算银行为 G20 作出的系统性风险的定义是："一种破坏金融服务的风险，源于金融体系全部或部分受损，可对实体经济构成严重的负面威胁。"[①] 系统性风险可从以下三个视角进行考察。

1. 时间维度与顺周期性

　　金融体系的内在风险随着时间的变化而变化，表现出鲜明的顺经济周期特征：银行信贷在经济繁荣时期明显上升，在经济萧条时期显著下降，有时

---

　　① 参见 "Guidance to Assess the Systemic Importance of Financial Institutions, Markets and Instruments: Initial Considerations", Oct., 2009。

降幅剧烈以至于出现信贷紧缩。当某种外部冲击来临，危机就会以资金流动性短缺的形式出现，并随着市场参与者信心的不断丧失而变得愈发严重。

2. 网络维度与"拥挤交易"

由于金融体系内各家金融机构的投资组合和金融产品风险之间相互关联[1]，当外部冲击影响到特定风险敞口时，所有的金融机构都会同时设法降低风险敞口，这就使得降低风险敞口将变得非常困难，而且问题资产的市场流动性和融资流动性将显著下降，从而导致损失进一步扩大。

3. 集合维度与羊群效应

由于羊群效应和风险管理的复杂性，金融系统内单个金融机构之间对经济走势判断趋同和风险管理方法（如 VaR 技术的广泛使用）的雷同而导致系统性风险。例如，Hanson 等人（2010）就将资本监管的宏观审慎方法的特征描述为：当成倍增加的金融机构遭遇共同的冲击时，努力控制与过度资产负债表收缩相关的社会成本。

值得注意的是，由于对金融体系这样一个复杂的适应性系统进行建模及量化目前仍然是一个巨大的挑战，非金融性事件（如电力供应的系统性崩溃）亦可能引发系统性风险，且尽管几乎所有的金融危机均与巨量债务的不可持续增长以及继之而来的资产价格上涨和调整相关，但资产价格上升并不一定会引发金融危机（Reinhart and Rogoff，2009）。这就使得在危机发生之前（特别是在经济繁荣时期）识别出系统性金融风险的来源无异于蜀道之难，加之鼓励和支持信贷不可持续扩张的强大政治和制度力量往往难以抵御，宏观审慎监管政策的实施难以完全消除金融不稳定的威胁。

（二）宏观审慎监管的目标

目前，关于宏观审慎监管目标的表述较多。其中，较具代表性的观点主要有以下三种。

其一，从熨平信贷周期的角度对宏观审慎监管的目标加以界定。例如，维多利亚·萨博塔（2010）认为，宏观审慎监管的目标是"提高银行的自我修复能力以稳定地提供信贷供给，从而维护经济环境，并降低信贷犯罪

---

[1]　关联的渠道包括：清算支付体系；短期融资市场；抵押物、证券和衍生品市场的共同敞口；与金融市场特别是店头市场参与者的对手风险敞口。

和信贷违约的几率"。具体地讲，在经济上行期，宏观审慎政策目标应当是提高资本充足率和（或）流动性比率，督促金融机构检查资产负债增长程度，从而提高其未来自我修复能力，进而有助于更稳定地提供信贷服务。在信贷和资产价格崩溃时，宏观审慎政策的角色应是利用在信贷上升周期中构建的监管资本缓冲区，在下降周期中保持信贷的投放能力，以尽可能熨平信贷周期。

其二，从宏观审慎监管的中介目标对宏观审慎政策的最终目标加以阐发。例如，英格兰银行认为，宏观审慎监管的目标应从资本和流动性两个方面展开：在资本监管方面，为应对网络维度的系统性风险，应着力降低系统重要机构失败的概率，为减轻溢出效应提供激励；为应对集合维度的系统性风险，应调整金融体系于信贷周期的净杠杆，为遏制借贷膨胀提供激励。在流动性监管方面，为应对网络风险，应着力降低银行间资金主要提供商贮藏流动性的概率，为融资网络更为稳健提供激励。在应对集合风险方面，则可采取影响金融体系于信贷周期的净成熟期错配、为缩短更多的成熟期转换提供诱因等措施。

其三，基于系统性风险的特征对宏观审慎监管目标进行界定。全球金融体系委员会（CGFS）提出，宏观审慎监管有两个主要目标：一是加强金融体系应对经济低迷及其他负面集合冲击的弹性；二是积极地限制金融风险的堆积，以寻求减小金融机构破产的概率或降低金融机构破产的量级，且二者并非互斥。这一界定与 Milne 基于金融不稳定定义的讨论相互映照。Milne（2009）认为，所谓金融不稳定，最佳的诠释应为"资金流的广泛崩溃"，这种崩溃既可能来源于金融部门（如，放大外部冲击的脆弱性），又可能来自金融体系之外（如，债务的不可持续性堆积以及资产价格在信贷和真实支出突然逆转时见顶），故政策制定者应执行两项不同但彼此相关的任务：确保金融体系应对外部冲击的弹性；对未来不可持续性信贷扩张和资产价格上升作出及时反应。

显而易见，在上述三种界定中，第一种界定失之褊狭，因其只涵盖了金融体系中的银行，而忽视了其他金融机构对金融体系系统性风险的影响；第二种界定与其说是目标，不如说是宏观审慎监管的作用路径，或曰中介目标；相对而言，第三种界定立足宏观审慎监管的出发点，体现了对系统性风险特征的洞察，概括更为全面。

二　宏观审慎监管的工具与效用

基于宏观审慎监管的两大目标，即提高金融体系应对负面冲击的弹性和调节金融周期，宏观审慎监管政策工具可分为两大类。

（一）以调节金融周期为主要目标的宏观审慎监管工具

1. 逆周期的动态资本监管

逆周期的动态资本监管，即要求银行在经济繁荣时期持有相对于经济萧条时期占据资产更高比例的资本。作为政策制定者最大化其福利函数的一种最佳方案，逆周期的动态资本监管可同时满足保护存款保险基金的微观审慎目标和萧条时期保证信用创造的宏观审慎目标。[①] 对加拿大银行体系的实证研究表明，宏观审慎资本配置机制使得单个银行失败及系统性危机发生概率降低了大约 25% （Gauthier et al.，2010）。

逆周期的动态资本监管工具主要包括：①提高资本缓冲要求。根据巴塞尔资本协议Ⅲ，银行应在信贷高速增长、系统性风险不断累积的情况下，按风险加权资产的 0—2.5% 计提逆周期资本缓冲，核心挂钩变量为信贷余额/GDP。巴塞尔资本协议Ⅲ还增加了交易账户的资本要求，且要求在第二支柱下进一步强化风险治理框架的有效性、风险评估的全面性，确保资本应覆盖整个经济周期的风险，进一步完善和加强压力测试。而 Repullo 和 Saurina（2010）则提出，在强化跨周期评级法（Through-the-Cycle，TTC）的同时，一个更好的选择，是资本缓冲基于 GDP 增长、市场变量、会计变量或杠杆变量的参数调整。②提高资本质量要求。在微观审慎框架下，一级资本中的普通股和优先股均能同等满足资本监管要求。而从宏观审慎的视角来看，要更多地关注使问题金融机构能够动态地调整资本、得以持续经营，在资本结构调整过程中，普通股显然比优先股更适合应对债务积压问题。Hanson 等人（2010）甚至主张一级资本只应包括普通股，或是经契约保证在金融机构遭遇困境时转为普通股的金融工具，优先股应当被排除在一级资本之外。③瞄准资本总量而非资本比率的立即纠正措施（Prompt Corrective Action，

---

① 完整的模型推导可参见 Kashyap, A. and Stein, J., "Cyclical Implications of the Basel-II Capital Standards", Federal Reserve Bank of Chicago Economic Perspectives 28 Q1, 2004。

PCA）。Hart 和 Zingales（2009）认为，当银行信用风险超过一定水平时，如果 PCA 以银行资本充足率作标杆，则因资本充足率降低而面临惩罚的银行将可能会通过收缩资产（即减小分子）来修复其资本充足率，继而引发信贷紧缩、加剧金融危机，因而 PCA 应使用压力测试技术，瞄准资本总量而非资本比率。④或有资本（Contingent Capital）。或有资本工具的关键在于触发机制和转换机制的设计①，可分为两种广义的类型：或有可转债券（Contingent Convertibles）和资本保险（Capital Insurance）。前者是指银行发行的一种债务凭证，其在银行监管资本或股票市值低于某一固定标准时，可以转化成普通股，从而即刻提升银行的核心资本。② 资本保险则类似于巨灾保险，是指银行主动或依照监管机关要求，向拥有雄厚资金的保险者购买保险，保险者须将相应的保额交给托管人。投保期内一旦出现某些触发条件，则银行可得到相应金额的赔付；否则将于期末返还至保险者（Kashyap and Stein，2010）。

动态资本监管的一大挑战在于，在萧条时期，对银行有约束力的限制往往并非监管资本要求，而是来自市场的巨大压力——随着银行资产风险的上升，市场将拒绝给资本不够充足的金融机构提供资金。③ Hanson 等人以美国最大的四家银行为例，证明了即使在经济复苏时期，监管要求依然明显缺乏约束力。这意味着要使动态资本要求有所作为，繁荣时期的监管最低要求必须大大超过萧条时期市场要求的标准。

2. 动态拨备（资产损失缓冲）及与之相关的会计问题

始于西班牙央行自 2000 年起实施的动态准备金制度，是指在传统的一般准备金和专项准备金基础上，根据"新发放贷款的内在损失 + 长期平均专项准备 - 根据会计准则扣除的专项准备"确定动态拨备的变动额，以反

---

① 对具体机制设计的讨论可参见 De Martino, G., Libertucci, M., Marangoni, M. and Quagliariello, M., "Countercyclical Contingent Capital（CCC）: Possible Use and Idea Design", Bank of Italy Occasional Paper, Sept., 2010。

② 对此类可转债的描述、转换触发机制及利弊分析可参见 McDonald, R. L., "Contingent Capital with a Dual Price Trigger", Feb. 15, 2010, Available at SSRN: http: //ssrn. com/abstract = 1553430。

③ 这一倾向将因将风险价值（VaR）模型的广泛使用而放大，由于萧条时期所测之波动性及继而风险价值的增长，VaR 模型将机械地要求银行持有更高比例的资本。因而即使市场融资依旧可得，银行内部基于风险管理的需要，也会被迫压缩资产。

映对银行潜在风险的事前估计。动态准备金制度的引入有助于校正风险管理中的市场失灵，即在经济上升期低估风险，而在经济下行期高估风险；增强银行管理层的风险意识，能够在事前有效识别风险，降低了贷款损失准备的波动性，更好地匹配整个经济周期内贷款组合的收入和支出，准确计量银行利润（Fernández and García, 2009）。

但动态拨备是否能发挥缓释顺周期的作用，仍然取决于对贷款组合损失的识别能力。对此，一些学者认为，动态拨备于防范金融危机并无助益。例如，Barrell 等人（2010）对 1980—2008 年 14 个 OECD 国家 20 起金融危机的分析结果表明，防范金融危机的最佳选择在于减少房价泡沫及经常项目逆差，动态拨备并非必要。动态拨备面临的另一重大挑战在于其可操作性，其根源在于动态准备金与贷款损失准备的会计处理方法存在原则上的分歧。例如，在金融危机发生时，"以市定价"（Mark-to-market）因市场的过度反应而使得金融工具的账面价值大大减少，从而进一步加剧恐慌。但 Viñals（2004）认为，即便存在会计处理方面的分歧，监管当局仍应该把动态拨备视为缓解顺周期效应的最优选择。因为金融机构风险管理的主观预测无法替代客观市场数据，市场定价的重要性已经得到各方的一致认同。

3. 杠杆率、成熟期与流动性监管

所谓杠杆率，即资本与总资产之比（或其倒数）。控制杠杆率以防范系统性风险之重要性已被近 8 个世纪以来 66 个国家的金融危机所证明（Reinhart and Rogoff, 2009）。对金融机构的杠杆率进行监管，可防止金融机构资产负债表的过度扩张和过度承担风险，控制金融体系杠杆程度的非理性增长和系统性风险的不断积累。例如，加拿大推行的杠杆率指标监管有效地削弱了银行体系的顺周期性，正是加拿大银行在此次危机中受冲击较小的一个重要原因。Morris 和 Shin 也提出，应将最高杠杆率作为相互关联的金融体系中增强负债稳定性的一种工具，而不能仅仅依赖于简单地设定资产损失缓冲（Kashyap and Stein, 2010）。与杠杆率相类的指标还有贷款价值比（LTV），即通过设定 LTV 的最高上限来缓解顺周期问题。

在管控杠杆率之外，由于短期负债占比高被视为银行脆弱性的主要来源（Hanson et al., 2010），对短期负债的监管也被纳入监管范围。其一，众所周知，短期借款人比同等数量的长期借款人拥有更强的挤兑能力，继而导致

金融体系更为脆弱（Diamond and Dybvig，1983）；其二，市场内大范围的应急变卖，使得债务期限的选择存在外部性。考虑到融资成本，一家银行或证券经纪与交易商会倾向于通过短期负债融资。然而，在金融危机发生时，无法滚动短期负债将迫使银行或证券经纪与交易商变卖资产以获取流动性，继而对持有同类资产的其他市场参与者构成应急变卖成本，只能眼睁睁地看着其所拥有的抵押品价值不断缩水。其结果便是整个社会过度短期融资水平，监管当局将不得不介入（Stein，2010）。基于上述考虑，监管当局明确地将债务期限和资产流动性纳入整合监管机制的考量。巴塞尔银行监管委员会就推出了一系列包括流动性覆盖率和"净稳定资金比率"（Net Stable Funding Ratio，NSFR）测试在内的提案。其中，流动性覆盖率用于确定在监管部门设定的短期严重压力情景下，一个机构所持有的无变现障碍的、优质的流动性资产的数量，以便应对此种情景下的资金净流出；稳定资金比率衡量的则是一家机构根据资产的流动性状况和其表外承诺及负债导致的流动性或有需求状况所使用的长期、稳定资金的数量。[①] Perotti 和 Suarez（2010）则提出，可运用流动性风险收费（Liquidity Risk Charges）[②] 来抑制短期融资。而 Brunnermeier 等人（2009）主张根据期限错配规模的比例提出资本附加要求来克服顺周期问题。尽管相关的细节问题仍有待落实，但这一努力方向无疑是值得肯定的。

此外，在逆周期监管方面，G20 还强调要关注银行家和交易者的诱因。具体而言，要延长银行家和交易者的薪酬计算期；但更重要的，应将银行家薪酬激励置于宏观审慎监管的框架下，促使银行建立激励银行家逆周期行为的一篮子诱因解决方案（Acharya and Richardson，2009）。

值得注意的是，逆周期政策基于各国和地区的经济周期状况而定，可能会影响跨境银行的公平竞争，诱发监管套利（Bank of England，2009）。并

---

①　净稳定资金的数量是金融机构所持有资产的函数，类似于风险基础资本要求。但这一函数的确定非常困难。例如，主权债通常被视为具有最强的流动性，然而欧洲主权债务危机表明，这一假定并不是对所有国家都能成立。

②　流动性风险收费由公式计算而得：$LRC_{jt} = c(z_{jt}) \sum_{s=1\cdots s} w(s) x(s)_{jt}$，其中，$x(s)_{jt}$ 为 s 天成熟期的银行负债，$w(s)$ 为成熟期 s 的再融资风险 $[w(1)=1, w(s)=0]$，s 足够大到保证安全的成熟期，$c(z_{jt})$ 为对每一单位再融资风险权重负责的收费，z_{jt} 是附加因子（如规模和联结度）的向量。

且，宏观审慎政策对信贷周期的熨平效果是有限的。例如，由于资本自由流动和跨境信贷，金融监管当局通常无法完全控制国内信贷总量（维多利亚·萨博塔，2010）。当全球实际利率因经济基本面因素下降时，信贷倾向于扩张，此时信贷扩张就不可能用宏观审慎政策进行抑制。因劳动生产率上升而导致信贷需求上升的情况也是如此。

（二） 以提高金融体系弹性为主要目标的宏观审慎监管工具

此类工具的管理对象源于金融体系结构的风险堆积问题，考虑不同机构间相互影响导致的系统性风险，通过加强对具有系统重要性的金融机构监管、改进对交易对手的风险计量和控制等来维护金融体系的整体稳定。

1. 对系统性机构（Systemic Institutions）的监管

加大对可能形成系统性风险的重点金融机构的监管力度，监管当局的考量因素[1]主要包括：①敞口规模（特别是与核心银行体系及零售客户相关的敞口规模）；②杠杆比率与期限错配；③与金融体系的关联度。但从实践技术层面来看，由于不仅需要识别导致内生风险的外部冲击的量级，而且还要量化由此增加的关联度，因而很难衡量单个金融机构对系统性风险的贡献度。

目前，文献中测度单个机构对系统性风险贡献度的主要指标有：①Adrian 和 Brunnermeier 提出的条件风险价值（CoVaR）方法，即给定系统性金融风险发生的条件下，单个机构投资组合回报与其他机构投资组合回报的协方差，[2] 主要取决于杠杆率、规模和期限错配。但 CoVaR 的主要问题在于单个机构的风险加总并不等于系统性风险的集合（Tarashev and Borio，2010）。Buiter（2009）提出了与 CoVaR 指标相关的两个概念性问题：其一，CoVaR 运用相关系数测试溢出效应，暗含因果关系，然而这种因果关系不

---

[1] 例如，英格兰银行提出：针对网络风险，宏观审慎政策应包括单个金融机构的附加系统性资本金（Institution- specific Systemic Capital Surcharge）。根据英格兰银行给出的理论模型，基于每个金融机构对系统性风险的贡献度，附加系统性资本金水平的确定需要考虑机构规模、其他金融市场的连通（connectivity）和复杂性（complexity）等因素，来校准单个机构的附加资本金水平。

[2] Adrian and Brunnermeier 强调内生风险（endogenous risk）的作用，即重大冲击导致大规模资产被迫变卖的概率，及其导致的对最初扰动的放大作用。在危机之中，资产回报的相关性急剧上升，这就可以用 CoVaR 加以衡量。参见 Adrian, T. and Brunnermeier, M., "CoVaR", Federal Reserve Bank of New York Staff Reports No. 348, 2008.

一定成立；其二，正如 VaR 指标一样，危机时期的 CoVaR 指标与正常时期的 CoVaR 指标存在很大的差别。此外，CoVaR 仍旧是一个双边指标，换言之，其并不能考察间接效应。②Zhou（2010）在 Segoviano 和 Goodhart 研究的基础上提出了另一种测量单个机构系统性影响的"系统性重要指数"（Systemic Importance Index），用以测量假设某一特定银行倒闭时银行体系内失败银行的数量。同时，他还提出了一个反向的"脆弱性指标"（Vulnerability Index），用以测量在银行体系存在至少一家银行失败的情形下某一特定银行的失败概率。③Zhu（2008）提出了又一种在银行层面分配系统性风险贡献的方法，将之定义为当银行系统遭遇危机时某一特定银行的损失。与 Brunnermeier 和 Zhou 的研究结果不同的是，他们在模拟中加入了规模权重信息和违约损失率（LGD）。④Gauthier（2010）通过五种方法来计算系统性风险贡献度：成分 VaR（Component VaR）、增量 VaR（Incremental VaR）、两种夏普里值（Shapley Value）和条件风险价值（CoVaRs），发现就促进金融稳定而言，五种风险分配方案的结果相似。

一部分学者则将金融体系视为一种复杂系统，关注复杂程度（degree of complexity）、相互联结度（interconnection）、非线性（non-linearity）、多样性（diversity）和不确定性（uncertainty）（LeBaron and Tesfatsion，2008），模型构建以有限理性的异质代理人及其学习过程对系统集合变量的影响为基础。与之相关的另一部分学者则是将金融体系作为复杂动态代理人网络进行分析，后者与银行间市场的相互敞口直接相关，与持有相似投资组合或共享同一群存款人间接相关。例如，Van Lelyveld 和 Liedorp（2006）通过估算双边实际范围及外汇敞口继而描绘金融风险的实际架构，来研究荷兰银行间市场的传染风险；Gai 和 Kapadia（2008）、Nier 等人（2008）则通过构建银行同质网络分析特别冲击对网络弹性的影响，结果均发现净资产与网络联结度对传染的非线性影响，从而证明了金融体系可能具有稳健但脆弱（robust-yet-fragile）的倾向。

值得注意的是，即便测量技术尚未成熟，对系统性机构的监管已逐步在全球范围内付诸实践。例如，美国金融监管当局不仅把所有具有系统重要性的金融机构纳入宏观审慎监管的框架之下，而且对具有系统重要性的金融机构提出了更高的资本充足率、杠杆限制和风险集中度等要求，特别是为了从根本上杜绝金融机构"大而不倒"尴尬局面的发生，要求对超大型或特别复杂的金融机构征收新的系统风险税金，建立安全有序的破产清算机制，进而避免金融机构清算过程给纳税人带来严重损失，以便维护社会的稳定。

2. 对影子银行体系的监管

从信用创造及其对经济体的影响来看，此次金融危机最具破坏性的并不是大型金融机构的问题，而是资产支持证券（Asset-Backed Securities，ABS）市场的全面崩溃。因而对资产支持证券的持有者以及为之提供短期负债的投资者，如对冲基金、私募基金、房贷中介、票贴公司（Check Cashier）、地下汇款公司（Money Transmittal Firms）等影子银行体系构成者进行监管便成为宏观审慎监管的题中之义。Stein（2011）在分析资产支持证券市场在信用创造过程中的角色及银行体系力推资产证券化的动因（即提高风险分担的效率、规避资本监管要求）的基础上，认为对影子银行体系的监管，其最佳方案是规范资产支持证券市场的垫头（Haircut）[1] 交易。即不论是银行、经纪商，还是对冲基金或任何持有敞口的机构，均对给定类型的信用敞口执行资本标准提要求。实现这一任务的可选工具之一是对垫头交易实施更广泛基础的监管（即最低保证金监管）。[2] 这一观点得到了Gorton（2010）、Covitz 等人（2009）的响应，后者认为，资产支持证券市场的崩溃具有传统银行挤兑的特征，即资产支持证券的投资者无法继续获得短期融资，而资产支持证券市场短期借款人的撤离又与再回购协议中的垫头行为相关。

此外，一些研究强调，新兴市场国家在宏观审慎工具选择方面应有别于发达国家。例如，McCauley（2009）以印度储蓄银行 2005 年提高巴塞尔资本协议 I 对抵押贷款及其他家庭信贷的比重为例，认为新兴市场的中央银行早已是宏观审慎政策的常规执行者。一些学者认为，新兴市场经济体的宏观审慎工具应包括限制系统范围的货币错配等措施，后者的目的在于阻止资本流入对国内金融体系造成的负面影响，如限制外汇敞口头寸及外汇资产类

---

① 　垫头是指证券的市场价值与其抵押价值之间的差额。在出现清理抵押品的要求时，资金的放款方通常采用垫头来保护他免受证券市场价值下降所带来的风险。

② 　垫头监管的模型推导可参见吉那科普罗斯（Geanakoplos）和斯特恩（Stein）的论述。

型，或设计旨在减少资本流入诱因的、基于市场的管制措施。[①] 但是，Ostry 等人（2010）认为，以控制导致国内信贷激增的巨额资本流入为目的的工具本身不应作为宏观审慎工具，而应视为支撑宏观审慎监管的措施。

三　全球金融稳定框架下的宏观审慎监管与其他制度框架的配合

（一）全球金融稳定框架

尽管宏观审慎监管以金融稳定为出发点，但仅有宏观审慎监管并不足以实现金融稳定（Blanchard and Dell'Ariccia，2010）。为此，国际清算银行（BIS）提出了一个涵盖宏观经济政策、审慎政策和制度框架（Institutional Framework）的金融稳定框架，如表 6 - 2 所示。

表 6 - 2　全球金融稳定框架

全球系统性框架			
宏观经济政策	审慎政策		制度框架
货币政策 ● 更系统 ● 逆风而行 ● 金融稳定在制定货币政策中的角色	宏观审慎 ● 逆周期 ■前瞻性拨备 ■逆周期资本附加 ■资本留存 ■其他：贷款价值比 ● 关联度 ■系统性收费 ■跨界决议 ■市场基础设施	微观审慎 ● 资本 ●体现表内、表外风险 ■交易账户 ■证券化 ■对手 ■更优质、更透明 ■杠杆率 ● 流动性 ■30 天比率 ■长期结构比率	制度建设 ●责任分配 ● "系统性监管者" ● 早期预警演习 国际合作 ● G20 ■共同评估 ● 金融稳定委员会 FSB ■同侪评估 ● 巴塞尔银行管理委员会 ■全面影响评估 ■同侪评估 ● 其他制度设计
财政政策 ● 自动稳定器 ● 相机财政刺激 ● 银行救济	监管：积极执行 　● 监管边界 　● 突破周期/结构		
市场规则 透明度；可计量；市场诚信；消费者保护			

[①] Borio and Packer 主张，货币错配可视为"压力测试"的一种类型，因其导致货币迅速大幅贬值，继而增加了金融危机的成本。

Caruana（2010）主张，在全球金融稳定框架中，货币政策不应将资产价格和信贷周期视为外生变量，因其本质上受到政策立场的影响。货币政策在应对经济繁荣与衰退阶段时应更具系统性，且须在对繁荣时期金融失衡的积累采取"逆风而行"的政策。据此，货币政策目标不应狭隘地局限于控制短期通胀，而应在中期以促进金融和宏观经济稳定为目标，考察信贷增长和资产信息，并确保两个目标的长期一致。而此次金融危机也凸显了财政政策在金融稳定框架中的支持作用。一个显明的机制便是让财政自动稳定器（Fiscal Automatic Stabilizers）在萧条时期发挥作用。不仅如此，政府可扮演保险者的角色，将繁荣时期的财政"储备"用于萧条时期的金融稳定。但鉴于许多国家通过救助银行部门或刺激国内需求来化解金融危机的负面影响，财政政策的响应须谨慎开展，以避免财政对稳定的关注与金融体系脆弱性交互可能对金融稳定形成的巨大威胁。

（二）宏观审慎监管与货币政策的配合

宏观审慎政策设计的一个关键问题是如何与货币政策交互，因为二者均以宏观经济稳定为最终目标。这一交互取决于金融失衡是否在货币政策框架中发挥作用（Galati and Moessne，2011）。从近期的政策论争与学术研究成果来看，货币政策以"逆风而行"的姿势配合宏观审慎监管正得到更多的认同（Trichet，2009）。例如，现任美联储主席 Bernanke 在其 2010 年的一次演讲中提出，在特殊情况下，货币政策目标应超越宏观经济稳定。Borio 和 Drehmann（2009）不仅支持运用货币政策解决金融失衡问题，而且强调仅仅依靠宏观审慎政策解决时间维度的金融不稳定问题会令宏观审慎政策不堪重负。N'Diaye（2009）认为逆周期的宏观审慎监管有助于减少产出的波动性、降低金融不稳定的风险，特别是逆周期的资本充足率要求使得货币政策当局小幅调整利率即可实现相同的产出及通胀目标。并且，这些规则还有助于减少资产价格的波动性、减缓金融加速器的进程。Angelini 等人（2010）运用动态一般均衡模型（DSGE）评估逆周 期宏观审慎政策与货币政策的互动，结果发现在"正常"年代[①]，宏观审慎政策相较于仅有货币政策而言，

---

　　① 即经济周期主要由供给冲击（Supply Shocks）驱动。所谓供给冲击是指没有预期到的冲击对总供给造成影响。有利的冲击（Beneficial Supply Shocks）会使供给曲线右移，包括：农产品丰收，供给增加；自然资源的发现，如矿产、石油（劳动供给增加）；经济制度的改善（如财产权的认定）；生产技术的进步。

仅能产生少量的收益。并且，如果没有货币政策的密切配合，两种政策就会产生冲突。因而，宏观审慎监管与货币政策的配合于提高审慎监管绩效不可或缺。

　　一些学者通过研究银行资产、负债和资本在货币政策传导机制中的作用，以及资产价格、银行间市场与货币政策的互动来探讨宏观审慎监管与货币政策互动的内在机理。例如，Borio 和 Zhu（2009）强调了"风险承担渠道"（Risk Taking Channel）的角色，将之定义为货币政策于风险感知或风险容忍的影响，后者又影响资产组合的风险度、资产定价及资金供给的价格和条件。Adrian 和 Shin（2008）检验了融资条件与基于市场的金融中介的杠杆率波动之间的相关关系，提出基于市场的金融中介，其资产负债量是货币政策的重要宏观经济变量。Freixas 等人（2009）、Ongena 和 Popov（2009）讨论了货币政策与遭遇突发冻结的银行间市场之间的关联，认为利率及流动性注入是应对流动性冲击的有效工具。Loisely 等人（2009）则研究了货币政策与资产价格之间的交互。他们运用一个简单的一般均衡模型，假定资产价格泡沫源于投资于生产力不确定的新技术的羊群行为，如果企业家收到且仅收到合意的私人信号，则货币政策可影响企业家的资源成本继而企业对新技术的投资。如此一来，政策制定者透露该信号，便可阻止羊群行为及资产泡沫的形成。

　　那么，宏观审慎监管应当如何与货币政策搭配呢？Agur 和 Demertzis（2009）建立了最优货币政策与内在银行风险之间的互动模型，认为货币政策当局在经济低迷时期，应更大幅度地下调利率；而在经济繁荣时期，则提高利率与限制过多的风险承担。Angeloni 和 Faia（2009）则主张合意的政策组合包括温和的反周期资本比率和对通胀及资产价格或杠杆率作出响应的货币规则。Kannan 等人（2009）提出了一个基于房价的 DSGE 模型，发现对信贷过热或资产价格泡沫的强有力货币政策信号反应有助于应对加速器①类型的机制；不仅如此，运用抑制信贷市场周期的宏观审慎监管工具会有助于打击信贷过热。而 Beau 等人（2011）则是运用动态随机

----

　　①　融资市场存在因企业抵押品价值变动而引起企业外部融资规模超比例变动的信贷市场"小冲击、大波动"效应。

一般均衡模型，以欧元区及美国 1985—2010 年的数据为样本，分析在哪些情况下货币政策与宏观审慎政策的互动对价格稳定存在复合、中立或冲突性的影响。其研究结论认为，就促进价格稳定而言，最优的方案是独立的货币政策紧紧围绕价格稳定而独立的宏观审慎政策对信贷增长施以"逆风而行"。

值得注意的是，一些学者开始研究不同货币政策工具于促进金融稳定效用的差异。例如，Born 等人（2010）对 1997—2010 年 36 个国家的央行沟通行为进行了研究，发现金融稳定报告可显著减少市场波动，继而促进金融稳定，而演讲和会谈则收效甚微。据此，他们提出，在设计旨在实现金融稳定的央行沟通策略时，应注意把握不同的沟通工具和沟通内容对实施成效的影响差异。

（三）宏观审慎监管与现有监管体制的融合

尽管西方国家为管控系统性风险而设立了诸如欧洲系统风险委员会（欧盟）、金融稳定委员会（英国）、金融服务监管委员会（美国）等机构，但对于宏观审慎监管应由谁来执行这一问题，政界与学界几乎异口同声地推举中央银行，因为央行独具最后贷款人职能，从而使其具有维护金融稳定和实施宏观审慎监管的天然优势（Blinder，2010）。例如，Blanchard 等人（2010）认为，基于以下三个原因，应赋予央行制定货币政策及监管银行的功能：其一，央行监测宏观经济发展的优势，使其成为宏观审慎监管不可或缺的参与者；其二，对央行委以宏观审慎监管的重任可避免诸如危机期间不同且分散的金融机构协调难而引发的问题；其三，货币政策对杠杆率及风险承担具有内在的影响。巴塞尔银行监管委员会主席、荷兰中央银行行长努特·韦林克也提出，未来监管体制安排的宏观审慎取向还需要进一步加强和扩充，要投入更多资源用于对机构之间关系以及机构与整个金融环境关系的研究上，要加深宏观和微观审慎监管之间的相互联系，并要加强央行在宏观审慎监管和危机治理方面的职能——只有这样，才能让宏观审慎监管发挥真实的效用。而在 Aglietta 和 Scialom（2009）提出的宏观审慎监管的自上而下方法中，央行恰好处于宏观审慎监管金字塔的顶端。事实上，通过改革金融监管的组织架构、赋予中央银行更大的系统性监管职能正是近期美、欧金融监管改革的核心内容之一。例如，美国金融监管改革建议就强化了美联储职能，将美联储监管范围扩大到所有能对金融稳定造成威胁的金融机构，不仅包括银行控股公司，还包括对冲基金、保险公司等非银行金融机构的监管，以更好地发挥美联储作为政府在稳定金融体系方面的作用。

但对于央行承担宏观审慎监管职能这一观点，也有一些学者提出了反对意见。如 Boyer 和 Ponce（2010）主张，尽管有诸多理由支持央行执行宏观审慎监管，但由另一监管机构执行微观审慎监管更符合社会合意（Socially Optimal）的要求，特别是当监管者被银行家俘获[1]时更是如此。与此同时，央行承担宏观审慎监管的任务可能使央行面临冲突的角色（Grauwe and Gros，2009）。例如，央行在执行从紧的货币政策的同时，可能又必须关注金融机构的偿付能力问题，从而使央行面临 Goodhart（2002）所称之"声誉风险"的不对称问题[2]，继而影响到央行行为的效力。

另一个执行层面的问题则是，应当由什么机构来确定宏观审慎政策工具的组合。从货币政策决策层面来看，央行货币政策委员会与金融稳定委员会的成员会出现一定程度上的重叠（Blinder，2008）。那么，如何保证宏观审慎政策工具决策机构的效力呢？尽管有关于央行独立性的大量文献可以借鉴，但目前鲜有研究涉足这一问题。对此，Sibert（2010）提出了一个由 5 位委员组成的委员会，这 5 位委员分别是宏观经济学家、微观经济学家、会计专家、金融工程师和实务工作者，全部来自政府和国际组织外部，以满足客观、独立的要求。

推行超越微观审慎目标的宏观审慎监管，已成为当下金融监管当局的普遍共识。然而，由上文对近年宏观审慎监管研究的考察可看到，相关研究刚刚起步，加之分析工具和数据缺乏，宏观审慎监管政策的具体实施与制定尚未形成较为完整的框架，许多重要的问题仍有待于在未来的研究当中得到进一步解决。

其一，系统性风险来源的识别、测度及评估问题。宏观审慎监管的效力

---

[1]　对如何将监管俘获问题纳入监管制度安排的论述可参见 Hardy，D.，"Regulatory Capture in Banking"，IMF Working Paper 06/34，2006。

[2]　即金融监管失败会引起媒体高度关注，继而打击公众对央行的信心；而金融监管成功却往往为公众所忽视。

建立在系统性风险识别的基础之上，而金融体系及其所支持的实体经济间的关联与互动极其复杂，测度任意时刻系统崩溃的风险是极端困难的。不仅如此，系统性风险与金融部门的顺周期性、金融体系高度关联的网络效应以及包含信息摩擦、错误的激励机制、委托—代理等市场不完善问题相关，需要运用大量的工具来处理相关的数据，以获得广泛而深入的信息基础。在此基础之上，如何确保基于历史数据的模型推演对未来不确定性预测的准确度和可靠性，仍然是一个有待解决的问题。

其二，宏观审慎监管工具的有效性问题。我们需要在引入更多新的、有效的宏观审慎监管工具的同时，认真、慎重地分析市场对宏观审慎工具的反应以及可能由此滋生的新的风险。例如，资本成本的增加将促进金融机构从事更多高风险的活动或绕开监管壁垒、成立新型组织来开展金融业务。而一些与经济周期相关的宏观审慎监管工具，如资本缓冲及动态拨备，其成效如何尚需至少一个经济周期的检验。

其三，宏观审慎监管制度设计问题。例如，如何在满足简单而能稳健应对不确定性及结构性变化的要求的前提下，将长期游离于监管之外的影子银行体系纳入监管范畴，力求提高系统弹性与逆经济周期的并行不悖，并综合考察宏观审慎监管的成本/收益。如何既视乎国情差别与时空差异，又着眼统一规则和国际合作，将宏观审慎监管机制建立在市场规律的基础之上，如何清除影响宏观审慎监管的社会及政治障碍，仍然是宏观审慎监管制度设计必须解决的重要问题。

其四，宏观审慎政策与其他公共政策的配合问题。目前，宏观审慎政策与其他公共政策的交互对经济体的作用传导机制尚未厘清，多种公共政策在执行过程中面临的目标冲突问题也未得到解决。① 不仅如此，公共政策的配合往往面临道德风险问题，即政策制定者具有独揽荣光而推卸责任的动机（Hallett et al.，2011）。总之，宏观审慎政策如何与其他公共政策相配合，涉及复杂的政策交互、监管规则及政治权力参数的重新设置等问题，而后者迄今为止仍然是一块尚待深入挖掘的研究领域。

---

　　① 例如，Clayes and Schoors 对俄罗斯央行所作的实证研究发现，对宏观审慎监管的关注会引发过度的监管容忍，从而与微观审慎监管目标相冲突。

第三节　宏观审慎监管的决策机制与组织框架

一　宏观审慎监管的决策机制

与货币政策等公共政策一样，宏观审慎监管的实施也要面临规则与相机抉择两种机制。这两种机制并不一定是互相排斥的，也可以在使用中相互配合。第一种机制是按规则行事。这种行事规则是在满足一定的条件后立即采取既定的措施，不考虑当时的特殊情况。第二种机制是相机行事。这种机制要求监管机构自行判断系统的风险状况并制定相应的对策。

不难看出，两种机制各有优劣。第一种机制的优点在于简单易行，可以规避监管机构的道德风险等问题。但是正如前所述，系统性的危机没有令人信服的标准，投资者以及金融机构的风险偏好对于金融危机也有很大的影响，而且，规则行事也容易造成金融机构的监管套利。第二种机制具有很大的灵活性，可以弥补第一种机制的缺陷，但其缺点在于难于控制监管机构的行为，容易引发道德风险。基于此，在选择具体的监管机制时必须考虑到不同国家的国情。对于金融决策的透明度较高且市场机制完善的国家，可以选择第二种机制；对于金融决策的透明度不高且市场机制不健全的国家，则应该选择第一种机制。当然，也可以选择两种机制搭配，根据不同的情况选择不同的监管制度安排。

Landau（2009）依据两种决策机制、并结合宏观审慎的两种情况绘制了一个决策图标，显示了两种规则在不同情况下的行为（见表 6 - 3）。

表 6 - 3　宏观审慎监管的两种机制

目的机制	系统性风险	根据宏观经济状况所作的调整
规则行事	缓冲（资本或流动性） 负债价值比 会计准则	动态资本比率 动态拨备
相机行事	压力测试 巴塞尔资本协议 II 第二支柱	资本比率、拨备计提以及边际资本充足率的相机调整

资料来源：Landau，J. P.，"Bubbles and Macro Prudential Supervision"，2009。

二 宏观审慎监管的组织架构

宏观审慎监管的执行（或实施）要依靠权力部门的推进，因此宏观审慎监管中的权力安排也是至关重要的一环。由于实施宏观审慎监管要求监管部门更多地关注信贷的增长、资产价格的变动、行业杠杆的高低等宏观经济因素，而中央银行在调控这些宏观经济因素上具有天然的优势，因此宏观审慎监管的权力架构一般考虑的是中央银行如何与传统的微观审慎监管部门的协调与配合。一个有效的宏观审慎监管体系必然要求中央银行与微观审慎监管部门之间的信息传递顺畅，微观审慎监管部门将所掌握的单个金融机构的信息及时反馈给中央银行，中央银行根据自己所掌握的信息对金融体系的运行情况进行全面的分析，并将分析结果以及进一步的建议反馈给微观审慎监管机构。

FSA（2009）认为中央银行与监管机构的权力架构可以分为三种模式：第一种模式是监管机构负责监管政策的制定及执行。在这种模式下，中央银行负责监控系统性风险，并将监管结果及建议反馈给微观审慎监管机构，由微观审慎监管机构来化解系统性风险。第二种模式是中央银行负责宏观审慎监管政策制定。在这种模式下，中央银行负责监控系统性风险并出台政策化解系统性风险，必要时中央银行可以要求微观审慎监管机构配合其政策的实施。第三种模式是由中央银行和微观审慎监管机构共同组成委员会，由委员会负责监管政策的制定。

这三种模式各有优劣。就第一种和第二种模式来说，不管是将监管的主导权交给中央银行还是微观审慎监管机构，其责任都很明确，但是这两种制度安排也会引起中央银行和微观审慎监管机构的内部利益冲突。对于第一种模式，由微观审慎监管机构来同时负责宏观审慎监管政策的制定。同时实现宏观审慎监管和微观审慎监管对于监管机构来说无疑是存在困难的，监管机构需要在两种目标之间取得平衡。例如，在经济发展的高涨时期，为了防范系统性风险，监管机构需要收紧银行信贷、提高银行的资本充足率水平，但是如果此时有金融机构陷入困境，特别是一些大的金融机构，就会使监管机构陷入两难的境地。对于第二种模式，中央银行经常使用的手段是利率，其最重要的目标是维持物价的稳定，但是采用利率来实现物价稳定和宏观金融稳定是存在冲突的。例如，如果中央银行意识到有系统性危机发生的可能，它就会使用利率工具消除金融系统存在的隐患，但这样会不利于经济的正常发展，甚至会造成物价的不稳定。因此，中央银行只有通过两种不同的政策工具来分别实现两个目标，此次金融危机中欧洲中央银行（ECB）就成功地使用了两种不同的政策工具实现了两个目标。ECB 一方面利用利率来维持物价的稳定，另一方面又利用流动性注入来保持货币市场的稳定。ECB 成功的例子说明中央银行可以运用不同的工具来同时实现两个目标。

第三种模式相对于另外两种模式最大的缺点就是权力和责任不明确。在这个委员会里，如果中央银行的代表和监管机构的代表没有达成一致意见，那么委员会的运行就会陷入被动。因此必须有一方来主导这个委员会，这样第三种模式就会与第一种或第二种模式极为相似。

很显然，三种模式并无绝对的好或坏，要根据各国的国情决定所采用的模式。对于欧盟来说，由于欧盟有统一的欧洲中央银行，且欧盟各国都有自己的微观审慎监管机构，因此应由各国的微观审慎监管机构作为宏观审慎监管的主导方。①

综合起来看，基于 Smaghi（2009）提出的微观审慎监管与宏观审慎监管的冲突要比物价稳定与金融稳定的冲突更为严重。② 因此第二种模式更具有普适性。此次金融危机中欧洲央行运用利率和流动性注入两个工具同时实现物价稳定和宏观审慎监管两个目标就是一次成功的实践。

第四节　宏观审慎监管与系统性风险的控制

宏观审慎监管的内涵及其基本思想并不难理解，难的是宏观审慎监管的实践，其中最重要的是系统性风险衡量的指标选择。一般而言，金融领域系统性风险的分析可以分为空间维度（Cross-sectional Dimension）和时间维度

---

① De Larosière Group 于 2009 年 2 月建议成立欧洲系统风险委员会（ESRC），经过一段时间的讨论，欧盟成立了系统风险委员会，权力架构采用了第一种模式。

② 详见 Smaghi, L. B.，"Going Forward-regulation and Supervision after the Financial Turmoil"，Speech Delivered at at the 4th International Conference of Financial Regulation and Supervision "After the Big Bang: Reshaping Central Banking, Regulation and Supervision"，Bocconi University, Milan, Jun. 19, 2009。

（Time Dimensions）（Borio，2003；Kamgna et al.，2009）。空间维度的风险衡量的是某一时点金融系统内累计的风险；时间维度的风险衡量的是隐藏在系统内部、在某一时间爆发的风险。

一　空间维度的风险监管

空间维度的风险是指某一时间金融系统内可能存在的风险，对这种风险的监管关键是确定监管的范围及相应指标的临界值。

从宏观审慎的监管范围来看，由于宏观审慎监管的目的是为了防止系统性的金融风险，因此所有影响金融系统稳定的因素都要考虑进来。一个国家金融系统最重要的参与者就是金融机构，所有金融机构风险的积聚就是系统性金融风险。因此，监管机构应重点监控能够引起系统性风险的金融活动，如大型金融机构的业务活动以及金融机构之间的共同风险敞口（这一点在经济繁荣时期，从个体金融机构的资产负债表上并不能明显地反映出来），因此需要监管机构从经济和金融整体进行考虑，防止由于某种负面冲击造成系统性风险进而引发金融危机。

毫无疑问，在对金融系统进行监管时，最重要的是监管标准的确定。Borio（2003）认为制定判断标准时一个最重要的原则就是简单、直接。在对金融机构进行监管时要区分金融机构的活动所蕴涵的系统性风险和个体风险，大型金融机构的个体风险有可能会带来很大的影响。然而，系统性风险和个体性风险如何区分在理论上仍然是一个难题。Borio 认为对于上市公司来说，其股票价格的波动也许能够反映一些信息；对于非公开上市的公司，资产负债表也许能够提供一些信息，随着风险估计技术的进步，监管机构从资产负债表中能得到的信息会越来越多。可以确定的是，大型金融机构的风险容易引起系统性金融风险，因此金融监管机构应加强对大型金融机构的监管，重点监测大型金融机构的风险状况，适时提高某些大型金融机构的资本充足率水平。

二　时间维度的风险监管

由于宏观审慎监管关注的是系统性风险，而时间维度的风险体现的是隐藏在系统内而在不同时期内表现出来的不同风险，因此时间维度的风险是宏观审慎监管更为关注的风险。由于微观审慎监管所具有的顺周期性，金融机构在经济繁荣时期扩大信贷规模，促使经济更加繁荣；而在经济衰退时期金融机构会收紧贷款，使经济陷入更严重的衰退中。因此，应对系统性风险最重要的手段就是逆风向监管，即在经济繁荣时期提高资本充足率要求，在经济萧条时期则适当降低资本充足率要求，以平抑经济的波动。此外，巴塞尔资本协议 II 公允价值准则等外部规则也加剧了金融系统的顺周期性。因此，在建立金融业的逆周期监管机制时，也应采取措施缓解外部规则的顺周期效应。对时间维度的风险的监管可以从以下几个方面进行考虑。

（一）风险的测量方法及相应对策

逆风向监管的一个重要前提是对时间维度的风险的测量及判断。目前主要有两种观点。

第一种观点认为提高时间维度的风险的测量是很难的，判断系统性风险的大小并没有可信的标准，以往对危机的预测就说明了这一点。然而，相对于判断系统性风险的可能性，却可以很容易比较出目前金融系统的各种指标相比过去的平均值是高还是低。因此，与其等待衡量系统性风险指标的进步，不如用一些相对简单的指标来衡量系统性风险，这样更有利于监管机构作出决定。而且就目前来看，一些经济指标（如资产价格和信贷规模等）能够在一定程度上反映经济系统的运行情况，用这些指标去判断并提出对策显然更有利于政策的实践。Goodhart 和 Danielsson（2001）建议将信贷规模和资产价格的增长作为宏观审慎监管的指标，如西班牙监管当局将信贷供给作为监测系统性风险的指标之一，在实践中将过往经济周期中贷款的平均损失作为信贷供给的成本（Borio and Lowe，2001）。此外，也有学者（Kane and Yu）赞同使用保守的价值估算原则，如将资产的价值按较低的市场价格或账面价格进行估算。这些方法最大的优点是容易操作，监管机构只需按照既定的标准去判断，少去了许多由于信息问题导致的误判或道德风险等问题。当然，这种方式过于简单，判断系统性风险显然还不够准确，因此在判断系统性风险的指标成熟后，这种方法将会退出历史舞台（Borio，2003，2008）。

第二种观点认为监管机构不应该用资产价格、信贷规模等简单的指标来衡量系统性风险，应该努力寻找更严谨的指标。扩大信息采集的范围也许能够更准确地捕捉系统性风险的概况，通过这种方式最终可能会形成判断系统性风险的较为准确的方法，基于这种方法的判断能更好地服务于监管政策，也能使监管机构按照具体的情况进行决策。虽然这种方式的成本较高，但持这种观点的人认为在这个方面进行努力是值得的。很多学者致力于开发一些能够衡量金融危机或者是宏观审慎监管的指标，虽然目前的成果还不能立即应用于实践，但是也取得了一些进步。Borio 和 Lowe（2002）对一些工业化国家和新兴市场国家采用了一些常见的指标预测金融危机的准确度，他们分析了这些指标用于测算系统性风险的可行性，并根据结果进行了相应的修正，其要点在于：一是只用事前信息来测算；二是重点关注累计过程的风险，用指标的标准差来测算；三是只看少数几个关键性的指标（如私人信贷与 GDP 的比率、资产价格和投资等）；四是综合各种因素来考虑这些指标，而不是用一成不变的标准；五是从多种角度来测算系统性风险。根据他们的研究，在三年的时间里 60% 的危机被准确地预测到，20 个观测值中只有一个与预测的不一致。但是，这种结果的取得在很大程度上得益于累计效应而不是边际效应，仅信贷缺口一个指标就能准确预测到 80% 的危机。Borio 和 Lowe 也认为他们的研究还可以再加以改进，随着测算技术的完善和进步，监管机构可以参考和利用的信息会更多。

此外，为了预测金融危机对经济系统造成的损失，监管机构引入了压力测试，用以刻画负面冲击所造成的金融系统的损失。尽管目前在这方面已经取得了一些进展，但是还需要进一步的研究。[①] 在实践中，一方面可以利用相关指标对金融系统发生危机的可能性进行判断，另一方面也可以通过压力测试了解当发生负面的冲击时经济系统可能造成的损失，这些信息综合在一起有利于监管机构采取适合的措施防范金融危机的发生。特别是，这种自上而下的风险测算方式有利于防止传统风险估算方式所产生的顺周期性，事实上，传统的风险测算方法往往会忽视系统性风险，或者增加风险的顺周期性。一般来说，传统的风险评估方法主要有评级机构的评估、金融机构的内部评估以及全信贷风险模型。评级机构对金融机构风险的评估虽然也会随着

---

① 与微观审慎监管的压力测试相似，其主要思想是评估在遇到资产价格崩溃或经济衰退时金融系统可能遭受的损失，世界银行和国际货币基金组织联合推动的金融部门评估计划（FSAPs）是金融系统压力测试的重要尝试。

经济周期的变动而变动，但对相对风险并不敏感，因此评级机构应加强对金融机构之间相对风险的评估；金融机构的内部评估方法在各金融机构之间差异很大，金融机构的内部评估会加重风险的顺周期性，部分学者的研究表明，采用内部评级法计算监管的顺周期性相比以往增加了 30%（Kashyap and Stein，2004；Gordy and Howells，2006）；此外，大多数信贷风险模型并没有考虑宏观因素，因此相应的风险估计的顺周期性会随着评级机构的参与以及市场投入的增加而增加。

（二）巴塞尔协议与顺周期性

虽然巴塞尔委员会采用平滑风险权重函数等方式对巴塞尔协议 II 的顺周期性进行了缓解，但是理论界和实务界对新协议的顺周期效应仍存在很大的分歧。有学者认为，通过巴塞尔协议 II 的第二支柱、资本缓冲以及提高银行风险管理水平等方式，可以将巴塞尔协议 II 的顺周期性控制在合理范围之内。然而，美国金融危机使人们对巴塞尔协议 II 的顺周期性又有了新的认识，巴塞尔协议 II 的顺周期效应得以确认。

目前理论界正在积极探讨解决巴塞尔协议 II 顺周期效应的方法。巴塞尔委员会 2009 年 1 月发布的新协议修订征求意见稿中，要求增加交易账户的资本以及规定市场内部风险模型法的资本要求应同时覆盖正常市场条件和压力下的 VaR 值，将数据更新频率从 3 个月缩短为 1 个月，进一步强化风险治理框架的有效性以及风险评估的全面性。

此外，为了缓解巴塞尔协议 II 的顺周期性，FSA（2009）、De Larosiere 等人（2009）建议在新协议中应强化跨周期评级法的使用。

（三）会计标准与审慎规则

实践证明，会计准则也会影响审慎监管的规则，丝毫不能忽视会计准则对金融稳定的影响。评估方法的不同会对资产净值以及收入的估计造成影响，会计准则有可能会对企业的内部风险管理造成很大的影响。遗憾的是，会计准则的巨大影响直到最近才引起人们的注意。

巴塞尔协议 II 使人们重新审视了预期收益和非预期收益的损失与信贷供给以及资产价格的关系。关于信贷供给量的讨论开始走向前台，目前普遍达成共识的是前瞻性的拨备能够使会计价值和实际经济价值更加吻合，从而在一定程度上缓解顺周期性。然而人们并没有就如何能够提高会计的前瞻性问题达成共识，而且对公允价值的关注又引发了人们新一轮的热议。大家争论的一个关键问题是对风险或不确定性的监管是否应该建立在保守的基础上，或者是通过真实而公平的估计抑或通过其他方法，例如特殊的监管规则（如最低资本金要求）。值得注意的是，引进公允价值记账需要考虑的是当引起金融不稳定的源头是资产价格紊乱时，这种依靠市场价值的方法可能加重金融系统的顺周期性。

显然，会计记账方法和审慎监管规则之间的关系必须理顺，保守的价值估计方法也许简单而有效，但是如果能够区分会计准则与审慎监管规则的关系则会使监管更加透明，而且，如果能够区分不同的监管目标并且实现这些目标，那么将能够缓解两种目标间的冲突。

第五节　金融监管容忍

从世界各国的实践经验来看，金融安全网的存在有效地维护了金融体系的安全与稳定，尤其是在银行业受到负面的宏观经济冲击时较好地保护了中小储户的利益；然而，金融安全网的存在也引致了商业银行的道德风险，虽然各个国家的银行制度不同，但大多数国家都有某种程度上的显性或隐性的存款保险制度以及最后贷款人制度，所以各国都需要采取措施防范商业银行经营过程中的道德风险。如果不采取相应的措施，金融安全网带来的收益将会被商业银行的道德风险导致的损失所抵消，甚至商业银行道德风险造成的损失要超过金融安全网带来的收益。在这个意义上，对银行业的审慎监管就是为了尽可能地防范商业银行的道德风险。审慎监管作为监管机构防止商业银行道德风险行为的重要手段，明确了对商业银行的外部限制与约束，能够在相当大的程度上确保商业银行管理者履行其职责，从而能够维护金融体系特别是银行业的稳定。

在这个过程中，监管尺度的把握无疑是监管实践中的核心问题。由于经济活动的不确定性，一些商业银行（称为问题银行）在某一个时间段陷入困境的原因可能是由于其自身的经营不善，也有可能只是暂时性的资金周转不畅。一般而言，对问题银行的处理可分为监管容忍（Regulatory Forbearance）和及时校正（Prompt Corrective Action）两种方式。监管容忍是监管机构对问题银行没有及时关闭，从而可能增加问题银行破产时造成的损失，也可能为问题银行赢得"重生"的机会。Osterberg 和 Thomson（1992）以及 Kane 和 Yu（1995，1996）认为，监管容忍就是监管机构没有按照规则行事；Schellhorn 和 Spellman（2000）认为监管容忍是没有及时关闭或者没有及时救助有问题的银行；而 Patrick Honohan（2007）则认为监管容忍是监管机构对商业银行风险管理的一系列要求的放松。及时校正是在发现商业银行出现问题时及时校正银行，以防止商业银行损失的进一步增加。

很显然，监管者面对问题银行，需要决定是进行容忍还是及时校正。由于问题银行陷入困境的原因不同，采取一刀切的方式往往会增加处置问题银行的成本，因此，有必要根据问题银行的具体情况选择适当的方式。纵观近年来的金融危机，人们总是指责监管部门没有尽到责任，责怪监管机构对问题金融机构采取了"监管容忍"、没有"及时校正"，从而最终引发或加剧了金融危机。但是，即使监管机构选择了及时校正问题金融机构，也一样会受到市场的指责。比如，对于 2007 年以来爆发的全球金融危机，批评家们把矛头首先指向金融监管部门，认为金融监管部门在日常的监管过程中没有能够及时发现风险、在危机爆发后又没有权衡关闭大型金融机构的利弊（如任由雷曼兄弟的倒闭就引发了一轮大的恐慌）从而做出错误的决策。

金融监管尺度的把握至关重要，对于我国同样是如此。从我国金融监管的实践来看，由于历史的原因，我国的金融监管部门长期执行监管容忍的政策，造成了金融机构较为严重的道德风险。随着我国金融体制改革的逐步深化，金融机构特别是银行业的经营日益市场化，金融监管体系也逐步建立并得到完善，但是，我国的金融监管机构还没有将监管尺度的选择纳入日常的金融监管，对于在何种情况下对问题金融机构进行容忍还是及时校正还缺少判定依据，因此，解决金融监管尺度的选择问题已经刻不容缓。此外，从理论上看，国外学术界对这个问题的研究已经持续了 20 年，而我国还很少有学者涉及这个领域。

一　金融监管容忍的原因

许多学者在对美国次贷危机进行深入分析的同时，对金融监管容忍出现的原因以及金融监管容忍可能会造成的问题也进行了探讨。

对于金融监管容忍出现原因的讨论，学者们的出发点可以分为两类，一类是假设监管者不存在私人利益时如何考虑金融监管策略，另一类则主要是基于监管者利益导向的研究。

（一）基于社会福利角度的金融监管容忍

第一类假设是基于社会福利的角度探讨金融监管容忍的策略，即在最大化社会福利的情况下选择是否进行金融监管容忍，Sleet 和 Smith（2000）、Kocherlakota（2001）、Shim（2006）以及 Kocherlakota 和 Shim（2007）等学者都从这个方面进行了研究。以 Sleet 和 Smith 的研究为例，他们从社会福利的角度来分析金融监管部门监管容忍的原因。他们认为，即使某一时期一个银行的资本充足率低于监管部门的要求，但是可能这个银行有较多的固定资产，此时关闭这个银行就是没有效率的，如果此时关闭了银行，多年以来银行和借款者积累的关系资本将随之损失。因此，他们得出结论，在对问题银行进行处理时要根据问题银行的资产状况选择处理的策略，如果银行在监管部门监管容忍期间能够顺利渡过难关，那么监管容忍是最优策略；相反，如果即使监管部门选择监管容忍，问题金融机构还是不能恢复健康，那么及时校正将是最优策略。

（二）基于监管机构自身利益角度的金融监管容忍

由于监管部门事前并没有量化的指标衡量监管容忍的收益与成本，因此在做出监管决策时要加入主观的判断，而监管者此时也许会从自身利益出发制定监管策略，因此又引发了基于监管者利益导向的解释。这其中又大致分三类，笔者将其概括为"追求私利说"、"市场压力说"和"政治考虑说"。

1. "追求私利说"

这一解释源于委托—代理问题，即监管机构怕受到谴责而有意帮助问题银行隐瞒事实，Kane（1985，1990）、Boot 和 Thakor（1993）都持有这种观点。Boot 和 Thakor 认为，监管机构更可能是追求自己的利益，而不是社会总的福利。根据这种观点，金融监管者进行监管容忍是为了使外界认为自己是一个有能力的监管者，而这显然会相应增加存款保险的负担。Boot 和 Thakor 指出，市场对于监管机构的监管能力并不了解，因此监管者就有动力去把自己伪装成一个有能力的监管者，监管者并不是以社会福利最大化为追求目标，因此造成了福利损失。他们构造了一个两期的银行动态资产配置模型，证明了在一个考虑声誉的纳什均衡中，监管者的最优银行关闭策略要比社会最优银行关闭策略宽松。这就是说，尽管市场上的信息有很多噪音，但是在第一期关闭银行意味着银行资本的不足。因为银行的倒闭在某种意义上是由银行资产选择风险过高所致，因此银行的倒闭在某种程度上能够反映监管者的能力。市场认为一个好的监管者在银行资产选择的初期就能够察觉并能够及时纠正银行的资产配置，而差的监管者能够发现的概率则较小。所以，如果监管者在第一期结束时选择关闭银行，则市场会修正认为监管者是好的监管者的概率。

如前所述，监管者关闭银行对于市场来说意味着监管者是差的监管者的概率增大，而监管者出于自身的利益出发，为了自己的声誉，监管者会选择不关闭银行。因此，如果监管者是完全自私的，那么在第一期期末监管者肯定不会选择关闭银行；如果监管者不是自私的，那么监管者会按照社会最优的方式选择是否关闭银行，监管者追求自身利益的行为导致了社会福利的损失。

2. "市场压力说"

这一解释是由 Schellhorn 和 Spellman（2000）提出的。他们认为银行的股东可能会向法院请求不对问题银行进行破产处置，监管者也许会受到这一压力的影响而推迟进行破产管理。

Schellhorn 和 Spellman 指出，相对于对银行进行关闭以及资产清算，监管者更倾向于对银行进行破产管理。破产管理决策是由监管者自身作出的，监管者自然要对所作的决策负责，而法庭执行的破产标准一般要严于银行法所规定的条件。银行法赋予了监管者有很大的自由度，可以根据银行的未来状况决定银行是否破产，而法庭则要求监管者提供做出决策的依据以及决策阶段详细的数据来支撑其决策。一般而言，破产接管阶段银行资产的市场价值能够为监管者的决策提供很好的支持，因为累计的账面价值要滞后于实际资产价值。但是，包括商业贷款在内的银行资产不存在二级市场，为了更深入地探讨监管者面临的困境，他们假定银行有公开上市的股票，破产托管当时的股票价格就反映了市场对银行价值的估计。银行股票的市场价格可能会显示监管者的决策并不是正确的，从而增加监管者进行破产管理决策的压力，当银行股票的市场价格和监管者认为银行破产相违背时，监管者将会面临一个尴尬的局面。股票市场上的股价可能反映了市场对银行未来盈利能力的预期，也可能仅仅反映了市场预期银行会进行债务重组的期权价格，此时股票市场上银行的股票价格并不能反映银行真实的价值。

为了刻画市场对于监管者作出破产管理决策的影响，Schellhorn 和 Spellman 引入了银行资产的会计价值和投资者认为的相对价值，在实证分析中，他们用银行的市场价值除以账面价值作为投资者认为的相对价值。对于市值账面比值较高的银行来说，监管者面临的压力更大，因为投资者对于这些银行的估值相对较高，监管机构出错的概率就可能更大。

当监管机构对银行的判断和市场的判断出现不一致时，监管者也许不愿意对银行进行破产管理，特别是当金融企业有足够长的时间恢复时。如果推迟对银行进行破产管理而最终没有导致银行恢复，相反银行状况更加恶化，这样将会使监管者以后再作出破产接管判断时的压力减小；而如果推迟对银行进行破产管理使得银行的经营状况得以好转，那么进行监管容忍将被证明是能够减少成本的策略。

期权价格理论认为投资者对于银行股权的评估将会随着行权时间的增加而增加。原因很简单，如果给金融机构的时间越长，它恢复的可能性就越大。因此，股权市场投资者认为，监管者倾向于推迟对问题金融机构进行破产管理有助于增加金融机构的股权价格，从而增加金融机构恢复的概率。在这一背景下，如果问题金融机构的股权融资比例较高，那么监管机构将倾向于推迟对其进行破产管理。这样，监管机构的行为和市场价值也许会通过相互作用得以增强：推迟对问题金融机构进行破产管理会使投资者高估问题金融机构的市场价值，而高估的市场价值反过来又使得监管机构推迟对其进行破产管理。

由 Schellhorn 和 Spellman 的研究可知，市场对问题银行价值的判断和监管部门的推迟破产管理相互作用，共同造成了监管容忍。

3. "政治考虑说"

这一解释是由 Allen 和 Saunders（1993）提出的，他们认为监管者进行监管容忍是出于政治上的考虑。对于监管者来说，如果在其任期内没有银行出问题，那么民众将认为这个监管者是一个优秀的监管者，其得到升迁的机会将会很大；相反，如果在其任期内，金融机构频繁出现问题并且遭到关闭，那么市场将认为这个监管者是一个不合格的监管者，其将不会得到升迁。因此，监管者出于政治上的考虑，也会倾向于选择监管容忍。

二　金融监管容忍的影响

对于金融监管容忍的影响的探讨，学者们一般分为金融监管容忍的事前影响和事后影响。

（一）金融监管容忍的事前影响

根据金融监管规则，当一个银行的资本充足率不足的时候就会面临监管部门的干预，因此银行为了避免相关监管部门的干预就会尽力保持资本充足率超过最低标准。而银行一旦有了监管容忍的预期就显然会降低监管的作用，从而引发严重的道德风险，这就是金融监管容忍所造成的事前的影响。

如果对资本充足率有一定的监管容忍预期，那么银行就会增加冒险行为。Kim 和 Santomero（1988）以及 Keeley 和 Furlong（1989）认为，强制银行实行最低资本充足率能够改变银行的资本结构以及风险配置结构。尽管银行的风险资产的总量有所下降，但银行为了获得更多的利润就会把资产配置到风险更高的资产上去，这种行为的净效应也许会增加银行的总的风险。Rochet 构建了一个纳入银行破产成本及银行家的有限责任的一期的均方差效用函数模型，在受到资本约束的情况下最大化银行家的效用；在第二期中，如果银行的资本充足率的最低要求遭到破坏，则相应的在模型中增加资本充足率遭到破坏的成本，在这样的情况下，银行家会自觉地减少银行的风险。但是，如果银行家预期到会发生监管容忍的情况，那么银行风险将不会降低。

即使较高的资本充足率意味着较小的风险，考虑到较高的银行融资成本，杜绝监管容忍依然会有可能增加总的风险。Allen 和 Saunders（1993）认为，监管机构的监管容忍会增加存款保险的成本。受到 Allen 和 Saunders 的启发，So 和 Wei 根据 Allen 和 Saunders 的结果构造了监管行为的一个模型，在这个模型中他们增加了监管机构在监管容忍的同时定期对银行进行审计检查。他们发现监管容忍所引发的道德风险造成了存款保险风险的大幅提升，他们的研究结果强化了监管容忍使得银行向存款保险的提供者转移风险的结论。

两期模型对于刻画监管容忍的跨期作用也许是不足的，Dewatripont 和 Tirole（1994）构建了一个三期模型，在这个模型中他们假定如果第二期银行经营出现问题将直接关闭银行，以此来激励银行经营者在第一期努力经营，在模型中他们重点考察了这种激励机制的作用。在考虑针对银行的政策时不仅要考虑银行在未来第三期的赢利前景，也要考虑第一期银行经理的努力程度。结合现代公司金融学的理论，Dewatripont 和 Tirole 认为，如果要使上述机制发挥作用，就要在银行第一期的赢利低于一定的水平时交由监管机构处理，当赢利水平高于一定的水平时由股东经营。但是，处置结果有的时候并不像预期的那样，有些时候在银行未来赢利预期很好的时候监管机构也选择关闭了银行。这个模型提供了一个事先有效但事后无效的监管容忍的例子。银行之所以被关闭是为了不鼓励银行业违规，并不是因为继续营业会造成更多的损失。

（二）金融监管容忍的事后影响

监管容忍的预期不仅会造成事前的道德风险，事后的监管容忍也会造成很大的问题。监管容忍会造成银行股东冒更大的风险，因为他们已经没有什么"可输"的了（这种情况被称为 deposit-put）。

Akerlof 和 Romer（1993）构建了一个模型，证实了过度承担风险并不是监管容忍所导致的最严重的问题。在这个简单的模型中，银行管理者承担有限责任，并且和政府等其他机构一样是存款保险的提供者之一。银行经营者承担过度风险并不是为了银行能够盈利，而是想让银行破产并在这个过程中通过正当或不正当的途径转移银行的价值。一旦银行进入这样的困境，一般意义上的最大化银行的利润将会被最大化转移的价值所代替，这会导致银行的净值减少得更快。只有过度负债的银行才会出现这种情况，这也是这个模型与监管容忍的分析高度相关的原因。事实上，Akerlof 和 Romer 的文章描述的是美国信贷市场上很多资不抵债或破产的银行或其他金融中介仍在运营的现象。许多发展中国家的市场，如墨西哥和菲律宾的信贷市场，这种现象反而较少。

另外，正如 Dewatripont 和 Tirole 的三期模型中所展示的那样，关闭一个银行所引致的社会成本有的时候会超过监管容忍所引致的成本，这也是监管容忍存在的原因之一。例如，即使某一时期一个银行的资本充足率低于监管的要求，但是可能这个银行有较多的非流动资产，所以此时关闭这个银行也是没有效率的。

在一般情况下，在信息不完全的市场，严格的监管看起来是事前有效的，但并不总是与事后一致的。监管机构虽然主观上并不想关闭银行，但为了不鼓励银行冒险，监管机构不得不关闭资本充足率过低的银行。在一个两期或三期的模型中，可以很容易区分事前影响和事后影响问题。但是，如果监管机构随时了解银行的资本充足率情况并且采取措施，那么经营较差的银行可能会有意隐藏自己的真实信息。因为，当一个银行的资本充足率降到最低要求的时候，为了逃避被关闭的处罚，这些银行会有意隐瞒银行的真实信息并且承担过多的风险。在这样的情况下，采取随机的关闭的规则要比零容忍的规则要好。

（三）金融监管容忍后果的实证检验

对金融监管容忍的早期研究都是基于美国的数据，虽然美国的经验具有一定的代表性和参考价值，但是直接把美国的经验应用于发展中国家可能是不可取的。

这样，跨国度的检验对监管部门的实践就更具有指导意义。Honohan 和 Klingebiel（2003）运用国际上 40 次危机的数据分析了监管容忍和财政损失的关系，他们发现监管容忍和较高的财政成本有很强的关联。尽管他们的样本包括了各种收入水平的国家，但是他们的研究并没有说明在低收入国家这种因果关系的大小。Honohan 和 Klingebiel 运用单位资本的 GDP 作为收入的替代变量加入到回归方程中去，用最小二乘法得出的结果显示监管容忍造成的财政成本与收入水平相关性不大。由于考虑到方程中可能存在内生性问题，他们也采用了两阶段最小二乘法进行估计，结果依然是监管容忍造成的财政成本与收入水平关联度不大。

值得一提的是 Honohan 和 Klingebiel 的研究方法存在缺陷，他们在文章的最后也提到了这点，即他们的回归存在样本自选择的问题。在他们的回归方程中，他们只选择了金融危机作为监管容忍的后果，但是监管容忍也许能避免危机，而这些却很难进行度量，也没有反映在 Honohan 和 Klingebiel 的模型中。事实上，他们的研究是在监管容忍造成金融危机的条件下的损失。

由于缺少监管容忍在没有造成金融危机条件下的情况的分析，所以 Honohan 和 Klingebiel 的研究结论并不能作为最终的结论。在某种意义上，监管容忍的程度只能在实践中才能够观察得到。未经检验的监管政策在理论上虽然很严谨，但一切要以实践中的效果为准。

为了解释国家之间银行的信贷比率（Banking Ratings）为什么不同，Demirgüç-Kunt、Detragiache 和 Tressel（2006）参照了多个国家的银行实施巴塞尔协议核心原则的情况，他们发现巴塞尔协议核心原则中唯一显著与银行监管有关的是有关银行信息披露以及授权许可的章节。值得强调的是，巴塞尔协议的核心原则有鼓励监管容忍的倾向，因为关于监管执行的章节并没有说明银行平均的信贷比率。

监管机构的权力不仅在于他们在执行监管方面的权力，还包括他们在决定是否进行管制方面的权力。Barth 等人（2006）收集了监管方式及措施方面的数据并作了分析，他们认为监管权力的增加是有害的，在监管权力增加的同时并没有采取能够增加市场信息披露和透明度的措施。如果监管权力增加和监管容忍的作用是相反的，那么监管容忍将是有益的。然而，监管权力的构成是非常复杂的，其测度包括许多方面的问题，从审计机构能够公布审计信息到监管者是否能够中止管理者分发管理费用，但它并没有包括监管者是否有权力决定监管容忍。

为了衡量监管对于银行危机的作用，Barth 等人用 1988—1998 年的数据进行了回归，结果显示权力变量在方程中并不显著，监管容忍变量不在报告的回归方程中。

三 金融监管部门的选择——容忍还是及时校正

对于监管容忍与及时校正的选择，学者们的出发点是一致的，即监管部门要致力于选择使社会福利最大化的决策。到目前为止，学术界对监管容忍度选择进行探讨的理论文章并不是很多。

Sleet 和 Smith（2000）从社会福利的角度对监管部门的决策进行了研究，他们提出监管机构是否进行监管容忍要视对社会福利的影响而定，如果进行监管容忍能够使问题金融机构恢复健康，那么进行监管容忍是最优的选择，相反则选择对问题金融机构进行及时校正。

Kocherlakota（2001）构建了一个静态的模型，在这个模型中有两个群体：借款者拥有项目、贷款者拥有资金。在模型的设置中有三个重要的假设，一是借款者只拥有项目；二是借款者项目的价值要受到各种因素的影响；三是贷款者在了解到影响因素的变化后可以取回全部或部分资金。在这样的假设下，Kocherlakota讨论了融资以及投资的安排问题。由于银行是主要的资金提供者，项目变化的价值也就决定了银行的价值，当银行陷入困境时，监管者对银行容忍与否要根据项目所受影响因素的变化而定，当项目预期收益超出监管容忍的成本时，监管部门则会进行监管容忍，反之则会及时校正。

Shim（2006）构建了一个多期模型，模型假设监管者并不能完全观察到银行的利润以及风险水平。监管者为了激励银行经营者努力工作并且即使濒临关闭也不隐瞒其相关信息而设置了一定的存款保险费率和最低资本充足率。在这样的条件下，Shim发现当及时校正是正确的话，那么应该随机地应用这些措施：让银行经营者看到还有融资的希望，还有可能继续创造利润。此时，适当的监管容忍是最优的。

Kocherlakota和Shim（2007）认为，监管容忍的选择只能在一个动态的环境中进行，他们将Kocherlakota（2001）的模型扩展为多期的动态模型，如果抵押品的价值变动不剧烈，那么最优措施是接受监管容忍，但如果注定要给存款保险提供者造成损失，那么在任何情况下都要选择关闭；如果抵押品的收益变动非常剧烈，此时监管容忍将不是最优的。

从上述研究可以看出，监管政策的选择并不是一成不变的，要根据具体情况选择监管策略。

四　我国金融监管容忍度的选择

金融监管容忍度是一个相对主观的判断，监管机构有很大的自由权决定是否进行监管容忍。而且，对于银行状况的判断是一个时点的概念，不同时间银行的资产负债状况是不同的，所以对于监管机构的选择正确与否，无法立即进行评价，而只能从事后的收益与损失来判断其监管决策是否正确。

就我国学者研究的现状来看，对我国金融监管决策的得失还没有进行系统深入的研究，甚至于无法判定我国金融监管决策的收益与损失。但是，由于历史的原因，我国金融监管机构长期以来执行监管容忍的政策，缺少及时校正的经验。中国人民银行行长周小川就指出，我国金融监管机构缺乏及时校正措施。他认为这是一个机制的问题，中国需要这种措施来防范监管容忍所带来的道德风险。鉴于此，随着我国金融监管的改进和金融机构市场退出机制的建立，我国的监管机构急需改变监管模式，从社会福利最大化的角度选择是监管容忍还是及时校正。

虽然无法得到监管机构进行监管容忍的具体情况，但还是可以从一些事件中来观察。由于体制僵化，我国国有银行长期经营不善积累了巨大的不良资产，使得国有银行长期以来就处于资本金不足的状态。资本金不足使银行的经营面临极大的风险，为了补充商业银行的资本金，1998年财政部发行2700亿元特别国债，用于充实国有商业银行资本金。1999年则成立了4家资产管理公司，用以对口处理银行的不良资产问题。

表 6 - 4　四大国有商业银行不良资产剥离概况

目的	投放时间	对象	金额（亿）	年利率（%）	期限
国有商业银行不良资产的剥离	1999—2001年第一次不良资产剥离，用于收购四大国有商业银行和国家开发银行的不良资产	华融资产管理公司	947	2.25	未确定期限
		长城资产管理公司	3458	2.25	
		东方资产管理公司	1162	2.25	
		信达资产管理公司	474	2.25	
		小计	6041		

资料来源：于宁《细解央行再贷款》，《财经》2005年第15期。

即使剥离了相当数量的不良贷款，我国商业银行的资本充足率依然较低，按照巴塞尔协议的计算标准，2003年四大国有商业银行的资本充足率仅为2.29%。为了提高商业银行的资本充足率，政府于2003年12月底又动用国家外汇储备450亿美元用于增加中国银行、中国建设银行的股本。

从上述事例看出，我国政府一直对四大国有商业银行进行监管容忍，不断地注入资本金，寄希望于四大商业银行能够恢复健康。除此以外，政府对其他银行以及证券公司也采取了类似的做法。

对于我国为什么会出现长期的监管容忍，周小川认为这是由我国的国情决定的。一方面，我国处于转轨时期，很多金融机构要承担政策性贷款，相当一部分金融机构的净值为负；另一方面，由于关闭金融机构涉及债务清偿，一次性成本往往很高，且各方都对机构复活抱有幻想，因而监管容忍便成为各方更为倾向的选择。但是，随着我国加入世贸组织，银行等金融机构的经营日益市场化，我国监管机构需要及时跟进，选择最优的监管容忍度。

至目前，虽然国际上对金融监管容忍的政策并没有形成共识，但这其中还是有许多有价值的东西值得我国金融监管部门借鉴。

首先，打消金融机构的监管容忍预期。从前述对监管容忍事前影响的分析中可以看出，监管容忍的预期会造成严重的道德风险，因此监管机构应尽量打消金融机构的监管预期。正如 Dewatripont 和 Tirole 模型中讨论的那样，要打消金融机构的监管容忍预期，就需要监管机构在第二期发现金融机构出现问题后及时进行校正，同时，Dewatripont 和 Tirole 也认为这样会造成事前事后的不一致问题。因此，在这个过程中，要完善金融机构的退出机制，要让经营失败的金融机构能够退出市场，要建立金融市场中优胜劣汰的激励与约束机制。

其次，在金融机构出现问题后，要根据具体情况选择监管策略。Sleet 和 Smith （2000）、Kocherlakota （2001） 以及 Kocherlakota 和 Shim （2007） 等人从理论上进行了深入的分析，在进行监管决策时，监管机构要从社会大众的福利出发，综合考虑宏观经济状况以及金融机构个体的资产情况，选择能够最大化社会福利的监管政策，不能一味地进行监管容忍。其实，Shim 的研究在实践中具有重要的现实指导意义，即使监管者要关闭一家金融机构，也要进行少量的监管容忍，因为这样可以使该金融机构还抱有被容忍的预期，因此会继续努力经营。Shim 的理论的政策含义是即使监管机构发现所有的金融机构都应该及时校正，那也要采取少量的监管容忍政策，这样会最大化社会福利。

再次，从对监管容忍原因的分析可知，基于监管者个人利益出发的监管容忍并不一定是社会福利最大化的监管政策。因此，我国的监管政策制定部门应尽快完善监管机构的管理架构，防止监管者追逐"私利"。监管者出于自身利益进行监管容忍在各国都是一个普遍现象，政府应该寻求更加完善的考核机制和权力安排，使监管者的监管决策更加透明化和科学化。

最后，由于我国经济转轨的特征，金融体制中需要变革和完善的方面还很多，短期内我国金融机构的经营还无法彻底的市场化，金融机构破产立法的完善也还需要一个过程，因此，金融监管容忍度的改进也是一个渐进的过程。随着外资金融机构的进入，我国的金融市场将更加开放，市场竞争将更加激烈，这就要求政府及相关部门早做准备，逐步完善我国金融监管容忍或及时校正的决策机制。

第六节　构建我国宏观审慎监管体系

从我国的情况来看，虽然金融监管效率较高，金融体系也较为稳健，短期内并不具备由系统性风险引发金融危机的条件，但由于我国金融机构相当一部分由国家控股，大部分金融机构在经营理念、行为模式以及风险暴露等方面具有较高的同质性，仍然存在系统性风险隐患。因此，从长期来看，也有必要建立我国金融业的宏观审慎监管体系，维护我国金融系统的稳定。

第一，进一步完善微观审慎监管机制。微观审慎监管作为宏观审慎监管的基础，在宏观审慎监管体系中居于十分重要的地位并发挥着十分重要的作用。构建我国的宏观审慎监管体系，最重要或者说最为基础性的工作首先是进一步完善微观审慎监管机制。在这一点上，微观审慎监管能力和效率的提高需要放在更加突出的位置，监管能力和效率应与金融业务、金融创新的发展保持动态的协调。首先，要加快金融监管法规、制度和机制建设，严防出现严重的"监管空心"和"监管死角"；其次，要加强监管能力建设和人才储备，提高监管当局对资产负债、投资策略和资产配置等的监管能力和对风险的预警、防范和控制能力；最后，要逐步升级监管技术和方法，采用现代的科技手段，对金融风险予以甄别、防范和处置。特别要指出的是，我国尚未建立起包括注入流动性、处置有毒资产、金融机构重组与破产等要素的金融危机应对机制，而从金融危机的救援来看，金融监管当局的有力救援是金融风险扩散的有效防火墙，同时，流动性注入和问题资产处置是恢复金融机构和市场功能的重要措施，因此，必须建立一个强有力的最后贷款人和一套运行有序且有效的金融风险或危机应对机制。

第二，构建适合我国国情的监管体制架构。我国目前实行的是"一行三会"的分业监管框架，微观审慎监管职能主要由中国银行业监督管理委员会、中国证券监督管理委员会（简称"证监会"）和中国保险监督管理委员会（简称"保监会"）承担，中央银行也承担了少量的微观审慎监管职能。可以说，这种监管构架使微观审慎监管机构很难在未来的宏观审慎监管架构中处于主导地位，银监会、证监会和保监会中的任何一家都不具备处于主导地位的条件。作为宏观审慎监管体系的主导部门，必须具备能够宏观把控全局、协调各部门的共同利益并及时处理单个机构或金融体系中出现的问题的能力和条件，以保证金融业的安全、稳健发展。在这个意义上，中央银行显然最符合宏观审慎监管这方面的要求。不仅如此，由于中央银行独具最后贷款人职能，所以它具有维护金融稳定和实施宏观审慎监管的天然优势。在新的宏观审慎监管架构中，政府应明确中央银行为宏观审慎监管的责任机构，微观审慎监管机构与中央银行应实现信息共享，中央银行负责监控金融体系的系统性风险，并定期将分析结果及建议反馈给微观审慎监管机构。微观审慎监管机构根据中央银行的建议采取适当的措施。有必要提及的是，在我国，财政部门、国有资产管理部门等也在一定程度上承担着金融稳定的责任，所以，建立宏观审慎监管框架，必须建立既兼顾各方又明确分工的协作机制。当然，待条件成熟时，还是有必要在现有的监管框架基础上，建立一个更高层次的金融委员会，专司宏观审慎监管和维护金融稳定的职责，全面分析、监控所有可能导致金融体系风险的机构、产品、工具、市场和交易行为，开发和建立宏观审慎监管的工具、标准、指标，防范系统性风险。

第三，尽快建立和完善逆周期监管的相关制度。建立宏观审慎监管体系的一大目的就是消除目前由巴塞尔协议以及会计准则带来的对金融系统的顺周期影响，因此，应进一步研究金融体系顺周期的内在机理，并通过逆周期的政策（如逆周期资本缓冲机制、改革计提拨备政策以及公允价值会计准则等）建立适当的逆周期监管机制。不可否认，在这个过程中也面临着规则导向和相机抉择的选择问题。结合我国的实际情况，目前较为合理的可能还是以规则导向为主，辅之以相机抉择。对于逆周期资本监管、杠杆率指标、前瞻性的拨备计提规则以及公允价值的会计准则，可以采取规则的逆周期监管政策，相机抉择只在必要时使用。

第四，探索适合我国国情的宏观审慎监管指标。目前对于系统性风险指标和宏观审慎监管指标的研究已经取得了一些进展，但是这些检测指标并不适合所有的国家和所有的情况。因此，应借鉴国际经验，设计适合我国国情的宏观审慎监管指标，并进行连续监测，重点关注每个指标与历史平均值的偏离，在检测中不断修正。以银行业为例，可以选取银行业的信贷指标（如信贷规模占 GDP 的比值、信贷的增长速度、信贷的行业投向结构等）作为资产价格泡沫的判断依据；同时，可以运用宏观压力测试估计出现危机时经济系统可能遭受的损失；宏观审慎监管机构将上述指标及预期损失情况反馈给银行业监管部门并提出相应的政策建议，银行业监管部门根据指标情况及建议实施具体的监管政策。另外，基于我国金融机构的金融创新发展迅猛，而金融机构自身的风险管理能力远远不够的现实，宏观审慎监管当局需要针对银行、证券、保险等行业的安全性、流动性和赢利性要求，通过强化金融机构资本充足率、资产负债、表内表外业务以及金融体系的清算支付系统的监管，设计一个既能促进金融创新又能防范金融风险的监管指标体系。

第五，注重加强对大型金融机构的风险管理，也就是，在宏观审慎监管框架下，要强调对具有系统性影响的金融机构监管的重要性。随着国有大型金融机构实力增强、大型金融控股集团的形成，我国出现了混业经营的格局，有可能出现类似美国的分业监管和混业经营的制度性矛盾。宏观审慎监管部门应重点加强对这类机构的监管。一是强化大型金融机构的资产负债管理，严防其杠杆率过度上升，确保大型金融机构的安全性；二是注重对大型金融机构的海外投资和资产进行动态监管，协调好安全性和收益性的关系，以防止金融机构的海外风险敞口过大；三是建立相应的信息收集、风险评估和预警系统，定期或不定期地对大型金融机构进行风险评估，防范系统性风险。

第 七 章
银行网络与金融稳定

 始于 2007 年 8 月的美国金融危机，如今已迅速蔓延至全球，对世界经济产生严重影响。对于此次金融危机，责备评级机构者有之，诘难公允价值会计准则者也有之。但事实上，在一个复杂且高度关联的金融体系中进行信用分析十分不易——当许多的要求权联结在一起时，人们很难判断最终的信贷质量。另外，金融创新产品使得各种对冲资产组合、衍生品和标的品、融资对象之间的价格联动越来越紧密，从而加大了全球经济和资本市场的波动。现代金融网络非同寻常的复杂及不透明由此可见一斑。

 对于金融监管者而言，担保债权凭证（CDO）和信用违约掉期（CDS）等复杂金融产品使金融机构间的资产负债表联结更为复杂，从而令评估与单个金融机构失败相关的传染概率日益艰难;[①] 而店头（Over-the-counter）金融契约的集合又大大提高了金融网络复杂程度，很难辨析对这些契约的管制究竟是减少还是加剧了金融网络的脆弱性。那么，我们是否可以另辟蹊径，从提高金融体系自身的免疫力出发，通过优化金融体系结构提升金融体系应对传染的弹性？答案是肯定的。Freixas 等人（2000）从理论层面为金融网络联结模式对传染范围的影响提供了证明，Boss 等人（2004）也论证了金融机构的相互信贷关系网络在金融传染风险中扮演的关键角色。但在应用层面，仍存在诸多亟待解决的问题：不同结构的金融体系，其风险传染速度及范围是否有所不同？是否集中的金融网络（如荷兰和瑞典）比不集中的金融网络（如意大利和德国）更容易使风险传染，继而导致金融不稳定？是

---

① 参见 Rajan（2005）对金融发展趋势的政策制定者观点提出的看法。

否由少量大型银行和少数小型边缘银行组成的层级化金融体系对金融风险传染更敏感？对上述问题的回答，无疑将有助于为优化金融网络结构、完善金融监管、促进金融稳定提供新的应对思路。作为支付系统责任方、信用中介过程参与者、流动性来源和金融交易对手的商业银行，其在金融体系中的重要地位和作用不言而喻；另一方面，从我国实际来看，相对而言，银行市场最有可能发生系统性的危机（马君潞等，2007），鉴于此，本章将针对银行体系网络结构特征对金融传染影响的相关文献进行回顾式的探讨，期望借此抛砖引玉，提出促进金融稳定的有效对策。

第一节　银行体系的网络结构特征

现代银行体系以高度相互依存为特征。[①] 无论是从资产负债表的哪一方来看，银行之间均存在着多种关联。例如，银行因同业拆借市场敞口而直接关联，因持有相似投资组合或服务于同一批存款人而间接关联等。构成关联的联结（links）由联结所带来的收益所驱动。例如，银行通过同业拆借信用额度解决流动性不平衡问题，使资金从富余方流向短缺方而无须央行介入，但同时也蕴涵了传染风险（Leitner，2005）。网络联结一般源于金融机构间的相互敞口（Freixas et al.，2000），或持有相近投资组合敞口，或共享同类存款人（Dasgupta，2004）等。金融传染研究中的网络联结一般通过图论加以诠释（Boss et al.，2004；Iori et al.，2005；Müller，2006；Lublóy，2005），或通过矩阵来表示（Degryse and Nguyen，2007；Upper，2007）。网络节点（nodes）（银行）与网络联结构成了银行网络体系。在这一网络体系中，两个节点之间分散程度非常低，呈现出绝大多数网络所共有的"小世界现象"（Small World Phenomenon）[②]。网络节点与产生初始冲击的"来源"相联结，每一节点均分配一个"水槽"（sink），损失直指银行净资产

---

① 例如，Boss 等人（2004）、Souma 等人（2003）对银行同业市场结构特征的实证研究均表明，银行体系具有复杂的网络结构特征。

② "小世界现象"假说于 1967 年提出，大意是说，任何两个素不相识的人中间最多只隔着 6 个人，也就是说，只用 6 个人就可以将两个陌生人联系在一起。Milgram（1967）据此提出的六度空间理论（Six Degrees of Separation）强调了关系网络的威力。

或资本。当损失达到一个节点时，该损失为水槽所吸收，或当损失很大时，便会产生第一个违约并通过网络流向其他节点（Eboli，2004）。而流动性效应①与金融网络结构的交互作用，又会大大提高系统性崩溃的概率，环环相扣的金融网络由此可能逐节瓦解或局部塌陷。

作为一种复杂的网络结构，银行体系具有对随机故障的鲁棒性和对蓄意攻击的脆弱性（robust yet fragile），即银行网络体系日益增加的联通程度和风险共担将降低传染的概率，但大量的金融联结将增加传染广泛传播的潜力（Gai and Kapadia，2007）。这一特征被越来越多的研究所证明。例如，Allen 和 Gale（2000）指出，银行间关联在提高系统对单个银行偿付能力弹性的同时，却弱化了关闭低效银行的激励；Bloch 等人（2008）对在何种网络结构下双边保险协议可自我实施（self-enforcement）②进行了研究，结果发现，保险协议可自我实施的网络结构既非"联结繁茂"（thickly connected），也非"联结稀疏"（thinly connected）。究其原因，正是由于网络联结扮演着两个截然不同的角色——风险导体和促进监督的信息导体。换言之，内在相互关联的金融网络在分配风险的同时，也增大了风险暴露的概率。

那么，如何衡量银行体系的网络结构特征呢？目前较为完整的表述是 Nier 等人（2008）所作的界定。Nier 等人（2008）基于 Erdös-Rényi 模型，对网络结构与金融稳定之间的关系进行了模拟分析。他们认为，从央行监管的角度出发，以下金融网络体系结构参数决定了金融网络应对风险传染的弹性：①资本化水平：即金融体系吸收冲击的能力。一般认为，银行对真实损失的脆弱性，与金融体系相对于风险与不确定性的净资本总额（Aggregate

①　在市场流动性较高时期，往往伴随着资产价格的大幅度上涨，资产价格的上涨弱化了银行与借款者之间因信息不对称产生的逆向选择和道德风险问题，为银行增加信贷提供了激励。市场流动性与银行流动性相互交织，形成流动性螺旋（Liquidity Spiral）。在这个螺旋式运动中，金融创新往往起到巨大的助推作用，使得整个经济体的融资便利性被迅速放大。一旦流动性螺旋的运行中任何一个环节出现断裂，整个经济的流动性将急转直下，朝着紧缩的方向螺旋式下降。金融机构将普遍出现资金缺口，为了满足流动性需求，各机构只有不计成本地抛售资产，继而对金融资产的市场价值造成进一步冲击，从而使危机进一步深化。

②　契约的自我实施（self-enforcement）机制强调契约各方的自觉性，通过契约各方的信任、信誉与耐心等机制达到契约实施的目的，这种实施机制的实施成本最低。

Net Capitalization）密切相关（Shafer，1986）；②同业敞口规模。同业敞口可以作为防范不确定流动性冲击的共同装置及吸收冲击的机制（Bhattacharya and Gale，1987），为同侪监督（peer-monitoring）提供激励（Flannery，1996；Rochet and Tirole，1996），但同时也作为银行间问题传播的渠道（Allen and Gale，2000）；③联结程度。可用丛聚系数（Clustering Coefficient）加以衡量，在 Boss 等人（2004）建构的模型中，丛聚系数 $C(L,U) = \sum_{i=1}^{N} \sum_{j=1}^{N} L_{ij} \ln\left(\frac{L_{ij}}{U_{ij}}\right)$，其中，$L$ 为银行双边负债矩阵，U 为已确知的负债通路（Liability Entries）矩阵，i 和 j 分别指代负债关系的双方。联结程度与金融市场结构是否完全相关，以银行同业市场为例，完全市场结构即任意两个银行之间都有信用拆借关系，非完全市场结构或随机网络结构即任意两个银行之间依概率发生信用拆借关系。④银行体系的集中度：对整个银行业的市场结构集中程度的测量指标，用来衡量银行的数目和相对规模的差异，是决定市场结构最基本、最重要的因素，集中体现了市场的竞争和垄断程度。银行体系的市场集中度与分散化程度相对应，是系统性危机发生可能性的双刃剑（Shafer，1986）。

第二节　银行网络体系中的传染：
直接联结与间接联结

鉴于金融传染在系统性危机中扮演着重要角色[①]，加之近 20 余年来金融危机爆发频繁，对金融传染的研究业已发展成为探讨金融危机的滥觞。然而，从网络结构特征视角研究金融传染问题，目前仍处于建设阶段（Nier et al.，2008）。综观现有文献，银行网络体系中的风险传染路径[②]可从直接联结与间接联结两条路径加以分析（De Bandt and Hartmann，2000）。

---

① 参见国际清算银行在其 1993—1994 年报中对系统性风险的界定："参与者无法履行其合约义务继而导致其他参与者违约，引发更广泛金融困境之连锁效应的风险。"（BIS，1994）

② 银行网络体系传染只是金融传染的机制之一。金融传染既可能来源于支付系统的失败，也可能来源于衍生契约的交易对手违约、同业贷款违约、信息传染或以上情况的任意组合。

一 直接联结

当银行通过支付系统以及各种各样的头寸，诸如直接贷款、衍生工具、回购协议等形式，彼此之间存在债权债务关系时，就产生了直接联结。直接传染则源于直接联结的断裂或某一节点消失：①单个银行的不同储户基于对银行财务状况的不同猜测而采取挤兑行为，导致单个银行出现困难或失败，这是直接传染的基础；②在银行间市场复杂的债权债务关系影响下，某单个银行不能及时偿还其债务，当由此产生的损失超过一定限额时就会导致其债权银行的失败，加剧市场流动性短缺和信用紧缩，并而导致破产蔓延，最终引发系统性风险。最早从网络视角探讨传染的直接联结，当属 Allen 和 Gale（2000）对银行失败的研究。他们认为，银行面临着至少一个由不确定性引发的流动性需求，在一个不完全的同业市场中，当某一银行出现问题时，银行间的紧密联结使得其他银行都将面临受到问题银行传染的威胁。Eisenberg 和 Noe（2001）则以清算支付矢量代表金融机构间的联结水平，运用数学和理论物理中的网络技术，计算单个清算机制中需要多少违约波（Wave of Defaults）使得系统中的特定公司失败为基础，产生一个系统风险的自然度量。

在理论探讨之外，一部分学者试图寻找银行因彼此间的要求权导致的传染性失败的证据。大多数此类文献运用资产负债表上的信息估计不同银行体系的双边信贷关系，然后通过模拟单个银行崩溃，即某一节点消失来测试金融体系的稳定性，如 Upper 和 Worms（2004）对德国银行体系、Sheldon 和 Maurer（1998）对瑞士银行体系、Cocco 等人（2005）对葡萄牙银行同业市场、Furfine（2003）对美国银行业、Wells（2004）对英国银行业的研究、Boss 等人（2004）对澳大利亚银行同业市场的研究等。

二 间接联结

间接联结是对某一银行健康状况及银行业应对传染弹性进行预期的结果（Lelyveld and Liedorp，2006）。银行网络体系中的金融传染间接联结主要有两种途径。

（一）资产价格变动

Goetz von Peter（2004）在其建构的简单货币宏观经济模型中，将银行失败与资产价格相联系，认为资产价格影响债务人履约继而间接影响银行体系。当经济基本面恶化时，负面的冲击使资产价格下跌，导致银行借贷者的大面积违约。在银行体系的资本金约束下，由于贷款损失所带来的银行资本金的任何减少都会转换为一个多倍的信贷收缩，这会导致资产价格的进一步下跌和加速贷款损失，继而通过金融加速器的杠杆作用引发银行资产负债表的内在变化（Adrian and Shin，2007）。单个银行在资产价格方面的最初失败引发连锁反应，可能触发新一轮的其他金融机构失败，金融机构将被迫进行资产减值，基于公允价值会计准则的以市定价（Mark to Market）标价进一步恶化市场形势（Plantin et al.，2005），由于要求权和债权而产生的传染因而被资产方面的传染进一步增强（Cifuentes et al.，2005）。资产价格波动还通过加剧金融市场的信息不对称导致信贷收缩和经济紧缩（Mishkin，1999），加之潜在资产的厚尾（fat tail）特性，金融机构投资组合间存在关联，从而蕴涵使系统崩溃的潜能（de Vries，2005；Cifuentes et al.，2005[①]）。

（二）市场参与主体行为

众所周知的银行挤兑模型（Diamond and Dybvig，1983）揭示了市场参与者行为在传染中的角色：人们对银行未来流动性的担忧导致银行挤兑并最终引发挤兑蔓延。Aharony 和 Swary 运用资本市场数据分析美国史上三宗最大的银行失败个案，也认为银行失败与其说是"纯粹"的传染效应，不如说是综合了行为的结果。Lagunoff 和 Schreft（2001）则进一步发展了Aharony 和 Swary 的研究，他们将代理人与其对投资组合回报的感知相关联，建立了一个动态随机博弈模型。在模型中，易受冲击影响的代理人重新配置其投资组合，从而影响其他参与人的头寸持有。研究发现，当某个参与人因冲击而变现资产的可能性大到一定程度时，所有的参与人将同时变现其持有的资产，从而导致金融联结断裂，危机随之蔓延。Dasgupta（2004）也从流动性危机的角度分析了市场参与主体行为造成的金融传染：当存款人收到关

---

① 尽管作者在模型中也通过共同信用敞口纳入直接联结，但传染主要是由资产价格变化驱动。

于银行基本面的私人信号，认为有足够多的其他存款人会取出存款时，也想要取出存款，脆弱性由此而生。Boyer 等人（2006）也指出，亚洲金融危机的蔓延正是由于国际机构投资者在全球金融市场范围内变现他们的资产所致。值得注意的是，市场参与主体并不总是扮演"墙倒众人推"的角色，Leitner（2005）从代理人互助的视角，指出由于代理人项目投资的成功依赖于与其联结的其他代理人的投资，为了防止整个网络的崩溃，代理人可能愿意帮助其他代理人。

应当指出的是，金融传染并不纯粹是直接联结或间接联结的结果，而往往是两者交互作用的产物。例如，一家银行失败通过直接联结传染，导致更多银行破产，继而引起投资者恐慌，激发他们在各个市场上清算其所持有的头寸，从而导致这些市场的流动性降低并增加价格的波动性，并使得这些市场的相关性增加，危机因而最终产生并在市场间传染。

第三节　银行体系网络结构特征对金融传染的影响

由银行网络体系中的金融传染路径可知，传染的范围在一定程度上取决于网络联结的模式。换言之，银行体系的网络结构特征影响着金融传染的范围。以下将从银行体系网络结构特征的四个构面分别展开讨论。

一　资本化水平

银行业以高负债率为特征，其风险敞口通常超过其账面资本，因而资本的风险缓冲作用尤为重要。Allen 和 Gale（2000）及 Freixas 等人（2000）就指出，传染的范围取决于相对于资本规模的同业敞口以及联结方式。在一个充分资本化的银行体系中，冲击在蔓延的同时也会迅速衰减（Shafer，1986）。Castiglionesi 和 Navarro（2007）对银行是否应设法分散网络结构以使之达到最优水平进行了研究，他们假定银行代表存款人投资，对投资回报产生正网络外部性，当银行资本不足以运用存款人的资金投机时，脆弱性就会产生。Nier 等人（2008）则通过模拟银行净资产与银行系统弹性之间的关系研究银行资本化水平与传染的关联。其基本研究结论为：金融机构资本健全度越高，则金融体系越具有应对传染效应的弹性，二者之间呈较弱的单调非线性负相关关系。但是，传染并未随银行资本化水平而线性降低。第一家银行违约时，高净资产吸收了大部分的冲击。当净资产降低到一定水平时，由于第一家已经无力抵御外部冲击，第二轮违约发生。更多的损失传输至贷款人，从而增加了第二轮违约发生的可能性。换言之，一旦金融机构的净资产低于一定水平，不足以吸收风险时，就会触发多重违约，违约数量将急剧上升。以上研究结果表明，在其他条件不变的情况下，金融体系资本化水平越高，越有利于抵御金融传染，维护金融稳定。

二　同业敞口规模

同业敞口规模的增加意味着冲击在同业信贷者之间的传导增加，但如果银行普遍持有缓冲同业敞口的资本，同业市场规模的扩大使得银行业整体净资产增加，便提高了冲击吸收能力。在 Nier 等人（2008）所作的模拟中，当同业资产处于较低水平时，第一轮的违约并不引发传染效应。这是因为大多数的损失均为顾客存款所吸收，任何传导至贷方银行的损失均小到足够为银行净资产所吸收。但当同业资产规模占比超过门槛时，由于更多的冲击传导至贷方银行，其净资产的增加并不足以抵补损失的增加，第二轮违约就会被激发。据此，同业敞口规模的增大将增加传染的威胁。相当一部分学者的研究支持了同业敞口规模与传染威胁的正相关关系。例如，Lublòy（2004）发现，由于匈牙利银行同业敞口规模非常之小，因而即使在极端情况下，匈牙利同业市场的传染风险仍然十分有限。Van Rijckeghem 和 Weder（2003）基于 11 个债权国和 30 个新兴市场的面板数据分析也表明，银行间贷款产生的溢出效应在墨西哥和泰国金融危机传染中扮演着重要角色。Degryse 和 Nguyen（2007）对比利时银行同业市场上银行失败的连锁反应造成的风险进行模拟，发现损失的大小在很大程度上取决于银行是如何联结的（以银行同业市场的信用敞口来估计）。在比利时银行同业市场上，银行因传染造成的损失低于全部资产负债表资产的 5%，而德国银行体系的损失则可能高达 15%，原因正是德国银行体系间的同业敞口规模高于比利时银行业。Iyer 和 Peydro-Alcalde（2007）以一家大型印度银行失败时银行同业敞口的数据为研究样本检测金融传染，发现与失败银行存在高银行同业敞口的银行会遭遇更高的存款提取风险，且基本面较不理想的银行存款挤兑的风险更高。上述研究结论表明，在资本化水平既定的前提下，同业敞口规模越大，越易于传染风险。值得注意的是，Boss 等人（2004）在其对奥地利银行体系的模拟分析中指出，同业敞口规模往往呈幂律（power law）分布，即极端情形的概率高于正态分布，并由相关银行的规模和财富分布所驱动。换言之，大型银行往往持有更高的同业敞口。马君潞等人（2007）对我国银行间市场风险估测讨论中，也认为由于交易总量的差异性大，仅有两家大银行可作为造成银行间传染的单独诱致性因素，从而为同业敞口规模的幂律分布及其对传染的影响提供了例证。

三　联结程度

同业联结有两个对立的效应：一方面，作为将冲击蔓延至整个金融体系的渠道，扮演着冲击传导者（shock-transmitters）的角色；另一方面，通过同业联结分担冲击，即冲击吸收者（shock-absorbers）（Nier et al.，2008）。Gai 和 Kapadia（2007）应用类似流行病学中关于网络中疾病传播的方法，根据银行资本缓冲、联通程度、不良银行资产的市场流动性评估金融体系的脆弱性，研究结果证实了上述推论：较高的联结程度降低了违约广泛传播的可能性，但冲击对银行体系的影响也更大更显著。具体而言，当联结程度处于非常低的水平时，由于联结增加了冲击传导的可能性，联结度的增加降低了系统弹性。当联结度处于较高水平时，联结度的增加可能降低也可能提高系统弹性。但当联结程度足够高时，联结度的进一步提高无疑减少了传染，冲击吸收效应开始发挥作用，使得越来越多的银行抵御了冲击。不仅如此，联结度效应与传染的净资产相关联。在银行资本不健全的金融体系中，只有非常小部分的冲击为净资产所吸收，其余部分传导至其他银行。此时，当联结度提高时，由于净资产处于低水平，银行失败数量增加，同业联合成为冲击传导器而非冲击吸收器。因而，资本不健全的银行体系非常脆弱，联结度高时更为脆弱。但是，对于资本健全银行体系而言，效应恰好相反。虽然同业联结仍将冲击从一家银行传导至另一家银行，作为缓冲的高阶净资产增大了同业联结的负载能力，使同业联结发挥冲击吸收的角色，从而提高了金融系统的弹性。据此，资本健全银行体系应对冲击更具弹性，联结度高时更是如此。故联结程度于金融传染的效应呈非单调（non-monotonic）特征，即最初联结程度的少量增加会加大传染效应，但超过一定门槛值时，联结度将会提高金融系统吸收冲击的能力。上述文献的基本结论与 Allen 和 Gale（2000）的奠基之作所得结论相吻合：银行网络较高的联通程度降低了违约广泛传播的概率，换言之，银行网络结构越完全，其应对传染的弹性越大。

四　集中度

关于银行体系集中度对金融传染的影响，理论研究有两种截然不同的看法。其一，集中有助于抑制金融传染。以银行体系为例：①在集中度较高的银行体系中，大型银行可获得超额利润，继而可以更高的资本缓冲（Capital Buffers）保护其免受外部宏观经济及流动性冲击（Boyd et al.，2004），且更高的特许权价值导致更高的破产机会成本，使得银行管理层乃至股东不会从事过多的风险承担行为（Keeley，1990；Park and Peristiani，2007）；②大型银行更倾向于信贷配给（Credit Rationing），加之其在信用监督方面的比较优势，少量优质信用投资将会增加投资回报继而促进金融体系健康运作（Boot and Thakor，2000）；③由于更高的规模经济和范围经济，大型银行有能力更高效地分散信贷组合风险（Boyd and Prescott，1986）；④一个只有少数几个大银行的市场更易于监控，因而监管更为有效从而系统性传染的风险将会减少（Allen and Gale，2000）。其二，集中加剧金融传染。这种观点认为，金融体系越集中，与受冲击的银行外部资产相关的冲击规模越大，违约数量越多，因而越倾向于发生更大的系统风险。这是因为：①"大而不倒"信条（Mishkin，1999）使大型银行管理人员罔顾风险而从事风险性投资；②垄断银行向借款人要求更高的贷款利率，导致借款人从事风险性投资以补偿较高的偿付要求（Boyd and De Nicolo，2006），不良贷款率因此提高继而增大银行失败的概率；③大型银行高度的风险分散化，使其管理效率低下、内控失效、操作风险增加，从而导致监管失败（Cetorelli et al.，2007）；④金融机构规模与组织复杂性正相关，因而组织规模的增长将降低金融机构运作的透明度（Beck et al.，2006a，b）。例如，Egloff 等人（2007）构建了一个简单的信用传染模型并进行模拟，结果发现即使是对分散的投资组合，微观结构关联性对损失分布的尾部也有显著影响，并且这一影响随着微观结构分散化程度的降低而急剧增加；Müller（2006）对瑞士银行同业市场的模拟也表明，相对于分散的金融体系架构，集中化的结构（如货币中心结构）更易于受到传染。

实证研究的结论也是模棱两可。De Nicolo 等人（2004）运用 1993—2000 年 100 多个国家的数据分析的结果表明，5 个最大的金融集群企业风险概率增加，集中程度越高的银行体系蕴藏着更高的系统性风险。Uhde 和 Heimeshoff（2009）对 1997—2005 年欧盟 25 个国家银行资产负债表数据所作的分析也表明，金融市场集中度与金融稳定负相关。然而，Beck 等人（2006a，2006b）运用 1980—1997 年 69 个国家的数据，分析银行市场集中度对系统性危机发生概率的影响，却得出了不同的结论：高集中度并不导致银行体系脆弱。可能的解释之一是，在竞争激烈的环境中，银行倾向于持有更高的资本缓冲（Schaeck and Cihak，2007；Schaeck et al.，2006）。Degryse 和 Nguyen（2004）、Mistrulli（2005）分别以意大利和比利时为样本，运用时间序列分析市场结构与传染之间的关系，也得出截然相反的研究结论：两国的金融体系均从相对分散化走向多层次货币中心银行[①]的架构。在意大利，金融体系的集中化加大传染风险概率；但在比利时却恰恰相反，这一集中化趋势降低了传染的严重程度。

从上述研究可知，在高度相互依存的银行网络体系中，金融传染通过直接联结渠道和间接联结渠道蔓延开来，其蔓延的深度和广度受网络结构特征影响：①资本健全度越高，银行体系越具有应对传染效应的弹性；②同业敞口规模的增大将增加传染的威胁；③由于同业联结同时扮演着冲击传导者和冲击吸收者的角色，因而最初联结程度的少量增加会加大传染效应，但超过一定门槛值时，联结度将会提高金融系统吸收冲击的能力；④银行体系的集中度影响金融传染，但二者之间的相关关系目前仍存在分歧。尽管学术界尚未就银行体系网络特征对金融传染的影响在主要结论上完全达成一致，例如，集中度与金融传染之间究竟是正向相关还是负向相关？二者之间是否存在中间变量抑或调节变量？可以明确的是，资本化水平、同业敞口规模、联结程度、集中度等金融体系网络结构特征参数均对金融传染产生影响，但作用方式、作用路径不尽相同，且各特征参数之间存在交互作用。

---

① 所谓的货币中心银行（Money Center Bank）是指相较于其他的零售银行和公司银行，能够拥有全球化的经营和批发业务的银行，如花旗银行、摩根大通和美国银行都是属于此类的银行。货币中心银行的出现在一定程度上代表了金融体系的集中化趋势。

第四节　影子银行对金融稳定的影响

影子银行体系在过去 20 年的发展中，其规模和地位日益提高，深刻改变了美国金融体系的制度结构、市场结构、工具结构和业务模式等，制造了美国和全球金融市场的高度繁荣，但与此同时，影子银行过度冒险的高杠杆运作、潜意识的信息隐藏和刻意规避金融监管等特征，则是带来了巨大的金融风险，为金融动荡埋下了隐患。

一　影子银行与市场繁荣

理论上，资本市场主导型金融体系由于商业银行和影子银行的共同作用，可以更好地发挥市场资金融通的功能，同时可以更加有效地分散风险，而且投资组合策略更具灵活性，可以获得更高的收益。

Allen 和 Gale（1997）将金融体系风险分散的功能区分为跨期风险分担和横向风险分担。跨期风险分担是不同时点上风险的跨时平均化，资本市场主导型的金融体系和银行主导的金融体系在此方面的风险转移功能相近。而在横向风险分担上，资本市场主导型的金融体系有着更发达的市场和包括影子银行在内的更加多样化的金融机构，比如影子银行为私人部门提供了分散投资组合，对冲异质风险，投资者可以根据风险承受能力调整资产组合，这样，在既定的时点上，不同投资者可以进行风险互换；另外，影子银行作为金融体系中的重要参与主体也进行了横向的风险互换。比如，在负债方面，影子银行主要是从短期资本市场获得融资，从而形成期限较短的负债；在资产方面，由于影子银行必须提供利息并获得利润，所以影子银行必须投资期限更长（从而收益较高）的资产（如资产抵押债券、股权等），这样，影子银行就与货币市场上的投资者、资本市场上的长期筹资人进行了资产和期限互换。结果是，影子银行对短期债权人负有短期债务，而对长期债务人持有长期资产。

从宏观层面来看，在全球金融一体化的趋势下，影子银行成为这一趋势的承载人和推动者，并成为国际金融业务的中介和国际金融资产的持有人。在全球金融体系下，影子银行成为各个国家及其企业等的重要业务中介，比如美国投资银行通过代理房利美和房地美发行资产抵押债券并在全球出售，而英国、日本和中国等国家的金融机构买入这些债券。这样，在资本流动上，就使得外围国家的资本持续流入美国。影子银行在促进美国资本市场主导型的金融体系发展和繁荣方面功不可没。

二　影子银行与金融风险

影子银行体系的高杠杆率在金融市场下行中将放大风险，造成一个自我强化的资产价格下跌循环。一般而言，杠杆操作本身是一个信用创造的过程。影子银行在过去几年对信用创造的作用非常大，同时对流动性极其依赖，这些产品和运作在金融动荡的条件下容易丧失再融资功能，使得金融市场的整体流动性大幅萎缩（即信用骤停），从而产生系统性风险（Reinhart and Rogoff，2008）。影子银行由于采取杠杆操作进行大量的金融创新，并实施以风险价值（VaR）为基础的资产负债管理模式。在资产价值下跌的条件下，影子银行被迫启动去杠杆化（Deleveraging）过程，要么出售风险资产来偿还债务、主动收缩资产负债表，要么通过吸引新的股权投资来扩充自有资本规模（张明、郑联盛，2009）。如果机构投资者同一时间内大规模出售风险资产，自然会压低风险资产价格，从而引发市场动荡，并造成金融机构尚未出售的风险资产的账面价值再度下降，即出现一个自我强化的资产价格下降循环。如果采取提高资本金的方式进行去杠杆化，就会造成市场的流动性紧张，可能酝酿整个信贷市场的系统性危机。这也就意味着，过度的杠杆操作可能导致信用非理性扩张，可能使得整个金融体系演变为一场溃逃（Minsky，1992）。

杠杠操作和去杠杆化的风险最为贴切的例子是房利美和房地美危机。截至2007年底，房利美、房地美两家公司杠杆倍率高达62倍。次贷危机发生之后，如果按照会计准则的变动，房利美和房地美将出现问题的抵押贷款资产从被禁止的表外实体重新转移到资产负债表内，那么"两房"需要重新募集750亿美元资本，"两房"危机随即产生。如果不是美国财政部和美联储对"两房"的史无前例的救援，那么"两房"危机本身就极有可能酿成美国金融体系的系统性危机。可以说，影子银行的杠杠运作和去杠杆化等在次贷危机不断升级和蔓延中扮演了非常关键的角色，使次贷危机逐步演化为信用危机和金融危机。

影子银行体系存在难以克服的期限错配，容易导致流动性风险或危机。影子银行的负债主要是从短期资本市场获得融资，是期限较短的负债；在资产方则是期限更长的资产。在这个过程中，随着回购市场的高速发展，影子银行资产组成从原本具有高度流动性的国债等逐步转变为流动性较差的资产。这样，对于整个金融体系而言，信用的期限结构发生了改变，并产生了影子银行体系的期限错配（FSA，2009）。如果市场出现不稳定因素，比如市场预期转变而出现资金溃逃，那么投资银行、对冲基金和私募基金等影子金融机构就出现了类似商业银行的"挤兑"，而此时的影子银行并无法将其长期资产立即变现，就出现了流动性严重不足的局面。更重要的是，影子银行在出现了"挤兑"和去杠杆化之后，由于影子银行具有系统重要性，可能就产生了系统性的流动性危机。即在市场出现危机、流动性萎缩的条件下，影子银行必须抛售资产，资产大量抛售必然导致资产价格下降，加上采取以市定价会计原则（即必须获得新的流动性以计提），这样影子银行又必须抛售资产。最终，这个体系"不堪一击"（Geithner，2008）。

影子银行体系使得投资者的资产更多地暴露在风险之下，市场信息、市场情绪和短期流动性的变化导致资产价格的较大波动。影子银行体系本身对信息和流动性的需求更大，对资产价格波动的敏感性也更大，尤其是在监管放松的条件下，金融市场的过度交易使得市场的脆弱性加大。在影子银行体系中，市场动荡的来源是资产价格的剧烈波动，市场危机来源于资产价格与经济基本面的偏离和持续性的资产泡沫。在美国新一轮金融危机中，危机的诱发因素是资产价格泡沫，在危机的蔓延过程中，美国和英国等影子银行体系受到的冲击远远大于以德国为代表的银行主导型金融体系的损失。

更值得注意的是，影子银行体系可能存在更大的系统性危机。在资本市场主导的金融体系中，金融机构基于资产的贷款的重要性日益下降，而其他可以采取杠杆操作的业务（如自营、做市商、投资银行和风险管理等）却不断扩大。这一体系下，影子银行由于不受金融监管机构的监管，不需要留存准备金，资本运作的杠杆率很高，这样整个金融体系的杠杆率随之升高（FSA，2009）。影子银行由于金融创新、杠杆操纵和过度交易等带来的风险，自然地随信用风险创新工具转移分散到其他金融市场之中，这样资本市场的风险就演化为整个金融体系的风险（BIS，2008b）。Baily 等人（2008）指出，影子银行在信息不透明的条件下进行高杠杆操作，致使流动性更加脆弱，加上这些行为都是规避性质的金融活动，所以系统风险就被放大了。BIS 在 2008 年度报告中指出，在投资银行业中，风险价值（VaR）指数从 2000 年的 100 上升至 2007 年底的近 240，给金融体系的稳定性带来极大的风险。而且，影子银行体系与传统银行体系的竞争与合作，也带来了系统不稳定性。一方面，在金融体系中，存在着商业银行和以投资银行、担保机构、对冲基金、私募基金等为代表的影子银行之间的竞争。由于影子银行主要是以资金为交易对象，而商业银行和存贷机构是以资金为经营对象，所以影子银行和商业银行的竞争就不可避免。比如，结构性投资工具就部分取代了传统银行的借短贷长的资金融通功能（FSA，2009），商业银行就不得不进行较为大胆的业务创新和资本运作以实现高回报，整个金融体系由于过度的竞争造成风险定价过低，从而蕴藏更大的系统风险。另一方面，商业银行与影子银行也存在紧密合作，以实现"共赢"。比如，商业银行深度参与投资银行的资产证券化和结构化投资，并将资产和运作游离在资产负债表之外，以规避监管，传统商业银行的边界被突破了（Bernanker，2008）；再比如，花旗银行的业务覆盖了传统商业银行、投资银行、证券、资产管理等，已经成为影子银行体系的一个部分，在危机爆发时，商业银行无法将规模巨大、风险极高的资产及时变现，最终成为无法剥离的有毒资产。在本轮金融危机中，花旗银行、皇家苏格兰银行等都是这方面的典型。

影子银行体系的风险更容易跨境传递。影子银行体系极大地推进了金融全球化进程，资本的跨境投资和跨境活动被认为是提高全球金融市场效率的有效途径，可以促进资本在全球的配置。但是，随着资本的跨境配置，风险也在全球分散。但值得注意的是，这个过程是建立在流动性充足、资本流动稳定和资产价格稳定的基础之上的，一旦产生外部冲击（比如国际投资者进行风险重估、资产价格下滑或者流动性逆转），资本的国际流动就面临巨大的风险。而且，风险的爆发不仅会影响资本所有者，更会影响到资本投资的目的地市场。盖特纳（2008）就表示，影子银行体系不仅低估了市场的风险水平，还极大地增强了全球市场的关联度。

影子银行体系还对全球金融监管体系的有效性和完备性提出了挑战。

资本市场中影子银行等机构投资者在混业经营模式下，给市场带来了更多更具敏感性的流动性、改变了定价机制和风险分散格局。但这些机构可以使用较高比例的杠杆操作和更加相关的交易策略，这对更加广泛的全球市场具有潜在的破坏性。这些发展状况正暴露出金融监管的差距和冗余，给美国金融服务业及其监管架构带来了巨大的压力（美国财政部，2008）。然而，美国并没有建立与影子银行等大型机构崛起相互匹配的功能监管或者统一监管的标准和体系，并改变其金融监管架构，目前分散的监管体系对一些大型、复杂的金融机构（主要就是影子银行）的监管一定程度上是低效的（GAO，2009）。正是诸如贝尔斯登、美林、雷曼兄弟、房利美、房地美、花旗和 AIG 等大型金融机构的过度冒险，才酿成如此重大的金融危机。

三　影子银行与金融稳定性：美国金融危机

2004 年，由于通货膨胀压力抬升，美联储在 6 月开始步入加息周期，至 2006 年 6 月，基准利率上调 425 个基点。2006 年上半年，美国房地产价格开始下跌，住房抵押贷款违约开始出现。美国次级抵押贷款市场、金融衍生产品市场和影子银行体系繁荣的基础开始动摇。

随着货币市场流动性的逐步萎缩和房地产价格的下挫，影子银行对资产价格和流动性的敏感性开始显现。2007 年 8 月，美国第五大投资银行贝尔斯登宣布旗下的对冲基金停止赎回，导致投资者撤资行为，从而引发了针对影子银行的第一波资金溃逃。银行间市场拆借利率急剧上升，金融市场流动性逆转，出现流动性紧缩，进而引发了美国次贷危机。

次贷危机促发了影子银行的自我强化的资产抛售循环，有更多的影子银行被拉入到流动性危机之中。2007 年底至 2008 年初，随着美林、瑞银、高盛等大型金融机构因次贷问题出现巨额亏损，并大规模进行资产减计，市场流动性需求剧增而资金供给严重萎缩，整个市场陷入了严重的流动性紧缩，次贷危机演化为流动性危机。2008 年 3 月，贝尔斯登申请破产倒闭，在美联储的斡旋下被摩根大通收购。

2008 年 7—9 月的"金融海啸"更是体现了影子银行体系的自我强化的资产抛售循环和系统性风险在进行大规模资产减计之后，包括影子银行在内的众多金融机构面临严重的偿付危机，次贷进一步演化为系统性的金融危机。2008 年，美国加州银行（IndyMac Bank）倒闭和房利美、房地美财务危机是其中的典型事件。更为严重的是，9 月 7 日美国政府担心系统性风险蔓延宣布接管房利美和房地美，之后仅一周美林被美国银行收购，次日雷曼兄弟宣布申请破产保护，随后高盛和摩根大通转型为银行控股公司。由于五大投行的集体倒塌，直接造成美国短期货币市场崩盘，影子银行体系的生存基础丧失，持有大量 CDS 的 AIG 被国有化。五大投资银行集体垮塌、"两房"被接管、AIG 国有化，标志着美国次贷危机演化为新一轮金融危机，即是美国金融体系的"系统性危机"。

随后，影子银行体系对传统银行体系的冲击进一步加大。苏格兰皇家银行、花旗银行、美国银行等传统银行因无法剥离规模巨大的有毒资产，在2008 年底和 2009 年初由于巨额的资产减计陷入了绝境。影子银行体系在美国爆发蔓延的同时，2008 年 2 月，英国北岩银行被英国政府国有化，这是次贷危机爆发以来第一家被国有化的金融机构，也标志着次贷危机已经传递至欧洲。在 2008 年 9 月之后，金融危机由美国金融市场全面蔓延至欧洲与新兴市场国家的金融市场，危机正式由国别危机转变为全球金融市场危机；同时，影子银行体系的危机也在全球范围内蔓延肆虐，美国次贷危机最后演化为全球金融危机。

第五节　金融稳定目标下银行网络体系建设的相关启示

纵观历史上的金融危机，监管当局在面对金融传染时，大多采用救助（bail-out）政策。[1] 尽管救助政策确实能够预防传染，但这种政策却在事实上侵蚀了市场纪律。要在预防系统性危机与约束道德风险之间求得平衡，既需要监管当局对金融体系稳定知之详尽，更多地倚重市场化手段，也需要监管当局更善于未雨绸缪。而从提高银行应对金融传染弹性来探讨若干对策，当不失为一条可行的路径。

---

[1] 根据 Goodhart and Schoenmaker（1995）的研究，104 宗银行失败案中，有将近 3/4 的个案政府采用 bail-out 政策。

　　尽管怎样的银行体系更有益金融稳定这一问题目前尚无法获得完全一致共识，我们仍可从现有研究结论获得提高银行体系应对传染弹性、促进金融稳定的政策启示：第一，参照《新资本协议框架完善建议》，切实加强资本充足率监管，特别是加大对金融创新的资本约束力度，使监管资本要求真正体现对风险的衡量，从根源上杜绝监管资本套利的动机，最终达到监管资本与经济资本统一。对于资本充足率未达标的银行，应及时采取监管措施，包括限制其资产增长、暂停利润分配、停止审批新机构和新业务、责令其转让资产压缩资产规模等。同时为商业银行多渠道筹集资本创造条件，切实提高银行体系的资本化水平；第二，严格同业拆借市场的准入与退出、交易和清算、风险控制、信息披露、监督管理等规范，充分运用期限管理、限额管理、准入管理、备案管理、透明度管理等市场管理手段，防范系统风险；第三，以构建完全市场结构为目标，促进金融机构之间的合作与往来，着力提高金融同业的联结程度，力求降低传染概率；第四，重视大型银行在金融稳定中的角色。在 Aleksiejuk 和 Holyst（2001）、Boss 等人（2004）所作的模拟中，通常情况下，银行网络体系相对而言较为稳健，传染的概率也非常小。但一旦其中的若干大银行违约，传染的概率便会大大提高，这正是所谓的级数分布的"幂律依赖"（Power Law Dependencies）。因而在防范"大而不倒"可能引发的道德风险之外，应重点关注大型银行的风险敞口；第五，优化宏观审慎金融监管框架，在瞄准单个金融机构的同时，综合考察资本化水平、同业敞口规模、联结程度，以及市场集中度在具体情况下的组合可能引发的脆弱性，预防金融传染。此外，在决定是否采用某项影响市场结构的监管措施时，可通过反事实模拟（Counterfactual Simulation）[①] 进行成本—收益分析，以提高监管绩效、维护金融稳定。需要指出的是，优化银行体系结构只是应对金融传染的一个必要非充分条件。要实现金融稳定，就必须多管齐下，努力提高市场透明度，完善金融机构公司治理机制，加强市场激励，改进支付系统和证券交易市场，使金融市场更加有序运行并使其在面对金融危机时更具弹性。

---

　　① Upper（2007）认为，在现有研究金融传染的各种方法中，反事实模拟不需要像事件研究法那样，要求过去曾经发生过类似事件，因而有助于研究人员更自如地界定其研究场景。

第 八 章

金融结构与金融稳定

金融结构是对金融本身的一种解剖和分析，是一个兼具复杂性和宽泛性的概念，从不同角度描述会得到不同的解释。本书认为金融结构是指金融系统各个组成部分及其要素的相对规模和相互配合作用的总和，主要体现为金融工具结构、金融机构结构、金融市场结构、金融制度结构、金融融资结构、金融开放结构、金融信心结构等，金融结构质和量的统一及演进构成金融发展。金融结构的完备性与稳健性表现为金融工具的适应性、金融机构的健全性、金融市场的均衡性、金融制度的有效性、金融融资的顺畅性、金融开放的适度性和金融信心的充分性等。

金融结构与金融稳定看似两个不直接相关的概念，但事实上二者之间联系密切并相互制约、相互影响。本章立足于金融功能的观点，从宏观和微观两个层面分析二者相互作用的机理。

第一节　金融功能观点：一个理论分析视角

金融结构的变迁以及金融稳定的实现都和金融系统功能的发挥息息相关，基于此，我们首先对金融功能观点加以系统阐释，并从这个视角出发来探讨金融结构与金融稳定之间的互动作用关系。[①] 之所以从金融结构与金融功能的关系入手进行考察，主要基于两个原因：一是系统论中的结构与功能

---

① 关于金融功能观点的论述主要参考何德旭（2003）。

的关系。① 金融作为一个社会科学研究范畴，在金融结构与金融功能之间同样存在这种关系。即金融结构决定金融功能，而金融功能又决定金融效率。金融结构越复杂，金融功能就越强，金融发展的水平和层次就越高，金融效率也就越高。二是金融结构不断进化的过程就是金融功能和效率不断优化的历史。金融资产结构为什么会沿着从票据资产→货币资产→证券资产的顺序逐级递进？其动力主要来自生产效率、资本形成转化效率和制度变迁效率三个方面。因此，由生产效率所决定的金融资产结构由票据资产主导→货币资产主导→证券资产主导的演变有其必然性。②

　　金融体系究竟具有哪些基本功能，长期以来是见仁见智，说法不一。西方理论界在解释金融体系的相关问题时，往往将现有的金融机构和组织结构作为既定的前提，形成了传统的"机构观点"（Institutional Perspective）。但是，Bodie 和 Merton 却将机构形式和内容视为可变的，在研究中视其为"变量"，将金融体系的基本功能作为分析和观察金融体系的一种新方法——功能观点，从而于20世纪90年代中期提出了著名的"金融功能观点"，主张通过金融基本功能的视角来研究金融问题。

　　机构观点是传统的，也是目前普遍流行的观察方法。这种方法将现存的金融机构和组织结构视为既定的、固化的，认为金融体系的调整与改革只能在这种既定的前提下进行，并且把金融制度、金融市场、金融结构及运作看成是一个个独立的、特定种类的组织机构，如商业银行、投资银行、基金及保险公司等，然后再为这些不同种类的机构建立各种法律规范，设立不同的

----

　　① 结构与功能不仅仅是现代各门自然科学和社会科学普遍关心的一个重要问题，而且更是系统科学研究的基本范畴。在一个系统中，结构与功能是相互依存和相互制约的。一方面，功能是由结构决定的。有什么样的结构就有什么样的功能，结构不变，功能和性质保持不变；结构发生变化，功能随之发生变化。另一方面，功能对结构又有能动的反作用。功能在各种外在因素的影响下经常、不断地变化又反过来影响结构。

　　② 根据高连和（2004）的解释，在票据融资时期，储蓄→投资转化是分散的企业内源融资行为，其资本形成转化效率的特点是分散化、小型化和低效率；而为了降低资金交易成本，所形成的有组织的金融中介——银行，解决了单个资本形成在时间、空间和数量、方向上的矛盾，使得资本形成具有了集中化、大型化和高效率的特点，但是其范围被局限在短期性货币债权融资之内。而为了促进资本性融资机制的形成，所产生的有组织的金融资本行业——证券及信托基金业，促进了财产终极所有与法律所有的分离，从而使得资本形成更具有了长期性，资本积累与聚合效率更高。货币资产与证券资产相互替代与互补，通过证券调节货币量成为现代金融调控的最广泛、最经常的手段。

规章制度。事实上，随着基础技术的更新及经济环境的变化，金融机构的形式和内容也是经常变化的。一方面，随着时间的推移，即使金融机构名称相同，金融机构的性质和职能可能会发生很大改变，如19世纪的银行机构与20世纪末的银行机构在业务范围和职能上已经发生了很大改变；另一方面，在不同地域、法律和政策安排、人文传统下，对金融机构的业务范围界定、职能定位也可能会出现差别，如对银行业务的定义不同国家应有明显差别。金融机构和组织经常随着环境的改变而发生变化，使得为这些组织、机构设立的法律、制度规范始终滞后。

针对机构观点的明显缺陷，功能观点（Functional Perspective）应运而生。这种观点所强调的是，相对于金融机构和金融组织形式而言，金融体系的基本功能具有相对稳定性，它很少随时间和地域范围的变化而发生改变。金融功能论认为至关重要的问题是：经济体是否拥有一个有效发挥作用的金融体系，而这个体系如何构成则是其次要的（Merton，1992；Merton and Bodie，2004）。Levine（2002）如此阐述和概括金融功能论：金融功能论将分析的聚点放到了怎样去创造一个具有良好功能的银行和市场，这就把银行主导论和市场主导论之争推到了一个不起眼的角落。功能观点首先要解决的是"金融体系需要行使哪些经济功能"，然后根据不同的经济功能来设计最好的行使这些功能的机构与组织形式。

金融功能观点认为，金融体系包括市场、中介服务公司和其他用于实现家庭、企业及政府的金融决策的机构。博迪和默顿（2000）认为由于各国政治、文化和历史背景的差异，各国金融机构大不相同，但一般来说有两点是确定的：一是金融职能比金融机构更为稳定，即在不同时期、不同国家，金融职能的变化较小；二是金融机构的形式随着金融职能的变化而变化，即机构之间的创新和竞争最终会导致金融系统执行各项职能效率的提高。在此基础上，他们提出了金融体系的六项核心职能，分别是：①在不同的时间、地点和行业之间提供经济资源转移的途径，从而提高经济效率；②提供管理风险的方法，即利用各种形式的金融合约来转移和规避风险；③提供清算和结算支付的途径，以完成商品、服务和资产的交易；④为储备资源和在不同的企业中分割所有权提供有关机制；⑤提供价格信息，帮助协调不同经济部门的决策；⑥当交易中的一方拥有另一方没有的信息，或者一方为另一方的代理人时，提供解决激励问题的方法。事实上，从宏观经济系统运行的整体看，金融市场具备聚敛功能、配置功能、调节功能和反映功能等几种宏观经济功能。

功能观点提出后，引起了理论界的高度重视，许多研究都认为功能观点在金融体系层面、金融机构层面、金融经营层面和金融产品层面等的分析上，都是适用的、有价值的。客观地说，功能观点本身的寓意是十分深刻的，也是十分有意义的。特别是在研究金融结构与金融稳定的互动机理时，更有必要从金融功能的角度入手进行分析，而不应该仅仅立足于金融机构的发展和演变。

第二节　金融结构与金融稳定作用机理的综合分析

一　金融结构与金融稳定作用机理的宏观图示

金融稳定是特定金融结构基础上的相对稳定状态，金融结构的变迁则是打破原有结构的平衡状态，对其进行调整、修改甚至彻底改变，同时对各种金融要素进行重新组合和调配，创新金融工具适应随之改变的金融制度和市场的需要，直至新的金融稳定状态也即新的金融结构平衡状态的出现，这是金融结构变迁影响金融稳定的最直观的内在机理。

金融结构的变迁是为适应特定的实体经济需要而进行的变革，其目的在于更好地促进金融功能的发挥和金融效率的提升，在提高金融业竞争力的同时实现金融稳定的大局。本书在整体考察金融结构与金融稳定相互作用机理时引入了货币政策和实体经济这两个重要的概念，有如下两点原因。

第一，维护金融稳定是我国货币政策的重要目标。①货币政策的最终目标是保持人民币币值稳定并以此促进经济增长。如果金融体系产生不稳定现象甚至发生金融危机，将导致人们对金融机构尤其存款机构信心的削弱，引起银行业的恐慌，金融市场的投资和融资功能将遭到破坏，经济形势恶化，那时货币政策的最终目标将无从谈起。②当金融系统出现不稳定甚至危机时，货币政策将重点转向刺激经济增长，这将导致通货膨胀率的急剧变化，破坏人们对货币价值稳定的预期，从而大大提高中央银行在短期内实现币值稳定目标的成本和难度。③金融不稳定将导致货币需求结构发生巨大变化和银行负债结构的急剧变化，同时银行的信贷流量也将发生相应的变化，这将破坏货币政策相对稳定的政策传导机制，使货币政策的有效实施变得困难。正因为金融体系稳定性对中央银行货币政策的有效实施具有重大影响，维护金融体系的稳定不可避免地成为货币政策的重要目标。

第二，经济发展史证明，经济与金融之间存在着重要的联系：经济决定金融，金融反作用于经济，而金融结构是经济与金融较为复杂互动过程中的重要结合点。金融结构与实体经济联系紧密，经济运行的状况与经济宏观环境的恶化可能导致金融结构天然的脆弱性，而金融结构又可能导致金融运行所依赖的实体经济陷入恶性循环。由于金融结构反映了金融风险在整个经济金融领域的分布以及防范、转移等情况，金融结构与实体经济的互动过程中时时隐含着影响金融稳定的因素。

综上所述，本书认为货币政策的重要目标之一是维系金融稳定，它通过作用于金融系统影响着金融结构的变化，而金融结构的变动直接作用于实体经济，由此引起的实体经济的波动对金融稳定产生联动效应。同时当我们进行反向考察时，可以发现：金融稳定将有助于实现实体经济的良性发展以及金融结构的稳定与优化，而这也将有助于货币政策目标的最终实现。当然，这些互动的关系都建立在一个重要的前提和基础之上，那就是金融功能在特定金融结构之下能够得到有效提升。基于此，本书提出的宏观层面的金融结构与金融稳定的作用机理如图 8 - 1 所示。在图 8 - 1 中，"①"表示货币政策的变化影响金融结构的变化；金融结构的变动也会影响货币政策的调整。"②"表示金融结构与实体经济关系紧密：实体经济的需求是金融结构调整的原动力；金融结构的变化影响实体经济的运行。"③"表示实体经济的变化将引起金融稳定的变化；金融稳定的状况又反作用于实体经济。"④"表示货币政策的目标之一是维护金融稳定；金融稳定是实现货币政策的重要基础。

如前所述，可以用金融工具的适应性、金融机构的健全性、金融市场的均衡性、金融监管的合理性、金融融资的顺畅性、金融开放的适度性、金融制度的有效性和金融信心的充分性来反映金融结构的完备性与稳健性。其实，上述观点从金融功能观的角度出发，可以理解为金融结构的完备性和稳

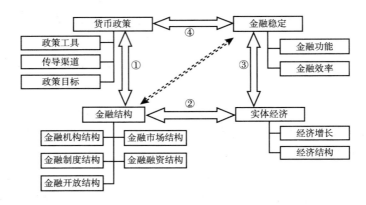

图 8 - 1　金融结构与金融稳定相互作用机理

健性源于金融体系关键功能的有效发挥、对内外金融冲击的有效应对以及金融效率的实现。因此，金融结构不断变化的过程中真正能够实现金融结构质与量演进的关键在于"金融功能和效率"。假设金融结构的调整能够依赖"金融功能和效率演进"的路径，那么此时相对完备和稳定的金融结构将有助于金融稳定的实现；反之，当金融结构的调整没有按照"金融功能和效率演进"的方向进行，意即未能完全有助于金融功能的发挥或者导致金融的非效率，这时金融结构对金融稳定的影响具有不确定性：第一种结果是调整后的金融结构虽然功能和效率低下，但是由于其他因素的综合作用，依然保持了金融稳定，很明显，这种金融稳定实现的代价就是金融功能和效率的损耗；第二种结果是调整后的金融结构不但功能和效率低下，而且在没有其他有力的相关举措下，直接导致了金融结构对内外冲击承受能力的下降，最终造成对金融稳定的破坏。

二　金融结构与金融稳定作用机理的总体考察

为了更好地从整体上揭示金融结构对金融稳定的作用机理，我们从四个不同的角度来考察金融结构与金融稳定的互相作用。

（一）金融结构自身变动过程直接影响金融稳定

当金融结构打破原有的状态过渡到另外一种结构状态时，由于金融结构变化次序安排的不同、变化速度的不同，将导致原有金融结构内部的失衡，从而威胁金融稳定。

　　发展中国家或者转型国家在处理金融结构现代化的问题时，都面临着推进金融自由化还是扩大金融开放程度的问题，都要进行战略性的次序选择，不同的选择将决定不同的金融结构变化次序，而这个过程中蕴含着较大的金融风险，从而影响着金融稳定。20 世纪 90 年代初期，泰国对金融业采取了高度自由的开放政策，建立了柜台交易的衍生金融商品市场，而没有金融衍生品交易所，突出的结构性缺陷使泰国成为东南亚金融危机的发源地。在什么时候和条件下开放资本项目，资本项目应该按照怎样的顺序开放是理论界研究的热门课题。从另一角度看，这实际上就是金融结构变化次序的安全性分析（刘锡良等，2004）。

　　结构的变化会产生新的不确定性，这就意味着会有新的风险产生。当金融结构自身发生变化时，必将表现在金融开放结构、金融市场结构、金融信心结构以及金融制度结构等方面，这时必然会出现一个问题：是否所有的内部结构之间以及各子结构内部能够达到很好的协调发展？事实上这是很难同步实现的，例如金融制度结构中的要素和制度环境安排，即产权制度、市场制度、监管制度、制度环境中的政治、法律和社会规则；外在的宏观经济环境和健康的社会基础，即司法、审计、会计、评估、新闻舆论和社会金融意识等不可能在短期内同步实现，而这些都有可能成为金融不稳定的因素。

（二）金融结构通过直接反映并影响经济金融风险的分布作用于金融稳定

　　金融的六大基本功能之一是管理风险。不确定性在经济社会生活中表现为一种普遍存在的常态，同时不确定性也就意味着风险，因此，任何经济活动中风险总是不可绝对避免的。尽管如此，风险还是可以分散或转移的。一个功能健全的金融体系可以使用各种各样的金融合约、金融工具、金融组织方式等有效的提高风险配置效率的手段为市场主体提供转移、分散和分摊风险的机会和手段，从而在一定程度上有助于金融稳定。[①]

---

　　① 李扬（2003）的研究指出，20 世纪 90 年代中期金融市场上大量信用产品的出现，把银行资产负债表上的各种资产、负债用证券化方式推到市场上；有利率组合的资产管理和风险管理有利于银行转移风险尤其是信用风险。这种结构的变化帮助银行重新获得了充足的流动性并降低了风险，加强了其在关系融资方面的传统优势，银行传统的贷款业务又开始上升。金融体系的结构因此再次发生变化。

（三）金融结构在货币政策作用下发生变迁进而影响金融稳定

金融发展史表明：在金融发展的初期，中央银行主要利用商业银行将货币政策传达到经济社会的各个方面，因此商业银行是货币政策传导链上重要的导体。然而随着金融创新的不断发展，非银行金融机构逐渐在金融市场中发展壮大，其市场地位和作用的上升必然在一定程度上削弱商业银行的地位与作用，这些都迫使商业银行开始从传统银行向全能银行方向转变，其重要表现就是在传统的存贷款业务基础上利用金融创新，加大了证券业务及其他服务业务的比重。随着金融结构的变迁，特别是随着中央银行以公开市场业务为主进行货币政策操作，不可避免地造成了商业银行地位的下降，同时非银行金融机构在货币政策传导过程中的导体作用日渐明显，在一定程度上增大了货币政策传导的多元性、复杂性和不确定性。另外金融结构的变迁在一定程度上也改变了金融机构和社会公众的行为，使货币需求和资产结构处于更加复杂多变的状态，从而加重了传导时滞的不确定性，使货币政策的传导在时间上也更加难以把握，所有这些因素均增加了对货币政策效果判定的难度，从而也加大了金融的不稳定性（张润林，2006）。

（四）金融结构与实体经济的相互作用影响金融稳定

第一，金融结构是经济影响金融稳定的一种外在表现。经济决定金融不仅包括经济总量对金融总量的决定，同时还表现为经济结构对金融结构的决定。不同国家金融结构的差异性在一定程度上是由经济发展的差异性造成的，主要表现为：①不同的经济发展水平提出了不同的金融服务需求，而这必然要求相应水平的金融中介或者其他金融机构与之匹配，因此各国的金融结构由于经济水平的差异而各有千秋。②经济结构的变化必然引起金融结构的变化。因为任何行业的变化都会通过该行业股票或债券等"经济晴雨表"来反映其市场运行情况，而金融机构必然会根据市场的表现情况来调整自己的金融对策，例如房地产市场在迎合社会经济发展的需求时，银行部门将更多的资金投放其中以求更多的利润；而当房地产市场过热时，银行必然紧缩银根以求规避风险。

金融结构根据实体经济的需要常常采用不同的具体表现形式，但是实体经济本身发展的不足、经济结构的不合理甚至扭曲等外部因素必然会影响正常的金融结构态势并且极有可能引致金融不稳定。同时经济还可以对金融结构乃至金融稳定产生间接的影响。健康、良性运行的经济环境有助于金融的健康有序发展，金融结构就能按经济发展的需要和金融发展的规律正常演进。反之，在经济动荡、无序甚至出现经济危机的时候，经济环境必然成为制约金融发展的重要因素，也不可避免地会破坏原有金融结构的稳定性，从而威胁金融稳定。因此，金融结构问题的产生固然有金融系统内部的因素影响，但是有时金融结构对金融稳定的影响实际上是经济对金融稳定影响的一种表现。

第二，金融结构对经济的反作用影响金融稳定。金融对实体经济的运行有举足轻重的影响，因而货币政策的选择成为国家进行宏观调控的主要手段之一。金融结构的不平衡必然会影响实体经济的正常运行，而经济环境的不稳定或恶化又必然会冲击金融稳定。由于货币供应量与经济总量的结构失衡，金融运行就可能已经处于通货膨胀状态或者积聚了发生通货膨胀的可能。通货膨胀一旦造成严重的货币贬值，就必然会导致金融机构存款减少和货币外流，金融稳定势必会受到影响。刘锡良等人（2004）的研究表明，货币化进程使计划经济条件下隐性的通货膨胀压力在短期内释放，导致了多数国家在转型初期出现严重的通货膨胀，银行对国有部门贷款不加限制加剧了通胀压力，并诱发了这些国家的金融动荡。

第三，金融结构与实体经济协同性问题影响金融稳定。在对经济社会发展的动态考察中我们可以发现：金融结构的变动总是与一定的经济结构、经济水平、制度性基础设施等因素息息相关，它会随着经济发展不断调整和变迁，然而金融结构的调整往往因为诸多的因素而跟不上经济发展的水平，也就是说金融结构和经济发展的步伐极有可能出现不一致，导致可能出现金融结构与实体经济的阶段性或者局部性失衡，失衡的程度将决定金融结构的稳定性并形成结构变动的动因。这就是本书所说的二者的协同性问题。在诸多影响因素中，政府行为对金融结构的重要影响就是典型的一例。政府尤其是发展中国家政府通常将金融作为实现其战略目标的重要手段，这种对金融活动的干预或直接介入甚至替代，必然影响金融结构并可能阻碍金融结构的自然演进，导致金融结构与经济发展的脱节。不少转型国家政府常常迫于挽救国有企业的压力而放缓了金融机构的市场化进程，导致金融结构与实体经济结构产生背离，如非公有经济获得的贷款份额远低于其在经济贡献中的比例

（刘锡良等，2004）。

当金融结构与经济发展的内在要求之间出现偏差时，二者之间就会产生协同性问题。当偏差越来越大时，金融结构的稳定性就越来越差，脆弱性越来越强。这种由于协同性问题引致的金融脆弱性累积到一定程度时客观上要求金融结构进行调整，严重的将引发金融结构的急剧变动，乃至金融危机的发生。因此，在某种程度上，金融危机的出现是对金融结构的一种强制性调整。

第三节　金融结构与金融稳定作用机理的分类解析

一　金融结构对金融稳定的分类作用机理

金融结构是个复杂的概念，本节重点从金融机构、金融市场、金融工具、金融制度、融资结构、金融开放等方面具体分析金融结构变迁对金融稳定的影响。

（一）金融机构变迁对金融稳定的影响

金融机构的变化是影响金融稳定的重要因素，金融结构变迁过程最表面化、最直接，因此也最容易被观察和了解。随着金融市场的发展，金融机构逐步趋向多元化发展和竞争的局面，这就迫使金融机构不断地进行主动金融创新，更好地发挥金融机构的功能、提升效率，但是过分地强调金融创新和市场竞争势必对金融结构形成冲击，在一定程度上破坏原有的金融结构和金融稳定，因为金融创新是把双刃剑，过度的金融创新必将引致反面作用，导致金融结构的剧烈变动从而影响金融稳定，而过度的市场竞争轻则导致金融机构的无效率，重则导致金融机构的不稳定甚至危机。

对金融机构进行历史考察和分析时，我们不难发现：金融机构经历了从简单到复杂，从单元走向多元，并且不断强化竞争和发展的过程。学界普遍认为，现代银行是最早的金融机构，在很长一段历史时期，它在金融经济生活中扮演"独舞者"的角色，对社会经济的发展起到了巨大的助推作用。随着经济社会的发展，保险业、信托业、证券业、各类商业金融机构应运而生，并且随着实践得到了迅速成长，逐渐成为重要的金融机构，打破了原有银行独占鳌头的金融市场，建立了银行业（包括旨在弥补市场失灵的政策性银行）、保险业、信托业、证券业等多元的金融机构。多元金融机构的出现增加了金融产品与金融服务的供给主体，同时使金融产品与金融服务的数量和种类的增加成为可能。因为多元金融机构面临着更加复杂和激烈的竞争，因此每个金融机构必然下工夫不断完善内控制度，提高管理与服务水平，并且力求通过应用新技术来实现金融创新，不断推出新产品和新服务，最终实现自身竞争力的提升。这些变化有效地促进了金融效率的提高和金融功能的更好发挥，但这一过程本身却也或多或少地蕴涵着导致金融不稳定的一些因素。[①]

（二）　金融市场结构及金融工具变迁对金融稳定的影响

金融市场及金融工具是金融结构非常重要的组成元素，它们的变迁必然会对金融稳定造成较大的影响，具体表现为：第一，多元化的市场竞争主体通过提供丰富的金融创新产品，利用新型的金融工具不断进行竞争博弈的过程中，其市场价格的形成机制将带有较大的不稳定因素。金融市场主体的多元化主要体现为金融机构的多元化直接导致了金融产品、金融服务提供者的增加，以及金融市场交易规模和总量的扩大，但是在金融产品及金融服务价格机制形成过程中，为了抢占市场份额、追求更多利润、赢得竞争优势，往往导致金融产品和服务价格的变动，当变动幅度远远超过金融体系所能承受范围时，将严重影响金融结构基本功能的发挥导致金融市场效率的降低，从而成为金融不稳定的一种因素。

第二，金融市场过分依赖现代信息技术实现金融效率提升的同时也带了技术犯罪的可能并且逐渐成为影响金融稳定的因素。金融市场主体因为竞争和发展的需要不断采用新技术提供新的金融产品，而金融市场为了更好地服务于金融行业发展的需要，不断改善金融的基础设施，这些措施提高了市场

---

① 为了适应全球经济金融一体化的需求，世界上许多国家开始选择混业经营的模式，"全能银行"等概念逐渐成为现实，同时不同类型的金融机构间业务相互交叉、相互合作成为趋势，但是同时我们发现金融机构开展的交叉业务往来带来合作利润的同时也带来了较多的金融不稳定因素。总之，走向更加多元化和复杂化的金融机构必然能够更加有效地服务于社会、经济、金融发展的需要，但是它所带来的不稳定因素、对金融稳定的冲击也是不可避免的。2007 年以来由美国次贷危机引起的全球性经济危机就是一个最好的例证。

交易的有效性，有利于金融功能及效率的提升，但是由于金融市场过分依赖高科技手段，却忽视了现代信息技术本身所包含的技术性风险，所以利用现代高科技手段，实施技术犯罪成为了金融不稳定的因素之一。

第三，金融市场结构的演进离不开各种各样的金融工具创新，为金融市场的众多投资者带来多种投资机会的同时，我们也不难发现金融衍生工具与生俱来的投机天性，这种投机天性恰恰成为了金融风险的放大器，是影响金融稳定的重要因素之一。有观点认为衍生金融在分散或降低微观金融风险的同时更提升与累积了宏观金融风险（白钦先等，2003）。

（三）金融制度结构变迁对金融稳定的影响

首先，金融制度的变迁也将直接或者间接地引致金融稳定问题。其原因在于，金融制度的改革历史表明一种新的金融制度的产生往往是为了适应当前变化了的金融业的发展需要而进行的改革，落后于金融市场和金融机构等的发展，因此具有明显的滞后性，因此金融制度的创新本身就是对原有金融利益结构的一种刚性的调整，它所追求的目标在于金融市场利益的重新分配，所以往往招致既得利益集团的反对与阻挠，这种情况使得金融制度创新成本所具有的一些隐性风险都可能成为影响金融稳定的因素。

其次，关于金融制度的不适应性，主要是指金融市场主体对金融制度的变迁即创立、替代、转换等过程在一定时间内具有不适应性，它包括三个方面的含义：一是新金融制度安排同现存外部金融市场环境的不适应性；二是新金融制度安排同金融机构等市场主体和中介之间的不适应性；三是新金融制度安排对金融机构创新活动的不适应性。假设现有的金融制度不能根据变化莫测、充满不确定性的市场需要，给各类金融市场主体及时地提供调整和完善其经营、管理对策的机制，将直接导致金融市场主体不可避免地面临风险防范能力的下降，产生不利于金融稳定的因素。这种制度之间的相互不适应将影响整个制度体系功能的发挥，并可能导致整个体系的混乱。强制性制度变迁或制度移植能迅速改变法律规定等"硬"制度，但却难以迅速改变价值观念、意识形态等"软"制度，而且法律的执行质量也难以同步提高，这些将带来金融体系的不稳定（张润林，2006）。当然一种不具有防止市场失灵、弱化风险的低效率制度必将会被更加有效的制度安排所代替。

（四）金融融资结构变迁对金融稳定的影响

金融融资结构的变迁对金融稳定也有较大的影响。金融融资结构的变迁过程是不断打破原有融资结构的平衡，直到多种融资方式在某一时点达到新的平衡，这种动态的变化往往会对金融机构造成一定冲击。融资结构变迁原因之一是金融市场上多种融资方式的可供选择，融资渠道逐渐出现多元化的趋势。面对多种可能性选择，许多经济主体往往会在考虑间接融资方式的同时考虑直接融资方式，融资结构由此改变。在资本市场不断发展的今天，企业往往选择包装上市，直接到证券市场进行融资，从而带来了证券市场的迅猛发展，但是客观上必然减少了企业从银行贷款的比例，使银行失去一些市场份额。

在上述过程中，可能会出现两个问题：第一，直接融资方式本身含有不确定性，即具有风险性。在我国过去的几十年里，间接融资一直是主要的融资手段，因而国家更多地注重了银行类金融机构的建设和发展，相比之下可供直接融资的手段和中介落后许多。例如证券市场在我国已经风雨兼程20多年，但是从准入机制、监管、信息披露等方面还是存在着一些不足，这些都是造成金融不稳定的重要因素。第二，银行业在新时期不断调整发展战略，更多的银行选择全能型的发展方向，因此许多银行开始创新间接融资业务，涉足证券化等多种新兴业务。由于这些新业务往往提供一些新的金融产品和服务，对于其成本、技术、管理和经营都是一种挑战，所以整个过程也蕴涵着一定的不确定性和风险。

（五）金融开放结构变迁对金融稳定的影响

金融开放结构的变迁对金融稳定的影响有两种观点：一是外资进入我国金融业，是对我国金融市场的一种"占有"，是对本土金融机构和从业者的巨大挑战，他们的进入大大增加了我国金融业的不稳定性，只有严格限制外资的进入，才能维护本国的金融稳定及安全；二是外资进入我国金融业不但不会削弱金融体系的稳健性，反而会增强它的安全性。因为我国引进外资是在商业银行整体基础差、不良资产多、治理结构存在缺陷等情况进行的，这样的条件决定了不引进海外战略投资者，商业银行就不可能真正具有竞争力，就不可能真正开放金融市场，而不开放金融市场，就不可能最有效地利用资金，实现资源的最优化配置，这对于一国经济长期发展是不利的。

　　前者是一种典型的保守和排外的做法，它忽视了全球金融发展一体化的大趋势，也漠视了中国金融实践中存在的种种问题。如果我们的金融开放结构永远处于不开或者基本不开的状态，那么有效利用国际国内两个金融市场资源就无从谈起，更重要的是将长期影响我国经济金融在全球化背景下的发展。后者认识到了外资进入的优势，因为国际战略投资机构的进入，往往会带来先进的管理经验和手段，这会使金融市场产生"鲶鱼效应"，促进金融功能的发挥和市场效率的提高。但是，我们也得认识到金融开放结构的口子越大，就意味着外资进入的越多，但是引进外资往往是存在风险的。因为国外金融机构的进入使得国内金融市场微观竞争主体的数量增加，外资金融机构必然会与本土金融机构在业务、人才、市场份额等许多领域展开竞争，而他们拥有的相对较为成熟的管理理念、市场运作机制等都对国内金融机构提出了挑战。因此金融开放结构的变化也将影响金融稳定。

　　事实上，金融结构自身的复杂性决定了其对金融稳定影响的复杂性和多面性。例如居民对金融市场和金融部门的信心直接或者间接影响着他们对金融产品的选择，有时候，甚至出现金融市场的利空消息就会引起金融不稳定的现象。因此，除上文已经点到的五个因素之外，金融信心、宏观经济环境、国际经济金融市场的波动、偶然经济事件的发生等，都有可能形成对金融稳定的冲击。

二　金融稳定对金融结构的作用机理

（一）金融稳定有利于金融功能的发挥

　　金融体系的六大功能在上文理论分析中已经作了较为充分的阐释，但是金融体系功能的实现却极大地依赖于金融稳定。首先，金融功能的实现需要安全的金融环境作保障。倘若一国的金融体系始终处在外生冲击之下，比如国际游资对一国金融领域的恶意炒作，那么势必造成该国在该时间段内将金融工作的首要目标确定为维护"金融安全"，因为，一旦某个金融机构倒闭，特别是大银行的倒闭，往往会引起挤兑行为的产生，甚至"羊群行为"的出现，试想在这样的金融环境下怎么可能正常发挥金融功能。其次，金融功能的实现是建立在人们对金融稳定的信心基础之上的。如果人们对金融机构没有充足的信心甚至是失去信心，金融功能将大打折扣。最后，金融稳定的对立面金融不稳定造成的结果证明：金融不稳定将导致金融机构陷入困境甚至瘫痪、金融市场陷入被动乃至混乱，其最终的结果是大大削弱金融体系的功能。

（二）金融稳定有利于金融效率的提高

从已有的关于金融效率的定义可以得出金融稳定与金融效率之间具有相互促进关系。[①] 在贝恩关于金融效率的界定中，金融效率包含了金融稳定因素。在某种程度上，特别是从长期来看，金融稳定与金融效率互为条件，相互促进。只有金融稳定，从而使金融资产价格稳定并能反映经济基础因素，才能确保引导储蓄资金流向生产性用途的有效性。没有金融稳定作为基础，金融效率就不可能持续提高。如果人们对一国政府发行的货币和债券产生怀疑，中央银行通过公开市场业务调控汇率、利率、货币供应量的能力就会降低；如果金融机构不良资产的比重过高，其破产的可能性就增大，其竞争和创新能力会下降；如果出现金融动荡，恐慌的市场反应信息的能力会大大降低；金融危机会降低一国经济的货币化程度。

通过上面的分析我们可以得到一个结论：金融稳定将有助于金融功能的有效发挥和金融效率的再提升。根据功能观点解决了"金融体系需要行使哪些经济功能"后，根据不同的经济功能来设计最好的行使这些功能的机构与组织形式的观点，当金融实现了稳定时，金融功能和效率将会得到提升。这就意味着这时对应的金融结构处在良性的状态之中，而这无疑将有利于引导金融结构本身沿着"功能和效率演进"的路径实现自身的稳定以及优化。

---

① 金融效率的定义主要参考了吴念鲁和郦会梅（2005）的研究成果。Robinson（1974）和 Wrightsman（1974）认为金融体系的效率分为两种形式，即操作效率（Operational Efficiency）与配置效率（Allocation Efficiency）。操作效率以金融过程所发生的成本相对于其效益来衡量；配置效率是引导储蓄资金流向生产性用途的有效性。一个能引导资金用于高效率生产用途的市场就是有效率的。Bain（1981）将金融体系的效率分为两类：微观经济效率和宏观经济效率。宏观经济效率包括可动员的储蓄与投资水平，市场稳定性（即通过金融体系调动的储蓄和投资规模的稳定性以及资产价格和利率的稳定性），结构稳定性（即金融体系本身具有较高抗风险能力，不会因为其失败而对宏观经济造成极大负面影响），对宏观经济稳定性的贡献（即金融体系可以发挥经济调节作用，平衡储蓄与投资，促进物价稳定，缓和防止经济周期）。微观经济效率包括金融工具的范围、弹性与选择（有弹性的金融体系高效率地配置资源）、规模与风险、证券价格与利率、管制、税收和补贴、运行效率（中介成本的高低）、动态效率（金融体系创新和适应环境变化的能力）。

　　本章从金融功能观的角度出发，引入货币政策和实体经济两个变量，描述了金融结构与金融稳定相互作用机理的宏观图示，从而构建了一个基本的概念性框架。一方面，货币政策作用于金融系统并影响着金融结构，金融结构的变动直接作用于实体经济，由此引起的实体经济波动将会影响到金融稳定。另一方面，金融稳定有助于实现实体经济的良性发展以及金融结构的稳定与优化，从而有助于货币政策目标的最终实现。具体来说，金融结构变迁对金融稳定的影响体现在金融机构、金融市场、金融工具、金融制度、融资结构和金融开放等微观层面的变动上，而金融稳定对金融结构的作用则体现在有利于金融功能发挥和有利于金融效率提高上。应该说，这些研究还是初步的，并且也仅仅停留在概念模型上。要更详细地解释金融结构与金融稳定的互动关系，还应该借助数理模型对金融结构和金融稳定进行界定，并推导和演绎两者之间的作用机理。

第 九 章

房地产价格波动与金融稳定

美国由房地产泡沫破裂引发的 2007 年次贷危机，是 1929—1933 年 "大萧条" 以来对全球金融和经济体系最严重的冲击，再一次警示我们房地产价格稳定对金融体系的重要性。伴随着经济全球化和金融自由化，股票、房地产等资产市场接连发生了膨胀与紧缩的巨大波动，并导致严重的金融危机。20 世纪 80 年代日本泡沫经济、90 年代亚洲金融危机和 2007 年美国次贷危机都与房地产价格大幅波动有关。房地产价格波动成为影响金融稳定的重要因素。

第一节　房地产价格波动对金融稳定的影响机制

房地产业是一个资本密集型行业，其发展离不开金融机构信贷资金的支持，而房地产价格过度波动引发泡沫的概率很高，加之银行业自身经营的特点使其具有天生的脆弱性，两者的结合将使问题变得更加严重。房地产业泡沫使资产价格发生扭曲，大量金融资源配置在房地产行业，导致商业银行产生大量坏账，造成金融系统不稳定，更有甚者将极易导致银行资金链条的断裂，引发系统性金融危机，从而威胁整体经济的健康发展。这其中，信息不对称是房地产价格波动影响金融稳定的关键因素。

一　房地产市场信息不对称

（一）信息不对称理论

在新古典经济学的分析范式中，一般竞争性商品市场都属于完全竞争的完美市场：市场不存在进出壁垒，企业可以自由进入和退出，实现资源的自发配置；众多厂商提供没有差异化的同质商品，买方和卖方在交易过程中拥有完备的信息和知识；在对市场交易和运行的分析中，完全信息假设是一个重要前提。按照新古典经济学的理论体系，信贷市场与其他竞争性商品市场没有区别，也属于这种完美市场。

新古典经济学对一般竞争性商品市场的简化和抽象分析，与实际市场运行存在一定差异，特别是完全信息假设在现实经济中很难实现，信息不对称是市场的常态。由于存在信息搜集成本，交易双方对商品的供求关系、价格、质量等信息掌握程度不同，买方一般只掌握部分相关信息。古典经济理论忽略市场中的非对称性信息特征，一方面假定市场参与者之间不存在信息差别，排除相应的市场垄断因素，构建完全竞争市场的分析范式；另一方面，当时社会劳动分工和专业化在经济体系中并不明显。随着社会分工发展、专业化程度提高，同时存在着经济主体知识的有限性、信息搜集成本以及信息优势方对信息的有意隐藏等因素，不同市场主体之间信息不对称分布现象普遍存在，它会严重地阻碍市场基本经济功能的发挥。信息差别是社会生产与分配不可忽视的因素，信息不对称导致资源的低效率配置已是经济学研究的共识。在信息不对称中，占有信息或知识较多的一方（称为代理人）处于信息优势地位，在交易过程中可能利用信息优势获取最大收益，占有信息或知识较少的一方（称为委托人）可能因此而受损。从发生的时间划分，信息不对称可能发生在交易合约签订之前，称为事前不对称，导致出现逆向选择；可能发生在交易合约签订之后，称为事后不对称，出现道德风险。

逆向选择是交易双方在签约之前，由于信息不对称，掌握信息不充分的一方在交易中采取了对自身不利的选择。美国经济学家 Akerlof 于 1970 年阐述不完全信息理论思想，提出著名的旧车市场模型。与旧车市场一样，在任何商品市场中真正了解产品质量的是卖主，那些产品质量差的卖主为了获取非正常利润而隐瞒质量信息，买主只能根据市场平均质量决定购买数量及支付价格。此时劣质品在成本上具有优势，将成本高的好产品淘汰出市场，进而出现市场交易产品平均质量下降的现象。当买主发现市场交易的商品质量低于预期水平，会进一步降低对产品支付的价格。市场交易调整的最终结果可能使优质品被淘汰出市场，消费者对市场失去信心，宁可不买也不愿意冒风险，导致市场"萎缩"。

道德风险通常是指在交易签约后执行过程中，交易一方在最大限度地增加自身效用的同时做出不利于另一方的活动。如在委托—代理关系中，交易双方签约后，如果委托人的利益还要取决于代理人的行动，但不能肯定代理人是否愿意或有积极性去实现自己的利益，委托人利益的实现就有可能面临着道德风险。代理人相对于委托人具有私人信息，具有隐藏性，同时合同的不完全性使负有责任的代理人不会承担全部损失（或利益），因而他们不承担其行动或经营的全部后果，也没有内在激励去实现委托人的利益，代理人倾向于选择提高自身收益或福利的行为，最终损害委托人利益。

信息不对称是社会劳动分工和专业化在经济信息领域的具体表现，是信息经济学和博弈论研究的基础。运用非对称信息分析经济运行，主要是根据信息的不对称性建立模型，其中最常用的分析方法，是应用贝叶斯—纳什均衡建立具有不完全信息的对策模型，来解释现实经济中的经济现象和行为。

（二）房地产市场的信息不对称

房地产业是专业性很强的行业，产品的异质性决定了交易过程中存在典型的信息不对称。房地产开发商拥有楼盘开发过程中的所有信息，和购房人相比拥有明显的信息优势；购房人受时间、知识、信息渠道等限制，只能了解所购买房产有限的信息。在商品房预售制度下，期房交易中购房人无从了解现房和配套设施完工后的质量和效果，交易中信息不对称更为明显。

一是商品房开发成本收益信息不对称。商品房是特殊的大宗消费品和投资品，从房地产项目运作流程看，从土地"招拍挂"、项目建设开发阶段建筑安装成本、基础配套设施到销售等环节，投入的各项成本和税费支出构成繁杂，开发商自己清楚，而普通消费者没有足够的时间、精力和信息渠道去搜集相关信息。开发成本信息的不对称给开发企业定价留下了很大的操作空间，由于没有参照对象，企业定价就存在很大的随意性和隐蔽性，开发企业凭此信息优势获取高额利润。2005年8月，福州市物价局在接受新华社记者采访时公开了该市具有代表性开发项目商品房的"成本清单"，在全国率先揭示住宅产业开发楼盘的成本利润率，其平均值在50%以上，但随后很少有类似成本信息披露。房地产市场中利益集团不愿公开成本收益信息，以此维持商品房高定价以获取垄断利润。

二是房地产品质信息不对称。住宅品质主要表现在结构、面积、户型设计、配套设施、建筑质量、小区绿化景观等方面。由于建筑物的生产过程相当复杂，涉及多个专业领域，同时房屋是一种典型的经验品，居住功能是否完善、品质的优劣从外观上很难判断。对于楼盘从规划、建筑、销售整个过程，房地产开发商掌握所有环节的全部信息，购房人完全处于信息劣势。开发商为了扩大销量或提高房价，常常会突出宣传产品优势，隐瞒楼盘、配套或环境方面的缺陷，甚至提供虚假信息。例如开发商未经买方同意更改设计来缩小使用面积、加大公摊面积；或者对工程偷工减料、虚报建筑材料等级、占用规划绿地等等。特别是在预售房制度下，建成的小区配套景观、绿化带往往与售房时的规划和承诺差之千里。购房人只能通过销售商提供的信息（例如广告宣传等）来决定其购买行为，即使购买现房也难以从外观看出建筑材料和设备质量的优劣、地基和结构缺陷等。住宅品质、质量信息不对称易于使信息优势一方最大限度地增加自身效用的同时做出不利于另一方的行动。

三是住宅市场供给信息不对称。住宅商品生产周期长，而且开发建设需要大量资金投入，如果已开发建设的项目无法销售，会造成社会资源的浪费，而且可能带来金融风险，因此许多国家和地区都允许房地产企业出售期房。由于项目还处于建设阶段，房地产企业销售时间长于现房销售，会选择最佳时机、确定最高销售价格。为达到上述目的，房地产企业囤积房源，或安排人员在销售现场制造供不应求的销售氛围，来调动市场的购房热潮，从而抬高房价、获取投机收益。

四是商品房价格信息不对称。居住类产品的异质性决定了商品房与一般商品相比，不存在同一价格的批量产品，即使同一楼盘的两套房子，由于楼层、朝向、采光、购房人偏好等各种原因，价格也会存在差异。但是这种微观因素影响的是单价高低，不影响房地产平均价格水平。区域经济发展状况、宏观经济因素从宏观层面也会影响房价，导致房地产平均价格变化，因此很难掌握影响房地产价格的全部信息。房地产企业和购房人之间在价格信息上的不对称，使房地产企业有自行定价的优势。一般情况下房地产企业开发住宅项目运用的定价方法是：将项目实行分期开发，后期开发楼盘的定价高于前期开发楼盘，利用购房人买涨不买跌的心理，让其产生越早买越划算的购房冲动。而且作为生活必需品，住房需求价格弹性低，抬高售价对刚性需求的影响不大，而且会产生投机需求，房地产企业采用不断抬高价格的定价策略易于获取垄断利润，因此房地产价格难以达到市场价格的均衡点。

（三）房地产金融市场的信息不对称

由于房地产的建设资金投资额和交易额都十分巨大，因而无论是房地产开发商，还是消费者都难以承担，往往需要借助外部融资，特别是通过间接融资，由金融机构提供借贷资金支持才能顺利完成项目开发或商品房购买；另外，前几年房地产业是利润最高的行业之一，加之1998年房地产市场化改革以来房地产价格和销售量基本上都稳步攀升，房地产企业赢利能力高、还贷能力强；购房人按揭贷款安全性也很高，因此房地产业是国内金融机构的主要资金投放领域。银行信贷资金已经成为房产企业的主要资金来源，也是购房人按揭贷款的资金来源，国内几乎所有的商业银行都将房地产信贷作为其主营业务，在房地产市场上投放了大量信贷资金。

从信息不对称角度分析，在房地产金融市场，作为资金提供方的金融机构对资金需求方（房地产商和购房人）的财务状况和偿债能力等信息的了解远不如后两者。房地产开发企业对自身经营能力、财务状况非常清楚，金融机构由于专业领域不同，同时受到信息搜集成本制约，很难获得房地产企业的完全信息。金融机构与购房人之间也存在信息不对称，由于按揭贷款人的分散性，金融机构难以详细核实每一位贷款人真实的收入、还贷能力等详情，只能依靠贷款人提供的信息，在此基础上进行有限的核实工作，因此在贷款之前难以识别和淘汰信用差的申请人。金融机构与房地产开发商、购房人之间信息不对称，决定了房地产市场和房地产金融市场中各经济主体之间存在着博弈，并决定了交易价格和信贷资金投放规模。

二　基于不对称信息的房地产交易、信贷市场博弈分析

（一）房地产交易市场主体博弈分析

房地产商、购房人作为房地产市场交易的主体，具有各自的经济利益目标。他们的个体行为都是有限理性的，交易过程中各利益主体都在追求自身利益最大化。房地产商通过提高土地利用率、容积率和建筑密度，抬高销售价格等手段实现企业经济效益最大化。购房人通过搜集房地产市场信息，以

较低的价格购买到合适的商品房以实现居住效用或投资增值需求。房地产商比购房人拥有更多的市场信息，但也是不完全的，按照海萨尼转换原理，自然选择将房地产市场分为繁荣和萧条两类，概率分别为 q 和 1－q。房地产商有降价和不降价两种战略选择，消费者有入市或者观望两种战略选择。在信息不对称条件下双方在房地产交易市场以交易价格为核心进行博弈。房地产商和购房人的支付函数如图 9－1 所示。

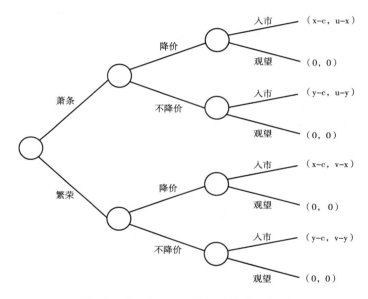

图 9－1　开发商与购房人不完全信息博弈

在房地产市场萧条期，房地产商降价促销，如果购房人入市，此时房地产商的收益为 x－c，其中 x 是商品房销售收入，c 是商品房开发成本；购房人的收益为 u－x，其中 u 是购房人从住房消费中获得的效用，即对所购商品房的期望价格，x 为实际支付的房价。如果购房人观望，房地产商的收益为 0，购房人的收益也为 0。房地产商不降价，如果购房人入市，此时房地产商的收益为 y－c，其中 y 为商品房销售收入，c 为商品房开发成本；消费者的收益为 u－y，其中 u 为购房人从住房消费中得到的效用，即对所购商品房的期望价格，y 为实际支付的房价；如果购房人观望，房地产商和购房人的收益都为 0。

在房地产市场繁荣期，房地产商降价，如果购房人入市，此时房地产商的收益为 x－c，购房人的收益为 v－x，其中 v 为消费者从所购住房消费中得到的效用，即对所购商品房的期望价格，x 为实际支付的房价；如果购房人观望，房地产商和购房人的收益都为 0。房地产商不降价，如果购房人入市，此时房地产商的收益是 y－c，其中 y 为商品房销售收入，c 为商品房开发成本，购房人的收益为 v－y，其中 v 为购房人从所购住房消费中得到的效用，即对所购商品房的期望价格，y 为实际支付的房价；如果购房人观望，房地产商和购房人的收益都为 0。同时我们假设 y＞x＞c（商品房降价前的销售收入大于降价后的销售收入，商品房销售收入大于商品房开发成本，否则房地产企业退出房地产行业）；v＞u（即房地产市场繁荣期购房人愿意支付的房价，高于萧条期愿意支付的房价）。

不完全信息静态博弈的贝叶斯均衡如下：

（1）当 u－x＞0，u－y＞0，v－x＞0，v－y＞0，即 v＞u＞y＞x 时，无论房地产市场是繁荣还是萧条，购房人愿意支付的房价都高于实际支付的房价，因此会选择入市。房地产商选择降价的期望收益为 x－c，选择不降价的期望收益为 y－c，y－c＞x－c，开发商会选择不降价。此时，（房地产商不降价，购房人入市）是此博弈的贝叶斯均衡。甚至房地产商可能基于市场的刚性需求，尝试性提高商品房价格。

（2）当 u－x＞0，v－x＞0，u－y＜0，v－y＜0，即 y＞v＞u＞x 时，无论房地产市场是繁荣还是萧条，房地产商不降价时购房人愿意支付的价格低于房地产售价，只有在房地产商降价的情况下，购房人愿意支付的价格高于房地产售价，购房人进行住房消费的期望效用高于观望时的期望收益时，购房人才选择入市。此时房地产商选择降价的期望收益是 x－c，不降价时期望收益为 0，因为 x－c＞0，所以开发商在博弈中会选择降价，（开发商降价，消费者入市）是满足上述条件的贝叶斯均衡。

（3）当 u－x＜0，v－x＞0，u－y＜0，v－y＜0，即 y＞v＞x＞u 时，只有在市场繁荣且房地产商降价时，购房人愿意支付的价格才高于房地产售价，才会选择入市。房地产商选择降价的期望收益是 q（x－c），房地产商不降价的期望收益为 0，因为 q（x－c）＞0，所以房地产商的选择是降价。此时，（开发商降价，消费者繁荣时入市）是满足条件的贝叶斯均衡；当房地产市场萧条时，购房人选择观望，此时不存在纯策略贝叶斯均衡。

（4）当 $u-x<0$，$u-y<0$，$v-x<0$，$v-y<0$，即 $y>x>v>u$ 时，无论房地产市场是繁荣还是萧条，房地产商降价与否，购房人愿意支付的价格都低于房地产售价，入市的期望效用都小于观望时的期望效用，所以此时消费者不入市。开发商无论降不降价，它的收益都为0。此时不存在纯策略贝叶斯均衡。

（5）当 $u-x>0$，$v-x>0$，$u-y<0$，$v-y>0$，即 $v>y>u>x$ 时，除了在市场萧条下开发商坚决不降价的情形外，其他情况购房人愿意支付的价格都高于房地产售价，购房人都会选择入市。繁荣期房地产商选择降价的期望收益为 $x-c$，选择不降价的期望收益为 $y-c$，由于 $y-c>x-c$，开发商选择不降价，则（房地产商不降价，购房人入市）是此博弈的贝叶斯均衡。萧条期房地产商选择降价的期望收益为 $x-c$，选择不降价的期望收益为 0，由于 $x-c>0$，开发商选择降价，则（房地产商降价，购房人入市）是此博弈的贝叶斯均衡。

（6）当 $u-x<0$，$v-x>0$，$u-y<0$，$v-y>0$，即 $v>y>x>u$ 时，市场繁荣时购房人愿意支付的价格超过房地产售价，购房消费时的期望效用都高于观望时的效用，购房人会选择入市；衰退时购房人愿意支付的价格低于房地产售价，购房人会选择观望。消费者在市场繁荣时入市。繁荣期房地产商选择降价的期望收益为 $x-c$，选择不降价的期望收益为 $y-c$，由于 $y-c>x-c$，开发商选择不降价，则（房地产商不降价，购房人入市）是此博弈的贝叶斯均衡。在市场萧条时购房人选择观望，不存在贝叶斯均衡。

由上述博弈结果可知，房地产交易活动不仅受房地产的开发成本和房地产商的定价策略影响，更取决于购房人从住房消费中获得的效用，即对商品房的期望价格。只要购房人住房消费的期望效用大于观望时的效用，无论房地产市场是繁荣还是萧条，购房人都会选择入市。当市场萧条时房价处于下行区间，购房人对商品房的期望价格下调，会选择观望。当市场繁荣时，购房人对商品房的期望价格上升，更多人会选择入市，房地产商会尝试提高房价，进一步推升房价。房地产市场交易各方博弈的结果导致房地产价格上涨的内在驱动因素明显，银行信贷资金的支持进一步把房价上涨变为现实。

（二）房地产信贷市场主体行为博弈分析

从银行信贷角度分析，房地产市场有两类主体，作为信贷资金供给方的银行、作为信贷资金需求方的房地产开发企业和购房人，在房地产信贷市场中银行和借款人作为博弈参与人（player）选择行动以最大化自己的效用。假定信贷资金需求方有两种类型：高信誉借款人，其中房地产开发企业对房地产市场充分调研论证后进行房地产项目开发；购房人在自身首付和还贷能力限度内购买房产，借款者有足够的还款能力保证。低信誉借款人，其中房地产开发企业对房地产市场盲目乐观，没有深入分析房地产市场趋势和还款能力，跟随房地产热潮进行房地产项目开发；购房人基于对房价上涨的预期，超出自身支付能力购买房产进行投机炒作，借款者还款能力无法保证。信贷资金供需双方不确定房地产市场发展趋势是景气或不景气哪种情况，只能根据自己的分析进行判断。

在博弈论中，个人效用函数不仅取决于他自己的选择，而且依赖于博弈中其他参与人的选择，即个人的最优选择是其他人选择的函数。在博弈中参与竞争的银行与借款人，在借贷活动中也存在着互动行为。借款人为获取银行贷款，在信贷市场上申请贷款时会以合作诚信的姿态出现。由于信息不对称，银行很难根据借款人的行为来区分高信誉借款人和低信誉借款人，只能根据借款人信誉的历史记录或信用档案来判断，进而决定是否贷款。同时借款人也会根据银行的行为调整自己的策略，以实现利润或效用最大化的目标。在博弈中借款人首先选择是否采取高信誉的行为（主要是房地产开发企业选择风险较小的项目、购房人在还贷能力内量力而行），银行在借款人行动后，根据对借款人信誉的分析将决定是否对其贷款。在单阶段博弈中借贷双方根据对对方类型的先验预期选择行动（或策略）以最大化自己的支付（效用）水平，在多阶段博弈中双方根据对方在过去博弈中采取的行动修正自己的预期，以最大化自己的支付水平。

首先定义房地产借贷市场参与者对交易对方的信念。假设 ψ_e 表示商业银行对借款人是高风险借款人的信念，即 $\psi_e = h_e$。以 ψ_f 表示借款人对商业银行判断市场景气程度的信念，即 $\psi_f = h_f$。假设双方采取的行动以 a_i 表示，$a_i \in (0, 1)$，$i = (1, 2)$，借贷活动参与者各种行动分别定义为：$a_1 = 0$ 代表借款人采取低信誉行为，$a_1 = 1$ 代表借款人采取高信誉行为；$a_2 = 0$ 代表商业银行采取信贷支持力度低的行为，$a_2 = 1$ 代表商业银行采取信贷支持力度高的行为。

在博弈过程中，对于追求效用最大化的完全理性参与人而言，支付是博弈中每个参与人真正关心的东西。如表 9 - 1 所示，我们用 $u_i(\pi_1, \pi_2)$ 表示商业银行和借款人之间的博弈支付，其中 $i = 1, 2$。$u_1(\pi_1, \pi_2)$ 表示在借款人采取 π_1 行动，银行采取 π_2 行动时借款人的支付；同样 $u_2(\pi_1, \pi_2)$ 表示银行采取金融支持力度 π_2 行动，借款人采取 π_1 行动时银行的支付。

表 9 - 1　商业银行房地产贷款的支付矩阵

		贷款申请人	
		高信誉	低信誉
商业银行	贷款	$u_2(1,1)$, $u_1(1,1)$	$u_2(0,1)$, $u_1(0,1)$
	不贷款	$u_2(1,0)$, $u_1(1,0)$	$u_2(0,0)$, $u_1(0,0)$

在博弈中我们假设借款人首先采取行动，正常情况下如果借款人采取高信誉行为时，商业银行都选择信贷支持力度高的行动，因此支付函数 u_1 (1，1)成立。

借款人的博弈选择是根据商业银行对市场景气度的判断来确定自己的行为，最大化自己的个人支付，可表示为：

$$\zeta_1(\psi_f) \in \operatorname*{argmax}_{\psi_b} \sum p(\psi_f) u_1(\pi_1, \pi_2, \psi_e) \qquad (9-1)$$

公式中 p 表示在不同状态下商业银行选择某种行动的概率。借款人采取高信誉行动时，其支付函数为 u_1 (1，1)；如果借款人采取低信誉的行动，则其预期的支付函数为：

$$u_1(0, \pi_2) = \psi_1[h_1 u_1(0,0) + (1-h_1) u_1(0,1)] + (1-\psi_f) \qquad (9-2)$$
$$[h_2 u_1(0,0) + (1-h_2) u_1(0,1)]$$

上式中 h_1 表示商业银行预期房地产市场处于景气的情况，借款人采取低信誉行动时商业银行选择低信贷支持力度的概率，即 $h_1 = h(\pi_2 = 0 | \pi_1 = 0, \psi_f)$；$h_2$ 表示商业银行预期房地产市场处于不景气的情况，借

款人采取低信誉的行动时商业银行采取低信贷支持力度的概率，$h_2 = h$
$(\pi_2 = 0 \mid \pi_1 = 0, 1 - \psi_f)$。假设总有 $h_1 < h_2$，即商业银行在房地产市场不
景气时比在房地产市场景气时更偏好于降低信贷支持力度。同样还可以
假定$u_1(0,1) > u_1(1,1) > u_1(0,0)$，下面用文字对假设做进一
步说明。

第一，借款人采取低信誉行动而商业银行采取高信贷支持行动时借款人
获得的支付 $u_1(0,1)$，大于借款人采取高信誉的行动而商业银行采取高信
贷支持行动时获得的支付 $u_1(1,1)$。由于借款人在采取高信誉行动时，需
要对房地产市场进行详尽的调查，确保项目赢利以偿付贷款；同时项目开发
中管理、人才、营销各环节需要投入更多资源，借款人的行动成本必然上
升，所以假设 $u_1(0,1) > u_1(1,1)$ 是合理的。

第二，借款人采取高信誉行动而商业银行采取高信贷支持行动时借款人
获得的支付 $u_1(1,1)$，大于借款人采取低信誉行动而商业银行采取低信贷
支持行动时获得的支付 $u_1(0,0)$。借款人采取低信誉行动时商业银行会对
其贷款申请严格审批，而且很可能拒绝提供贷款，借款人由于筹集不到启动
资金失去投资机会。因此以下假设是合理的：如果 $u_1(1,0) > u_1(0,$
$\pi_2)$，借款人将采取高信誉行动；如果 $u_1(1,0) < u_1(0, \pi_2)$，借款人将
采取低信誉行动。

借款人采取上述任何一种行动，其收益都要取决于借款人对商业银行属
于哪种类型的判断。令 $u_1(1,0) = u_1(0, \pi_2)$，可求得银行信念的临界值：

$$
\begin{aligned}
\psi_f^* &= \frac{[h_2 u_1(0,1) + (1 - h_2) u_1(0,0) - u_1(1,0)]}{\{[h_2 u_1(0,1) + (1 - h_2) u_1(0,0)] - [h_1 u_1(0,1) + (1 - h_1) u_1(0,0)]\}} \\
&= \frac{[h_2 u_1(0,1) + (1 - h_2) u_1(0,0) - u_1(1,0)]}{(h_2 - h_1)[u_1(0,1) - u_1(0,0)]}
\end{aligned} \tag{9-3}
$$

当借款人认为商业银行判断房地产市场景气信念的概率 ψ_f 大于临界值
ψ_f^*，借款人会选择采取高信誉行动。由于房地产市场处于景气阶段，借款
人从房地产投资中获得较高利润，有能力、有意愿采取高信誉行动。同时借
款人采取高信誉行动，也可以争取到商业银行的后续贷款，为借款人以后扩
大投资规模提供资金支持。当借款人认为商业银行判断房地产市场景气信念
的概率 ψ_f 小于临界值 ψ_f^*，借款人会采取低信誉行动。由于商业银行认为在

房地产不景气阶段房地产投资风险较大，常常采取惜贷行动，借款人将很难争取到贷款或借款成本较高，此时采取高信誉行动，借款人收益将会下降，从成本收益问题出发，更趋向于采取低信誉行动。

商业银行支付 $u_2(1,1)$ 是商业银行对高信誉借款人提供信贷支持时的净收益；$u_2(0,1)$ 是商业银行对低信誉借款人采取信贷支持时的净收益；$u_2(1,0)$ 是商业银行拒绝对高信誉借款人提供信贷支持时的效用，由于未支持高信誉借款人的机会成本为 $u_2(1,1)$，所以有 $u_2(1,0) = -u_2(1,1)$；$u_2(0,0)$ 是商业银行对低信誉借款人未提供信贷支持的净收益，此时净收益为零。

由于信息不对称，对于房地产开发企业和购房人的贷款申请，商业银行根据自己所掌握的有限信息来判断借款人信誉高低及是否同意贷款。如果判断其属于高信誉借款人，房地产市场景气度较高，商业银行会根据信贷风险评估发放贷款，否则就可能拒绝发放贷款。但是房地产开发企业和购房人对自己的资金实力和信誉拥有信息优势，商业银行对借款人的资信、风险状况不可能完全了解，只能通过借款人提交的各种财务报表、收入状况和其他渠道去搜集和评估这些信息。因此单重博弈属于不完全信息静态博弈，商业银行的策略空间为贷款和不贷款。

ψ_e 是商业银行对借款人是高风险借款人的信念，则商业银行根据自己掌握的信息认为借款人是高信誉低风险的概率为 $1-\psi_e$。对于低风险借款人商业银行倾向于发放贷款，对于高风险借款人商业银行倾向于不发放贷款，则商业银行贷款的概率也是 $1-\psi_e$，不贷款的概率是 ψ_e。

商业银行选择贷款的期望效用为 E_1，不贷款的期望效用为 E_2，则：

$$E_1 = (1-\psi_e)u_2(1,1) + \psi_e u_2(0,1) \tag{9-4}$$

$$E_2 = (1-\psi_e)u_2(1,0) + \psi_e \times 0 = -(1-\psi_e)u_2(1,1) \tag{9-5}$$

在商业银行贷款和不贷款决策的临界点 $E_1 = E_2$，可得

$$\psi_e^* = \frac{2u_2(1,1)}{2u_2(1,1) - u_2(0,1)} \tag{9-6}$$

商业银行对房地产贷款申请的最优选择是当 $\psi_e < \psi_e^*$ 时，发放贷款；当 $\psi_e > \psi_e^*$ 时拒绝贷款，在临界点发放与否是无差异的。

从商业银行在博弈中的选择可以看出，商业银行是否发放贷款关键在于对借款人是高风险借款人或低风险借款人的信念和临界点时信念比较。在房地产价格平稳或上涨阶段，房地产开发企业赢利水平上升，购房人所购房产增值，借款人的还贷能力和意愿较强，因此商业银行判断借款人是高风险借款人的概率较小，即 $\psi_e < \psi_e^*$，在博弈中商业银行的最优选择是发放贷款。同时当借款人认为银行判断市场景气的信念概率 ψ_f 大于临界值 ψ_f^*，高风险借款人也将采取信誉高的行动，因此信贷风险相应下降，加上借款人给商业银行提供的是利于通过信贷审查的信息，在信息不对称条件下商业银行偏好于提供信贷支持，这样会加大对于房地产业的信贷支持，推动房地产价格上涨。当房地产价格下跌，房地产市场不景气时，房地产开发企业效益下滑，购房人所购房产市值下降，商业银行判断借款人是高风险类型的概率较大，即 $\psi_e > \psi_e^*$，商业银行会降低对房地产信贷投放规模，促使房地产业进一步衰退。

由房地产交易市场、房地产金融市场的博弈分析可知，房地产市场各方博弈的结果会导致房地产价格上涨，而在房价上涨前提下商业银行在信贷博弈过程中倾向于给房地产开发企业、购房人提供信贷资金支持，进一步推动房价上涨。商业银行之间在发放房地产贷款时也存在博弈，（宽松、宽松）是银行间博弈唯一的纳什均衡，银行为获得市场份额采取降低信贷标准的方式吸引和争取客户，也扩大了信贷投放（曹刚锋、徐佳伦，2010）。我国房地产市场长期面临的供给约束、刚性需求以及流动性过剩带来的投资投机需求使房价长期面临上涨压力，在这一背景下商业银行向房地产行业提供信贷资金支持是博弈的最优选择。当房地产出现明显泡沫或政策变化，导致市场参与者对市场景气的信心发生逆转，商业银行会采取低信贷支持，导致房地产泡沫彻底破灭，使前期投放的房地产信贷资金出现坏账并可能引发金融危机。

三　房地产价格异常波动影响金融稳定的机制

（一）房地产价格上涨过程中金融风险累积

房地产市场信息不对称和由此引发的市场主体博弈会导致房地产价格上涨，房地产是典型的资金密集型产业，房地产开发项目投资和销售环节的资金来源中，直接或间接来源于银行贷款的资金占有较大比重；从银行角度看，在房地产价格稳定和上涨阶段，房地产贷款坏账风险很小，是银行资产质量最好的贷款品种之一，因此是银行资金投放的主要渠道，已成为银行重要的利润来源。

在房地产市场繁荣期投入房地产行业的信贷资金坏账率很低。投资性购房人持有的房地产市值不断上升，转手卖出即可获利并归还银行贷款；自住性购房人的按揭贷款占房产市值的比例逐渐降低，不会主动违约拖欠按揭贷款，即使还贷能力降低导致小范围的被动违约，银行也可以对抵押的房产进行处理以收回资金；在购房人踊跃入市背景下房地产开发商产销两旺，高额利润和充足的现金流保证银行房地产开发贷款按时归还。

在房地产价格上涨阶段，房地产行业通过资源配置效应和银行部门的资产负债表效应对银行系统产生影响。在资源配置效应方面，近几年我国传统产业利润率较低，而在房地产价格上涨阶段房地产投资收益率很高，大部分闲置民间资金进入房地产市场，银行也乐于将信贷资金投放在房地产行业。在银行资产负债表效应方面，房地产价格上升首先使银行未偿付贷款的房地产抵押品市场价值上升，贷款的安全性提高，银行资产质量的提高又驱动银行扩大房地产信贷投放规模，进一步推动房地产价格上涨。

房地产价格处于上涨阶段，房地产信贷资金的风险不会凸显，而是隐藏在银行内部并逐渐积累起来，具有潜在性和累积性。但房地产价格上升特别是非理性繁荣将会给金融体系带来众多风险，包括经济结构不平衡、资源配置长期的无效率、贫富差距进一步扩大等间接风险和直接的房地产信贷资金风险等等，房地产热潮中推动房地产价格上升的社会资金有相当比例来自商业银行，这部分资金所面临的市场风险也向银行转嫁，银行承担了房地产发展所带来的风险。当房地产价格下跌时，各种问题会逐步显现，如房地产价格在短时间内大幅下跌，将会威胁到金融体系的稳定。

（二）房地产价格下跌影响金融稳定的传导机制

1. 房地产价格波动通过信贷渠道影响银行稳定

房价脱离经济基本面和社会购买力的非理性繁荣不可能长期持续存在，市场价格与价值的背离达到一定程度必定会向价值回归。房地产价格从畸形高位转向由市场真实供求关系决定的水平，价格大幅回调使市场繁荣掩盖下的风险逐步显露，威胁金融体系稳定。对历史上金融危机事件的研究表明，房地产价格波动与银行体系稳定相关性很明显。金融机构在运作过程中低估房地产价格波动对自身经营和稳定的影响，房地产价格出现严重泡沫现象，而且商业银行在房地产行业配置的信贷资源比重过高，如果房地产泡沫破灭，房地产行业信贷资金坏账率上升，威胁到金融稳定，甚至会出现金融体系的功能崩溃。

由于房地产价格下跌首先冲击房地产企业，影响企业能否履约还贷，进而影响银行资产质量和银行体系稳定，因此从房地产开发商与银行稳定的角度分析房地产价格下跌的影响机制具有重要意义。房地产行业在不同力度的负面冲击（λ_i）下，对房地产价格下跌幅度（δ_i）、贷款损失（β_i）和金融稳定的影响如图 9 - 2 所示。在违约分界线右侧，房地产企业经营正常并履约还贷，是安全区和稳定区；当房地产价格下跌到 λ_0 时，价格下跌的损失完全侵蚀了房地产企业利润；如果房地产价格继续下跌，在［B，C］区间，贷款损失已超过企业承受能力，企业经营亏损，房地产贷款出现违约，损失需要银行来承担，银行利润由于坏账而减少，银行的正常经营和稳定已受到一定程度的威胁；如果房地产价格下跌到 λ_E，房地产贷款坏账损失等于银行的利润，在此点位银行的利润为零；如果房地产价格继续下跌，在［C，D］区间，银行必须动用资本来对冲房地产贷款损失，金融体系脆弱性明显，金融稳定状况恶化；如果房地产价格继续下跌，银行资本逐步减少，可能爆发金融危机。

在上述机制中，房地产价格下跌较小的损失由房地产企业承担，跌幅扩大导致的损失由银行承担，如果房地产泡沫破灭造成银行破产、金融危机，则损失由全社会承担。银行资本受侵袭的程度、金融稳定状况随房地产价格下跌、贷款损失的大小呈现非线性变化：商业银行动态拨备、利润和资本金所起的缓冲作用，能够承受一定幅度房价回落带来的坏账损失。由于银行信贷资金供给和资本金变化的顺周期性，当外生冲击导致贷款损失、银行坏账增加时，资本金减少会引发多倍的信贷收缩，而高企的房价失去信贷资金支撑，会加速下跌，反过来进一步推动信贷紧缩和资本紧缩，最终形成房地产价格下跌—信贷紧缩、资本紧缩—房地产价格加速下跌—金融稳定状况加速恶化的螺旋式循环机制，甚至引发银行破产和金融危机。购房人的住房按揭贷款也隐含房价下跌所伴随的风险，特别是当房价跌幅较大，按揭贷款余额超过房产市值，住房按揭贷款存在断供可能，威胁金融稳定。

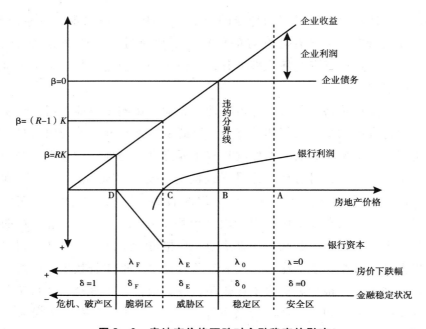

图9-2　房地产价格下跌对金融稳定的影响

2. 房地产价格崩溃引发金融不稳定的条件分析

在经济学文献中，"泡沫破灭"这个词语来自"bubble burst"或"crash"的直译，意味着泡沫以一种非常快的速度消失，市场价格出现急剧下降。但从理论上讲，出现价格泡沫后可能有多种运行方式：一是短期内价格大幅下跌，泡沫破灭；二是价格长时间内缓慢下跌，价格逐步向价值回归，泡沫趋于消失；三是有泡沫存在的市场条件，泡沫被容忍而持续存在。我国房地产价格非理性上涨存在泡沫成分，但是今后房地产价格波动是否导致金融不稳定需要从下面几个条件具体分析，为实证研究和房地产政策调控提供一些参考。

一是房地产价格崩溃之前是否出现价格大幅上涨，即房地产泡沫现象。如果房地产价格崩溃之前经历过持续的泡沫膨胀，且泡沫形成过程中获得了银行等金融机构大量信贷资金支持，那么价格泡沫破灭在造成企业资产负债表恶化的同时，也会给银行等金融机构带来大量不良资产，甚至导致金融机构破产，引发银行危机、金融危机。

二是房地产价格下跌的幅度以及速度。如果房地产价格是在较长时期内缓慢下跌，房地产企业利润虽然下滑，但没有出现行业大面积亏损和坏账，房地产和金融行业可以承受房价下跌带来的负面冲击，房地产泡沫被刺破而逐渐消退。而如果房地产价格在短期内崩溃式下跌，则将使房地产行业马上面临经营环境恶化和坏账激增，银行只能采取提高贷款利率、减少贷款数量等进一步加剧信息不对称程度的决策，从而使问题进一步激化，加剧金融不稳定程度及影响经济稳定的程度。

三是房地产价格下跌时企业资产负债状况。如果房地产企业财务状况良好，负债比率不高，则企业对房地产价格下跌的承受能力较高，对金融体系的冲击相对较小。而如果房地产企业资产负债率普遍较高，银行信贷又经历过急剧的扩张，则房地产价格的下跌将导致房地产企业资产负债表的进一步恶化，并造成银行信贷的严重损失。

四是中央银行是否能在房地产价格崩溃之前或崩溃之后采取得当的货币政策。在房地产泡沫破灭导致银行坏账增加、流动性不足，面临银行危机的情况下，中央银行应该为金融体系提供足够的流动性支持。中央银行在危急关头提供流动性支持可能无法阻止房地产价格崩溃对金融体系的冲击，但是会缓解负面冲击的力度，延缓或避免银行危机和金融危机。

第二节　我国房地产业和房地产金融发展与风险回顾

自 1998 年我国城市住房体制改革，实行住房分配货币化政策以来，房地产市场步入快速发展轨道，房地产金融也由过去主要发放企业开发贷款，转变为对投资和销售两个方面提供资金支持，房地产贷款成为金融机构增长最快的资产业务。我国房地产业和房地产金融步入快速发展通道的同时，不可避免地伴随着各种风险。

一　我国房地产业发展和房价波动

（一）我国房地产业发展的三个阶段

目前房地产业正面对史上最严厉调控和第一次深刻调整，这与改革开放以来房地产业定位和发展轨迹有内在联系。1978 年后，随着改革逐步深入和市场经济体制的探索和建立，我国房地产市场经历了萌芽、发育和完善的发展历程，房地产业从无到有并发展成为支柱产业。结合历史事实和理论分析，1978—2008 年中国房地产市场发展可以划分为以下三个主要阶段。

1. 第一阶段：1978—1991 年，房地产市场产生的理论准备和实践试验

1978 年 9 月，在中央召开的城市住宅建设会议上传达了邓小平关于住房问题的一次谈话，大体精神是希望解决住房问题路子宽些，譬如允许私人建房或私建公助，分期付款，把社会居民手中的钱动员出来，国家可以解决材料。1980 年 4 月 2 日，邓小平在发表关于建筑业和住宅问题的讲话时指出："从多数资本主义国家看，建筑业是国民经济的三大支柱之一，这不是没有道理的；过去我们很不重视建筑业，只把它看成是消费领域的问题；建设起来的住宅，当然是为人民生活服务的；但是这种生产消费资料的部门，也是发展生产，增加收入的重要产业部门；要改变一个观念，就是认为建筑业是赔钱的。应该看到，建筑业是可以赚钱的，是可以为国家增加收入、增加积累的一个重要产业部门；在长期规划中，必须把建筑业放在重要地位；建筑业发展起来，就可以解决大量人口就业问题，就可以多盖房，更好地满足城乡人民的需要；关于住宅问题，要考虑城市建筑住宅、分配房屋的一系列政策。"（杨慎，2010）邓小平还指出，城镇居民可以个人购买住房，一次付款或分期付款都可以。住宅出售后应联系房价适当调整房租，使人们感觉买房比租房合算。房租提高了，对低收入职工要给予补贴。邓小平的讲话内容虽然没有住房商品化、市场化的提法，但涵盖了住房政策调整和培育房地产市场的基本思路和方向。

在邓小平这个思路的指导下，20 世纪 80 年代初理论界和相关部门对住房商品化，城市土地是否是商品、能不能按照商品经营，以及如何实行土地有偿使用等问题进行探讨，在一些基本问题上取得了共识，在推行住房商品化和培育房地产市场方面，突破了理论禁区，为随后政策出台提供了理论基础。1984 年政府工作报告中提出城市住宅建设要"推行商品化试点，开展房地产经营业务"。1987 年党的"十三大"报告明确指出，"社会主义的市场体系，不仅包括消费品和生产资料等商品市场，而且应当包括资金、劳务、技术、信息和房地产等生产要素市场"，确定了中国房地产市场的合

法地位。1988 年公有住房提租改革迈出了住房商品化的第一步，并同时出现了出售旧公房的浪潮，这是住宅市场的雏形。到 1991 年，房地产开发投资总额达到 336.2 亿元，城镇竣工住宅面积达到 1.92 亿平方米，商品房销售面积为 3025 万平方米，商品房销售额为 237.9 亿元，房地产市场粗具规模。

2. 第二阶段：1992—1997 年城镇住房实物分配和房地产市场交易并存

1992 年邓小平南方谈话以后，"十四大"确立了建立社会主义市场经济体制的改革目标，十四届三中全会明确规定了规范和发展土地市场的内容和要求，促进了房地产市场的发育和房地产业的发展，出现了改革开放以来的第一次开发区热和房地产热。1993 年房地产业发展过热时期，房地产开发投资总额占 GDP 的比重达到 5.6%。

1996 年关于国民经济和社会发展"九五"规划的报告提出，要在"九五"期间把解决居民住房问题放在突出位置，建设"安居工程"，加快住房商品化步伐。到 1997 年，房地产开发投资总额达到 3178.4 亿元，房地产开发投资占 GDP 的比重为 4.02%，房地产开发投资占全社会固定资产投资的比重为 12.74%，城镇竣工房屋面积达到 1.67 亿平方米，商品房销售面积为 9010.17 万平方米，商品房销售额为 1799.48 亿元。

3. 第三阶段：1998 年至今，房地产业快速发展，在国民经济中地位越发重要

为刺激消费、拉动内需，1998 年 7 月，国家颁布《关于进一步深化城镇住房制度改革加快住房建设的通知》（简称 23 号文件），明确提出"促使住宅业成为新的经济增长点"，并拉开了以取消福利分房为特征的中国住房制度改革。23 号文件强调，在停止住房实物分配后，新的国家住房保障体系在"逐步实行住房分配货币化"的同时，要"建立和完善以经济适用住房为主体的住房供应体系"。按照当时的保守算法，"最低收入者家庭"和"高收入者家庭"分别占了城市居民家庭总数的 10% 上下，可以买"经济适用房"的"中低收入家庭"，最低的也要占到居民人数的 80% 以上，高的甚至占到总人口的 95%。1999 年中央政府开始在全国范围内停止福利分房制度，推行住房分配货币化制度。此一系列制度的颁布拉开了我国住房大建设序幕。

　　1999 年底基本取消福利分房制度，住房分配货币化正式实施，并再一次出现了出售公房的浪潮，也形成了真正意义上的住宅市场。2000 年以来中国房地产市场迅速成长，房地产市场运行机制和运行规则日趋完善，房地产市场出现了高度繁荣的格局。2001 年国家对住房消费采用扶持政策，为消化积压商品房，对 1998 年 6 月 30 日以前的商业用房、写字楼、住房免营业税、契税、行政事业性收费。此后房地产行业进入快速发展阶段，房地产市场开始持续升温。

　　2003 年 8 月出台《关于促进房地产市场持续健康发展的通知》（简称 18 号文件），首次明确指出，"房地产业关联度高，带动力强，已经成为国民经济的支柱产业"，将房地产业确定为支柱产业之一，提出要保持房地产业持续健康发展，根据城镇住房制度改革进程和居民住房和收入水平，增加普通商品住房供应，完善住房供应政策，加强土地市场宏观调控，继续加大对符合条件的房地产开发企业和房地产项目的信贷支持力度。18 号文件削弱了 2003 年 4 月份央行《关于进一步加强房地产信贷业务管理的通知》（简称 121 号文件）对房地产市场的调控，房地产业持续升温，房地产销量高速增长，2004 年房价开始出现不正常的暴涨，房地产投资迅速升温。

　　2005 年以后为控制房地产过热，信贷、税收、土地等调控政策不断出台，但房地产业保持快速发展势头。在第三阶段房地产行业在国民经济中的作用越发明显，如表 9 - 2 所示，1998—2010 年全社会固定资产投资增长率、房地产开发投资增长率多高于 GDP 增长率，房地产业高速增长推动了经济发展。据测算，在 2007 年，GDP 增长的 11.9 个百分点中，有 1.86 个百分点来自房地产开发投资，房地产业在国民经济中的重要地位可见一斑。国家统计局课题组（2005）测算房地产业对其他产业的带动效应，认为每 100 元的房地产需求（或建筑业产出）可以带动 34 元的机械设备制造业需求、33 元的金属制品制造业需求、19 元的建筑材料及其他非金属矿物制品需求等，综合对所有行业的影响，每 100 元的房地产需求，大约会影响其他行业 215 元的需求，这一阶段房地产业已奠定了国民经济支柱产业的地位。

表 9 - 2　1998—2010 年房地产业主要指标

单位：%

年份	GDP 增速	固定资产投资增速	房地产投资增速	房地产投资占 GDP 比重	房地产投资占固定资产投资比重	商品房均价增长率
1998	7.8	13.9	13.7	4.28	12.72	3.28
1999	7.6	5.1	13.5	4.58	13.74	-0.48
2000	8.4	10.3	21.5	5.02	15.14	2.88
2001	8.3	13.0	27.3	5.79	17.05	2.75
2002	9.1	16.9	22.8	6.47	17.91	3.71
2003	10.0	27.7	30.3	7.48	18.27	4.86
2004	10.1	25.8	29.6	8.23	18.67	15.02
2005	10.4	26.0	20.9	8.69	17.92	16.72
2006	11.6	23.9	22.1	9.17	17.66	6.29
2007	11.9	24.8	30.2	10.13	18.42	14.77
2008	9.0	25.9	20.9	10.17	18.05	-1.66
2009	9.2	30.0	16.1	10.63	16.14	23.19
2010	10.4	23.8	33.2	12.03	17.36	7.51

资料来源：根据《中国统计年鉴（2011）》数据整理。

（二）房地产业发展中存在的问题分析

我国房地产业发展中存在的根本问题在于保障性住房发展滞后，偏重于通过市场化推动房地产业发展。1998 年住房制度改革的目标是"建立和完善以经济适用住房为主体的住房供应体系"：10% 的最低收入者家庭租赁由政府或单位提供的廉租住房，廉租住房从腾退的旧公有住房中调剂解决，也可由政府或单位出资兴建；80% 的中低收入家庭可以购买经济适用房，经济适用住房出售价格按保本微利原则确定；10% 的高收入者家庭购买、租赁市场价商品住房。因为我国还没有形成让政府能够切实履行提供保障性住房的物质基础，政府对低收入群体住房保障职能的"财政拐点"尚未到来（曹荣庆，2011）。但是房地产业在发展过程中，部分地方政府对经济适用房和廉租住房建设积极性不高，建设总体规模较小。

2008 年经济适用房投资额 982.64 亿元，同比增长 17.9%，只占同期房地产开发投资额的 3.21%。2009 年在全国城镇的低保家庭中，各级政府已通过各种方式缓解住房困难的仅占 7% 左右；在全国已开展廉租住房的城市，其覆盖面仅在 1% 左右。与保障房投入资金相比较，另一组数据则显示，2009 年全年房地产开发投资 3.6 万亿元，增长 16.1%；地方政府土地出让总收入 1.59 万亿元；房地产商赚取的利润高达 1 万多亿元。在我国 2009 年经济适用房不到 4%，而新加坡为 86%，保障性住房发展滞后使住房需求过于集中在商品房市场，导致商品房市场长期存在价格上涨压力（卢伟航，2011）。

　　我国房地产业发展中存在的热点问题是房地产价格的快速上涨，房地产泡沫背后隐含的金融风险、社会问题已成为国内外关注的焦点。改革开放以来我国 GDP 增长率平均接近 10%，城镇居民人均可支配收入也保持较高增长率，同时土地、建材、劳动力成本等也在上升，在这种情况下商品住宅价格保持一定的增幅是非常合理的。但是 2003 年以来房地产价格上涨速度过快，其中有 4 年的涨幅超过 14%，2009 年商品房销售均价涨幅达 23.19%。同时一、二、三线城市房价上涨幅度有很大差别，即使在严厉调控的 2010 年，部分城市的房地产价格也在快速上涨。如图 9 - 3 所示，2010 年 10 大典型城市中除武汉外，房价涨幅都在 15% 以上，杭州涨幅高达 35%。

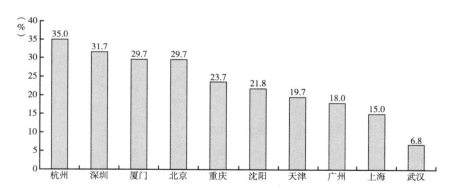

图 9 - 3　2010 年 10 大典型城市房价涨幅

资料来源：CRIC 中国房地产决策咨询系统。

　　从全国层面看，房价上涨已造成居民购房支付能力下降，衡量房价合理水平的房价收入比指标处于偏高水平。房价收入比的计算有不同的方法，我们按照易居研究院杨红旭的统计方法（房价收入比 = 住宅销售单位面积价格×城镇人均住宅建筑面积/城镇居民年人均可支配收入）计算全国房价收入比。从图 9 - 4 可以看出：2001—2003 年，随着我国城镇人均可支配收入和人均居住面积的增加，房价的合理上涨，全国房价收入比保持一种较平稳的运行态势，在 6.2 左右；从 2004 年开始至 2007 年，随着房地产价格增速超过人均可支配收入，房价收入比明显上升，2007 年达到 7.44。2008 年在房地产调控作用下房价小幅下调，在人均可支配收入上升的共同作用下，房价收入比下调到 6.78。2009 年随着我国房地产市场由复苏迅速演变为过热，全国新建商品住宅销售均价大涨 23.2%，房价收入比也相应回升，创历史新高达 8.03。2010 年在国家频频调控房地产的政策作用下，以及在城镇居民可支配收入快速增长的带动下，房价收入比有所回落。根据我国的实际情况，全国房价收入比保持在 6—7 属合理区间，2010 年为 7.76，接近合理，略偏高。

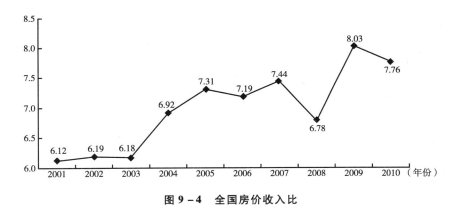

图 9 - 4　全国房价收入比

资料来源：CRIC 中国房地产决策咨询系统。

但是纵向看，我国部分城市，特别是部分一、二线城市存在严重的房地产泡沫。2001—2010 年这些城市房价收入比明显上升，图 9 - 5 所示 2010 年房价收入比排名前五位的北京、深圳、上海、杭州、厦门 2010 年房价收入比分别达到 17.44、15.62、15.45、14.65、12.75。高房价对人才和中小企业的挤出效应已成为城市发展的瓶颈，并对房地产信贷资金的安全和房地产金融带来潜在威胁。政府应采取措施实现住宅价格和居民收入良性互动，解决高房价城市房价收入比过高的问题（沈悦、张学峰，2011）。

倪鹏飞（2011）用参数估计方法对 35 个大中城市二类地段（城市一般

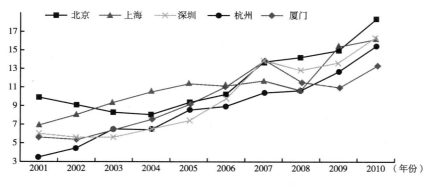

图 9 - 5　北京、上海、深圳、杭州、厦门房价收入比

资料来源：CRIC 中国房地产决策咨询系统。

地段）普通商品住宅价格的基准价格及泡沫指数作了估计，泡沫指数 =
（实际价格 - 基准价格）/实际价格，代表实际房价中价格泡沫所占的比例。
如图 9 - 6 所示，泡沫指数很高，泡沫成分占实际价格比例在 50% 以上的城
市有福州、杭州、南宁、青岛、天津、兰州、石家庄；泡沫较高，泡沫成分
占实际价格比例在 30% —50% 之间的城市有北京、深圳、武汉、长春、宁
波、哈尔滨、大连、贵阳、上海、郑州和成都；存在一定的泡沫，泡沫成分
占实际价格比例在 10% —30% 的城市有南昌、济南、合肥、西安、广州、
昆明、西宁、长沙；泡沫较低，泡沫成分占实际价格比例在 10% 以内的城
市有南京、太原、呼和浩特、沈阳、厦门、海口、重庆、银川、乌鲁木齐。
以上两种统计在研究对象、统计方法上存在差异，但结果都显示部分城市存
在明显的房地产泡沫，需要关注房地产价格稳定问题。

二　我国房地产金融回顾与分析

（一）房地产金融发展历程

1. 第一阶段：中国房地产金融的恢复和规范发展时期（1978—1997 年）

房地产金融是指房地产开发和销售环节，通过信用渠道进行筹资、融资
以及相关金融服务的总称。具体包括金融机构吸收住房储蓄存款，办理房地
产贷款（房地产开发贷款、抵押贷款），从事房地产投资、信托、保险和房
地产有价证券的发行和交易等。

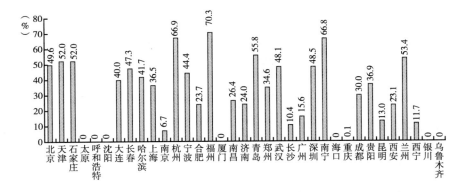

图 9 - 6　2010 年 9 月全国 35 个大中城市二类地段普通商品住宅价格泡沫成分

资料来源：倪鹏飞《中国住房发展报告（2010—2011）》，社会科学文献出版社，2011，214—216。

　　20 世纪 80 年代初我国开始了全面的经济体制改革，房地产业开始孕育、发展，银行为适应这种变革和发展，开始发展房地产金融业务。80 年代初房地产改革开始实行统建和私建公助，推行城市综合开发建设等，部分银行适应这种变化，开始支持住房制度改革，开办了住房信贷业务。1981 年建设银行组建了中国房屋开发公司，开始经营房地产项目。1982 年起建设银行扩大了房地产金融业务规模，开始发放个人住房贷款。1984 年国务院印发《关于基本建设和建筑业管理体制改革座谈会纪要》，提出各地区应成立房地产综合开发公司，由建设银行向房地产开发公司提供周转资金，从此开始房地产金融成为建设银行的主要业务。到 1984 年底建设银行累计发放的贷款有 17.63 亿元，这其中有一部分资金用在了土地的开发和经营上。

　　1986 年蚌埠与烟台、唐山等城市被国务院确定为全国首批住房制度全面改革试点城市，1987 年国务院批准成立蚌埠住房储蓄银行和烟台住房储蓄银行，两家地方住房储蓄银行的成立和运营对我国房地产金融业务的早期发展发挥了积极作用，形成了住房资金结算中心，承担了房改资金的运转业务，保证了房改的顺利进行；开办居民个人购房长期低息抵押贷款业务，对居民购建住房提供了有力的资金支持；开展了房地产开发贷款业务，参与了商品房的开发建设。

　　1988 年 2 月，国务院住房改革领导小组制定《关于在全国城镇分期分批推行住房制度改革的实施方案》，提出由地方政府委托银行设立房地产信贷部，专门办理有关住房生产建设资金的筹集、融通和信贷结算等业务。此后建设银行和工商银行相继设立房地产信贷部，一些新成立的商业银行，如上海浦东发展银行和上海银行也相继开办房贷业务，进入房地产信贷市场，以住房金融为代表的房地产金融业务得到进一步的发展。1993年第三次全国城镇住房制度改革工作会议提出全面推行住房公积金制度，开办住房储蓄、购房抵押贷款和住房保险等，建立政策性、商业性并存的住房信贷体系。

1992年，在邓小平南方谈话以及中共"十四大"精神的鼓舞下，国民经济进入高速发展阶段，大批房地产开发、经营公司又纷纷设立起来，房地产投资日趋活跃。以海南省为例，全省房地产开发公司由1991年的351家增长到1994年的3500家，施工面积由1991年的187.8万平方米增长到1994年的826.8万平方米。由于房地产热导致投资规模和信贷规模膨胀，引发了新一轮的通货膨胀，所以从1993年7月开始，国家开始整顿金融秩序，控制金融资金流入房地产领域的数量。为促进房地产金融规范、有序发展，1994年12月，国务院住房改革领导小组会同人行、财政部，颁布了《政策性住房信贷业务管理暂行规定》，1995年7月，中国人民银行印发《商业银行自营住房贷款管理暂行规定》，两个文件分别对政策性住房金融业务和商业性住房金融业务进行了规范。

2. 第二阶段：房地产金融快速发展时期（1998年至今）

为配合1998年住房制度改革，中国人民银行1998年5月颁布了《个人住房贷款管理办法》，对个人住房贷款的信贷对象和审核条件、程序，贷款期限和利率、贷款担保等方面作了详细的规定，各国有商业银行都相应颁布了实施细则，以抵押担保贷款为特征的住房贷款开始形成。金融对房地产业的支持，由过去单纯的房地产企业开发贷款支持转变为对企业投资和个人购房按揭贷款两个方面支持。1999年2月，人行对商业银行提出了积极稳妥地扩大个人消费贷款的指导意见，个人住房贷款范围扩大到借款人自用的各种类型住房贷款。这些政策的实施对这几年房地产金融业务的快速发展起到了积极的作用。

2001年的195号文件确定了我国房地产金融发展模式，就是来源于银行的信贷资金不能成为房地产开发主要资金来源，只能起助推作用。该文件规定了银行信贷资金投放于房地产业的三条途径：一是房地产开发商以自有资金支付土地出让金和拆迁补偿费，取得国有土地使用权，办理《国有土地使用证》、《建设用地规划使用证》、《建设工程规划许可证》、《建设工程施工许可证》后，在房地产企业自有资金不少于总投资 30% 的情况下，银行可以发放房地产开发贷款；二是在项目施工大部分结束，即多层住宅主体封顶、高层住宅完成总投资 2/3 时，商业银行可向购房人发放按揭贷款，贷款额不得超过房地产售价的 80%；三是商业银行可以向房地产公司发放少量的流动资金贷款。

2001 年以来 195 号文件一直没有得到有效实施，银行信贷资金大量投放到房地产业，造成部分城市土地价格和房价快速上涨，出现局部性过热现象。2002 年下半年，建设部和人民银行对房地产金融进行检查，检查结果在《2002 年货币政策执行报告》中披露，认为"违规贷款主要集中在房地产开发贷款和个人商业用房贷款"，但未采取相应措施。2003 年，央行 121 号文件对开发商开发贷款、土地储备贷款、个人住房贷款、个人住房公积金贷款等房贷的各个方面都作了新的规定。但随后 18 号文件明确提出房地产业是国民经济支柱产业，推动了房地产业更快发展。

2004 年以后，虽然针对房地产价格上涨，国务院、人行和相关部门采取货币、税收、土地等措施调控房地产市场，而一旦面临投资增速下滑，房地产又成为推动经济发展的主要工具。特别是为应对全球金融危机，2008 年底出台了《国务院办公厅关于促进房地产市场健康发展的若干意见》，一系列刺激房地产市场的措施，叠加超规模的货币投放，导致 2009 年房价飙升。如图 9 - 7 所示在房地产金融发展的第二阶段，房地产开发企业资金来源于国内贷款的资金量由 1998 年的 1053.17 亿元增长到 2010 年的 12563.70 亿元，增加近 11 倍。1998 年以来，人民银行采取了一系列鼓励住房消费金融的政策，个人按揭贷款余额从 1998 年的 426.2 亿元增加到 2011 年 6 月份的 6.2 万亿元，增加 144.5 倍。

（二）房地产金融创新实践——MBS

回顾我国房地产金融发展历程可以发现，房地产金融市场过分依赖商业银行贷款资金供给，银行信贷资金占房地产资金来源的比重较高，房地产行业风险在很大程度上由银行承担。必须创新房地产金融的融资方式和风险转

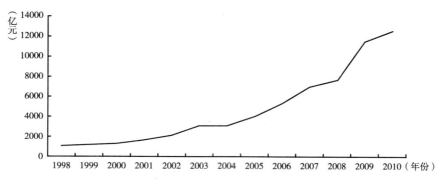

图 9-7　房地产开发企业国内贷款：1998—2010 年

资料来源：《中国统计年鉴（2011）》。

移机制，分散商业银行房地产信贷资产的信用风险、流动性风险、利率风险、提前还贷风险，完善房地产金融体系。

　　James 和 Juan1988 年出版《信贷证券化》一书。书中将资产证券化定义为：它是一个精心构造的过程，经过这一过程贷款和应收账款被包装并以证券（即广为人知的资产支持证券）形式出售。住房抵押贷款证券化（Mortgage-Backed Securities，MBS）是指商业银行把自己所持有的缺乏流动性、未来有较稳定现金流的住房抵押贷款汇集为一个资产池，由特定机构以现金方式购入，经过政府机构担保或其他方式的信用增级后，以证券形式销售给投资者的融资过程。政府抵押贷款证券化使房地产业融资模式从传统的"贷款—贷款收回—再贷款"转变为"贷款—贷款打包出售—再贷款"模式。从本质上讲住房抵押贷款证券化是发起人将其未来能产生现金流的收益权转变为可在金融市场流动、信用等级较高的债券型证券的技术过程。通过住房抵押贷款证券化，可以提高住房抵押贷款的流动性和变现能力，抵押贷款证券销售出去后可以分散贷款机构的信用风险、流动性风险、利率风险、提前还贷风险等，通过开展按揭贷款转让和证券化为住房市场建立流动性补充机制（张桥云、郎波，2011）。将期限较长的抵押贷款通过证券化在证券市场可以转化为短期流动资金，还能够增加贷款机构资产的流动性，降低贷款风险。此外由于 MBS 是以住宅为贷款抵押担保，因此证券信用等级较高，有较高的安全性，仅次于国债，在西方国家被称为"银边证券"。

MBS 最早出现于 20 世纪 70 年代的美国，当时美国利率开始大幅上升，使得实行短存长贷、吸收浮动利率存款、发放固定利率贷款的商业银行和储贷机构存款利率提高甚至超过贷款利率水平，资产负债不匹配问题日益突出；同时在金融创新背景下新型货币市场工具收益率较高，分流了商业银行存款来源，使得银行流动性出现困难。于是在金融创新浪潮中出现了专门向商业银行收购住房抵押贷款的金融机构。购买住房贷款后，这些机构将其转售给政府信用机构，或者以其为支撑发行债券，这种债券就属于住房抵押贷款支撑证券。对于商业银行而言出售期限较长的住房贷款，既可以改善资产负债的期限结构，降低风险水平，又可以获得急需的流动性。房地产证券化是一国经济发展到较高阶段的必然趋势。1990 年，诺贝尔经济学奖得主夏普和米勒通过实证分析和逻辑推论得出了"不动产证券化将成为金融发展的重点"的结论。

在房地产金融起步和发展初期，由于其作为专业银行的特殊定位，建设银行在房地产业发展和房地产金融业务开拓中一直率先开展业务，发挥着独特作用。随着在房地产行业配置的信贷资金比例上升，如何降低银行的房地产抵押贷款业务风险，促进风险分散化和贷款的流动性，保障贷款的安全，是建设银行面临的一个新课题。1996 年，建设银行已在其房地产金融部下专设了住房贷款证券化处，积极着手研究房贷证券化。

2002 年 4 月《信托法》出台，给资产证券化提供了可参照的法律框架，建设银行于当年向央行提交了以表外融资为主、以信托方式设计的房贷资产证券化方案。据此方案，建设银行拟将部分住房贷款设定为信托财产转给信托公司，设立特殊目的信托，由该信托发售资产支持证券。2005 年 2 月，该资产证券化方案获得批准发行，如图 9 - 8 所示，建元 2005 - 1 的发行过程是如下。

第一步，建设银行从上海、江苏、福建三家住房抵押贷款资产最为良好、管理制度也最为完善的分行发放的个人住房贷款中挑选 30 亿元进入资产池。

第二步，中信信托投资有限公司（简称"中信信托"）作为受托人以特殊目的的信托方式，设立由受托人管理但独立于委托人和受托人的信托账户，并接受建设银行信托资产设立信托。为了吸引投资者并降低融资成本，中信

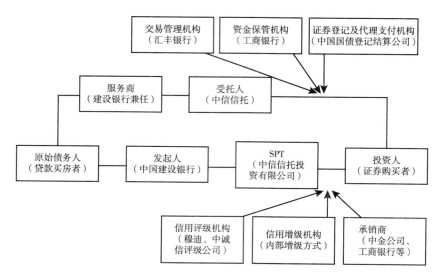

图 9 - 8 　建元 2005 - 1 个人住房抵押贷款支持证券运作流程

信托对证券化的产品进行信用增级，把资产池分为四个部分，其中 A、B、C 三个档次为优先级证券，S 级作为最低档次证券，由建设银行自留。按照方案设置，三档优先级证券的投资人优先收到还款，而损失首先由 S 级证券投资人承担。根据此证券选定的两家评级机构——穆迪和中诚信两家公司的评定，A 类贷款总额 24 亿元，信用级别为 AAA 级；B 类贷款总额 3 亿元，信用级别为 AA 级；C 类贷款总额 2.1 亿元，信用级别为 Baa 级；S 类贷款由建设银行持有，不参与评级，大概是 0.9 亿元。优先级证券均采取"基准利率＋利差"的浮动利率，基准利率采用中国外汇交易中心公布的 7 日回购加权平均利率，而利差对于优先级 A、B、C 档分别是 1.1%、1.7%、2.8%，但是对三种优先级证券均设有利率上限。

第三步，证券承销机构中金公司在银行间债券市场发售信托受益凭证。依照相关法规，A、B 两档证券在发行后两个月内在银行间债券市场上交易流通，C 档证券可通过协议转让交易流通。这样在个人抵押贷款证券化后，基础资产的所有权归中信信托（SPT）所有，也就实现了基础资产与发起人的破产隔离。

第四步，作为服务机构的建设银行向购房者收取本金和利息，交给托管机构，并向受托机构（中信信托）提供服务商报告。建元 2005 - 1 的偿付方式是按月偿付利息，资产池中基础资产的本息回收款先顺序支付优先级 A、B、C 档和次级档证券的利息，然后顺序支付优先级 A、B、C 档和次级档证券的本金。在这个过程中，建设银行作为服务商收取贷款回收款后，定期汇划给资金保管机构中国工商银行，同时向中信信托报告。

第五步，托管机构受中信信托的委托托管资金账户，定期提供托管月报并定期对投资者还本付息。中信信托在证券偿付时给工商银行下达支付指令，工商银行将证券本息支付给中央国债登记结算公司，由中央国债登记结算公司按清偿顺序支付。

2005 年 12 月 25 日建元 2005 - 1 发行后，中国建设银行把 30 亿元个人住房抵押贷款的信贷资产转化为现金，大大地增加了资产的流动性，提高了资本使用效率。在实现低成本融资的同时，建设银行提升了资金充足率，优化了财务状况。对于其他投资者来说，建元 2005 - 1 的发行提供了另一种投资选择，而对于整个金融市场来说，它的发行能促进金融市场与房地产市场之间良性互动，实现了资金和风险在金融市场中的重新分配，提高了资本配置的有效性。2007 年 1 月《国际金融评论亚洲版》评价"建元 2005 - 1 个人住房抵押贷款支持证券"为"中国资产证券化的典范"。

根据《建元 2005 - 1 个人住房抵押贷款证券化信托项下资产支持证券 2010 年跟踪评级报告》，截至 2010 年 6 月 30 日，资产池未偿本金余额 699838249.32 元，贷款笔数为 5727 笔，分别为信托成立时的 23.20% 和 37.77%，其中优先级 A 档证券已有 87.38% 被偿付，B、C 档证券本金余额未发生变化。到 2010 年 7 月 30 日，中诚信国际评级公司在进行持续跟踪监测的基础上，将建元 2005 - 1 中优先级 A 档证券维持 AAA 级，优先级 B 档证券上调为 AAA 级，优先级 C 档证券上调为 AA 级。

建元 2005 - 1 尽管存在提前偿付风险、只在银行间债券市场交易流通等问题，但作为我国第一起正式的个人住房抵押贷款证券化（MBS）项目，它的发行为个人住房抵押贷款资产证券化初步解决了一系列法律、会计、税务上的问题，积累的经验为我国住房抵押贷款证券化的发展奠定了基础。建设银行以个人住房抵押贷款证券化业务常规化、日常化为目标，2007 年发行 41.6 亿元人民币"建元 2007 - 1 个人住房抵押贷款支持证券"。随着近几年房地产业的快速发展，大量银行贷款已投放在房地产行业，截至 2011 年 6 月末，全国主要金融机构房地产贷款余额 10.26 万亿元，其中个人住房贷款余额 6.26 万亿元。房地产行业风险在很大程度上集中在银行体系，迫切需要在总结建设银行住房抵押贷款证券化经验基础上，推进我国住房抵押贷款证券化。

三　房地产金融发展中的风险与危机

（一）房地产价格上涨过程中累积的金融风险分析

1998 年房地产市场化改革以来，伴随房地产价格上涨，商业银行对房地产行业的信贷投放规模增长迅速，但房地产金融机构支持体系仍未建立，在商业性住房金融、合作性住房金融和政策性住房金融三大机构体系对房地产开发和消费支持中，商业性住房金融占据绝对主导地位，政策性住房金融只占个人住房贷款的 15% 左右，合作性住房金融的比重近乎为零，具体表现如下。

一是房地产金融市场上的金融机构主要是商业银行。1987 年成立的两家专业信贷机构——烟台和蚌埠两家住房储蓄银行在 2003 年前都已转型为商业银行，目前唯一正在运营的是天津市中德住房储蓄银行，2004 年 2 月成立以来，虽然其规模增长较快，但受业务的地域限制，在全国房地产金融市场发展中的影响力非常有限。商业银行在我国房地产金融市场上的主导地位依然坚固，没有形成资金来源渠道多元化的房地产金融供给体系。

二是房地产金融市场深度仅限于一级市场。现在我国房地产金融市场上的产品主要是房地产企业开发贷款、个人住房按揭贷款和住房公积金贷款等有限的几种，而且都集中在房地产金融的一级市场，类似房地产投资信托基金（REITs）、个人住房抵押贷款支持证券（MBS）等处于二级市场的金融产品，除 MBS 已在建设银行试点 2 期外，其他产品目前还处于理论研讨阶段，距离市场操作还相去甚远。

三是房地产金融产品主要为银行信贷。房地产开发资金来源主要有国家预算内资金、国内贷款、债券、利用外资、房地产企业自筹资金和其他资金（定金及预收款）。根据中国人民银行对我国房地产投资资金来源的分析，虽然近几年国内贷款在房地产开发资金来源中的占比有所下降，但在自筹资金和其他资金中有很大比例来自银行对个人的按揭贷款，加上这部分资金，房地产开发中使用的银行贷款的比重在 50% 以上。如果加上施工企业垫资中来源于银行的部分，这一比例将高达 70% 以上。虽然近年来政策性住房贷款得到了较快增长，到 2007 年底个人住房公积金贷款余额为 5074.33 亿元，但也仅为同期商业性个人住房贷款的 16.9%（倪鹏飞，2011）。从一定意义上说，商业银行是我国房地产业的主要资金提供方。

我国房地产金融市场上房地产企业高度依赖银行贷款的现状，反映了我国金融市场不发达，仍然是银行间接融资占主导的金融体系。房地产行业和商业银行这种密切的资金联系，导致商业银行在房地产行业投放大量信贷资产，在房地产宏观调控中可能出现"货币政策紧缩—房地产贷款下降—房地产企业资金链紧张—商业银行贷款风险上升"的连锁反应。而且如果房地产价格下跌，银行房地产贷款坏账的可能性进一步提高，威胁到金融体系稳定。

（二）房价下跌导致局部风险和危机显现

我国房地产金融市场过分依赖商业银行贷款资金供给，导致房地产价格波动所带来的风险最后必然传导给银行系统，在我国房地产业短暂的发展过程中有两次非常明显的表现，分别是 20 世纪 90 年代的海南省房地产泡沫和 2008 年深圳房贷断供风波。

1. 海南房地产泡沫

20 世纪 90 年代的海南房地产泡沫是我国房地产业发展以来的重要事件，对其后房产行业发展产生了重要影响。1992 年小平同志南方谈话以后，新一轮改革开放再度起航，加上海南省"自由岛"的预期，海南岛房地产市场迅速升温，房地产价格快速上涨，全国各地来海南投资房地产的机构和个人日益增多，最高潮的时候，在海南注册的房地产公司高达 4020 家，全国许多金融机构纷纷来海南设立办事处、代表处，包括大型国企以至乡镇企业的大量资本通过各种渠道进入了房地产市场，据统计 1992—1994 年流入海南的资金达 1000 多亿元，这些资金绝大部分来自银行信贷资金。

在资金炒作下海南房地产价格迅速攀升。如图 9-9 所示，1988 年房地产平均价格为 1350 元/平方米；1991 年仍然处于 1400 元/平方米的低位；1992 年则猛增至 5000 元/平方米，比 1991 年增长 257%；1993 年上半年房地产价格达到顶峰，为 7500 元/平方米。海口市地价 1991 年最高为 98 万元/亩，到 1993 年涨至最高位 680 万元/亩。海南省在全国各省中人口最少，商品房的销售总额却处于第三位，增长幅度居全国第一；海南省尤其是海口市的经济以惊人的速度发展，1992 年高达 83% 多，连续两年的财政收入都比上年翻了一番，而在财政收入总额中房地产收入又占 70%。

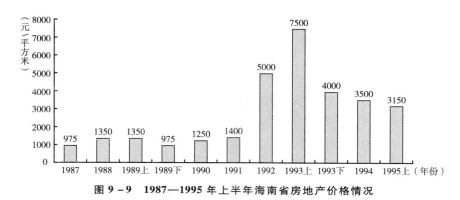

图 9-9　1987—1995 年上半年海南省房地产价格情况

资料来源：《中国房地产市场年鉴（1996）》。

1993 年 6 月国务院发布《关于当前经济情况和加强宏观调控意见》，16 条严厉的调控措施，包括严格控制银行信贷总规模、提高存贷利率和国债利率、限期收回违章拆借出去的资金、削减基建投资规模、清理所有在建项目等。银根紧缩后，海南房地产行业大量资金被抽回，房地产价格从 1993 年下半年开始呈现回落趋势，到 1995 年房价下跌 58%，地价到 1996 年下跌 85%。房地产泡沫破灭给占全国 0.6% 总人口的海南省留下了占全国 10% 的积压商品房，全省"烂尾楼"高达 600 多栋 1600 多万平方米，闲置土地 282510 亩，积压资金 800 亿元，仅四大国有商业银行的坏账就高达 300 亿元。一海之隔的北海，在房地产泡沫中沉淀资金达 200 亿元，烂尾楼面积超过了三亚，被称为中国的"泡沫经济博物馆"。

房地产泡沫破灭使海南省金融和经济陷入困境，大量信贷资金被套在房地产项目上，流动性迅速消失，融资成本增高，一些地方性金融机构出现支付困难，海南 34 家城市信用社被处置，九家信托投资公司被停业整顿。1995 年 8 月，海南省政府决定成立海南发展银行，希望缓解省内信托投资公司由于投资损失造成的资金困难。但是措施并未奏效，仅仅两年零 10 个月后海南发展银行出现挤兑风波，1998 年 6 月中国人民银行不得不宣布关闭海南发展银行，这也是我国首家省级商业银行因支付危机而关闭。其他省市也有金融机构在海南投资房地产而出现严重损失。湛江出现农村基金会危机，北海城市信用社出现支付困难等都与海南房地产泡沫有关。

房地产泡沫造成海南经济跌入低谷，经济增长由 1993 年的 41% 回落到 1996 年的 4.8%。大量的房地产被闲置，积压的房地产产权不清，债权债务纠纷普遍，严重地影响了海南经济的健康发展和对外开放形象。直到 2003 年才盘活闲置建设用地的 88%，处理积压商品房的 54.4%，恢复建设或作其他处理的停缓建工程的 42%。

海南房地产泡沫事件给海南省以及各金融机构造成很大负面影响，但对整个中国房地产业发展却是一个有益的警醒。正是基于对房地产泡沫危害的清醒认识，2003 年以来中央政府抑制房地产价格过快上涨，促使房价合理回归。2010 年海南省国际旅游岛的规划获批以后，房地产再一次出现过热现象，海南省政府严密检测市场，严格旅游地产发展的规划和审批，保持土地供应量稳定，控制建设的节奏，保证房地产业有序、健康发展。

2. 深圳房贷断供风波

2008 年 8 月之前，通过加息、上调存款准备金率、严格房地产信贷、加强土地管理、税收等工具，房地产调控取得一定效果，全国层面的房价涨幅逐步回落。按国家统计局公布的全国 70 个大中城市商品住房销售价格调查统计，2008 年 1 月、2 月、3 月、4 月、5 月同比涨幅为 12.9%、11.7%、5.7%、2.6%、1.3%，2008 年全国房地产均价下降 1.66%。深圳市 2007 年平均房价高达 14000 元/平方米，较 2006 年涨幅超过了 50%；2008 年房价也由升转降，并有较大跌幅，7 月 9 日深圳国土资源和房屋管理局发布了一份《2008 年上半年深圳房地产市场发展形势分析报告》，报告显示深圳楼市在过去的半年中成交下滑 54%，其中 5 月份的房价水平比 2007 年 10 月份最高点下降了 36%。如图 9-10 所示，从 2008 年上半年各月价格变动情况来看，房价处于调整中，3、4、5 月连续三个月出现环比下降，仅 2008 年 2 月到 5 月深圳住宅均价由 16315 元/平方米下跌到 11014 元/平方米，跌幅达 32.5%。6 月房价有所回升，主要是受几个低密度楼盘入市拉动的影响，除去该因素，6 月份房价为 12681 元/平方米。

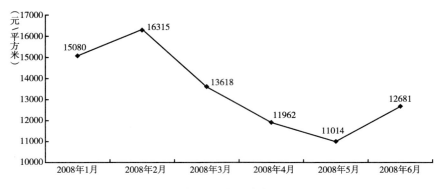

图 9 - 10　深圳市 2008 年上半年各月住宅均价

资料来源：《2008 年上半年深圳房地产市场发展形势分析报告》。

　　房价短时间深幅下跌，在 2007 年 10 月前后房价不断创新高时跟风入市的购房人对价格下跌的承受力相对较差。从产生负资产的价格临界点来看，按 7 成贷款额计算，二手价格如果较市场高峰期下跌 30%，银行负资产就会产生。有些首付在三成的购房者购置的物业已经沦为负资产，在这一背景下，深圳出现按揭贷款断供现象。深圳的媒体纷纷报道有关断供的新闻，并且刊登了不少断供的个案，其中典型的是一个叫碧水龙庭的楼盘。在 2007 年深圳楼价最高峰的时候，该楼盘平均价格每平方米 13000 元左右，2008 年中每平方米只有八九千元。碧水龙庭已经成为负资产人士的 68 户业主，以房屋工程质量不合格和小区规划未达标，开发商未能兑现销售合同上的承诺为由，拒绝继续月供，希望通过断供逼迫开发商补偿他们房价下跌的损失。据媒体报道称深圳宝安、龙岗、南山等部分地区，"负资产"现象逐渐普遍，购房者倾向断供，有可能形成"断供潮"。

　　从银行自身的操作来讲，按揭贷款业务中的不审慎行为也是导致目前银行房贷风险加大的原因。在楼市过热时期，由于作为抵押物的商品房价值在不断上升，有些银行对于房贷客户的核查并不严格，导致一些不符合条件的借款人得到贷款。在深圳楼市疯涨时期，很多楼市投资者钻了银行对房贷借款人审查不严的漏洞，虚构房价便可将三成首付变成两成、一成，甚至零首付。

　　断供事件对深圳银行业产生了一定的负面影响，《2007 年中国区域金融运行报告》显示，2007 年深圳房贷余额 3594.6 亿元，比 2006 年增加了

1600 多亿元，但 2008 年的房贷余额只比 2007 年增加了 50 多亿元。深圳个人贷款业务排名首位的中国银行深圳分行，个人贷款不良率已经从 2007 年末的 0.2% 上升到 0.5%。

深圳断供事件引起广泛关注，银监会通知当地银监局上报情况，国务院一支调研小组专程赴深圳，对当地房地产市场以及银行业可能产生的风险等问题进行针对性调查。为应对国际金融危机冲击，中央政府对房地产的态度由"控制"向"救市"转变，2008 年 10 月开始一系列支持房产发展的政策出台，2009 年楼市复苏并出现飙升，深圳市房价上升 31.7%，断供事件消于无形。

深圳房贷断供风波对金融系统未造成较大的坏账损失，但对当前房地产调控引发的新一轮房价回落应有所警示。我国房地产市场的真正起步始于 1998 年下半年的住房制度改革，至今尚未走完一个周期，在全国范围内房地产价格下跌对信贷资金安全和金融稳定的影响并无历史经验可循。在这种背景之下需要分析、借鉴国际上其他国家的经验教训，在此基础上分析我国房地产金融风险的实际状况，有助于我们增加对当前房地产金融风险的认识，把握房地产调控的力度，严密监控房价下降的幅度和速度，实现房价平缓下调，消化房地产金融市场潜在风险。

我国改革开放以来房地产市场经历了萌芽、发育和快速发展几个阶段，1984 年《政府工作报告》提出推行住房商品化试点、"十三大"报告明确建立房地产等生产要素市场、1998 年以取消福利分房为特征的中国住房制度改革、2003 年 18 号文件将房地产业定位为拉动国家经济发展的支柱产业之一，政府的一系列定位决定了房地产行业的发展轨迹，而对"建立和完善以经济适用住房为主体的住房供应体系"目标的偏离，住房需求过于集中在商品房市场，是导致房地产市场长期存在价格上涨压力的深层次原因，在流动性过剩和房地产价格上涨背景下，房地产投资、投机需求快速增长，使房价面临更大的上涨压力。房地产价格快速上涨已导致全国房价收入比偏高，部分一、二线城市存在严重的房地产泡沫，威胁到局部地区房地产信贷资金的安全和金融稳定。

伴随房地产行业的发展，房地产金融规模快速增长，MBS 等房地产金融创新也在试点推进，但存在着房地产金融市场参与的金融机构主要是商业银行、市场深度仅限于一级市场、金融产品主要为银行信贷等问题，房地产行业融资依赖银行信贷资金，难以通过其他渠道对冲信贷渠道资金来源的变化，资金来源不稳定加剧了房地产市场的波动性，加大商业银行体系风险。海南省 20 世纪 90 年代房地产泡沫和 2008 年深圳房贷断供风波都表明需要谨慎对待潜在的房地产金融风险，把握调控力度，实现房价平缓下调。

四　中国房地产价格波动影响金融稳定的实证分析

我国房地产市场的真正起步始于 1998 年下半年的住房制度改革，其后房地产价格基本处于上升阶段，至今尚未走完一个完整的波动周期。但是对这一阶段我国银行房地产信贷与房地产价格之间的影响机制和效应进行实证分析，探究我国房地产发展过程中是否也存在着房地产价格上涨和信贷资金供给快速增长的密切联系，分析房价波动对银行信贷资金安全的影响，对维护金融稳定有重要的参考价值。

（一）　变量选取及数据来源

本节将采用 VAR 模型对银行信贷与房地产价格的相互动态关系进行刻画，并利用 Granger 因果检验、脉冲响应函数等计量分析方法深入研究。VAR（Vector Auto-regression Mode）矢量自回归模型的推广源于世界著名的计量经济学家 Sims 1980 年发表的著名文献，实质上是考察多个变量之间的动态互动关系。由于经济、金融时间序列分析经常涉及多个变量，所以 VAR 模型在实际中尤其是货币政策分析等宏观经济金融中得到广泛应用。VAR 模型系统中的系数非常多，因此各个等式中的系数并不是研究关注的对象，需要借助 Granger 因果关系检验某个变量的所有滞后项是否对另一个或几个变量的当期值有影响，借助 IRF 脉冲响应函数全面反应各个变量间的动态影响。

为考察我国房地产价格与信贷资金之间的关系，选取商品房销售均价（HP）和商业银行房地产贷款（L）两个指标，其中商品房销售均价 HP 由商品房销售额除以商品房销售面积计算得出，房地产贷款 L 由房地产开发贷款和个人按揭贷款组成，因此 VAR 模型包含三个内生变量 HP、L1、L2。考虑到数据来源特别是按揭贷款数据的可得性，选取 2006 年 1 月至 2011 年 6 月间，共 66 组样本数据，原始数据来源于《中国经济景气月报》、《中国统计年鉴》。由于房地产统计信息缺少 1 月份数据，因此把 1—2 月信贷数据平均为 1 月份和 2 月份数据，商品房销售额、商品房销售面积和房地产销售均价用前后相邻月份均价的算术平均值表示。我国房地产开发贷款、房地产按揭贷款的月度数据具有明显的季节性变动规律，为了消除季节性影响，使用美国商业部和美国人口调查局的 X—11 方法进行月度数据调整。为了消除数据异方差影响，对 HP、L1 和 L2 变量取对数值进行计量，分别记为：LnHP、LnL1 和 LnL2。

（二）实证检验

1. 单位根检验

由于传统的计量经济方法主要针对平稳时间序列，不适用于非平稳时间序列的分析，利用 OLS 等传统处理方法估计计量模型时，许多参数的统计量可能不再服从标准正态分布，经济变量的非平稳性给回归模型的参数估计带来虚假回归问题。在对 LnL1、LnL2 和 LnHP 进行分析以前，首先需要对变量序列进行平稳性检验，以判断各序列是否具有平稳性，避免直接使用非平稳变量。如变量序列为同阶单整，可进行协整分析；如变量不是同阶单整，则一般不能进行协整分析，须用无约束的 VAR 模型进行分析。

表 9-3 是对以上三个变量的水平值及一阶差分进行 ADF 检验的结果。由 ADF 检验可知：LnL1、LnL2 和 LnHP 均没通过临界值检验，不能否认零假设，即以上三个变量水平值均不平稳；一阶差分 ΔLnL1、ΔLnL2 和 ΔLnHP 均通过了临界值检验，说明其是平稳的。由以上分析可知：ΔLnL1 - I（1），ΔLnL2 - I（1）和 ΔLnHP - I（1）均为一阶单整序列，可以运用协整方法来分析他们之间的相互关系。

表 9-3 各时间序列变量的单位根检验结果

变量	检验类型（c、t、n）	ADF 统计量	1% 临界值	5% 临界值	检验结果
LnL1	（c、t、2）	-1.143989	-3.538362	-2.908420	非平稳
LnL2	（c、t、2）	-1.971832	-3.536587	-2.907660	非平稳
LnHP	（c、t、2）	-0.886104	-3.538362	-2.908420	非平稳
ΔLnL1	（c、0、1）	-9.423187	-3.538362	-2.908420	平稳
ΔLnL2	（c、0、1）	-8.924363	-3.538362	-2.908420	平稳
ΔLnHP	（c、0、1）	-12.66268	-3.538362	-2.908420	平稳

2. VAR 模型估计

对 VAR 模型进行滞后期检验，发现 4 个判定准则（FPE、AIC、SC 和

HQ）都支持滞后期为 1 的选择，因此我们确定滞后期为 1，进行模型估计（见表 9 - 4）。

表 9 - 4　VAR 模型滞后期检验

Lag	LogL	LR	FPE	AIC	SC	HQ
0	76. 46898	NA	1. 73e - 05	- 2. 448966	- 2. 344249	- 2. 408005
1	238. 0023	301. 5288	1. 07e - 07 *	- 7. 533409 *	- 7. 114541 *	- 7. 369567 *
2	245. 8430	13. 85196	1. 12e - 07	- 7. 494767	- 6. 761747	- 7. 208042
3	249. 4054	5. 937347	1. 35e - 07	- 7. 313514	- 6. 266342	- 6. 903907

LnHP = 0. 92224547087 × LnHP（- 1）+ 0. 0293628640186 × LnL1（- 1）+ 0. 00269626355988 × LnL2（- 1）+ 0. 449290763415

LnL1 = 1. 31600999198 × LnHP（- 1）+ 0. 0196360388138 × LnL1（- 1）+ 0. 249161965863 × LnL2（- 1）- 6. 08216776927

LnL2 = 0. 294617145352 × LnHP（- 1）+ 0. 111712778758 × LnL1（- 1）+ 0. 800675648684 × LnL2（- 1）- 1. 96631104894

三个方程的拟合优度分别为 0. 984101、0. 863077 和 0. 939142，整体拟合程度较好。

3. Jahonsen 协整检验

为考察三个变量间是否存在长期均衡关系，我们进行协整检验，结果如表 9 - 5 所示。

表 9 - 5　协整检验结果

Hypothesized No. of CE(s)	Eigenvalue	Trace Statistic	0. 05 Critical Value	Prob. **
None *	0. 395561	39. 07466	29. 79707	0. 0032
At most 1	0. 089675	6. 853552	15. 49471	0. 5947
At most 2	0. 013047	0. 840518	3. 841466	0. 3592
Hypothesized No. of CE(s)	Eigenvalue	Max-Eigen Statistic	0. 05 Critical Value	Prob. **
None *	0. 395561	32. 22111	21. 13162	0. 0009
At most 1	0. 089675	6. 013034	14. 26460	0. 6115
At most 2	0. 013047	0. 840518	3. 841466	0. 3592

迹统计量和最大特征值统计量同时证明，三个变量间有且只有一个协整关系向量，即 β ＝ （1， －0.7663， －0.2125），所以变量之间的协整关系可表示为：

$$LnHP = 0.7663LnL1 + 0.2125LnL2 + \varepsilon t \qquad (9-7)$$

为了刻画变量间的相互关系，下一步我们进行 Granger 因果检验。

4. Granger 因果检验

协整检验结果告诉我们，LnHP、LnL1 和 LnL2 之间存在长期稳定的均衡关系，但是这种均衡关系是否构成因果关系，则需要进一步地验证。为了揭示各变量的因果关系，我们采用 Granger （1980） 因果分析法，对变量序列进行 Granger 因果关系检验，检验结果见表9－6。

表9－6　LnHP、LnL1 和 LnL2 因果检验结果

Null Hypothesis：	Obs	F-Statistic	Prob.
LnL1 does not Granger Cause LnHP	65	35.0347	2. E－07
LnHP does not Granger Cause LnL1		23.4261	9. E－06
LnL2 does not Granger Cause LnHP	65	17.3936	0.0001
LnHP does not Granger Cause LnL2		2.20177	0.1429
LnL2 does not Granger Cause LnL1	65	25.9199	4. E－06
LnL1 does not Granger Cause LnL2		2.89484	0.0939

从表9－6可以看出，LnL1 和 LnHP 互为 Granger 因果关系，LnL2 是 LnHP 的 Granger 原因，但 LnHP 不是 LnL2 的原因。为了进一步确认房地产价格与银行房地产信贷之间的相互关系，我们用银行房地产信贷总额 L （L1＋L2） 和房地产价格 HP 进行上述所有数据处理步骤并进行 Granger 检验，结果如表9－7所示。

表9－7　LnHP、LnL 因果检验结果

Null Hypothesis：	Obs	F-Statistic	Prob.
LnHP does not Granger Cause LnL	64	12.6715	3. E－05
LnL does not Granger Cause LnHP		26.9874	5. E－09

表9－7说明 LnL 和 LnHP 之间存在 Granger 原因，意味着商业银行房地产信贷总额和房地产价格互为因果关系。

5. 脉冲响应函数检验

脉冲响应函数用来衡量来自随机扰动项的一个标准差新息冲击对内生变量当前和未来取值的影响。我们首先建立 VAR 模型，然后进行脉冲响应分析，结果见图 9 - 11。

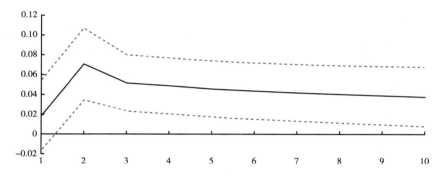

图 9 - 11　房地产价格的新息冲击引起房地产开发贷款的响应函数

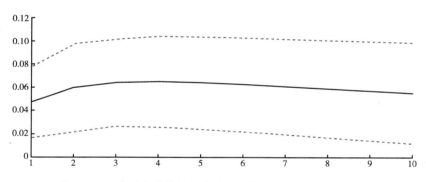

图 9 - 12　房地产价格的新息冲击引起按揭贷款的响应函数

在房地产价格影响银行房地产信贷方面，图 9 - 11 和图 9 - 12 分别给出了房地产价格的正向新息冲击对商业银行开发贷款和按揭贷款的作用路径。从图 9 - 11 可以看出，在本期给房地产价格一个正冲击后，房地产开发贷款在短时期内迅速增加，在第 2 期达到高峰，逐步下降后保持对开发贷款的正向拉动作用，这较好地说明了房地产价格膨胀带来的投资冲动。从图 9 - 12 看，在本期给房地产价格一个正冲击后，个人住房按揭贷款基本保持稳定的正向拉动。在房地产信贷影响房地产价格方面，图 9 - 13 表明，在本期给房

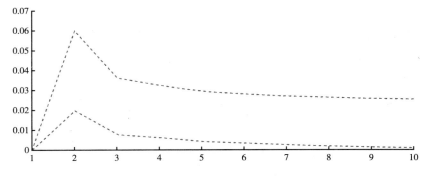

图 9 - 13 房地产开发贷款的新息冲击引起房地产价格的响应函数

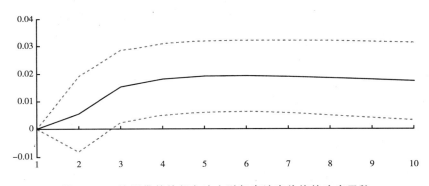

图 9 - 14 按揭贷款的新息冲击引起房地产价格的响应函数

地产开发贷款一个正冲击后，房地产价格会有一个快速的上升，然后回落并保持稳定的正向拉动作用。图 9 - 14 表明，在本期给按揭贷款一个正冲击后，对房地产价格的拉动作用在 1—4 期稳步上升并在较长时期保持正向拉动。

　　上述实证检验表明，我国房地产市场价格和银行房地产信贷总额，以及细分的房地产开发贷款、住房按揭贷款之间存在明显的互为因果关系。伴随我国的房地产市场化以来房价上涨过程，商业银行房地产信贷资金截至2011 年 6 月高达 10.26 万亿。日本和美国房地产泡沫给金融稳定带来的冲击提示我们，房地产价格泡沫膨胀和崩溃对金融稳定的影响，关键在于泡沫形成过程中信贷融资以及杠杆机构直接参与的程度。20 世纪 90 年代海南房地产泡沫膨胀时期房价的快速上涨吸引全国 1000 多亿资金流入海南房地产市场，随后泡沫破裂导致积压资金 800 亿元，仅四大国有商业银行的坏账就高达 300 亿元。2008 年深圳房价跌幅较大，也出现断供风波和银行个人贷款不良率上升。因此应关注房地产价格上涨过程中银行房地产开发贷款、住房按揭贷款规模增长问题，需要高度重视房地产信贷资金的安全，特别是在房地产调控过程中采取稳妥渐进的方式，避免由于房地产价格跌幅过大对银行信贷资金安全造成冲击并影响金融稳定。我国房地产价格目前处于高位，部分城市存在明显的泡沫成分，在房地产市场调控中避免日本、美国在处理房地产泡沫问题上的失误，采取稳妥渐进的调控方式。

第三节　平抑房地产价格的政策措施：以金融稳定为导向

为保持房地产行业平稳发展，实现房价合理回归，消除房地产金融风险，2010 年以来实施最严厉的房地产调控政策已经逐步发挥作用，房地产价格涨幅稳步回落，这为平抑房地产价格，维护金融稳定打下了一定的基础。然而，如何进一步平抑房地产价格，如何在当前国内外环境和我国现实条件下达到维护金融稳定的目标，还有许多值得深入探讨的内容。

一　平抑房地产价格波动的货币政策选择

（一）应对房地产价格波动的货币政策争论

20 世纪 80 年代以后股票和房地产价格波动对银行体系和宏观经济的影响日益明显，货币政策是否应该对资产价格波动进行事前干预，以及采取哪种方式进行干预，一直是理论界争论不休的话题。美国次贷危机之前，很多学者和中央银行家不赞成货币政策对资产价格波动进行直接干预，认为一般物价稳定是央行首要的，甚至是唯一的目标，应对房地产等资产价格波动"善意忽视"（benign neglect）（Greenspan，2002；Bernanke，2002），不追求事前的积极政策反应，而是采用事后的适应性反应（reactive approach），只有当房价波动影响到中央银行的未来通胀预期时才作出反应，或在资产价格破灭后采取行动，以最后贷款人的姿态向市场提供充足的流动性，避免出现因流动性不足导致银行恐慌和金融危机。这种思想的典型代表是瑞典央行副行长 Hessius，他认为中央银行不应尝试用利率政策去控制资产价格或刺破泡沫，正当的策略是在资产市场偶尔发生破灭之后去恢复金融稳定。

　　Bernanke 和 Gertler（2000）把资产价格泡沫纳入金融加速器模型，比较了货币政策不同反应规则下资产价格泡沫对经济的影响。结果发现关注于通货膨胀目标的货币政策，只有在资产价格波动可能影响通胀预期，干扰通货膨胀目标实现时，中央银行才对资产价格波动作出反应，这种政策规则可以很好地实现控制通胀与稳定产出的目的。而直接盯住资产价格泡沫，对资产价格波动进行事前反应的货币政策规则却可能导致经济更大的波动。因此他们认为货币政策没有必要对资产价格波动作出反应，而且也不可行。而实行弹性的通货膨胀目标制，中央银行承诺对预期的通货膨胀采取稳定政策，可以为实现金融和宏观经济稳定目标提供有效和统一的框架，在这一货币政策框架下，在资产价格波动对物价稳定产生影响，可能导致出现通货膨胀或通货紧缩压力时，货币政策才需要对资产价格波动作出反应。Filardo（2000，2001）研究发现，如果经过分析认为资产价格波动中包含了预期未来通货膨胀有价值的信息，则不论价格波动是否存在泡沫因素，以控制通货膨胀为目标的货币政策都应该作出相应反应；当资产价格波动对于宏观经济、通货膨胀的影响不确定时，政策当局不需要作出反应。冯科（2011）也认为货币政策应该关注房地产价格，这是因为房地产价格中包含有关经济运行的信息，如房地产价格上涨引起消费和投资增加，从而带来经济扩张和通货膨胀率上升，房地产价格波动分析可为我国中央银行制定货币政策提供参考。

　　现有的理论研究大部分以资产价格或者直接以股票价格作为研究对象，而直接以房地产价格作为研究对象的文献相对很少。但是随着理论界对日本房地产泡沫经济、亚洲金融危机中的房地产泡沫因素的分析，以及各发达国家国内房地产价格的上涨，房地产财富在社会总财富中所占比重日益上升，房价波动成为影响投资、消费甚至物价的重要因素，经济学家和货币政策制定者对房价波动日益重视，越来越多的文献开始以房地产价格变化作为研究对象。Martha（2005）建立了一个包含房地产价格泡沫和信贷市场摩擦的一般均衡模型，研究以物价稳定为目标的货币政策在面对房地产价格泡沫时可能作出的反应。研究结果也表明在住房价格上涨使通货膨胀背离预期目标时进行反应的货币政策，比直接对住房价格进行事先积极反应的货币政策效果更好。

货币政策制定者之所以不赞同货币政策对房地产价格上涨作出事前积极干预，是因为他们认为事前干预面临着两个无法解决的难题。这些难题贯穿于货币政策的实施过程始终无法回避：一是中央银行在事前积极干预决策时如何识别资产价格波动中存在的泡沫，或者如何估计房地产价格泡沫对未来通胀预期有何影响；二是在运用货币政策对房地产价格波动进行干预时，如何保证货币政策工具有效地控制房地产价格泡沫，如何做到通过调控利率来有效抑制资产价格泡沫的发展，同时对宏观经济和金融体系不会产生严重的负面影响。对房地产价格波动进行事前积极反应可能导致经济增长下滑或进入衰退，政策制定者面临相应的政治风险和压力。

Mishkin（2007）认为央行应该采取措施降低房地产价格剧烈波动对总体经济所带来的消极影响，但反对过分强调房价在货币政策管理中的作用。他认为央行试图提前采取行动来对付泡沫是不可能做到的，只能做到正确处理资产价格下跌给宏观经济带来的负面影响。Mishkin 认为在货币政策实施过程中资产价格要发挥作用，需要两个假设前提：一是中央银行能够识别资产价格泡沫。央行很难比市场拥有信息优势（Greenspan，2002），实践证明货币政策制定者比市场知道得更多的观点是错误的，如果不具有信息优势，当中央银行知道已经出现泡沫时，市场也会知道这一点，市场预期发生改变会导致泡沫破灭，因此任何可由央行识别的泡沫都不可能进一步膨胀。二是中央银行清楚用什么样的货币政策工具来抑制资产价格泡沫。一些理论模型分析认为提高利率可以用来抑制资产价格的上升，但是 Bernanke 和 Gertler 以及 Gilchrist（1999）、Gruen 和 Plumb 以及 Stone（2005）和 Kohn（2006）都认为利率提高会导致泡沫破灭，对经济产生更大的危害。理论分析表明利率变动对资产价格泡沫的影响是不确定的，中央银行实践证明以提高利率的政策手段来挤压泡沫可能会弊大于利。利率工具是中央银行在可预期时间内，用于实现通胀和就业目标的最优选择，如果根据资产价格波动来改变利率轨迹，可能产生背离通胀目标的风险。以上假设前提的不确定性对"货币政策制定者努力保持物价和就业稳定，而不是对房价给予特殊关注"这一传统观点提供了有力的支持。

Bell 和 Quiggin（2003）认为中央银行难以对资产价格泡沫提前作出反

应的原因，除了泡沫难以识别之外，另一个问题是货币政策只拥有单一的政策工具，因此只能盯住单一的物价稳定目标，在这一目标框架内引入其他目标将可能模糊政策关注重点，导致目标无法实现。同时在泡沫崩溃之前处理资产价格膨胀也为中央银行提出一个重要的政治问题，资产的繁荣和信用可得性使人们感觉经济运行良好，在人们认为没有问题时，采取措施干预资产价格上升，不可避免会减缓经济景气，这种政策干预是不受欢迎的。如果这一干预政策反应导致了经济衰退，虽然损失比放任政策泡沫发展到极端要小，但市场没有意识到后者的严重性，因此前者的政治影响更为严重，由政策差错所引发的政治与制度风险很大。既然在理解资产市场发展以及对实体经济影响上存在很大的不确定性，政策制定者很难把握这种不确定性并作出正确的政策选择，因此货币政策对资产价格膨胀进行干预要保持"谨慎"，明智的做法是政策制定者将修正的通货膨胀目标框架作为其基本依据，对资产价格波动保持中立，或者至多对利率进行小幅度、试探性的改变，从而影响资产市场。

虽然传统的主流观点是以通货膨胀作为货币政策目标，但部分经济学家考虑到资产价格繁荣与崩溃对于经济影响的不对称性，即资产价格破灭的负面影响远远大于资产价格上涨的促进作用，资产价格泡沫破灭可能对整体经济和金融体系产生严重冲击，认为中央银行应该"逆风而行"，通过提高利率来防止资产价格形成泡沫。中央银行在能够识别资产泡沫的情况下，可以通过提高利率来达到抑制资产价格膨胀，维护金融体系和宏观经济稳定的目标。

澳大利亚储备银行的 Christopher 和 Philips（1997）通过理论框架分析说明出现资产价格泡沫时，在一定条件下，即使预期通胀在短期内低于目标水平，中央银行的货币政策也应该紧缩，使资产价格泡沫在过度膨胀之前破灭，避免形成更严重的资产价格泡沫及随后破灭可能导致的长期极端影响。但是他们指出，要实现上述目标，货币当局在主观上要争取避免通胀可能导致的极端负面影响，同时采取的紧缩性货币政策可以刺破资产价格泡沫，泡沫消除后在一段时间内不会再出现。

Cecchetti 和 Genberg 以及 Lipsky（2000）对 Bemanke 和 Gertler（2000）的模型进行模拟，却发现以通胀为货币政策目标，对偏离通胀目标区采取强烈反应措施的积极性货币政策虽然可以实现较低的物价波动，却导致出现较大的产出波动。他们认为持续的、异常的资产价格波动异化投资和消费行为，导致产出极端上升或下降。为防止出现这类问题，货币政策在按照传统方式对预期的通胀进行反应外，也应该对资产价格波动直接作出干预，降低资产价格泡沫形成的可能性，降低繁荣期与萧条期中的投资波动，才能更好地实现货币政策目标。因此是否对资产价格波动进行事前积极反应，取决于中央银行在产出波动与物价波动两者之间的偏好。他们对各种可能出现的情形进行大量模拟研究，证实货币政策应该对资产价格作出事前积极反应，因此认为在泰勒规则中包含资产价格变量是更为理想的政策反应。

Bordor 和 Jeanne（2002）从资产价格泡沫破灭导致金融不稳定的角度论述了中央银行事前积极反应，直接对资产价格干预的必要性。他们认为央行对资产价格波动不采取干预措施是一种"善意忽视"，央行忽略或低估了资产价格泡沫破裂后信贷紧缩、金融动荡、金融危机和经济萧条的冲击和成本，并且事后处理这场危机可能对央行的货币政策目标造成损害。中央银行不应该是简单地充当"最后贷款人"，与其如此，不如在事前就对刚处于膨胀中的泡沫进行干预，将泡沫消灭在萌芽之中。而主张不直接干预资产价格的所谓"适应性货币政策"，或多或少地助长了泡沫经济时期的"金融失衡"，因此他们认为金融危机是部分地由货币政策造成的内生不稳定，而非完全的外部冲击，货币政策制定者不应忽略由他们自身行为所导致的内生金融风险。

针对房地产价格波动，对原来的货币政策框架进行修正，这可能是货币政策反应策略的未来发展趋势。一些经济学家探讨了如何对传统的货币政策框架进行修正，使货币政策规则能够适当应对房地产泡沫，顺应宏观调控未来的发展趋势。加拿大银行的 Jack 和 Carolyn（2007）探讨如何在通货膨胀目标框架中加入灵活性，以应对资产价格异常波动。他们将应对资产价格波动灵活性的措施加入到现有通胀目标框架中，检验了收益与成本的变化，认为货币政策当局最佳选择是保持消费价格在较低水平上稳定，可以促进实体经济与金融稳定，在此基础上政策措施中的灵活性给予货币政策正确处理资产价格泡沫一定的应对空间。他们建议当货币当局识别出资产价格泡沫，判断资产价格泡沫对于实际经济运行有重要影响时，可以采取措施，在资产价格泡沫初始阶段"逆风而行",从而在较长时期内更好地保持物价稳定。

美国次贷危机后,对资产价格波动特别是房地产价格波动进行事前积极干预的观点获得了新的支持,认为货币决策应更重视房价变动,在房价迅速上升或脱离正常价格区间时"逆风而行"(程承坪、张旭,2011)。次贷危机爆发后,一些国家所采取的货币宽松、财政刺激、直接支持金融部门和住房市场的举措对"清理残局"有所帮助,但事实证明政策效果是有限的,并不能阻止金融机构破产和危机蔓延。尽管从房地产价格变动中区分"泡沫"仍然存在问题,但是可以开发出更好的标准指标(如价格/收入和价格/租金指标、信贷增长指标和杠杆率),对价格上涨可能伴随的风险进行评估,并决定针对非理性上涨采取行动。货币当局对货币政策工具的创新方面需要未雨绸缪,以备在金融市场出现过度波动时期能够及时有效实施(张成思,2010)。

(二) 传统货币政策调控房地产价格波动的局限

反对货币政策对资产价格泡沫进行事前积极反应的观点,理由之一即货币政策缺乏应对资产价格波动的有效工具。传统货币政策工具在调控房价中的作用相对有限,即使当房价波动影响到未来通胀预期时,中央银行作出适应性反应,用加息、提高存款准备金来干预泡沫,也存在很大局限。日本泡沫经济和美国次贷危机都表明,企图通过货币政策,如加息来刺破资产泡沫都是严重失误。

在一般性货币政策工具中,中央银行调整存款准备金率对商业银行体系和货币供给能够产生全局性影响,但是如果商业银行流动性充足,各商业银行有较高的超额准备金,中央银行提高存款准备金率不一定能够减少银行系统的信贷规模。即使对控制货币总量有一定影响,但对于解决房地产市场局部过热、抑制房地产价格上升的作用也十分有限。我国中央银行从 2006 年7 月到 2007 年共 13 次提高存款准备金率,商业银行上缴存款准备金率由2006 年上半年的 7.5% 提高到 2007 年底的 14.5%,我国房地产销售均价升幅却由 2006 年的 6.29% 提高到 2007 年的 14.77%,实践说明,在我国存款准备金率对调控房价基本没有作用。

经济学家无论是赞成还是反对直接干预房地产价格波动,大都强调利率政策在货币政策中的重要作用。理论上提高银行贷款利率可以降低房地产行业的信贷规模，减轻房地产价格上升动力。但是在泡沫形成时期，房地产价格快速上涨，房地产预期回报可能超过利率提高的成本，房地产市场价格上涨赋予了较高的资本利得收益，只要房地产投资、投机收益超过银行贷款利率提高的成本，中央银行提高利率的措施就无法从根本上阻止信贷资金流入房地产市场。

公开市场操作是我国中央银行近年来日益偏重的货币政策工具，人民银行公开市场操作可以调节货币供应量，也可以引导市场利率的形成。但是我国前几年外汇流入增长很快，2003—2010 年，中国的外汇储备增加了 2 万多亿美元，对应的货币投放是 20 多万亿元人民币，人民银行公开市场操作更多是为了冲销基础货币的过量供应。而且央行即使能够成功控制货币供应，在房地产行业火爆时商业银行仍然会通过调整信贷结构来增加房地产贷款投放，因此用公开市场业务这一工具控制房地产泡沫作用也有限。

一般性货币政策工具的调整影响到货币供应量和整个社会经济的借贷资金成本，如果以上述工具调控房地产价格，不可避免会对其他经济部门产生负面影响，从而使政策效果具有更多的不确定性和风险，即具有较高的政策成本。因此人民银行非常关注房地产市场，但在货币政策实施过程中，一般性货币政策工具的调控目标是实现物价稳定与经济增长稳定。对房地产价格波动的调控，是在已有的政策反应框架中加入灵活性，更偏重于选择性货币政策工具。

（三）运用选择性货币政策工具平抑房地产价格

房地产价格波动主要是通过房地产信贷市场影响金融体系的稳定，货币政策可以运用房地产信贷政策工具调控房地产供需，从而更有效地平抑房价波动，打破房地产价格和银行信贷交互作用的关系。运用选择性政策工具调控房地产信贷市场的优势在于：一是相对于利率、存款准备金等一般性货币政策工具，房地产信贷政策对于抑制房价具有更强的针对性和更高的效力，如规定房地产信贷主体资格、住房抵押贷款的贷款价值比、最长贷款期限、借贷资金价格等，可以直接影响到房地产开发企业、购房人的借贷行为；二是上述选择性政策工具针对房地产市场，房贷政策变动不会对其他行业产生直接影响，间接影响也局限在上下游关联产业范围内。因此在应对房价过度波动的货币政策反应中，选择性货币政策工具相对于一般货币政策工具操作成本更低。

　　房地产市场的选择性政策控制是指中央银行通过控制与房地产相关信贷的数额、期限、价格等方式来调控银行资金在房地产市场的投放。一般国家中央银行的房地产选择性控制基本上是需求管理政策，是对房地产需求的信贷控制。我国的房地产市场体系不健全，房地产开发企业资金来源主要依靠银行信贷渠道，以及大多数房地产企业风险意识不足等，中央银行需要在房地产需求和供给两方面同时调控，针对购房者和房地产开发企业进行双重控制。

　　根据我国 2003 年以来房地产调控实践，人民银行采用的选择性货币政策工具主要有四种类型：一种是融资主体控制，即规定符合一定条件的主体才可以借款或享有优惠政策。二是融资比例限制，对于开发商的限制，主要是房地产项目融资中信贷资金的最高比例，或者是自有资金的最低比例；对于购房者而言，是规定房屋按揭贷款的最高成数。三是期限控制，规定还款的最长年限，主要是针对房屋按揭贷款。四是价格控制，即规定专门针对房地产信贷的贷款利率水平。选择性货币政策工具在具体实施过程中一般是组合运用。2007 年，受到美国次贷危机的警示，为了严防不良住房信贷引起金融危机，人民银行开始密切关注房地产的信贷风险问题，9 月 27 日联合银监会颁布《关于加强商业性房地产信贷管理的通知》，要求商业银行对政府土地储备机构发放贷款采用抵押贷款方式，贷款额度不超过所购土地评估值的 70%，贷款期限不超过 2 年；个人住房贷款主要支持首套、中小户型、自住购房的贷款需求，且只能对所购住房建筑主体结构已封顶的个人发放贷款；已经利用银行贷款购买过住房，又购买第二套（含）以上住房的购房人，首付款比例不低于 40%，贷款利率不低于中国人民银行公布的同期同档次基准利率的 1.1 倍。商业用房购房贷款首付款比例不得低于 50%，期限不得超过 10 年，贷款利率不得低于中国人民银行公布的同期同档次利率的 1.1 倍；通知内容中有对重点支持的购房人主体规定，有对土地储备贷款和购房贷款的比例、期限和价格规定，通过选择性货币政策工具对房地产信贷市场各种信贷行为进行了针对性调控。

　　2010 年以来实施的最严厉房地产调控政策中，选择性货币政策发挥了重要作用。2010 年 4 月 15 日，规定对申请贷款购买第二套住房的买房人，首付款不低于房价的 50%，房贷利率不低于同期同档次贷款基准利率的 1.1

倍。购买首套住房而且套型建筑面积超过 90 平方米的家庭，购房首付款比例不得低于 30%。9 月份要求各商业银行暂停发放居民家庭购买第三套及以上住房贷款。2011 年 1 月规定二套房房贷首付比例提至 60%。持续 2 年的严厉调控已取得一定成效，2011 年商品房销售均价较 10 年上涨 6.9%，低于 GDP 和人均收入增长幅度。70 个大中城市中，2011 年 12 月新建商品住宅价格环比下降、持平和上升的城市分别为 52 个、16 个和 2 个。其中温州、杭州、深圳的环比降幅较明显，分别达 1.9%、0.7% 和 0.5%，北京、上海和广州环比下跌 0.1%、0.3% 和 0.4%，当月只有贵阳和银川的新建商品住宅价格环比上涨，涨幅均为 0.1%，调控已取得明显效果。①

　　房地产价格回落符合中央"促进房价合理回归"的调控精神，但是一定要把握好回调的幅度和速度，在外部经济环境不确定、出口下滑背景下避免房地产价格大幅回落对投资产生不利影响，防止几种不利因素叠加造成经济硬着陆。为此在继续抑制投机性需求的基础上，房地产市场选择性货币政策工具应进行适度、灵活调整，对首次购房者和改善型购买者的首付适当降低，房贷利率不再上调或给予一定优惠，支持购房人的刚性需求，以拉动中低价商品房的成交，缓解目前去库存缓慢的情况，缓解房地产企业财务困难；为保障房建设、销售提供信贷支持，形成保障性住房和商品住房并重的房地产供给格局。

二　构建宏观审慎监管框架：货币政策与金融监管政策相结合

（一）审慎监管政策有利于预防房地产价格泡沫

　　金融监管就是金融监管部门对金融机构实施全面的、经常的监督检查和管制，以促使金融机构稳健经营、保证金融体系安全和稳定。由于商业银行在社会融资体系中居于核心地位，金融监管的重点和核心是银行监管。

　　丁伯根最早提出了将政策目标和工具联系在一起的理论，指出要实现若干个独立的政策目标，至少需要相互独立的若干个有效的政策工具。Bemanke（2002）基于丁伯根原则，建议根据问题的性质选择合适的工具，

---

① 从 2011 年 1 月份起，国家统计局开始实施《住宅销售价格统计调查方案》，由于新的统计调查方案对数据来源渠道、指标设置、计算方法等影响价格指数计算的主要因素都进行了相当大的调整，因此 2011 年 1—11 月数据与以往历史数据不完全可比。

中央银行应该将货币政策集中于实现相应的宏观目标，如物价稳定和充分就业，而使用其监管、监督和最后贷款人的权力来协助维持金融稳定。国内外大量事实证明房地产价格泡沫与银行信贷之间存在相互支撑、相互推动的互动关系，而传统货币政策直接干预房地产价格波动的合理性和效果至今仍没有得到一致的肯定，通过中央银行或其他监管当局的监督管理，可以协助银行解决信贷风险评估方面的不足，督促银行建立起房地产信贷资产管理的内部控制机制，防范内部风险，减少房地产泡沫生成的可能性，或降低房地产泡沫破灭后对银行体系的负面冲击。

Kent 和 Lowe（1990）认为应该及早刺破已经发现的资产价格泡沫，防止泡沫自我膨胀后破灭所造成的经济衰退和通货紧缩，同时也赞成使用审慎的金融监管防范资产价格泡沫。良好的金融监管能够促进银行体系健康运行，降低房地产信贷风险暴露，减少泡沫崩溃后造成的损失，使金融体系受到的负面冲击最小化。Borio 和 Crockett（2000）认为，对商业银行等金融机构的审慎监管可以有效避免资产价格泡沫的产生。即使因为监管严格或政策工具运用并非恰到好处，其成本也小于货币政策调控。而且金融监管措施的效果是可以预见的，而货币政策调控受传导机制等影响，不确定因素过多。Bordo 和 Jeanne（2001）强调为应对资产价格泡沫破裂给商业银行造成的资本损失，事先应加强商业银行的资本充足率监管要求，同时建立存款保险制度，提高商业银行体系的稳健性。

Borio、Furfine 和 Lowe（2001）认为，金融体系的顺周期性强化了经济周期波动，使经济和金融体系更不稳定。在经济周期的上升阶段，由于信贷资产的回报可观而风险较低，银行低估了这部分资产隐含的风险，为提高利润大量发放贷款；当经济周期由上升转为下降阶段，特别是经济陷入衰退后，银行存量信贷资产的风险开始暴露，会出现大量坏账损失。此时银行必须减少信贷规模，增加拨备水平以符合监管要求，而银行体系信贷收缩使实体经济进一步恶化。Borio 和 Croekett（2000）认为，应通过对银行体系进行有效监管来降低或纠正金融体系的顺周期性，提高银行体系和宏观经济的稳定性。Greenspan（2001）也认为，金融监管可以加强私人银行的安全和稳健，确保足够的银行风险管理，从而培育富有弹性的银行体系。

葛志强、姜全和闫兆虎（2011）认为，我国目前的总体系统性风险处于相对安全区间，但受房地产信贷、政府债务风险较高及汇率波动、宏观环境稳定性下降等因素影响，我国整体系统性金融风险自美国金融危机以来快速上升，潜在威胁不容忽视。我国应建立和完善宏观审慎监管框架，加强逆周期调控，弱化金融机构的顺周期行为，建立风险预警，从根本上防范和化解系统性金融风险。

（二）宏观审慎监管政策的工具选择

美国次贷危机之前的金融监管偏重于微观审慎监管，认为单家金融机构实现了稳健经营，那么由所有金融机构组成的金融体系同样也应该是稳定的，所以金融监管只需关注如何实现微观层面的稳健运行。次贷危机表明房地产市场泡沫的形成、破灭具有明显的顺周期性，传统的微观审慎监管框架也具有顺周期的特征，不足以维护整个金融体系的稳定。在这一背景下，宏观审慎监管的理念逐步形成。监管当局在微观审慎监管的基础上，从经济活动、金融市场以及金融机构行为之间内在联系的角度，系统评估金融体系风险，从宏观上健全金融体系的制度设计，完善监管措施，及时作出正确的政策反应。

宏观审慎政策最重要的是把现有的审慎监管工具重新进行设计，解决顺周期性问题。IMF（2010）认为解决金融失衡的顺周期积累可以采取以下措施：①控制杠杆率的过度增加。措施包括提高最低资本金要求、在经济繁荣时期在最低资本金要求之外增加资本缓冲、预防性的期望损失拨备等。②限制流动性风险的积累。2009年12月巴塞尔委员会提出建议，设立量化的流动性标准来限制商业银行对非核心资本融资的依赖，避免在经济景气阶段资产负债期限错配过度积累，防止资产负债表过度扩张。③采取审慎的贷款抵押品政策。监管部门可以设置抵押品的最高贷款成数，并在资产价格繁荣时降低成数，在低迷时放松标准，防止由于抵押品价格下跌而威胁到商业银行信贷资产安全。这些工具应该组合使用，减少在经济繁荣时期金融失衡的积累，在经济萧条时金融风险爆发的可能性随之降低。彭刚和苗永旺（2010）认为，我国应建立高水平的金融稳定办公室，建立货币政策与资产价格的联系机制，开发有效的宏观审慎监管工具，构建中国与其他国家宏观审慎监管的协调机制。从宏观审慎工具的拓展分析，根据我国金融体系和监管实践，可以采用如下工具。

一是调整资本金要求/风险权重。根据巴塞尔资本协议 II 的标准方法，房地产贷款的风险权重是固定的（住宅抵押贷款是 50%，商业房地产贷款为 100%）。通过逆周期调整资本金要求/风险权重，迫使银行在繁荣时期针对房地产贷款持有更多的资本金，在萧条时期有充足的资本缓冲。

二是动态拨备调整。房地产贷款动态拨备是在房地产价格上涨期间要求银行提高房地产贷款损失拨备的做法，可以设定为一个随房价变化的特定函数，在房价上涨时银行增加拨备，在萧条时降低拨备水平，通过迫使银行（在繁荣时期）建立拨备的额外缓冲，可以帮助应对周期变化时的潜在损失。

三是调整按揭首付比例和月供/收入比。在房地产价格上升阶段提高按揭首付比例将减少房价下跌带来的风险，首付比例越高，使借款人形成负资产所需的房地产价格下跌幅度越大。在房地产价格下跌期间可以降低首付比例，使更多的潜在需求者有能力支付首付款而转化为现实需求，使供需趋于平衡，房价趋于稳定。月供/收入比的调整作用类似，使购房人还贷时有一个"负担能力"缓冲，将对收入下降或暂时失业具有更高的应对能力。

周小川（2011）认为，我国"构建逆周期的金融宏观审慎管理制度框架"处于具体实践落实和推进阶段，因此针对房地产市场的宏观审慎监管工具也需要不断探索完善。调整按揭首付比例这一工具目前在我国运用取得一定效果，但其他工具面临操作上的困难，比如房地产信贷资产风险权重调整，在商业银行拥有超额准备金的情况下作用将被削弱，动态拨备覆盖不到监管之外的金融机构或中介机构等，宏观审慎监管工具需要在今后房地产市场调控中不断探索完善。

（三）货币政策与宏观审慎监管的协调配合

对于 2008 年以来这场全球金融危机，西方发达国家金融监管体系里存在的不足和危机前宏观经济政策的失误被广泛认为是危机发生和蔓延的重要原因（冯俊新、李稻葵，2011）。在我国目前中央银行和银监会部门分工框架下，央行从金融稳定角度强调了宏观审慎监管的重要性，而银行监管部门则强调大型银行对中国金融体系的系统重要性，因此双方在宏观审慎监管方面需要协调配合。

三　完善房地产金融支持方式，分散商业银行房地产信贷风险

中国目前的住房金融体系源自 1987—1990 年合作性、商业性、政策性多元化的路径探索，却最终形成商业性住房金融机构近乎垄断的格局。目前合作性住房金融只有一家中德住房储蓄银行，作用几乎可以忽略不计；政策性住房金融占有个人住房贷款 15.3% 的市场份额，商业性住房金融占个人住房贷款的 84%。商业性住房金融机构的强势地位及其过高的贷款集中度不仅仅表现在个人贷款方面，在住房开发贷款方面也是如此，房地产开发企业的资金来源中，直接和间接来自银行贷款的比重高达 50% 以上。中国的住房建设和消费过度依赖商业性金融机构支持，其中隐含的风险不言而喻，需要对房地产经济实行多样化的金融支持，有效分散银行的房地产金融风险。

（一）审慎发展住房抵押贷款证券化（MBS），分散银行风险

由于我国银行发放的个人住房按揭贷款期限比较长，一般在 10 年以上，最长可达 30 年，而商业银行负债基本上是各项存款，通常又以 5 年期以下定期存款和活期存款为主，资产负债期限不匹配、结构不合理。随着房地产业快速发展，个人住房抵押贷款已经成为商业银行的重要业务。然而面对日趋复杂多变的市场环境，违约风险的隐患也日益显现（尚耀华、净晓春，2011）。在这种背景下开展住房抵押贷款证券化，银行可以降低流动性的贷款转化为高流动性的证券，以真实出售方式提前回收并获得相应收益，在提高银行资产流动性的同时，还可以将集中在银行的风险转移，分散给不同风险偏好的投资者。经过政府机构担保、信用增级和评级等环节的房地产抵押贷款证券具有安全性高、收益大、变现能力强的特点，利于吸引社会闲散资金。证券化后收回的资金可以继续为居民购房提供资金支持，也为一般投资者提供了间接参与房地产行业投资的机会，为房地产行业发展提供稳定的资金支持。同时资产证券化作为连接直接融资和间接融资的渠道，对发展债券市场，促进资本市场协调发展有重要作用。

随着近几年房地产业的快速发展，大量银行贷款投放在房地产行业，截

至 2011 年 6 月末，全国主要金融机构房地产贷款余额 10.26 万亿元，其中个人住房贷款余额 6.26 万亿元。房地产行业风险在很大程度上集中在银行体系，迫切需要推进住房抵押贷款证券化。近期银监会已经"对开展有条件、有限制、有前提的资产证券化进行研究"，在防范风险前提下我国房地产抵押贷款证券化将获得新的发展空间。推动我国抵押贷款证券化发展需要解决以下四个方面的问题。

一是选择适宜的抵押贷款证券化模式。住房抵押贷款证券化的模式分为政府主导型表外证券化、市场主导型表外证券化、表内模式三种：①美国、加拿大和中国香港的住房抵押贷款证券化采用的是政府主导型表外证券化模式，证券化过程都是以政府单独设立的机构为核心开展。政府机构从贷款创始机构手中购入抵押贷款来形成资产池，然后设立特殊目的机构来发行 MBS；或者政府机构采取审批的方式来确定证券发行人资格，由贷款创始机构作为发行人发行 MBS。在证券化过程中政府起着组织、协调和监管的作用，同时以国家信用担保 MBS 本息的偿付，降低了证券化的风险和成本，使市场投资者很容易接纳 MBS 这种衍生金融投资工具，因此称为政府主导型表外模式。通过证券化转移出去的资产与贷款创始机构实现了破产隔离，同时贷款创始机构将抵押贷款所包含的风险和收益一并转移出去。②英国和澳大利亚采用的是市场主导型的表外证券化模式，其抵押贷款证券化的产生和发展完全是市场化运作，政府在证券化过程中没有设立专门机构直接参与证券化过程，只是提供了一个法律框架，是由商业银行根据金融市场条件，将证券化资产通过信托形式交由特殊目的信托公司，或者直接成立证券化公司来运作住房抵押贷款证券化。由于证券化过程中没有政府信用的引入，为提高信用评级，需要采用一些信用增级措施来使 MBS 的信用评级达到较高水平。③德国的住房抵押贷款证券化采用的是表内模式。德国住房抵押贷款采取的是一种住房储蓄奖励或互助合作融资制度。由于住房储蓄制度封闭运营，储蓄资金与存贷利率与资本市场没有联系，因此贷款机构面临的流动性压力和利率风险、提前还贷风险很小，证券化积极性不高，即使实行住房抵押贷款证券化，也倾向于选择表内融资方式。贷款创始机构发行的 MBS 称为抵押担保债券，是以住房抵押贷款组成的资产池作为担保发行债券。若资产池的资产价值不足以清偿，债券持有人对发行人资产负债表上的其他资产享有清偿权。由于抵押担保债券的风险没有完全隔离，贷款创始机构仍承担相应的清偿义务，因此属于表内模式。

根据国外证券化发展模式分析，德国抵押贷款证券化的表内模式不符合我国实际情况，我国应采用表外模式。建设银行试点的"建元 2005 - 1 个人住房抵押贷款支持证券"是市场主导型的表外模式，政府机构没有直接参与证券化过程，而只是提供了一个证券化的法律框架。在试点过程中没有引入政府信用，没有一个外部监督机构从源头上控制资产池的质量，因此需要在建元 2005 - 1 的试点基础上进行完善后稳妥展开。

二是规范住房抵押贷款的标准化运作。各金融机构在开展住房抵押贷款业务时，应重视对贷款产品进行统一的标准化管理：首先实行贷款发放程序标准化，各银行统一贷款申请、审核借款人条件及评价抵押物价值等，对贷款成数做出统一规定；其次实行贷款合同标准化，对住房抵押贷款期限、计率方式、还款方式、贷款保险、提前还贷、抵押物处置以及贷款合同变更或终止事项给予统一规定；最后对贷款信息实行标准化管理，在目前只重视借款人还款相关信息管理要求的基础上提高信息覆盖面和管理质量，把借款人的年龄、房产位置等更多信息进行科学分类和编码，实施标准化信息管理，从而能够迅速快捷地提供更多信息。以上程序、合同条款、信息的统一和规范，便于把相同特征的贷款组合打包进行证券化操作。

三是培育规范的中介服务机构。信用增级和客观的信用评级是政府抵押贷款证券化的关键环节，中介机构在其中发挥着重要作用。从国外政府抵押贷款证券化经验看，信用增级机构主要有两类：一类是证券化发起人即商业银行本身；另一类是外部增级机构，可以是保险公司等商业机构，也可以是具有国家信用的政府性机构。根据我国国情，应该采用政府成立国有机构来承担增级职能。为保持评级机构的客观中立地位，国家应以法律形式规定评级机构不能参与企业经营活动，切断评级机构与评级申请者之间的利益关系。同时借鉴国际上知名评级机构的评级标准和程序，提高证券评级的准确度。

四是健全政府抵押贷款证券化过程中的风险防范机制。次贷危机的爆发警示我们，在发展抵押贷款证券化时，不能忽视对金融风险的防控（张虹、陈凌白，2011）。要防范住房抵押贷款证券化的风险，首先就要防范住房抵押贷款这个源头风险。建立住房抵押贷款担保与保险体系可以有效地减少贷款自身违约风险，提高贷款安全度。同时还可以将风险从贷款机构分散转移到担保机构和保险机构，更加有利于住房抵押贷款证券市场的发展。注重和规范对整个证券化过程的监管，加强监管力度，创建完备的监管体系。可以尝试组建一个能够协调各个职能部门的专门处理资产证券化的住房金融监管部门，以适应信贷市场和证券市场相互融合的发展需要。充分借鉴国际上较为成熟的实践经验，对住房抵押贷款证券化进行谨慎性、持续性监管。

（二）实现房地产企业融资渠道多元化，降低对银行信贷渠道的依存度

我国目前房地产融资方式主要是传统的银行信贷，发行股票、债券、信托等融资比例偏低。据测算，房地产开发企业资金来源中有 50% 左右直接或间接来自银行贷款，需要创新资金来源渠道，降低银行信贷依存度。房地产投资信托基金（Real Estate Investment Trusts，REITs）作为专门为房地产行业融资的产业基金，在西方发达国家已经积累了数十年的经验，形成了相对成熟的房地产证券化模式，对扩展我国房地产行业融资渠道有重要意义。

REITs 是一种集合不特定的投资者，将资金集中起来，专门进行房地产投资和经营管理，并共同分享房地产投资收益的房地产金融投资组织机构。从房地产业的角度看，REITs 是一种较适合商业性地产的证券化产业投资基金，为房地产企业打开新的融资之门，有效降低房地产企业对银行贷款的依赖性进而降低银行风险。从投资者角度来看，REITs 有利于开拓投资渠道，以较低门槛和较高流动性投资于不动产。相比基础设施信托产品 4% 左右的年收益率，中小投资者投资房地产信托产品，一般可以获得 5%—6% 的年收益率，而相对于股票而言其价格波动性又相对较低，收益较为稳定。REITs 的这一特性显然适应了当前国内房地产行业一方面资金需求缺口巨大，另一方面社会资金投融资渠道匮乏的市场现状。

目前我国 REITs 仍处于探索阶段，2005 年底广州越秀企业（集团）下属的越秀投资以城建大厦等物业作为资产设立信托基金，在香港主板市场向公众发行广州越秀房地产投资信托基金（0405.HK），集合所得资金主要用作偿还贷款。作为内地第一支并在港上市的房地产投资信托基金，投资者收益率达 6.54%—7.05%。2009 年底上海市浦东版 REITs 试点方案上报主管部门，方案选择四家大型国有企业，准备提供年租金收入高达 4.7 亿元的物业，把这些资产未来 10 年的租金收益权"打包"设立信托，随后由证券发行人委托主承销商，在银行间市场向符合条件的机构投资者发行该信托的租金收益凭证，预计募集资金总额达 35 亿元左右。

为推动我国 REITs 发展，首先应参照美国及其他国家的相关法规，完善我国房地产投资信托基金相关法律法规，补充修订房地产产权登记及交易的管理制度，给予 REITs 一定的税收优惠，为房地产投资信托基金实施运作创造必要的法律和政策环境。其次加强对信托机构、信托人员和业务的监管，强化信托行业自律机制，引入委托人和受益人监督机制，保障 REITs 的有序规范发展。加强房地产投资信托基金组织机构的建设，包括管理委员会、监督机构以及具体运行操作机构。尽快培养起一支既精通投资信托基金业务，又了解房地产市场、熟悉房地产项目运作的专门管理人才队伍，同时积极开展房地产投资信托基金业务所必不可少的律师、会计师、审计师、资产评估师等服务性人才的队伍建设。最后需要完善信息公开化制度，使房地产信息、国家政策信息、金融证券信息及时、准确地传递给信息需求者，推动我国 REITs 的起步和发展。

四 平抑房地产价格，维护金融稳定的其他措施

通过上述选择性货币政策、宏观审慎监管和完善房地产金融支持方式等措施，可以在一定程度上消除信贷资金对房地产价格上涨的推动作用，分散银行体系承担的房地产行业风险，维护我国房地产金融稳定。1998 年以来，我国房地产价格上涨的根源是土地制度和房地产业发展模式导致的供需缺口；房地产调控引发房地产价格下跌。因此在当前严厉的房地产调控背景下，灵活把握调控力度，完善地产发展模式，促进房地产行业稳健发展，为房地产金融稳定提供一个良好的行业环境。

在保持房地产价格平稳的 2010 年，我国房地产市场进入全面政策调控。2011 年，"新国八条"、限购政策、上海重庆试点房产税、3 次上调利率、6 次上调存款准备金率等全面实施，房地产价格上涨势头得到初步遏制。截至 2011 年底，国家统计局公布的房地产价格月度数据表明，全国商品房价格已出现环比下跌。中央经济工作会议提出，要坚持房地产调控政策不动摇，促进房价合理回归，加快普通商品住房建设，扩大有效供给，促进房地产市场

健康发展。继续深化房地产调控，实现房价合理回归是 2012 年房地产调控的主要任务。如无其他因素影响，房地产调控政策短期内不会发生根本性改变。持续的严厉调控使房地产市场各主体的心理预期和行为发生变化，从市场供求关系来看，在"限购令"等一系列政策影响下，购房者可能会在短期内采取观望态度而造成市场需求减缓，房地产企业在资金链压力下降价抛售越发普遍。同时 2011 年 1000 万套、2012 年 700 万套、"十二五"计划共 3600 万套的保障性住房建设目标，必将形成中高档商品住房供给进一步趋紧、低档住房供给大幅增加的强烈预期。大量保障性住房入市，使纳入保障性住房统计的平均房价将呈现下调趋势。如果房地产调控政策保持不变，房地产市场价格将会出现同比下降。

房地产价格适度下跌是实现房价合理回归的前提，但房价下跌的幅度和速度决定了消除泡沫的方式。如果房地产价格在短时间内大幅下跌，可能导致房地产企业资金链断裂而破产；跌幅超过 20%，部分按揭贷款人可能因房产变为负资产而断供。据中国人民银行发布的《2011 年金融机构贷款投向统计报告》显示，2011 年 12 月末中国主要金融机构及农村合作金融机构、城市信用社、外资银行人民币房地产贷款余额达 10.73 万亿元，其中房地产开发贷款 3.49 万亿，按揭贷款 6.24 万亿，房价大幅下跌使前者和后者中 2009 年以后发放的按揭贷款面临风险。2008 年下半年以来，中国地方政府融资平台债务规模明显扩大，整体信用风险逐渐增高，给宏观经济的发展带来了一定的系统性风险（葛鹤军、缑婷，2011）。房地产市场萧条导致地方政府土地拍卖价格和数量下降，财政收入大幅降低会导致地方融资平台贷款的不良率上升。

考虑到大量银行信贷资金的安危与房地产价格密切相关，以及在外需不振、消费增长乏力的情况下，投资和 GDP 平稳增长的需要，房地产调控应适时微调，实现新建商品房价格小幅平稳回落，使房价收入比回归合理区间。

（一）限购等行政调控手段适时淡出

在这轮楼市调控中，限购、限贷、限价等行政手段陆续出台，其中限购政策最受关注。2011 年 2 月 16 日，北京出台"京十五条"，规定外地人员须连续纳税 5 年以上才有购房资格；北京户口人员，名下有两套房以上者，不得购房。继北京拉开限购的序幕之后，全国合计有 46 个城市出台了限购令。限购、限贷和限价有效抑制了房地产投资投机需求，缓解了房地产市场供需矛盾，稳定了房地产价格，但此类资格约束、价格或数量限制会降低社会总福利水平（胡涛、孙振尧，2011）。随着房地产调控效果逐渐显现，其他经济手段逐步完善后，限购、限贷等行政手段应适时放松并最终淡出，以释放限购城市的购买力，消化房地产库存。同时限购等行政退出可以改变整个社会的房价下跌预期，维持房地产投资在一定合理水平，促进房地产市场健康发展，推动经济平稳增长。

（二）增加保障房和中低价商品房供应

城镇保障性住房包括廉租住房，经济适用住房，公共租赁住房，限价房，城市棚户区改造，煤矿、林区、垦区的棚户区改造和危旧房改造。我国住房供应仍存在结构性缺陷，保障房覆盖率不超过 10%，远不能满足中、低收入群体的必要需求。"十二五"期间，我国将建设 3600 万套保障房，使城镇居民住房保障覆盖率达 20% 左右。住房保障体系的建设，很大程度上可以对冲未来房地产开发投资，特别是住宅投资因房价下跌可能面临收缩的负面冲击，可以支撑与房地产相关产业投资保持平稳增长，对稳定房地产市场将起到积极的作用，房地产市场形成以保障房和中低商品房为主、高端商品房为辅的市场结构。在保障性住房建设中需要注意政府的政策支持是否会造成债务负担，避免政府在未来面临住房保障与财政风险的两难选择（林建设、郭宏宇，2011）。

（三）构建房地产市场平稳健康发展的长效机制

我国房地产市场发展自起步以来，由于过于依靠市场解决房地产问题，保障性住房发展不足，缺乏平稳发展的基础。短期看通过政府调控可以解决房地产过热问题，但需要建立有利于房地产市场健康发展的长效机制，来保障房地产市场长期发展。长效发展的立足点在于满足"自住型"住房需求，使住房回归居住的基本属性。实行"扩大总量、调整结构、优化布局"的城镇住宅用地供应政策，增加住宅用地供应规模，优化供给结构。完善住房保障体系，理顺住房保障决策机制，建立以实际需求为基础、保障效果为导向的决策模式，充分考虑地区差异性，合理确定住房保障与商品住房之间的比例关系。完善住房保障制度，加快建立商品住宅和住房保障的法律体系；

建立和完善城市住房建设规划；加快住房信息系统建设；在住房信息登记基础上，推进房产税试点工作，逐步完善中央和地方的财政体制，降低地方政府对房地产业收入的依赖性，使地方有条件发现并尊重住房市场规律（韩蓓、蒋东生，2011）；规范房地产市场开发、建设、销售、物业管理等一系列市场秩序。防止宏观政策和金融信贷政策在短时期内大幅变动对住房供需产生重大影响。

　　本章根据我国房地产金融、房地产行业发展现状，提出平抑房地产价格，维护金融稳定的政策措施。理论界和货币政策制定者在货币政策是否应对资产价格波动进行事前反应存在很大分歧。虽然传统货币政策工具在调控房地产价格波动方面存在很大局限，但是鉴于房地产价格由繁荣到崩溃的波动蕴涵严重的金融风险，货币政策应前瞻性地考虑资产价格波动及其影响，采用借贷主体控制、资金比例限制、还款期限控制、资金价格控制等选择性政策工具，将房地产价格稳定在经济社会可以接受的程度内，使房地产泡沫成分慢慢地消退。基于货币政策干预房地产价格波动的局限，应通过调整资本金要求/风险权重、动态拨备、按揭首付比例和月供/收入比等宏观审慎工具对房地产市场进行逆周期监管，配合货币政策共同维护房地产价格和金融稳定。

　　中国的住房建设和消费过度依赖商业性金融机构信贷资金支持，是房地产价格波动影响金融稳定的主要因素，需要对房地产经济实行多样化的金融支持，有效分散银行的房地产金融风险。一是审慎发展住房抵押贷款证券化（MBS），将期限较长的抵押贷款通过证券化在证券市场转化为短期流动资金，增加贷款机构资产的流动性，分散银行风险。二是实现房地产企业融资渠道多元化，特别是应积极探索房地产投资信托基金（REITs），降低对银行信贷渠道融资的依存度。

　　实现房地产行业稳健发展，为房地产金融稳定提供一个良好的行业环境，是避免房地产价格波动威胁金融稳定的前提。应灵活把握调控力度，实现新建商品房价格小幅平稳回落，增加保障房和中低价商品房供应，保持房地产和相关产业投资平稳增长，限购、限贷等行政手段应适时放松并最终淡出，并探索构建房地产市场平稳健康发展的长效机制，使房价收入比回归合理区间，并完善保障房运行体系。

第 十 章

政府职能及行为与金融稳定

从本质上看，政府与金融稳定的关系还是一个古老的命题，即政府与市场的关系。随着金融全球化和经济一体化的快速发展，区域性和世界性的金融危机频频爆发，无数金融资产和社会财富在危机中丧失殆尽，给全球经济社会发展造成了巨大损失甚至是灾难。当前，各国对金融稳定问题都十分重视，学术界关于该问题的研究成果也日益丰富。本章试图从金融稳定视角出发，研究政府的职能定位和行为方式，特别是对政府干预金融稳定进行理论分析和实证研究。

第一节　政府维护金融稳定的必要性

一　金融稳定是一种特殊的准公共产品

按照公共经济学中非竞争性和非排他性原则，物品可以分为三类：一是私人物品，既具有排他性也具有竞争性；二是纯公共产品，既具有非排他性也具有非竞争性；三是准公共产品，包括具有排他性但不具有竞争性的"俱乐部产品"、消费上有竞争性但无法有效排他的公共资源类产品，以及非排他性和非竞争性都不充分但具有较大正外部效应的公共产品。这三种形态的产品在资源配置方式上各不相同。一般来说，市场机制能有效解决私人产品的供给问题；纯公共产品一般由政府直接提供；准公共产品或由政府提供，或由政府和市场共同提供。

在某种意义上，金融稳定可以看做能够提供较大正外部性、非排他性的准公共产品。金融稳定既是宏观经济稳定的重要表现，也是社会稳定的重要内容。作为市场经济参与者的企业、居民等经济主体都需要一个稳定的金融系统来进行诸如汇兑、交割、借贷等金融行为。金融稳定是各类经济主体必需的公共资源，只有在金融稳定的状态下才能实现经济社会的稳步发展。因此，政府有责任与市场一道提供这一准公共产品。

二　市场失灵要求政府适度干预金融市场

金融发展的历史表明，市场失灵是金融发展中的常见问题，这就为政府干预提供了基本的理论依据。Stiglitz（1989）指出，由于市场失灵，政府在促进储蓄、保持金融体系稳定、促进银行与资本市场发展等方面有着重要作用。由于不完全竞争、信息不对称、经济外部性以及规模经济等因素的存在，不受管制或者管制极少的金融市场会进一步强化金融不稳定因素，从而要求政府对此进行宏观调控或者及时干预。第一，金融市场的规模经济和不完全竞争蕴涵着金融不稳定的因素。由于规模经济在金融市场的作用，许多金融机构必然会不断扩张和设立新的经营网点，但这可能会降低市场竞争程度，从而金融服务产品价格的上扬成为可能。进一步地，这使得利用金融工具达到资源最优配置成为空中楼阁，不利于金融稳定。第二，信息不对称引致的逆向选择和道德风险会影响金融稳定。许多经济学家以信息不对称理论证明了市场失灵的普遍存在性，并推导出政府管制的必要性（Stiglitz，1982）。比如在交易事前，最有可能造成不利结果的借款者往往就是寻找资金最积极且极有可能得到贷款人认同的人。这种逆向选择必然导致金融风险增加。由于信息在很大程度上具有公共产品的性质，政府干预理所应当。第三，金融市场的负外部性需要政府干预。典型例子是一家银行的破产会引起连锁反应，降低存款人对整个银行体系的信任，从而引起银行危机，甚至发生严重的金融恐慌。鉴于负外部性对金融市场具有极大的破坏能力，政府部门进行干预也是必需的。

三　金融业高风险的特点需要政府的调控

金融业本身是一个充满高风险的行业，利用金融杠杆的作用，许多风险都会被无限制地放大，直接威胁着金融稳定。金融领域的投资与其他行业的投资有着巨大区别，它们是基于金融机构的低利率或无息融资，利用少量资金撬动大量资金的活动，是一种高收益和高风险并存的投资。举例来说，金融产品如股票、期货、外汇等的价格每天都在不停地波动，这就意味着市场有可能使某些人投入的资金在短时间内成倍增长，但同时可能更多的人在一夜之间失去了所有财富。这种故事不断地在过去和现在的期货市场上演。金融业与生俱来的高风险性随时可能成为危及金融稳定从而影响社会经济稳定的可怕力量，因此政府对于金融市场进行必要的风险控制、维护金融市场稳定成为必然。

四 政府干预金融系统是一种传统的手段

西方学者曾创造了"自由放任政策"概念，认为在自由放任政策的假设世界里，金融系统能够实现自身的稳定。但是，自由放任政策方式无疑是个例外，政府对金融系统的干预是一种传统的手段（凯文·多德，2004）。因为自由放任政策系统具有严格的假设条件，即完全的信息对称以及完全竞争，但这在现实世界中是根本不可能做到的，因此所谓自由放任世界只是个想象中的世界，与真实情况相去甚远。对想象世界比较明显的否定是现实中有中央银行的宏观调控，有政府制定的金融规则与法律，有通货膨胀问题和金融不稳定问题的困扰等，这些都说明金融业从一开始就需要有干预主义的政府。换言之，政府对金融系统干预是一种历史的规范。

第二节 政府在维护金融稳定中的职能和定位

一 关于政府范畴的界定

一般来说，政府有广义与狭义之分。广义的政府一般包括国家立法机关、行政执法机关和审判机关三大系统；狭义的政府仅指国家的行政机关，包括中央政府和地方政府。每个国家的政府都具有一定的职能，随着经济条件，社会的阶级结构、主要矛盾等发生变化，政府职能也会相应地在五个方面发生变化：一是职能宽度（管理领域）与深度（管理程度）的调整，二是职能体系中职能中心与重点的转移，三是职能结构的优化，四是职能运作程序和运行手段的变化，五是政府功能的完善与政府能力的提高。由于政府组织结构是政府职能正常行使并发挥作用的主要载体，政府职能的转变与调整，必然要求政府组织结构作出相应的变化，同时政府组织结构的变化又会进一步推动政府职能的转变。

本章在探讨金融结构变迁视角下的政府行为与金融稳定时，对一般意义上的政府概念在其宽度和职能结构等方面进行了扩展，主要是把所谓的"一行三会"，即人民银行、银监会、证监会、保监会纳入其中。因为在我国现行法律框架下，中国人民银行是国务院的一个职能部门，而证监会、保监会、银监会是国务院隶属的事业单位，但它们的权力和职能都是来源于国务院的授予，在维护金融稳定的目标和行为上与国务院具有高度一致性，而其在金融稳定方面的作用又是国务院所不能替代的。

二　政府在维护金融稳定中的角色定位

政府干预金融市场以维护金融稳定是必要的，但如果政府行为不当（比如干预过度），反而会引致更大的金融风险。因此，为维护金融稳定而干预金融市场时，政府应当找到适当的"位"，任何缺位或者越位行为都是不可取的。

第一，政府的干预行为应以消除金融市场的不完全竞争、负外部性以及信息不对称等为目标，并在此框架下有所作为。市场是被公认的配置资源的最优选择，但市场绝对不是万能的，在其失灵的时候必须有政府的及时介入。因此，政府应当在保证市场充分发挥其配置资源的基础性作用的同时，加强对金融垄断、金融不正当等行为的监控，并为金融市场提供信息公开与披露的平台。

第二，政府的角色定位是规则制定者和市场守夜人。金融市场发展离不开政府的有效制度安排和良好的运行环境建设。作为规则制定者，政府有责任为金融市场制定和提供公开、公平、公正的法律法规体系，即"公平的游戏规则"，并确保这些游戏规则真正发挥作用；作为守夜人，政府必须对金融市场进行有效监管。这里，金融监管是对金融行业宏观与微观两个层面上的监督与管理，宏观上包括对金融机构、金融市场、金融运行、金融政策等的监督管理；微观上则包括对金融机构内部监督、稽核机制，以及行业自律性组织和其他各类中介组织的监管。

第三节　美国政府在两次金融危机中的
救助行为及启示

　　金融资源①是一种基础性和关键性的稀缺资源，直接影响着一国经济社会的协调可持续发展，因此，当金融机构陷入困境特别是大型金融机构出现问题时，各国政府通常会采取注资等办法进行救助。从 20 世纪初以来，政府对问题金融机构进行注资已经逐渐演变成国际金融界比较流行的一种手段，其目标非常明确：防止被救助的金融机构倒闭而导致金融风险扩散，引起金融动荡和金融恐慌，甚至引发大金融危机。美国政府是最早运用对问题金融机构注资策略的国家之一，其操作的手段尤其是逐渐完善的相关制度对于我国政府处理类似问题具有一定的借鉴意义。

一　"大萧条"时期美国政府的注资制度安排

　　"大萧条"时期，大量金融机构纷纷倒闭，为了有效遏制金融危机的蔓延，美国联邦政府采取了一系列应对手段。1932 年，美国专门设立复兴金融公司（Reconstruction Finance Corporation，RFC）负责救助倒闭的金融机构。最初 RFC 的贷款条件苛刻到与商业银行几乎没有差别，因此很少有银行得到及时救助，金融风险在继续蔓延。1933 年 3 月，美国国会通过《紧急银行法》，批准 RFC 有更大的救助权限和更灵活的救助方式。此后，RFC以认购银行优先股作为其对问题银行的主要注资形式，真正为众多陷入危机的银行进行了注资，帮助它们走出金融困境，在有效防范银行道德风险的同时也获得了一定经济回报，为美国最后走出金融危机发挥了重要作用。应该说，这些成效与制度安排息息相关。当时在注资对象的选择、流程监管、注资决策等方面有严格的规定，构成了美国对问题银行救助的最初的原则性条

---

　　① 所谓金融资源，根据白钦先等人（2000）的阐述，可以概括为三个层次：基础性核心金融资源，即广义的货币资本或资金，是金融资源的最基本层次，其短缺会严重地制约社会与经济的发展；实体性中间金融资源，包括金融组织体系和金融工具体系两大类，是金融各种功能赖以发挥作用的基础；整体功能性高层金融资源，包括金融体系的整体功能及有利于其发挥的制度环境，是货币资金运动与金融体系、金融体系各组成部分之间相互作用、相互影响的结果。

款（见表 10 – 1）。

在 RFC 完成历史使命退出历史舞台后，美国联邦存款保险公司（FDIC）成为了维护金融稳定、救助问题金融机构的新机构。1950 年代以来，FDIC 在实践中不断完善对问题金融机构的救助制度：①1950 年代，美国政府规定了一个所谓的"必要性"原则，即受 FDIC 注资濒临倒闭的金融机构必须是其所在社区金融服务所必需的。美国国会强烈要求加强注资救助过程的透明度，强化社会的监督。②1980 年代，美国政府陆续通过《高恩—圣杰蔓存款机构法》，给予 FDIC 提供资助方面更大的权力；《平等银行竞争法》授权 FDIC 建立过渡银行，使 FDIC 有更多时间寻求更为妥当的永久性解决方案。③1990 年代，为了防止过多采用注资方式处置濒临倒闭的问题金融机构而发生储贷危机，美国政府通过了《联邦存款保险公司改革法》，要求 FDIC 在处置倒闭银行或存款机构时必须遵循最低成本和及早处置原则。应当说，这些措施都成为美国政府维护金融稳定的重要组成部分，并在维护金融稳定的过程中取得了成效。

表 10 – 1　"大萧条"时期美国政府对问题金融机构救助制度

措　施	具　体　内　容
严格规定贷款的前提条件	申请救助的问题银行须接受 RFC 严格检查，评估是否具有重组的价值，能否走出危机并恢复正常运营。一旦银行深陷困境没有起死回生的可能，RFC 就会拒绝提供注资
利用优先股东的地位，积极参与银行治理	①采用通过认购银行优先股方式对银行进行注资；②对普通股的分红权进行严格限制；③加强对银行的监督管理，包括利用投票权加强对银行管理层的监督约束，罢免不称职的银行官员等；④确保银行有足够的激励加强风险的控制与管理，使银行仍然受到市场约束，而不是利用注资寻求保护或转嫁风险
确保注资决策的独立性，杜绝利益集团或政党对 RFC 的控制	①预算硬约束。美国国会对 RFC 预算实行严格控制和监督，要求其实行自我预算平衡。②严格的决策和表决问责制。RFC 任何注资决定都必须通过 RFC 官员的集体通过，官员独立行使表决权，并对通过决议承担责任。任何一个导致 RFC 遭受损失的注资决定出现后，在该项目上投赞成票的官员将被追究责任

二　美国政府在此次金融危机中的援助行为

在本轮由次贷危机引发的金融危机中，美国政府更是祭出援助的大旗，关键时刻对金融机构采取多种措施进行援助，其主要做法如表 10 – 2 所示。

此次金融危机对美国经济的冲击不亚于"大萧条"时期的经济危机，同时也给其他国家带来了许多灾难性的损失。不过，一个不争的事实是，由于美国政府对金融机构采取了积极的援助措施，尽管该过程也面临着不同的声音和质疑，但至少到目前为止，美国金融体系仍实现了相对稳定，没有出现系统性的崩溃。

表 10 - 2   本轮金融危机中美国政府对金融机构的救助措施

时 间	具 体 内 容
2008 年 3 月	为了援助出现流动性危机的贝尔斯登，美联储紧急批准了摩根大通与贝尔斯登的特殊交易，通过摩根大通向贝尔斯登提供应急资金，以缓解其流动性短缺问题
2008 年 7 月	对深陷困境的"两房"提供援助：①提高"两房"能够从财政部获得贷款的额度；②为保证"两房"能够获得足够的资本，财政部将拥有在必要时收购其中任何一家公司股份的权力；③允许"两房"直接从纽约联储的贴现窗口借款
2008 年 7 月	美国众议院批准总额 3000 亿美元的住房援助法案，这一法案授予财政部向"两房"提供援助的权力，并可以为陷入困境的房贷户提供帮助
2008 年 9 月	美国政府宣布"两房"的四步走计划：①联邦住房金融局牵头接管"两房"；②财政部与"两房"分别签署高级优先股购买计划；③为"两房"和联邦住房贷款银行建立一个新的、有担保的借贷工具；④推出购买政府资助企业按揭抵押证券的临时计划
2008 年 9 月和 10 月	美联储宣布向 AIG 提供 850 亿美元的高息抵押贷款，条件是美政府须获得 79.9% 的股权，并持有其向其他股东分红的否决权。2008 年 10 月，美联储允许 AIG 以投资级固定收益证券作抵押，并再度给予 AIG 总额 378 亿美元的贷款援助
2007 年 12 月；2008 年 3 月、9 月和 10 月	美联储先后与欧洲中央银行、英格兰银行和日本银行等进行了大规模的国际联合援助。包括：①通过公开市场操作等渠道向本国货币市场注入流动性；②建立临时货币互换安排，并根据形势变化调整互换的期限和规模；③2008 年 10 月份以来，美联储、欧洲中央银行、英格兰银行、加拿大中央银行、瑞典中央银行和瑞士国家银行等中央银行多次联合宣布降息

资料来源：根据相关公开资料整理。

三   美国政府两次救助的经验及启示

美国政府围绕金融稳定目标，为了缓释风险和消解金融危机带来的恶果，设计和实行了对问题金融机构的注资救助制度，并把防止政府过度干预、制度滥用和道德风险作为制度建设的核心，不断改进和规范注资救助的

前提条件、决策程序以及注资救助后的有效监督与约束，在实践中探求既能
稳定金融又能节约开支的双重目标。这些做法给我们的启示主要包括如下
两点。

一是应对金融危机和维护金融稳定是政府天然的责任。无论在"大萧
条"时期还是在当前，无论各种经济理论如何争辩，美国政府都无可争议
地成为化解金融危机的主角和主导力量。这充分说明即使在强调金融自由
化、反对政府干预的发达资本主义国家，市场经济也不是完美无缺，它同样
存在致命的弱点，同样需要政府这只有形之手的干预。因此，无论是发达国
家还是发展中国家的政府都负有维护金融稳定的天然职责。

二是政府必须作出合理有效的制度安排，及时有效地预防、干预和应对
危机。从美国对问题金融机构的救助来看，许多举措是一个不断深化和层层
推进的过程，是对各种新情况、新问题的剖析与回应，具有一定的合理性。
但从根本上讲，这些制度的设计主要是危机后的一些补救措施，是一种头痛
医头、脚痛医脚的局部举措，而没能够构建起一套完整的应对危机的有效制
度安排。值得我们深思的是，崇尚新自由主义的美国频频作出政府干预经济
的制度安排，是不是对其大肆鼓吹的新自由主义的一种讽刺呢？Kunt 和
Detragiache 的研究曾认为，银行危机更容易在自由化的金融系统中爆发，但
那些制度环境较为健全的国家例外。① 美国的这种悖论般的行为告诉我们，
市场经济离不开政府的有效干预和宏观调控。尤为重要的是，政府应制定一
套与时俱进的制度，并且比事后补救措施更重要的是事前的监管机制和预警
制度。只有通过有效的制度安排和机制构建，才能为经济金融的有序、安全
运行提供保障。

第四节　金融危机与政府应对

一般而言，金融危机的爆发不仅有市场运行的问题，也是政府政策不当
的结果。而且，"大萧条"以来，由于凯恩斯主义的兴起，政府和市场行为

---

① 这是昆特和德特拉贾凯对 1980—1995 年 50 多个国家的案例进行计量分析后得出的结论，转引
自曹荣湘（2004）。

都是相互交织的。尤其是在金融市场和金融体系发生危机时，政府的救助往往是最后的"稳定器"，政府的介入也是一种必然的选择。恢复市场功能、重建资源配置机制以及保持宏观经济的稳定就成为政府干预的主要任务。

一　金融危机应对中政府的地位与作用

政府在金融危机救助中扮演着十分重要的角色。Friedman 和 Schwartz（1963）在研究美国"大萧条"时指出了政府在危机演进和救治中的作用，他们认为，美联储将第一次银行危机引向第二次银行危机和更严重的"大萧条"，但是罗斯福新政将垂死的美国经济挽救回来。一般而言，政府政策是金融危机爆发的主要诱因之一，但是政府往往是金融危机唯一的"最后贷款人"。Bordo 等人（2001）研究了 120 多年的金融危机历史，发现金融危机以及经济放缓一般持续2—3年，损失一般为 GDP 的 5%—10%，而且金融危机和经济衰退存在较为明确的因果关系。值得注意的是，布雷顿森林体系崩溃以来，危机发生的频率增加，尤其是银行危机和货币危机并行的"双重危机"频发，给经济和政府带来了巨大的压力。他们认为，恰当的政府干预将会极大地降低金融危机对宏观经济的冲击，政府的行为在应对危机中具有基础性作用。

一定意义上，政府不仅是危机救援中的"最后贷款人"，而且是金融危机负面冲击的稳定器和吸收器。Fischer（1999）援引巴杰特法则指出，市场惩戒机制是防范道德风险的最有效方式，也是政府作为"最后贷款人"成功应对危机的关键。"最后贷款人"在危机中进行贷款活动要遵循三个原则：对有偿还能力的借贷人提供无限制的流动性；采取惩罚性利率；附带其他条件，比如担保。巴杰特法则还认为，在特殊条件下，政府应该有例外，这个特别的意见成为美联储的特别条款，即可以行使权宜之计。更进一步，政府在危机之中和危机之后必须采取相关的财政政策、产业政策和其他措施以消化和吸收金融危机的负面冲击，这些政策及其所涉及资金是私人部门和自由市场所无法解决的。

在政府与市场的关系中，政府干预并不违背市场原则。Allen 和 Gale（1999）通过分析挪威和日本的经验得出结论，政府在危机前和危机后都应该发挥实质性作用，市场这个时刻的出清均衡是无法恢复市场的基本功能的，只有政府才能提供足够的流动性并把金融机构再次带回到市场中来。Claessens、Klingebiel 和 Laeven 研究认为，在遭遇系统性金融危机的时候，政府积极干预是解决危机中系统性协调问题的关键，是缓解金融市场流动性紧缺的关键。政府干预与以市场为基础的金融重建并不矛盾，而是一个促进因素，金融重建反而更加需要政府及时地、持续地坚持一系列改革政策，并配合出台针对不同问题和行业的政策措施。

二　政府应对金融危机的基本原则

显而易见，应对金融危机，政府的作用是不可替代的，政府干预是缓解金融市场流动性不足、恢复市场资金融通功能和促进经济复苏的必要手段。但是，强调政府在危机应对中的作用的许多研究都认为，政府救援金融危机、干预市场是需要艺术的，绝对不是干预越多越好。随着金融危机发生的频率加快，形式不断多样化，针对金融危机的救援也有不同的分类，比如事后处理型、构筑安全网（强调全过程应对）、事前预防型等三类。但是，更多的研究对政府干预提出了更多的要求。

强调最多的原则是及时性（Timing）。Bernanke（1993）认为，金融危机持续的时间取决于信贷渠道的重新疏通和债务人偿还能力的恢复。如果政府干预及时，那么市场恢复正常的时间将更短，有效性将更高。从危机造成的影响角度出发，较早的金融救援将大幅降低财政负担、缓解产出大幅下挫。Bordo 等人（2000）和 Eward 等人（2000）强调，在危机爆发初期进行及时的干预是危机管理的最有效时刻，政府的果断干预可以将损失控制在较小的规模内，财政损失也是最小的。韩国外交通商部（1999）在总结韩国和其他东亚国家应对金融危机的经验时就指出，IMF 的苛刻条件使韩国丧失了最佳救助时机，在危机发生的初始阶段为危机国注入流动性是比实施紧缩的宏观措施更好的政策选择，整体经济的成本更小。

在强调及时救援的同时，针对性也是非常重要的原则。在金融危机孕育初期，流动性大幅膨胀，此时政府干预的重点是控制信用的过度扩张和保证信贷流动的有序性（Freixas et al.，2000）；在金融危机爆发时刻，金融资产价格急剧下挫，金融机构流动性严重不足，此时较好的政策选择是注入流动性和提供一定的政府担保；而在危机深化阶段，金融机构破产、问题资产剧增，此时政府政策的重点是清理问题资产、恢复市场信心和市场功能。

在对金融危机进行及时有效的救援过程中，政府需要协调好与市场的关系。在重大的金融危机之前，可能政府和市场有比较明确的边界，一般认为提高经济效率的最优途径是通过自由市场完成的。但是，Chang 和 Velasco（1998）、Radelet 和 Saches（1998）等都认为，市场演进过程中存在多重均衡，而其中具有不合意均衡，即是金融危机，如果政府放任市场的自由调整，那么最后的出清状态可能是更加严重的危机。比如在美国金融危机中，如果不限制卖空的市场行为，那么在以市定价的会计准则和自由市场下，金融资产的价格下跌将更加严重。当然，政府在救援过程中需要把握一个适度的原则，即政府干预与市场力量恰到好处地结合，进而缓解危机冲击，否则政府干预可能成为道德风险的诱因（Furceri et al.，2009）。

另外，在金融危机救援过程中，还需要高度关注财政的可持续性。进行金融救援是一个非常耗时和耗钱的过程，金融危机本来就对财政收入产生巨大的负面影响，而政府清理问题资产、救援金融机构和重塑金融市场都需要花费大量的资金。比如，在 1980 年拉美债务危机和 1997 年的亚洲金融危机中，阿根廷和印尼的财政损失都超过了 GDP 的 50%。而危机的平均持续时间为 2—3 年，政府在干预过程中将面对巨额的财政赤字，如果没有科学安排救援的资金，那么政府的财政状况将不可持续。拉美国家的经验就表明，以新债偿还由金融危机带来的旧债是不可持续的，还可能孕育更大的危机。

三　政府应对金融危机的政策选择

金融危机背景下，资本流动和资源配置陷入紊乱状态，政府干预是舒缓危机冲击的有效途径，在把握好及时、适度、可持续等原则的同时，政府还需要采取具有针对性的政策措施。政府政策有短期政策和长期政策之分，一般地，政府干预金融危机的政策分为事前干预、危机干预和事后干预等阶段，在不同的阶段具有不同的政策侧重点。

（一）金融危机中的政策应对

在金融危机的治理中，危机发展过程中的政策措施是最关键的。恰当的政策措施可以及时地遏制危机的蔓延，减轻其破坏的程度，而失败的政策则可能把危机引入另一个深渊。一般情况下，在金融危机爆发和深化阶段，政府政策主要应该关注流动性、问题资产、金融机构破产和货币政策等方面。

第一，流动性的及时注入是缓解金融市场流动性紧缩和金融机构资金困难的最有效手段。一般是由政府大量出资或者提供担保，向金融体系大量注资，舒缓流动性不足的局面。在"大萧条"时期，1934年，政府提供5亿美元资本，成立复兴金融公司，向银行和大量金融机构注资（《剑桥美国经济史》，2008）。1998年和1999年，日本政府开始向银行注入资金，最终累计注入了1200亿美元；1998年通过《金融再生法》，后续总计出资高达5200亿美元，为当时世界金融史上最大的救援行动（刘静，2004）。

第二，问题资产的处理直接关系到金融机构和金融市场正常职能的发挥，在金融危机中，政府一般都成立资产管理公司或类似机构，处理大量的问题资产，将问题资产与金融体系相隔离。在"大萧条"中，最重要的行动之一就是建立了复兴金融公司，通过资产处理和贷款发放促进了投资，这为"大萧条"之后美国金融体系的恢复打下了重要的基础。复兴金融公司在1932年发放的贷款有2/3流向金融机构。1993年，瑞典也成立了银行协助局和特别资产管理公司，以拯救金融市场。瑞典在1992年通过了140亿美元的重建基金并接管最大的银行——Nordbanken，即使在该银行股价回升之后，瑞典政府救援的规模仍然超过90亿美元，占其1993年GDP的3.6%（Drees et al.，1995）。类似地，日本在1999年4月成立了全国整理回收机构RCC（The Resolution and Collection Corporation），一方面接管房地产金融公司和破产银行的不良债权，另一方面向其他金融机构收购不良债权。

第三，金融机构破产问题的处理往往使得政府处于两难境地。在处理金融机构破产问题时，政府一般区分大的金融机构和中小金融机构。由于救助成本是银行资产规模的增函数，如果救助银行是最优的，那么救助任何一个更大的银行将也是最优的。对于大型金融机构而言，由于其业务广泛、客户众多，具有"大而不倒"的效应。当大型金融机构发生问题时，政府一般必须出手救援，否则其巨大的破坏力将进一步危及金融体系（IMF，2008）。不过，在"大而不倒"政策导向下，规模和风险之间一般存在比较明确的相关性，"大而不倒"救助政策影响银行的规模选择和资产风险的组合选择，导致银行可能追求更大的风险，可能带来更大的道德风险问题。但是，对于中小金融机构，监管当局一般都以市场原则来处理，只是对这些机构的债务作出适当安排。一般情况下，问题严重的金融机构必须及早处置，该破产的就要破产，否则问题积聚会进一步影响整体金融稳定，同时还要尽早敦促有问题机构的整改，加快不良债权的处理，减少金融机构破产，降低社会成本。在这点上，Goldstein（2008）强调，对于具有系统重要性的金融机构，尤其是非银行金融机构，应该采取及时矫正的制度和有序的破产关闭规则，以强化救援行动的可持续性，降低道德风险的水平。

第四，货币政策应对经济萧条的有效性一般比财政政策差，但是在金融危机阶段，恰当的货币政策放松也是必要的工具（Chailloux et al.，2008）。以"大萧条"为例，"大萧条"之后，货币政策放松体现在美元的大幅贬值上。罗斯福政府在 1933 年 4 月 18 日有效地进行了美元贬值，通过《紧急农业抵押贷款法》允许总统确定黄金的价格，同时通过行政命令禁止非官方的黄金出口。于是，美元开始脱离官方价格，开始下跌。直到 7 月，美元价格相对英镑下跌了 40% 左右。货币贬值不仅具有优化贸易条件的效果，而且可以有效地促进经济扩张（Bernanke，1983）。

第五，在危机之中和危机之后，市场情绪的稳定和市场信心的恢复是至关重要的。美国从来都是经典市场经济规则的捍卫者，在国际市场上从来都是"政府干预市场"的激烈抨击者。但是，次贷危机爆发之后，包括美国总统、美联储主席、财政部长等在内的美国政府高官在各种场合都"用国家信誉向市场担保"，不断强调政府缓解次贷危机冲击和稳定金融体系的能力（Bernanke，2009）。更值得注意的是，美国还通过欧洲央行、英格兰银行等重要经济体的货币当局，采用"联合救援"，进一步强化了对市场情绪的稳定。虽然次贷危机不断升级，但政府当局的"攻心战"对危机的救援工作和稳定市场情绪的作用还是积极有效的。

（二）金融危机之后的政策应对

由于金融危机何时见底尚不确定，金融危机之后的政策措施实际上并没有非常明确的指向，一般是和金融危机爆发和深化之中的政策相互联系，是金融危机之中政策的扩展和延伸。同时，政府在危机救援、制度反思和体制改革中也会孕育出新的政策措施，从而形成较为完整的金融危机后的系统性应对政策。

财政刺激政策。财政刺激政策实际上是一个政策组合，一般在金融危机深化阶段就出台，在危机后期和危机结束之后重点实施。"大萧条"、日本银行危机和亚洲金融危机等重大危机之后，各国政府都是先放松货币政策，并出台重大的经济刺激计划，扩大财政支出，以促进经济复苏。在处理好问题资产、金融机构和流动性等问题之后，政府政策的重点一般是恢复金融市场的功能，促进经济复苏，在这个过程中的一个关键是投资的拉动，因此危机之后财政扩大支出是非常重要的，也是必要的。在"大萧条"中，政府政策放松更重要的是体现在财政政策方面，罗斯福政府进行了三项重要的改革：银行体系的改革、增加政府对生产的管理和建立社会"安全网"。前两项都始于著名的1933年"百日新政"。1933年第二季度，罗斯福向国会提交了众多的法案，这些法案点燃了经济复苏，并重塑了美国经济。建立社会"安全网"的工作是在罗斯福的第二个任期开始的。"第二次新政"则致力于将经济复苏带来的好处扩大到整个社会大众（《剑桥美国经济史》，2008）。

除此之外，重大的金融危机之后都要进行相应的金融改革或者制度调整。金融危机的爆发一般有特定的历史背景、政策取向、制度因素和金融体系的缺陷。比如，不现实的金本位重建是"大萧条"产生的重要原因，为了重建金本位使得货币政策陷入过度的紧缩境地。"大萧条"之后，美国政府出台了《紧急农业抵押贷款法》，使得美元正式脱离金本位的束缚。美国政府还颁布了《格拉斯—斯蒂格尔法案》，确立了分业经营和分业监管的制度框架，该法律影响美国金融体系近70年。

（三）金融危机之前的政策选择

实际上，金融危机之前的政策措施都是金融危机之后的制度反思的结果，是一种亡羊补牢性质的政策。事前政策的重点是关注金融风险的管理、金融危机的防范与预警以及适时的金融体制改革等。

在金融风险的管理中，信息披露和透明度原则至为关键。透明度要解决的是游戏规则和某些必须披露信息的公开化问题，在金融活动中起关键作用的各类金融机构应该按照国际统一会计准则，向监管当局报告真实数据。在亚洲金融危机中，韩国、日本等国家的一个重要教训就是金融运行的透明度不够，许多金融机构掩盖了大量的不良资产，直至出现支付危机并引致倒闭时监管当局才获知真实情况。在监管不到位的情况下，信息不透明和信息披露不充分使得系统性金融风险深埋于暗箱之中。因此，强调信息透明是强化对金融风险管理的有效手段。

在金融危机预警和防范方面，要求金融监管当局建立起较为完善的监管、预警和防范机制。从亚洲金融危机的教训来看，不管是单一国家还是国际社会，对金融风险的监管是不到位的，对金融危机的防范机制也是不健全的。因此，一些研究认为除了金融监管当局、国际金融组织（比如IMF）应加强对资本流动（特别是短期资本流动和对冲基金）、成员国国际收支和外债状况进行监管以外，一旦出现异常现象，应及时对相关成员国提出忠告，并提供有关政策建议，充分发挥金融风险早期预警的作用，有效防范金融风险。但是，从次贷危机的逐步演化和升级为全球性金融危机的实际来看，危机的预警和防范机制（尤其是指标体系的建立）显得更加重要。

为了强化金融机构的信息透明，建立危机的预警指标体系，金融监管及其制度的改革可能是一项基础工作。"大萧条"使得美国金融体系走向分业经营和分业监管的模式，而本轮金融危机可能使金融监管向混业监管转变，监管结构可能从伞形监管向功能监管转变。在1933年，罗斯福新政后批准了《格拉斯—斯蒂格尔法案》。在美国新一轮金融危机中，美国政府已经意识到金融监管的不力。随着美国银行兼并美林、雷曼兄弟出售资产给巴克莱银行，美国金融行业可能重新走回混业经营，金融监管可能随之改革。

四　金融危机应对政策效果的评估

就金融危机的应对措施而言，需要提前知晓它的作用过程和评估它的未来结果。比如，从长期来看，向脆弱的银行注入公众资金并不一定能改善其资产负债结构，因为这些银行如果没有进行相应的改革，那么救援政策可能会产生更大的道德风险，银行从事大量风险活动将风险转嫁给纳税人，最后真正受到损失的是普通纳税人，而不是冒险的银行和其他金融机构。另外，金融危机的应对政策也可能会产生副效应，这些副效应随着改革的深入可能成为左右金融稳定和经济增长的主要力量。因此，针对金融危机应对政策的效果评估也是很重要的。

凯恩斯主义的一个重要政策建议是，把利率的变动作为货币政策的指南，采取"逆风而行"的货币政策，根据经济周期的变动来调整利率、调控投资，以熨平经济周期的波动，进而稳定经济增长。这种相机抉择的货币政策机制，在金融危机中得到广泛的运用，充分体现了政策的灵活性。但是，在这种"逆风行事"的风格中，货币当局容易产生判断失误和态度转变，进而造成货币供给的不连续变化或过度增加，这就成为经济不稳定的根源之一（Friedman，1991）。以美国为例，美联储为防止市场大幅持续下跌而采取的积极行动（即所谓的 Greenspan Put），一定程度上使得金融机构的风险行为得到"担保"，但是美联储的救市行为并没有改变金融机构风险的偏好性，而是进一步恶化道德风险，从而产生泡沫和危机。因此，在政策出台实施之后，政府应该评估政策对金融机构行为的影响，尤其是对金融风险管理和金融稳定性的影响。

在确定金融危机应对政策的合理性方面，一般需要坚持几个原则：一是能够对经济增长起到适当的推动作用，不能导致经济过热；二是不引起物价上涨，以避免通货膨胀；三是投资与消费保持协调，不可相互挤占；四是具有较好的可持续性。但是，以亚洲金融危机之后的中国的政策措施为例，金融危机的应对措施产生了较多负面的影响：①投资过度导致经济增长偏热。1997 年底中国出现了经济增长偏快的局面，物价上涨迅速，这和亚洲金融危机之后的积极财政政策和稳健偏松的货币政策直接相关，尤其是大规模固定资产投资以及这一阶段形成的投资拉动增长的模式是导致投资过热的直接原因。②投资替代消费成为拉动经济增长的主要动力。危机之后，中国以固定资产投资和出口拉动经济增长，投资的过快增长严重挤占了消费对经济拉动的作用。资本形成率对经济增长的贡献率从 1999 年的 23.7% 上升至 2003 年的 63.7%，最终消费支出的贡献率从 65.1% 下跌至 35.3%（统计局，2008）。③政府主导投资挤占了社会投资。积极财政政策的长期化产生了较大的挤出效应，政府的投资规模过大挤占了社会投资，21 世纪前几年，市场主导投资增长乏力和居民储蓄存款猛增就是这种挤出效应的直接反映。

第五节　我国政府维护金融稳定面临的困难和挑战

实践中，"一行三会"、财政部和地方政府在维护金融稳定时的作用各有侧重，各有所管，各有所长。我国金融稳定制度的构建，实质上是对上述部门职能的再明确、再定位，是对其功能分配和整体协作的一种制度安排。

一　"一行三会"维护金融稳定的职能定位与挑战

2003 年 12 月 27 日，十届全国人大常委会第六次会议审议通过《中国人民银行法（修正案）》，其中第二条规定："中国人民银行在国务院领导下，制定和实施货币政策，对金融业实施监督管理。"第五条规定："中国人民银行就年度货币供应量、利率、汇率和国务院规定的其他重要事项做出的决定，报国务院批准后执行。"第七条规定："中国人民银行在执行货币政策，履行职责，开展业务时，不受地方政府、各级政府部门、社会团体和个人的干涉。"因此，作为国务院的一个职能部门，中国人民银行具有一定的独立性，即独立于财政部门和地方政府。同时，中国人民银行新的职能正式表述为"制定和执行货币政策，防范和化解金融风险，维护金融稳定"。自此，我国首次以法律的形式正式提出金融稳定的概念，标志着中国人民银行职能从微观金融风险监管向宏观金融风险监管的转变。

近年来，中国人民银行在维护金融稳定方面作出了许多努力，但也面临着一些困难与挑战。第一，现有关于中国人民银行履行金融稳定职能的法律规定过于原则化，尚未形成细化的、具有可操作性的规章制度或执行流程。如果人民银行能够探究建立一套适合中国国情的监测和分析金融风险，评估和判断金融稳定形势，采取预防、救助和处置措施等的理论体系及操作框架，其维护金融稳定的效果必将更加有效。第二，与其他部门之间的协调机制尚未形成有效的制度安排，各方在维护金融稳定中的职责界定仍不十分明确，可能出现空白地带或交叉监管的问题。第三，缺乏有效的存款保险和市场退出机制安排，导致问题金融机构的内部风险累积加剧，增加了系统不稳定因素和脆弱性。现实中，很少有金融机构因经营风险问题被勒令退市，对此应该有一个更加明确和有力的规定。

在当前格局下，银监会、证监会、保监会各司其职，互有侧重，构成了中国金融分业监管的主体。总体上，这种格局与我国现行分业经营制度是相适应的，但随着金融行业对外开放和内部变革的加速，现有监管模式面临着诸多挑战。第一，金融控股公司对分业监管模式的挑战。为了应对激烈的市场竞争，金融机构千方百计规避金融管制、创新业务领域，金融控股公司的诞生正适应了这种需要。通过机构和业务的融合，金融控股公司在硬件资源、金融产品等方面实现资源共享和优势互补，产生了一种巨大的协同效应优势，使金融服务水平得到提升，但同时也增加了控股公司在组织结构、内部控制、关联交易等方面的复杂性。因此，金融控股公司是规避合法监管的典型案例，对其监管所遇到的问题，在目前的分业监管体制下具有代表性和普遍性。第二，分业监管与多头监管并存的问题，典型案例仍是对金融控股公司的监管问题。金融控股公司要同时接受国家审计署、财政部、税务局以及"一行三会"的监管，尽管各家监管的内容各有侧重，但大都围绕资产质量、财务、利润、风险等关键词。这时，分业监管就会遭遇多头监管问题：各监管部门由于监管目标不同，手段不一，自成体系，缺乏协调，难以形成统一的制度性框架，从而对金融稳定运行造成不利影响。

二　财政部门在维护金融稳定中的作用

当金融机构出现巨额亏损而无法通过市场机制自行解决时，就需要政府动用财政资源来弥补市场机制的不足。我国财政部及其派出机构在维护金融稳定中一直发挥着重要作用，但相对于"一行三会"而言，财政在维护金融稳定中的定位、职能、手段等都相对比较模糊。近年来，随着经济增长和财政收入的增长，财政部采取了多种措施，为维护金融稳定提供了有力的财政保障。具体来说，①1997 年开始加快国有商业银行呆账冲销，同时改革提取和冲销银行呆账准备金的方法，改变商业银行应收未收利息的计收年限。②1998 年商业银行和其持股的证券公司、信托投资公司脱钩，其股权采取无偿划拨的方式；同时，财政部发行特种国债 2700 亿元，用以充实四大国有商业银行的资本金。③1999 年开始实行新的贷款资产分类方法，由原来的"一逾两呆"改为五级分类法；成立四家资产管理公司，剥离国有商业银行不良资产 1.4 亿元；在金融机构重组方面，财政部采取了多种形式的资助和救援措施。随着我国经济快速增长和中央财政收入的不断增加，在当前国际金融危机的背景下，财政部门有必要也有能力继续采取措施，通过多种财政政策的联合实施为金融稳定提供强大的财政保障。

三　地方政府在维护金融稳定中的作用

地方政府在维护金融稳定方面的作用主要体现在引导、组织和协调政府的司法机关、金融服务部门或主管部门与金融监管部门开展合作，形成协防、共管机制。无论是从眼前还是长远，从局部还是从全局来看，"一行三会"和地方政府的根本利益都是一致的。然而，虽然对当地金融法人机构和异地金融法人机构的监管都是由国家金融监管部门的派出机构统一实施，但各类金融企业又是依托、扎根和融合在当地经济环境之中。因此，受到地方政府的干预总是免不了的。但问题在于：对于金融监管机构而言，风险控制是硬约束，经济发展是软约束，而对于地方政府而言则刚好相反。所以，部分地方政府过度追求经济金融的繁荣发展，对必要的金融风险防范却不够重视，这在客观上为地方金融机构的违规行为提供了方便，同时使地方金融机构形成金融风险的累聚。地方政府不需要对国有商业银行的最终风险负责，因此往往利用政府权威指示或干预商业银行定向发放人情贷款、政府形象工程贷款，甚至不惜违规运作。近年来，随着《商业银行法》等法律法规的先后实施，地方政府对大型金融企业的直接干预受到了极大的抑制，但是如何规制地方政府对地方金融机构如城市商业银行、农村合作银行、农村信用社、担保公司等的直接干预还是一个挑战。

第六节　加强政府维护金融稳定的能力建设

一　立足国内现实，设计涵盖预警、监控、预防和补救等在内的金融稳定机制

从美国金融危机的经验教训可以看出，良好的制度安排是维护金融稳定的重中之重。构建金融稳定长效机制，必须设计好事前预警、日常监控、危机预防和危机补救等内容，才能真正做到化危机为转机。我国曾较为成功地抵御了 20 世纪 90 年末的亚洲金融风暴，如今政府也正在努力应对当前的金融危机。我们还需要进一步细化防范机制，比如在金融危机的预警机制方面不能仅停留在简单的数据分析上，还要将其进一步指标化和数量化；进一步

研究防范金融风险财政化的具体实施办法，严格救助或国有化的条件，让财政对有关金融风险的救助更加公开、透明和有效率。同时，在金融全球化和一体化的环境中，政府部门要时时关注国际经济金融发展趋势，争取在国际舞台上的话语权和主动权。本轮金融危机爆发后，中国人民银行、财政部的高级官员适时提出对国际货币体系改革的呼声和要求是有必要的，这种声音应当越来越多、越来越响。因为只有消除当前国际货币体系中的不合理因素，建立更加合理、平等的国际货币体系和国际金融新秩序，才能减少发展中国家的损失，并有效防止危机的快速传播。

二　充分发挥中国人民银行维护金融稳定的作用

最后贷款人制度安排对维护金融稳定能够发挥一定的作用，但当前还存在再贷款标准不明确以及缺乏配套措施的问题，导致实践中对大多数濒危金融机构都实行贷款援助支持，很少有金融机构清退出市。这在客观上纵容了银行等金融机构过度从事高风险的活动，导致道德风险和逆向选择的加剧，从而累计了金融不稳定的因素。中国人民银行在行使最后贷款人职能时应注意两点：①制定再贷款条件的决策标准。应当明确再贷款的条件，细化到条文和具体情况；改变商业银行出现问题总能得到央行支持的历史经验；鼓励金融机构依靠自身经营管理、资本管理和风险管理水平来抵御可能出现的金融风险；将不符合救助条件、情况极差的金融机构进行包括退出在内的合理处置。②构建多级维稳框架，积极发挥层级效应，实现区域与全局稳定的有效互动与监测。中国人民银行可根据维护地区金融稳定的职能要求，合理划分总行和各级分支机构在危机救助中的职责，建立起合理分工、高效协作的组织框架和职能体系，对运用再贷款、动用存款准备金的权限可依据数额大小在总分支行间进行划分，以把握救助时机，降低拖延成本，最大限度地防止危机蔓延和减轻存款人的损失，防止单个银行危机演变为系统性危机。

三　建立金融稳定协调机制，完善金融监管模式

当前，我国金融业全球化的广度与深度相对有限，金融混业的规模和比例还较小，银行业、证券业和保险业中独立的金融机构占绝大多数，完全突破分业界限的交叉业务也不多。因此，分业监管仍应是我国金融监管的主

流。但是，随着金融创新步伐的加快，金融机构的混业经营业务逐步增加，这些都对当前的分业监管模式提出了挑战。对此可以采取如下两项措施。

第一，明确中国人民银行为金融稳定协调机构主体，并赋予相应的协调权。在我国出现混业经营而又实施分业监管的条件下，为最大程度避免监管的重叠与真空，有效防止金融风险的相互传染和扩散，各监管部门之间以及监管部门与中央银行和政府部门之间，必须加强协调配合。尤为重要的是，要明确中国人民银行是金融稳定的维护者，并在金融稳定协调委员会中占主导地位，具有协调金融稳定的权力。

第二，建立信息共享机制和工作沟通制度，实现金融调控与审慎监管有机结合。"一行三会"应建立信息共享机制，根据工作需要，通过一定的载体和形式及时了解、掌握金融机构监管相互间情况，沟通金融监管相关工作和监管信息。"三会"定期向中国人民银行送达监管领域内的各种信息，以便中国人民银行能随时查阅各类金融机构最新的经营状况、历史违法违规情况及处理情况；中国人民银行应向金融监管部门通报国家货币政策和金融宏观调控方面的政策措施以及经济运行情况；各职能部门可根据监管工作需要，相互间适时借阅、查询有关金融信息资料，及时了解和掌握相关金融机构监管情况。在此基础上，讨论分析金融市场监管过程中面临的问题，研究解决监管工作和金融机构在业务创新中出现的相互交叉渗透的风险问题；商定具体工作合作事宜，搞好对金融机构跨业经营监管的协调，建立应对不同类型、范围和程度的金融风险的快速反应机制，共同制定应急处置预案。通过这些措施，实现金融调控与审慎监管的有机结合，共同提高监管效率和风险防范预警水平。

四　加强对涉外金融机构和外资金融机构的监管

随着外资金融机构的大量进入和我国金融机构国际化进度的加快，对于我国金融机构在国外设立分支机构和在我国的外资金融机构应加强监管。对于我国金融机构在国外设立分支机构，金融监管当局应采取的对策包括：加强与国外金融监管机构的合作；严格境外设立分支机构的审批制度，对境外设立分支机构进行全面评估；加强对国内金融机构总部的监管，促使其总部对国外的分支机构进行有效控制和管理。针对在我国开展业务的外资金融机构应采取的对策包括：通过与国外金融监管当局签订双边和多边协议，建立定期联系制度以强化监管；建立一套科学的监测指标体系和外资金融机构资信等级的评定标准；完善对外资金融机构监管的法律体系，提高监管的有效性和权威性；加强跨境金融监管的合作。根据巴塞尔资本协议的相关规定，对于跨境银行，母国监管当局和东道国监管当局应该进行合理的监管分工和合作。通常，母国监管当局负责对其资本充足性、最终清偿能力等实施监管，东道国监管当局负责对其所在地分支机构的资产质量、内部管理和流动性等实施监管。因此，两国监管当局要就监管的目标、原则、标准、内容、方法以及实际监管中发现的问题进行协商和定期交流。

五　加强监管者的组织能力建设，培养现代监管人员

作为现代监管者，任何一个层次监管者的组织能力的建设都是至关重要的（何德旭等，2004）。因此，监管者必须在"独善其身"上下工夫——建立明确的激励、约束机制和透明、严谨的工作程序，完善相应的信息支持系统，开拓同公众有效沟通的渠道，努力提高员工的素质。应当说，监管在我国还是一个新兴的管理领域，其从业人员必须经过严格的训练和筛选才能够胜任监管工作。因此，政府应该积极开展专业化监管职业的培训，并制定相应的监管机构人事制度，建立知识结构完善、具有竞争性的和激励相容的人事聘用机制，培养一批具备经济、金融、法律、公共行政管理、会计和审计等系统知识背景的员工。

六　充分发挥行业组织自律和社会力量的监督作用，探索构建社会化的监管模式

所谓社会化的监管模式，主要是指利用社会各方的力量参与对金融机构经营管理活动的监管工作。其中，最重要的是充分发挥自律组织和社会中介等非政府监管主体的作用，形成良好的金融自律机制。我国已经相继成立了一系列银行、证券、保险等领域的同业自律组织，但其职能定位、工作方式等许多方面都没有明确的规定，缺乏对金融市场的自律监管职能。下一步应加快"建章立制"，完善行业组织的组织机构建设、同业公约及规章，以及检查披露制度及奖惩制度。同时要充分发挥社会监督的作用，一是发挥社会

中介机构（如会计事务所、审计事务所、资产评估事务所）的审计监督作用，提高信息披露和资产评估的真实性和权威性；二是加强媒体监督，鼓励和利用媒体的曝光功能，进行监督和揭露违规违法及腐败行为；三是发挥投资人、债权人等市场参与者的监督约束作用。

第七节　进一步完善地方政府金融管理体制

地方政府金融管理体制，即地方政府介入金融资源配置的制度设计[①]，在中央、地方政府分权及政府主导经济发展[②]这一特定语境下，与经济增长速度与质量并重。然而，恰如诺斯悖论所言，当前地方政府金融管理体制在促进地方经济发展的同时，更存在由于不恰当的过分干预或管制造成的金融体系与实际经济两者相互制约、相互羁绊、同时滞后的现象。而地方政府金融管理体制本身，也是权力博弈与行政掣肘同在，监管真空与职能重叠并存。在当前亟待转变经济增长方式、调整产业结构的形势下，理顺地方政府金融管理体制已迫在眉睫。为此，党的十七届五中全会通过的《关于制定国民经济与社会发展第十二个五年规划的建议》中，首次明确提出要"完善地方政府金融管理体制"。由是，厘清当下地方政府金融管理体制存在的问题及其根源，探讨如何完善地方政府金融管理体制成为当前亟待解决的重要问题。

一　地方政府参与金融管理的成效与隐忧

由于金融资源是经济发展不可或缺的增值要素（曾康霖，2005），地方政府内在地具有主导金融资源配置的强烈动机。[③] 然而长期以来，我国金融管理权都高度集中于中央政府手中，地方政府并不具备金融管理的职能。随着我

---

　　①　本书对地方政府金融管理体制的界定，基于 Booth 和 Currie（2003）、Kammel（2006）对金融市场管理的界定，后者是指基于修正市场缺陷及资源分配不公的需要，而由公共部门干预经济事务。

　　②　韦森（2010）认为，改革开放 30 年来，政府在引入市场经济的同时，并没有从市场中退出，而是强势地参与市场。政府不仅指挥市场、驾驭市场、调控市场、命令市场，还直接参与市场运作。在他看来，一个强势政府主导甚至统驭市场的模式正在中国成型，政府主导市场的力量越来越强，卷入市场越来越深。http://www.caijing.com.cn/2010-04-09/110412911.html。

　　③　在齐斯曼（2009）概括的金融体系类型中，中国类似于第二种金融体系，即以信贷为基础，而关键价格却受到政府的管制。齐斯曼认为，这样的体系促进并鼓励政府对产业事务进行干预。

国经济体制改革的不断推进，在一系列的中央政府机构精简和行政审批权取消后，地方政府获得了更多的地方经济发展主导权和收益权，但既有的制度安排使得金融资源在地方和中央之间的分配主导权——如开办金融机构的审批权、金融机构业务范围的制定权，甚至包括金融机构信贷审批权限制度等依然掌控在中央政府手中。为了最大限度地获取和支配信贷资金，地方政府开始竭其所能谋求金融管理权，并通过竞相创设大量旨在为其提供融资服务的金融机构，而程度不同地获取了支配金融资源的权力。在政府主导经济改革与发展的情境下，金融体系配置资源的功能受到前所未有的重视，导致金融资源被异化为中央和地方政府的财政资金，金融业被异化为"第二财政"的特征日益明显。随着金融改革的不断深化，曾作为省、地（市）政府与部门利益实现工具的信托业及县、乡以下政府介入的农村合作基金先后被整顿或取缔，而与此同时银行体系逐步推进垂直化的管理体制改革，地方政府与当地国有银行分支机构的纽带进一步被削弱，但地方 GDP 指标仍是地方政府政绩最重要的考核指标。在这种情况下，地方政府逐步放弃直接从国有银行体系夺取资源，而转为通过协助、纵容或默许辖区内企业的"逃、废债"行为等来间接争夺国有商业银行的金融资源，同时利用城市商业银行改制的机会控制地方金融资源，作为其对国有银行资源需求的替代。部分地方政府不得不打破原有的狭隘地方边界①，以获得更多的金融资源控制权。近年来，地方政府对金融资源的诉求与争夺更趋激烈，地方政府也经历了一个由不计后果攫取金融资源，把不良包袱甩给中央，再到通过优化金融生态，打造金融中心等涵养金融资源的变化，金融分支机构的设立、新机构的组建无不遭遇到前所未有的"政策利好"，而以地方法规、红头文件等形式做大当地金融，成为地方官员逐渐达成的共识。至此，地方政府直接构成了创新金融组织、产品形态，改变金融结构和金融管理、运行格局，进而影响或改变金融发展路径和效率的显著因素，地方政府在金融资源配置中的作用逐步得到强化。

（一）地方政府介入金融管理的正面效应

作为沟通上层结构（国家）的制度供给与下层结构（社会）的制度创

---

① 例如，2006 年，在天津市政府的支持下，渤海银行正式挂牌；2005 年 8 月 13 日，大连实德集团签约认购银川市商业银行第二次增资扩股中发行的 6600 万股，投资总金额为人民币 8250 万元。

新需求的中间环节，地方政府可通过体制创新来界定金融产权。① 从实践来看，近年来，地方政府金融协调机构除做好地方金融发展整体规划工作外，还在大力发展地方金融机构、引导和发展金融产业、建立地方信用体系、构建金融生态环境、规范驻地金融机构行为、化解金融风险等方面做出了不可替代的突出贡献。

第一，完善金融运行环境，促进地方经济发展。为了吸引更多的金融机构进驻和更多的资金流入本地区，地方政府采取多种措施加强政策环境建设。一方面，加强金融生态建设，推进区域金融一体化②，化解地方金融风险③，推动本地区信用环境的建设，协助银行或金融资产管理公司加快处置本地企业不良资产，改善企业财务结构，提高甚至激活企业融资能力。以城市商业银行为例，进入 2000 年后，各级地方政府为化解城市商业银行风险，付出成本接近 1000 亿元，使全国城市商业银行不良贷款率从高峰时期四级分类的 30% 降至现在五级分类的 5% 以下，资本充足率从负数提升到 8% 以上（唐双宁，2009）。事实上，早在改革初期，乡镇政府在企业的资金来源上就扮演了担保人的角色，从而有力地促进了乡镇企业的发展（马戎、王汉生、刘世定，1994）。另一方面，地方政府采取多种措施加强政策环境建设。地方政府通过推动地区信用环境建设、协助银行或金融资产管理公司加快处理企业不良资产、加快政策环境建设等具体方式加强了金融生态建设，对完善金融运行环境，构建统一高效的金融市场体系，保证金融安全有十分重要的作用（李海平、蒋欢，2008）。

第二，促进金融市场结构优化。地方政府之间对于金融资源的竞争激发了各地区经济发展的积极性，推动了一系列旨在降低交易成本促进经济增长

---

① 例如，殷德生（2001）认为，有激励与有能力创设地方性金融安排的地方，其经济发展水平较高，市场范围也较大，从而改变了这些地方在国有金融安排占垄断地位的情况下因国有银行的存差效应而使金融资源的配置无法达到帕累托最优状态的情形。

② 例如，2010 年 12 月 22 日，四川成都、德阳、绵阳、遂宁、乐山、雅安、眉山、资阳八地金融工作办公室在成都签署了《成都经济区金融合作备忘录》（简称《备忘录》）。按照该《备忘录》，从 22 日起，八个城市在金融管理、金融机构、金融市场、金融业务和金融生态环境建设等领域 21 个方面展开的金融合作正式启动，推动成都经济区金融一体化进程。http://news.zgjrw.com/News/20101224/city/535326013300.shtml。

③ 具体实例，可参见刘昆、纪家琪《广东省化解地方金融风险回顾及启示》，《金融研究》2002 年第 8 期。

的制度性创新；同时地方政府介入信用中介增加了银行和经济主体的交易效率。另外，地方政府在竞争中大力发展地方金融机构，在一定程度上促进了金融竞争和中国银行市场结构的优化，改善了银行体系的整体效率（王恒，2010）。

第三，降低中央政府直接控制金融的成本。中央政府直接控制金融的成本主要有：①支付的信息和监控成本；②国有金融组织相对增多的经营费用；③低效率配置金融资源的损失；④增多的不良资产损失（政策性呆账和非正常的商业性呆账）（林波，2000）。从实践来看，基层的金融监管工作如果没有地方政府的密切配合，也会遇到很大的困难，而地方政府参与金融资源配置则有助于降低中央政府控制金融的成本。例如，在渝富模式下，地方政府出资组建的资产管理公司成为债权人、债务人和地方政府之间的桥梁，以此承担了部分改革成本。[①]

（二）　地方政府介入金融资源配置的负面效应

地方政府为推动地方经济发展而过度金融化，将储蓄转化为投资的功能的同时，也导致对金融支持经济发展功能的片面化认识，而忽略金融市场的均衡发展和金融生态环境建设。其可能的负面效应主要体现在如下三点。

第一，削弱货币政策执行效果。地方政府的金融资源控制权加大，固然有利于"调动地方积极性"，但也必然削弱中央宏观调控的力度。在地方政府追求任期内 GDP 和财政收入最大化的强烈偏好下，地方政府具有强烈的争取金融资源、推动经济扩张的动机，而缺乏主动收缩调节的动力。反映在地方金融管理方面，表现为对中央金融政策特别是货币政策实施选择性配合：对宽松性货币政策的配合度与积极性远高于紧缩性货币政策，也即通常所说的"遇到绿灯赶快走，遇到红灯绕着走"。这种地方与中央的金融博弈，在相当程度上抵消了货币政策的执行效果，加大了经济金融运行的波动风险，增加宏观调控和维护金融稳定的运行成本。有研究表明，地方政府对金融发展的不当干预致使货币政策传导效率在发生机制的终端丧失了 30%（张永波，2010）。

第二，影响金融稳定。地方政府竞相利用其政治影响向金融机构施加压

---

① 详细论述，可参见陆磊《改革成本分担、地方政府融资与资产泡沫》，《财经》2006 年第 7 期。

力，如滥用行政权力对商业银行或金融机构开展税费及各类执法检查，迫使银行妥协于地方政府的某种目的；或对地方企业各种逃避银行债务的不法行为持默许态度，暗中给逃债企业撑腰，致使银行的资产不能保全；[①] 或运用调配财政事业单位存款等行政资源诱使银行就范，中央银行驻地方的代表们很难抵御地方的需求，而最终形成"地方分支银行对地方政府一定程度上的实际隶属"以及地方金融资产质量的下降。不仅如此，为应对美国金融危机，地方政府过度举债，滥用地方信贷资源。地方经济超速增长导致城市建设资金需求激增，现有城市建设投融资的界定不确定，因此大量投资回报不确定的城市建设项目必然成为财政性融资对象，地方政府不得不承担城市建设大部分的资金供给。上述行为的直接后果就是，一旦地方政府债务负担超过地方财政实际支付能力，必然导致金融风险。

第三，损害金融市场效率。地方政府介入金融资源配置后，过分追求本地区经济增长速度，投资偏爱那些花钱少、见效快、周期短的项目，且多存在力挺本地上市融资，政府在地方信用体系建设过程的不恰当行为。这虽然推动了各地区经济发展，却导致了总体金融资源的不良配置和效率损失（何风隽，2005）。不仅如此，地方政府通过行政命令，阻碍信贷资金在商业银行内部统一调度和地区之间横向流动，人为地制造市场封锁和地区分割，形成地方保护主义，影响金融资源的配置效率和金融业的发展活力。同时这种区域金融的分割使地方政府与中央政府目标函数存在差异，进而影响金融宏观控制的效果（王恒，2010）。在许多地区出现的不同规模与类型的金融市场，都在很大程度上带有地方政府塑造的痕迹，且只具有省级或地区规模，彼此间的联系极少，由此导致金融资源的地方分割配置状态。陈烨（2007）对湖南武陵地区的调查则发现，地方政府在介入农村金融资源配置时，农村金融制度创新的路径依赖、农村金融渐进式

---

① 根据周小川（2004）的分析，各地政府的不良决策曾造成接近30%的银行不良资产。参见人民网2004年4月21日，http://www.people.com.cn/GB/jingji/1040/2459998.html。另一个辅证是，银行不良资产率高低的分布呈现出明显的地域特征（易纲，2003）。东部沿海（上海、浙江与苏南等地）普遍优于中西部地区，中西部地区在以下几个方面亟待改善：一是经济市场化程度不高，政府干预经济较多，地方保护主义倾向较严重；二是地方政府债务负担沉重，地区金融部门独立性不强；三是法制建设相对滞后，特别是产权保护意识薄弱、执法难问题突出；四是社会诚信文化较薄弱；五是金融违规现象比较严重（中国社会科学院金融研究所，2005）。

增量改革的"不虞效应"①、正式金融安排对非正式金融安排的"挤出效应"、融资的"马太效应"和贫富两极分化以及金融风险积聚等现象使得政府的干预超越了"市场失灵"领域，扭曲了配置机制而无助于配置效率的提高。

"十二五"规划提出，要"放宽市场准入"，支持更多民间资本进入金融服务等领域；"深化农村信用社改革，鼓励有条件的地区以县为单位建立社区银行，发展农村小型金融组织和小额信贷，健全农业保险制度，改善农村金融服务"。由此不难预见，我国金融地方化的趋势将日益明显。鉴于地方政府介入金融资源配置的两面性，有必要厘清地方政府金融管理现状及存在的问题，为完善地方金融管理体制、发挥地方政府金融管理的积极作用奠定基础。

二　地方政府金融管理体制：现状及问题

（一）当前地方政府管理金融资源的主要形式

我国地方政府参与金融资源配置存在地区差异，但主要形式大致相同，可分为显性管理与隐性干预两大类。

1. 显性管理地方金融资源

为吸引更多的金融机构进驻和更多的资金流入本地区，一些地方政府设立了专门机构负责地方金融资源统筹协调工作。自 2002 年上海市金融服务办公室成立以来，到 2009 年底，我国已有 26 个省级政府在 283 个地级以上城市中的 222 个成立了隶属于政府的金融协调机构，一些县市政府甚至区级政府也成立了相应的机构（张建森、吴智慧，2011）。大部分机构的名称是 XX（地区）金融工作办公室，也有称金融服务办公室或金融管理局的。在 2008—2009 年地方政府机构改革时期，各地方政府金融办公室的机构职能、部门内设和人员编制有了较大的扩充，一些地方政府金融办公室从政府办公厅、财政厅（局）、发改委等下属部门独立出来，成为政府直属机关。从省一级的金融工作办公室的职能设置看，主要承担五个方面工作：一是配合协助国家货币政策的贯彻落实，加大金融业对地方经济

---

① 不虞效应，表示意外发现的原来根本没有去追求的结果，所做的事情是事与愿违的。不虞效应的本质就是：凡有作为，如果控制不当，必然适得其反。

和社会发展的支持；二是拟定全省金融发展规划，协调金融资源优化配置，促进金融业发展；三是协调组织对地方金融机构的管理；四是组织协调金融风险监测防范与化解，维护金融秩序，开展生态环境建设；五是承担地方企业股份制改造、上市公司培育及规范发展方面相关工作。各市、县金融办公室的基本职能与此相近。地方政府金融办公室除了向地方政府提交区内金融产业发展规划，提出金融发展方面政策建议，协助中资、外资及外地金融机构在区内健康发展之外，它的另一项重要职能是"主动协调中央监管部门，完善相应监管制度，建立金融风险预警系统，提高金融风险意识和防范能力"。除金融办公室外，还有多个部门承担具体的金融管理职能。如省级信用联社受省政府委托，对农村合作金融机构行使管理指导、协调和服务的职能；省、市国资委对同级的信托公司行使出资人和监管职能；典当行的管理由经贸委负责（地市级为其下属的商贸局负责）；融资性担保公司管理由中小企业局负责。在某种程度上，地方金融管理机构弥补了"一行三会"的监管真空[①]（例如，对股权投资、私募基金、产权交易所、小额贷款公司、融资性担保公司等准金融机构的产业监管）。

近年来，地方政府金融管理的工作重点主要包括如下四个方面。

其一，扶持地方金融机构[②]。改革开放以来，地方政府一直致力于加强本地金融机构的建设，尤其是城市商业银行和农村信用社的建设。在推进本地金融机构整合特别是推动城商行上市方面，地方政府具有极高的积极性。例如，继徽商银行、江苏银行、吉林银行成立之后，各地纷纷加快了省级商行的组建步伐，如湖南省政府引进中国华融资产管理公司作为战略投资者，对湘潭、株洲、衡阳、岳阳4市商业银行和邵阳市城市信用社改革重组而成

[①] 我国的"一行三会"对地方准金融机构并没有进行直接的监管，从而使得地方金融办公室有了对地方准金融行业发展进行监管的必要性。根据《融资性担保公司管理暂行办法》和《关于小额贷款公司试点的指导意见》等文件精神，目前我国各地小额贷款公司和担保公司的监管部门是"省、自治区、直辖市人民政府确定的负责监督管理本辖区融资性担保公司的部门"，通常都是省级或市级金融办公室。而对股权投资机构，大部分城市并没有对其进行监管，只有北京、上海、天津三个城市出台相关规定，对于注册为合伙制基金的股权投资机构由金融办公室进行相关监管。

[②] 地方金融机构是一个相对于全国性金融机构的概念，指为了地方或区域的经济发展并为地方居民或地方企业提供金融服务的金融机构，包括由地方政府、经济组织和居民个人组成的地方（区域）性商业银行、证券公司、信用社、信托、租赁、典当等各种金融性组织的总称。

的华融湘江银行，已于 2010 年 10 月 12 日开业，其市场定位明确界定为
"服务地方经济、服务中小企业、服务省会百姓"。在湖北省政府主导下，
宜昌、襄樊、黄石、荆州、孝感 5 家城市商业银行合并重组设立湖北银行股
份有限公司。而地方政府对 "嫡系" 金融机构的支持也可谓不遗余力。当
地方金融企业到了破产的边缘时，地方政府往往会从维护地方稳定的角度出
发积极做工作，如北京市政府有关部门对农村合作基金会清理整顿，对京华
信托行政清算，对北京证券、华夏证券重组等。

　　其二，设立地方融资平台。近年来，我国地方政府融资平台呈现高速增
长态势。特别是 2009 年以来，推动辖内金融机构向地方融资平台提供资金成
为地方金融管理的重要内容，地方融资平台贷款占新增中长期贷款的 30% 以
上。截至 2010 年 6 月，各类政府融资平台贷款余额约为 7.66 万亿元，全国四
级政府融资平台超过 8000 家。总体看来，在地方政府缺乏规范的融资渠道，
基础设施建设资金不足的情况下，通过地方政府融资平台公司，把银行资金
优势、政府信用优势和市场力量结合起来，支持薄弱环节发展，对促进地方
经济发展，特别是在加强基础设施建设方面发挥了一定的积极作用。但与此
同时，也出现了诸如融资平台公司举债融资规模增长过快、运作不够规范、
地方政府违规或变相提供担保、偿债风险加大等需要关注的问题。①

　　其三，加大金融业发展的软硬件建设力度。一方面，地方政府致力于通
过建立金融功能区、举办金融论坛或金融投资理财博览会等活动营造舆论氛
围、建立金融机构后台服务支持体系（如吸引金融机构建设或租用呼叫中
心、信息交换与处理中心、客户服务中心、技术支持中心）等措施优化金
融业发展环境；另一方面，着力于制定吸引金融机构的优惠政策②，包括对

---

　　①　银监会的数据显示，截至 2010 年 6 月，地方政府融资平台贷款 7.66 万亿元中，贷款项目现金
流能够覆盖贷款本息的约有 2 万亿元，占全部政府融资平台贷款的 27%，可认作完全正常的融资平台贷
款；第二类是第一还款来源不足，必须依靠第二还款来源才能覆盖贷款本息的，有 4 万亿元左右，占比
50%；第三类为项目借款主体不合规，财政担保不合规，或本期偿还有严重风险（贷款挪用和贷款做资
本金）的贷款，占比 23%。

　　②　例如，在北京市有关部门 2005 年初出台的《关于促进首都金融产业发展的意见》中，对新设在
北京和新迁入北京的金融企业给予 500 万元至 1000 万元的资金补贴；金融企业购房享受每平方米 1000
元、租房享受累计一年租金的财政补贴；金融企业高级管理人员享受最高 30 万元的退税；金融企业员工
住房公积金提取比例不受国家规定的上限的限制、户口进京、子女就学享受优惠政策等。

金融机构给予一次性奖励或补贴、办公场所补贴、税收优惠，针对金融机构高级管理人员或业务骨干给予个人所得税优惠和住房补贴，设立奖项①鼓励金融机构支持地方经济发展等，降低金融机构营运成本，引导金融资源流入当地。

其四，推进地方多层次投融资市场建设。包括鼓励企业通过发行股票和债券进行直接融资，视融资额对上市企业在不同阶段分别给予相应的奖励，鼓励和引导产业投资基金和风险投资等准金融机构的设立和发展等。一些地方政府还通过提升地方产权市场，积极拓展建立全国代办股份转让系统试点等方式，努力发展多层次资本市场体系。

应当指出的是，尽管各地金融办公室在履行其规划、服务、协调和监管职能时取得了诸多成效，但地方金融发展与经济发展脱节的突出矛盾并未得到有效解决。目前我国大多地方政府金融办公室不具有人事权、执法权和资金调配权等行政权力，对金融机构的约束力不强，导致其所能发挥的作用较为有限。

2. 隐性干预具体金融业务

随着金融改革的深化，地方政府对具体金融业务的直接行政干预明显减少，但与此同时，隐性干预现象仍然存在，并有加剧趋势。所谓隐性干预，指的是地方政府不直接以行政命令的形式指挥金融机构按其偏好发放贷款，而是仍然凭借其强有力的行政权力和政治影响，通过规劝、诱导、诱使甚至施加压力的方式，间接影响金融机构的信贷决策和经营行为，以达到服务于本地企业和经济增长的目的（王自力，2007）。当地方决策的一些项目不能通过正常渠道得到资金支持时，政府就会运用行政手段，命令某些政府能够控制的金融机构为这些项目提供资金支持。正如吴敬琏（2008）所指出的，"各级政府依然掌握着信贷资源的配置权力"。一些地方政府利用手中掌握的资源如财政性存款、重大项目金融服务、财政性资金补贴等对金融机构进行"诱导性"干预，促使当地金融机构增加对地方政府所推荐的行业和项

---

　　① 例如，深圳对参与本地风险性金融机构重组及其后续资金注入的金融机构给予一次性奖励，最高可达 500 万元；成都对增加年贷款余额的金融机构，对其高级管理人员予以奖励，其中特别支持对中小企业贷款余额的增加。深圳还首先设立了金融创新奖，最高奖励可达 100 万元，其后上海、苏州、大连、青岛也相继推出了类似奖项。

目的投入。甚至通过选择性执法等手段，对"不听话"的金融机构进行环境干扰（刘煜辉、沈可挺，2008）。而通常地方政府所极力推荐的行业，并非是基于地区专业化分工和比较优势的内在要求，而是能在短期内为 GDP 和地方财政收入作较大贡献的行业，往往是一些高污染、高耗能和资源消耗型的重化工业项目和产能过剩行业。在部分地区，银行维护债权诉讼胜诉率、胜诉后执行率双低，与地方政府的保护主义有很大关系。而过于希望金融机构能为本地区的经济和社会发展服务，更令地方政府有意限制金融机构的跨境发展。地方政府往往要求银行在本地区广泛设立分支机构，以服务当地，或明或暗地阻挠金融机构的跨境经营。除此之外，地方政府的隐性金融干预行为还表现在以开展金融单位评比为诱饵，诱导金融机构加大对本地区的服务力度；大搞地方金融规划，对金融机构的发展提出目标要求等。从长期来看，这种地方政府对金融业务的隐性干预，扭曲了资金的市场化配置，损害了资源配置效率和金融市场定价机制，并加剧了金融领域的寻租行为。

（二）当前地方政府金融管理存在的主要问题

1. 地方金融管理部门职能边界模糊

地方政府金融办公室发展参差不齐，一些省份甚至没有可以指导和规划金融发展的专门机构；与金融相关的地方政府机构名称不统一、职能不明确、地位不对等；多个部门承担具体金融管理职能。一个关键的问题在于，地方金融管理部门的职能究竟是应该着眼于防范金融风险、维护地方金融稳定，还是促进地方融资？目前，各地金融办公室的"三定"方案中或是明确包含[①]或是实际上承担了促进地方融资[②]的职能，但这和金融办公室逐步纳入的金融监管职能之间的冲突显而易见——从促进地方经济发展的"大义"出发，金融办公室不顾违规的"小节"。2009 年，河北农信社系统动用397.5 亿元资金，违规为地方融资平台提供项目资本金，背后的推手之一正是河北省金融办公室。而在融资性担保业的监管上，金融办公室面临的职能

[①] 如北京市金融局的职能就包括："参与研究制订政府重大项目融资方案；协调金融机构综合运用各种金融工具和平台，为首都经济建设尤其是重点工程、主导产业、重要区域和中小企业发展提供融资支持服务。"

[②] 如各地每年一次的全省（市）金融工作会，核心议题之一就是敦促各银行向总行争取更多的信贷额度，多在当地投放贷款。

冲突更大。担保公司归金融办公室监管，而担保公司是一个融资增信机构，政府控股的担保公司可能被金融办公室拿来为地方融资平台贷款服务，且违规担保行为难以被发现。调查发现，广西、四川、北京等地的数家政府控制的担保公司有违规向地方融资平台担保"输血"的行为（张一舟，2010）。另外，由于中央要求地方政府要对地方金融机构的风险负总责，尽管银监会大力促进小额贷款公司等小型金融组织的成立，并为地方政府提供监管和管理方面的指导，但地方政府在实际操作中均比较保守。为降低风险，地方政府有意提高小额贷款公司等小型金融组织的准入门槛（不少省份将小额贷款公司注册资金底线提高了一倍以上），并增加审批难度，从而阻碍了小型金融组织的发展。

地方金融管理部门职能边界不清晰，还直接导致了地方金融管理的真空与重叠并存。例如，对于农村信用联社的管理，金融监管部门以及省、市、县三级政府均可不同程度地对其经营管理进行干预；而对于市、县两级的证券机构和保险机构，既无当地监管部门管理，各级地方政府也基本不对其进行管理。在这种管理真空与管理重叠并存的情况下，地方金融管理的效率与效果很难得保证。

地方金融管理部门职能边界的模糊在一定程度上也使得"一行三会"的监管权威在基层受到挑战。由于金融办公室代表地方政府行事，俨然当地的"金融监管委员会"、"一行三会"的派出机构虽然不归地方政府领导，但在开展工作时必须得到地方政府配合，反倒常常要仰仗金融办公室的鼻息。不仅如此，一些省份的金融办公室还充当了地方金融国资委的角色，控制地方金融机构的人事任免，继而对地方金融机构的日常经营施加影响，俨然一个"超级大股东"，使得董事会成为摆设，削弱了公司治理，而这恰与中央政府改革金融机构的思路背道而驰。

2. 隐性干预大于显性管理

在当前地方金融管理体制中，尚存在一些管理真空。例如，农信社管理体制中，省联社兼政府管理平台和法人实体为一体，政企不分；新成立的准金融机构监管不明确，审批的部门不监管，负责管理的部门又不审批；一些地方银行、农信社发行理财产品，并游离于表外，其风险难以有效监控。管理真空的存在，加上地方政府金融管理职能边界的模糊以及对提高本地经济增长绩效的渴望，一些省份为了发展地方经济，与金融机构建立了密切的联系。他们往往采取各类优惠的措施，吸引金融机构入驻，例如给予一定的奖金奖励和税收减免等。有时当银行需要拉存款时，会找到政府领导来协调。当企业需要贷款而银行不愿贷时，往往会求助政府去向银行疏通关系，政府领导会从中间多方撮合。政府有时还会为本地企业贷款提供担保性质的证明。如此一来，本应是金融机构与企业间的自由信贷契约，演变为以政府意志而非基于经济效益最大化原则的合约。这些做法无疑干预了金融机构的正常经营，削弱了金融机构的独立性。

3. 大部分地方金融机构经营管理质量堪虞

资产质量不高是许多地方性金融机构都存在的问题。地方性金融机构不良资产的形成比全国性金融机构更复杂，除掺杂了对部分国有经济的支持成分和自身经营失误外，政策变迁、地方性行政干预及吸收合并城市信用社和部分农村基金会也是其中的重要因素。[①] 地方性金融控股公司控股的大多是地方性金融机构，这些金融机构原组建或挂靠的单位大多是地方政府的机关或组织，免不了与地方政府有千丝万缕的联系。多数地方法人金融机构都有政府参股，而地方政府是在行政管理与行使出资人权利中职能混淆，既当运动员又当裁判员、损害其他股东利益和破坏市场公平竞争秩序的现象时有发生。个别地方金融机构对大股东发放关系贷款、违规提供担保等，甚至将金融业务变为利益输送的工具。农村信用社等股份合作制金融机构由于股份分散，加之偏离合作制初衷，中小股东难以实施有效监督管理，所有者缺位和内部人控制现象较为严重。

4. 地方政府信用在很大程度上存在过度透支现象

由于缺乏国家级的主力型政策性金融机构，地方层面产生了大量的非规范的政策性融资平台。目前，地方政府融资平台贷款普遍存在短贷长用、流贷固用、此贷彼用、实贷空用等问题，而与此相对应的，是政府偿债能力脆

---

① 地方政府对城市商业银行资源的侵占结果是，2003 年，全国 110 家城市商业银行中，73% 的银行利润为零，不少银行技术上已破产，一些银行不良率高达 50% 以上，单一客户贷款率高达惊人的上千倍，110 家银行中没有一家银行资产利润率超过 1%。转引自：巴曙松、刘孝红、牛播坤《转型时期中国金融体系中的地方治理与银行改革的互动研究》，《金融研究》2005 年第 5 期。

弱（贷款规模高于财政收入，风险敞口较大）、风险缓释手段贫弱（多为信用贷款，抵质押物变现能力较差）、合规操作方面薄弱（主要是政府提供担保和人大出具的决议）、谈判议价能力微弱、系统风险控制较弱（大量的平台贷款与土地财政密不可分）等不容忽视的风险。[①]

值得警惕的是，地方融资平台的大量出现，在支持地方经济发展的同时，也带来了很多问题，"财政信贷化"使得地方政府直接参与金融资源竞争，对民间投资产生了一定的挤出效应。特别是从长期看，在货币政策宽松时，以政府信用为基础的"银政合作"推动信贷资金快速流入地方融资平台，使国有部门投资增长大幅领先于民间部门，而一旦货币政策收紧，由于地方融资平台项目体量大、期限长，在短期内难以压缩贷款，金融机构很可能将回收贷款的压力转到贷款期限较短的民营中小企业，造成信贷领域的"国进民退"。此外，由于地方融资平台的还款来源主要是公用事业收费和土地转让等非税性收入，地方政府为扩大和维持其信用规模，存在着推高公用事业收费和房地产价格的动机，将对货币政策形成倒逼，导致未来控制通胀的难度增加。

三　地方政府金融管理体制缺损的主要原因

从全国范围来看，发达地区的地方政府与欠发达地区的地方政府金融管理体制存在差异，其管理重点也有所不同。例如，天津、杭州、济南、重庆等经济比较发达的省会城市，地方政府强调为本地经济发展提供金融支持，同时引导资金流入本地区，直接为经济发展提供融资服务，其目标是建设区域金融中心，在发展金融服务业的同时，为本区域内经济发展提供直接的金融支持；不发达地区的县域经济参与区域金融发展的动机最为单纯，即为本地企业争取更多的银行贷款（李海平、蒋欢，2008）。但总体而言，地方政府金融管理体制的缺损，均不同程度地受到以下因素的影响。

（一）GDP 锦标赛官员考核机制

地方政府片面追求 GDP 的政绩考核导向，是导致地方政府金融管理体

---

① 参看柳立《着眼"十二五"规划完善地方政府金融管理体制》中对天津银监局副局长王俊寿的采访，《金融时报》2010 年 12 月 13 日，http://finance.stockstar.com/JL2010121300000700.shtml。

制缺损的重要原因。长期以来，我国政府发展经济的目标是多重的，但首要目标是确保经济增长，其他的目标主要包括中央和地方财政收入的增长率、CPI、城镇登记人口失业率、节能减排、教育、卫生医疗、社会保障、促进消费、缩小城乡差距、发展中西部地区等。尽管这些目标都很重要，但实际执行的结果往往是 GDP 和财政收入都超额完成了，其他指标却年年欠账。"把 GDP 的增长作为各级政府政绩的主要标志，不光在党政机关考核干部时如此，社会舆论也是如此。整个社会形成了这样一种观念"（吴敬链，2008）。地方官员的升迁竞争主要表现为地方政绩竞争，地方政绩竞争主要表现为经济增长竞争，经济增长竞争主要表现为投资竞争，投资竞争主要表现为金融资源竞争。因为对于地方政府而言，不论是短期目标还是中期规划，其实现都必然需要资金的支持。通过对当地金融机构施加影响和压力，从而在地方建设资金调度上实现指哪儿打哪儿，对于以 GDP 为业绩标准的地方政府来说，是"最有效率"的发展和保护地方经济的资源配置方式，也是地方政府不断努力拓展其金融资源控制权的最主要动机。这种金融资源控制权既包括开设金融机构的权力，还包括对现有金融机构的经营行为施加影响的能力，通常体现在政府对金融机构人事权和股权的安排上。不仅如此，GDP 锦标赛的重要特征是一个官员的晋升机会直接降低另一个官员的晋升机会，这使得同时处于政治和经济双重竞争中的地方官员在其成本允许的情况下，通过设置要素流动壁垒、分割市场来阻碍其竞争对手的发展，从而导致区域金融资源的配置低效。对政绩的片面追求同时还使得一些地方政府金融工作目标脱离地方实际，热衷于通过补贴、高管所得税减免、子女上市优惠等政策吸引金融机构，建设金融中心，"在很多地方，地方政府的力量没有使到正确的地方，在浪费时间、精力和资源"①。

（二）地方政府财权、事权不对等

分税制下地方政府财权、事权不对等②诱发中央和地方、上级和下级政

---

① 引自世界银行东亚与太平洋金融发展局首席金融专家王君 2010 年 10 月 31 日在全国金融办发展论坛上的发言，http：//news. zgjrw. com/News/20101031/ceforum/713584152201. shtml。
② 据统计，1995—2008 年，地方财政收入占国家财政总收入的比重平均为 47%，但却承担了国家财政总支出的 74%；特别是 2008 年底，全球金融危机后的 4 万亿元经济刺激计划，中央和地方政府分别承担 1. 18 万亿元和 2. 82 万亿元，而 2008 年全国地方财政总收入仅为 2. 77 万亿元。

府间的机会主义博弈，以及转轨时期"弱财政、强金融"（周立，2003）的格局，是地方政府介入金融资源配置的重要原因。近年来，随着我国金融体制改革的不断深化，"一行三会"和国有金融机构均强化了纵向垂直管理体制。在这种垂直管理的过程中，面向地方政府和区域金融产业发展的矛盾开始越来越突出，这些矛盾正在成为中央金融监管和金融产业发展鞭长莫及的问题。一是由于四大国有商业银行机构撤并、权力上收导致地方金融服务越来越薄弱；二是中央金融监管部门对地方分支行彻底垂直领导并定位于金融监管后，地方金融产业发展和金融服务越来越不匹配。这种格局客观上将地方推到了一个无所适从、难以作为的尴尬境地，一方面地方政府要对地方区域范围内经济社会发展全面负责，但面对地方经济遭受信贷服务有效供给不足的困扰却无能为力、爱莫能助；另一方面地方政府虽然对地方金融问题缺乏发言权、更没有决策权，却不得不为确保一方金融安全承担"义不容辞"的责任。作为补救方式，在地方成立地方政府辖下的金融办公室，以协助中央加强对地方金融机构的监管成为必然。一方面，随着中央政府的事权下放，地方政府不仅要发展经济，还要承担教育、就业、"三农"等多项政策事务，更要对维护地方稳定负责，财政收入的滞后性与建设项目的资金需求之间存在"时间差"，银行过桥性融资就应运而生；另一方面，按市场化规则在全国范围分配金融资源的做法，往往导致金融资源流向富裕地区，贫穷地区的地方政府只能通过行政或者其他超经济手段对区域内的金融资源进行控制。而地方政府可以通过各种方法控制劳动力、土地等要素的价格，事实上也就掌握了对地区金融资源的配置权，因为土地、税收、市场准入等各种"花样翻新"的优惠政策，是当下银行最值得信赖的抵押物和政府担保。金融资源自然就因而服从于行政权力而配置，达成了资本与权力的结合。

（三）政策性金融式微，地方政府融资渠道狭窄

　　政策性金融式微、地方政府融资渠道狭窄，是地方政府金融管理体制缺损的另一个重要原因。由于缺乏国家级的主力型政策性金融机构（贾康，2010），在"三农"、中小企业融资、重要基础设施建设、区域协调发展、灾后重建、技术改造和自主创新等对国民经济发展、社会稳定具有重要意义的领域，正是需要政策性金融业务支撑的领域，却存在着大量资金供给缺口。而从融资渠道来看，目前，地方政府可以通过间接设立投资公司等方式，采用 BOT 或信托的方式对部分盈利性项目进行商业化融资，而对绝大部分公共品，因为赢利能力差、建设周期长、风险大，只能由地方政府承担。对于国外比较成熟的地方政府债券融资方式，《中华人民共和国预算法》第 28 条规定："地方各级预算按照量入为出、收支平衡的原则编制，不列赤字。除法律和国务院另有规定外，地方政府不得发行地方政府债券"。尽管 2009 年、2010 年财政部先后为地方政府代发了 4000 亿元地方债券，对地方政府发行债券的限制无疑影响到了地方债券发行规模和数量。在税收增长不足以满足地方需要、政策性金融式微、融资渠道狭窄的情况下，银行信贷成为产业金融体系的关键纽带，"厂商化的地方政府"（Local Governments as Enterprises）（Walder，1998）必然介入其中为整个体系提供支持，并通过行政选择来作出金融分配的决策。其结果是，地方经济发展对金融资源的需求未能通过有效渠道得以满足而产生强烈的资金饥渴，这种饥渴在 GDP 锦标赛、财权事权不对等、中国政策性金融的商业转向等因素的催化下，又进一步激化了地方政府对金融资源的激烈争夺。要解决上述问题，实现地方经济与金融的良性发展，无疑需要我们直面地方对金融资源的需求，完善地方政府金融管理体制，发挥地方政府参与金融资源配置方面的积极作用。

四 完善地方政府金融管理体制的若干设想

"十二五"规划强调要围绕经济增长方式的转变，促进经济结构的调整，促进产业结构的调整，促进城乡区域结构的调整，同时将加强改善民生和深化改革开放，加强区域合作。地方政府一方面要配合国家级区域发展规划要求，加强地方金融生态建设；另一方面，要以地方金融产业的规划和发展为主线，促进产业结构调整和增长方式的根本性转变。此间，完善地方政府金融管理体制举足轻重。而要完善地方政府金融管理体制，需要以推动金融资源的市场化配置为原则，建立金融机构服务所在地经济发展的制度保证，统筹地方经济发展与整体金融资源配置效率，实现三个方面的转变：一是由隐性干预向显性管理转变，实现这一转变，要求明确中央政府、地方政府、金融监管部门的职责分工，明确地方政府金融管理的行为边界，规范地方金融管理机构职能，建立健全对地方政府金融管理的监督激励机制；二是由主要依靠银行信贷向多元化融资方式转变，实现这一转变，要求发展多层次区域金融市场体系，建立市政债券市场，鼓励风险可控前提下的地方金融产品创新；三是由政府主导向市场导向与政府引导相结合转变，从直接的金融干预转变为以市场化手段间接引导金融资源的流向，实现这一转变，要求在为金融机构服务所在地经济发展提供制度保障的前提下，优化金融市场结构，引导民间资本投入地方金融。为此，当前应着力做好以下几项工作。

（一）树立科学合理的金融发展观，确定地方政府金融管理的行为边界

一是引导地方政府树立科学合理的金融发展观，将地方金融管理工作的重点从争取资金投入转向协调和服务，以市场化的金融资源配置为主导，不干涉资金在地区间的正常流动，不干预金融机构的具体业务操作，依据地区实际情况和经济发展规律制定本地区的金融业发展规划，充分吸收民间资金大力发展地方金融业，以市场为基础，以适当的政策倾斜引导金融资源流向经济发展水平较低的农村，提高金融服务均等化水平，协调城乡经济差距，维护地方金融秩序，着力加强地方金融生态和信用环境建设，为地方金融体系整体功能的发挥创造良好的外部条件。

二是对现有中央与地方的金融监管权限进行必要的重新划分，使中央和地方的金融监管权责基本对称。对全国性金融机构的地方营业分支机构的牌照发放权进行必要的分割，中央拥有机构的设立审批权，地方拥有机构入驻审批权，形成纵横结合、以纵为主的双层监管模式。同时将金融机构地方营业机构的营业税作为县市税收，由驻地根据金融服务状况决定是否进行优惠，促使驻地金融结构必须考虑揽储和放贷的平衡问题，从而保证地方的金融资源不被过度抽出。从美国的经验来看，美国州政府的金融职能通常包括制定并执行州一级的金融监管法案、负责州一级金融机构的注册管理事宜、监管金融机构合规运营、保护消费者权益、优化地方金融结构、地方金融运行信息披露以及维护地方金融稳定。鉴于"尽管中国有一个单一的政府体制，但政府间的财政安排呈现出强烈的联邦制特点"（黄佩华，2003），在完备相关法规及充分考虑避免监管恶性竞争、促进监管合作等制度建设的基础上，可参照美国的做法将一部分市场准入的金融管辖权下放至省级政府，同时赋予其相应的管理职责，既可缩短民间资本进入金融业的过程，又可维护金融体系的相对稳定。

　　三是理顺各方面关系，明确和落实各级政府和金融监管部门的职责。地方政府主要抓地方金融机构的改革发展、协调服务工作。金融监管部门主要是搞好监管。在改革发展和协调服务中，只要不违反有关金融法规和金融政策，各种做法都允许存在。确立地方政府与地方金融机构之间的政企关系性质，地方政府着眼于服务，保护地方金融机构合法权益，催生地方金融业商会、协会，在地方金融机构改革基本到位后交由金融业商会、协会沟通协调地方政府与金融机构之间的关系，地方政府金融管理机构协助金融监管部门保持对金融业商会、协会的指导与监督。金融监管部门要正确行使监管权，专门监管地方金融机构的资产质量、资本充足率、市场准入和退出、认证从业人员资格和地方金融机构的合法、合规经营等。

（二）建立健全激励约束机制，合理引导地方政府金融管理行为

　　一是建立金融机构服务所在地经济发展的制度保证，通过改革信贷资金管理体制，明确规定金融机构必须把一定比例以上的可用资金用于当地经济发展，明确规定不同类型金融机构的业务范围和服务区域，促使国有商业银行、股份制商业银行等金融机构改革经营管理体制等方式，同时还应全面落实创立新型金融主体的政策法规，为金融资源服务本地经济提供制度保障。

　　二是从宏观审慎角度出发，完善政府预算管理，合理控制地方信用规模。引导地方政府结合当地经济发展目标、投资计划与本级财力进行科学预算，编制政府的"资产负债表"，准确测算"债务率"、"偿债率"等指标，尤其是风险意识和偿债意愿的树立与强化，实现项目平衡、土地平衡和资金平衡。与此同时，地方政府应科学评估地方可用财力，合理控制地方信用规模，切实防范融资平台风险，避免与民争利、与民争贷现象。金融监管部门要运用逆周期监管手段，积极提示并化解各地类似融资平台这样的"个体理性引发集体非理性"现象，纠正"市场失灵"问题，并督促金融机构要依据"风险为本"和"合规至上"的原则，"适度、适宜、适量"的参与到政府背景的企业或平台融资中去，确保支持发展与风险控制有机统一。

　　三是要建立完善地方政府金融管理体制所需的法律制度。完善地方政府金融管理体制，首先要做到法律护航。我国现行的《预算法》、《税法》等已经事过境迁，急需对部分条款进行修订，以顺应形势的需要。比如，可以允许地方政府通过发行债券和向银行贷款进行适当负债，科学界定事权与财权，既约束他们的投资冲动和融资偏好，也要引领他们做好政府应该干的事。

四是弱化地方政府过度追求 GDP 的制度激励，规避政府投资被特定利益或狭隘利益俘获的风险。在考核地方政府和官员绩效时，应加大对社会发展程度、居民幸福指数、环境保护、生态平衡等指标的考核权重，不仅要考核经济发展，更要考核社会发展、社会稳定和社会和谐，促使政府职能从直接从事经济活动向提供公共服务转变。

（三）规范地方金融管理机构职能，提高其专业化、市场化水平

一是明确在各级政府设立地方金融管理办公室，其职能明确界定为制定地方金融产业发展总体规划；指导地方性金融机构改革与发展，负责地方政府全资或部分出资的金融机构发展和改革方面的重大决策，负责新的地方性金融机构或非金融机构的组建的指导和协调等工作；推动地方信用体系的建立健全工作和金融生态建设；通过建立大金融稳定发展协调机制平台，建立地区性金融风险监测、风险预警和危机紧急干预机制，促进地方政府与基层央行、金融监管部门、金融机构的信息沟通和交流，提高金融风险意识和防范能力，共同应对金融运行中存在的问题。

二是强化金融办公室的管理职能，逐步剥离其融资职能，突出其稳定职能。在现行金融框架下，金融办公室的职能应该是配合"一行三会"做好金融监管，并负责部分"一行三会"无法覆盖的领域（如小额贷款公司、融资性担保公司）的监管，维护地方金融稳定、防范和协助"一行三会"化解地方金融风险。金融办公室现有的融资职能应该逐步剥离，而转由类似"投资促进委员会"的机构承担。与此同时，强化金融办公室的稳定职能，支持其建立健全金融稳定基金，用于金融机构的兼并、重组、救助和退出等金融风险处置，提升金融风险的规避与处置能力，促进地方金融机构发展。

三是加强金融办公室的管理制度建设，提高金融办公室的甄别能力、决策能力和协调能力。建立规范、有效的地方金融机构管理、监督体系，在赋予金融办公室一定行政权力（如在财政资金储蓄机构选择、重大工程融资机构选择、市属国有企业上市融资中介机构选择等方面的建议权，在市属金融机构人事任免、业绩考核等方面的评价权和对准金融业的行业监管权）的同时，促进其更多地采用经济的、法律的、市场化的手段管理地方金融机构，监督其合法经营，防止出现违法经营及其他危害地方金融安全的行为。政府有股权的地方金融机构，可以通过派出董事和监事办法管理和监督金融机构合法合规经营，实行严格的经营责任制，在改革产权制度、完善经营者离任审计制度、年度财务审计制度和重大事项审计制度的基础上逐步完善地方金融机构监督机制。政府没有股权的地方金融机构，可以通过党的组织关系以及外部监管手段进行监管。建立地方金融机构的进入、退出机制，清理整顿不合格地方金融机构，搞好存量改革，改革现有机构，重视增量发展，采取切实措施，让符合条件的地方金融机构进入市场，发展壮大。

（四）建立多元化多层次区域金融市场体系，拓宽地方政府融资渠道

目前我国大部分地区的资本市场发展滞后，融资方式过于依赖银行体系，风险过于集中在银行，加大了金融体系的脆弱性，也不利于金融整体功能的发挥。因此地方政府应在促进区域融资结构多元化上下工夫，大力发展创业投资①和多元化多层次资本市场体系，建立更多的中小间接类融资机构，缓解中小企业融资难的压力；推动与金融相关的服务业大力发展，降低企业与金融机构之间的交易成本；同时进一步提高直接融资比重，推动辖内企业通过股票上市、发行债券、资产证券化、发行产业基金、BT 或 BOT 模式、引入风险投资等方式进行融资。特别地，从美、日、德、法等发达国家的经验来看，地方债券市场是地方政府融资的重要途径和资本市场的有机成分，在这些国家的经济发展尤其是地方经济发展中发挥着十分重要的作用，因而要在继续完善中央代理发行地方政府债券制度的基础上，积极探索建立符合我国国情的地方公共机构债券融资制度，发展地方公共机构债券市场，以正面回应地方城市化的正常融资需求，为地方政府及其附属机构提供规范的融资渠道，避免各种难以监管的非规范融资埋下各种风险隐患，在有力支

---

①　国外经验表明，创业投资、证券市场等新兴资本市场比较适合风险比较高且分布不均衡的新兴产业的柔性生产，有利于推动创新和新兴产业发展。我国改革开放以来的经验也表明，现阶段的金融体系对大规模基础设施和一般性产业发展项目支持比较有效，但对技术创新、中小企业发展相对不利，中小企业尤其是高新技术创业企业融资难问题一直是我国长期存在的突出问题。"十二五"时期，随着我国劳动力供求关系的变化和"人口红利"的逐渐消减，对创新红利的需求将逐步得到重视，对创业投资等创新金融服务的需求也将随之增加，创业投资发展将迎来真正的历史机遇。

持城市化进程的同时，促进地方政府经济行为的合理化，为产业结构调整创造必要的条件。

（五）完善地方金融机构治理结构，增强其风险管控能力

对于现有的地方法人金融机构特别是政府参股的机构，应尽快完善其法人治理结构，明晰产权关系，保障其独立法人地位的长期稳定。并在此基础上引入适度的外部竞争压力和可持续的扶持政策，使内部人的权益与金融机构的长期利益紧密结合，强化激励约束机制，避免出现道德风险和逆向选择。对于各类新型金融机构和准金融机构，一方面要大力支持、鼓励组织创新；另一方面也要审慎管理。要不断完善管理细则，通过外部监管规范其经营，关注其成长过程中可能出现的风险。同时，加大监管力度，管理不能仅限于对其数据的掌握，更要通过实地的检查发现其经营中出现的违法违规行为，并督促其整改落实。

（六）推进政策性金融改革，优化社会资金配置总效率

深化政策性金融机构改革，提高政策性金融机构运作的专业化水平，逐步构建完善的政策性金融体系，动员、集中和拉动一部分金融资源，来满足"三农"、科技产业、中小企业、产业结构转型等特殊领域和特殊行业的资金需求，填充财政直接支出与商业性融资的"中间地带"，追求政府财力依托机制转换。针对"市场失灵"参与资金和资源配置，可以调动、发掘与后发优势和中国特色体制相关的各种潜力和要素。优化经济结构和提升发展质量，可以降低实现国家战略和政策目标的发展成本，优化社会资金配置总效率（贾康，2010）。

第十一章

全球经济失衡、主权财富
基金与金融稳定

2007 年全球金融危机以来，来自沙特、阿联酋、科威特、中国、新加坡的主权财富基金对花旗、摩根士丹利、美林证券、瑞银集团等金融机构的注资为全球金融市场的稳定做出了显著贡献，使得实际上已经存在了半个世纪但过去从未引人注目的主权财富基金（Sovereign Wealth Funds，SWFs）成为热点。但随着全球主权财富基金数量的快速增长，资产规模的急剧膨胀，主权财富基金的一些冒进投资和战略行为也对东道国及全球金融安全产生了一定的影响，如何在主权财富基金全球资产配置及东道国及全球金融安全之间寻找合适平衡点，以期实现多方的共赢，已成为国际社会共同关心的问题。

第一节　全球经济失衡与主权财富基金的崛起

全球经济失衡作为当前世界经济发展的重要特征，它的存在和演化极大地影响了世界经济体的发展态势。在全球经济失衡中，美国等发达国家的经常赤字迅速增长，相应积累了巨大的债务，而亚洲国家等新兴市场国家，以及 OPEC 成员国等持有大量贸易盈余，相应地积累了大量的外汇储备。全球经济失衡使新兴国家的外汇储备剧增，以外汇储备为资金来源的主权财富基金在此背景下迅速崛起。

一　全球经济失衡的主要表象及特征

全球经济失衡（Global Lmbalance）是国际货币基金组织总裁拉托于 2005 年 2 月 23 日在题为"纠正全球经济失衡——避免相互指责"的演讲中提出的一个新名词。该名词解释了全球经济发展中的这样一种现象：在全球经济范围内，发达国家长期存在着贸易逆差，而经济相对不发达国家长期存在着贸易顺差，事实上造成不发达国家在实物上"补贴"发达国家，并向其输出资本为特征的经济循环。

全球经济失衡的主要表现是外汇储备失衡。"二战"之后美国凭借其政治及经济优势，通过创制一整套规则（如关贸总协定、布雷顿森林体系）和一整套组织机构（世界货币基金组织、世界银行等），建立了美元霸权的全球经济体系，造就了美元的全球结算及储备货币地位。全球储备的币种结构没有显著变化，美元一直占据 2/3 强。但近十年来，持有储备的主体却出现了根本性的逆转。20 世纪 80 年代之前，全球储备主要集中在发达经济体尤其是日本、德国和法国，而在广大发展中国家，外汇储备几乎都不足以支撑外债负担，因此一度爆发了全球性的债务危机。但进入 21 世纪以后，全球外汇储备的主体结构发生了变化：从需要的角度来看，广大新兴市场国家的对外开放步伐日益加快，但他们所面临的国际金融环境和货币环境却因汇率等扰动而产生不稳定的因素。因此，发展中国家对国际储备货币需求强劲。从供给方面来看，虽然欧元在国际储备中逐渐占有的一席之地，但美元的强势地位并没有得到改变，美元的"恐怖平衡"仍然将维持相当大的一段时间，因此，美元在国际外汇储备中的垄断地位难以动摇。在此背景下，全球储备的份额越来越多地集中于新兴市场经济体，并以美元储备为主。而在发达国家中，除日本仍然是全球储备大国外，其他国家持有的储备都极少，与它们的全球经济地位极不相称。美国虽然是全球第一大经济体，但自 20 世纪 80 年代初期就开始出现经常项目赤字，尽管美国多次尝试通过美元贬值、减少财政开支及国际经济协调等方式来解决该问题，但实际效果并不佳，其经常账户的赤字问题不仅没有解决，赤字规模反而越来越大。因此，在今后相当长的一段时间内，全球外汇储备的这种不均衡发展态势将成为常态，这可以从最近国际货币基金组织的统计数据中可以得到确证（见表 11 - 1）。

表 11-1　全球外汇储备在工业化国家与发展中国家的分布

单位：万亿

	2008 年	2009 年	2010 年	2011 年	2012 年第一季度	2012 年第二季度
全球总外汇储备	4.847	5.481	6.298	6.972	7.064	7.266
发达工业国家	1.674	1.954	2.196	2.438	2.446	2.563
新兴国家与发展中国家	3.168	3.523	4.097	4.529	4.614	4.699

资料来源：国际货币基金组织（IMF）统计数据。

从表 11-1 的数据来看，目前在全球外汇储备中，发展中国家的外汇储备远远超过工业国家。2011 年末，我国外汇储备余额为 3.181 万亿美元，较第三季度末下降 205.5 亿美元。虽然外汇储备数量有所下降，但是仍可见数量与规模之庞大，已超过 3 万亿[①]。中国一个国家的外汇储备几乎等同于所有发达工业国家的外汇储备，这一现象标志着全球外汇储备失衡状况达到了极致。

二　新兴国家主权财富基金的兴起根源

全球经济失衡是战后美国体系发展的必然。20 世纪 90 年代后，美国转变了经济发展战略，将大量的制造业转移到新兴国家，而试图将美国本土打造成全球的金融中心。这种经济发展方式改变的后果是：一方面，美国本土的制造业远远落后于金融业的发展态势，成为全球最大的进口国；另一方面，新兴发展中国家则成为世界工厂，酿造了严重过剩的产能。最近十多年来，为维系美国体系的稳定，依靠美国家庭的巨大负债和透支消费，美国吸纳了全球庞大的产能，支持了全球市场体系的扩张。事实上，日本、新加坡等亚洲四小龙国家的成长正是全球经济失衡的直接后果，他们在发展过程中所积累的庞大过剩产能输送到美国，通过美元购买力而得到充分吸收，这不仅支持了美国体系中新成员的经济扩张，也使这个体系本身的边界大大扩展。而在中国、印度、俄罗斯等国加入这个体系之后，美国又充当了同样的角色（袁剑，2008）。中国、印度等新兴国家在向发达国家输出大量过剩产能的

---

① 数据参见《央行：2011 年我国外汇储备降至 3.181 万亿美元》，《中国日报网》2012 年 1 月 13 日。

同时，获取了外汇盈余的高速成长，这些国家央行里堆积如山的巨额美元就是全球经济发展这一历史路径的明证。

新兴发展中国家外汇储备的剧增，虽然提高了这些国家的抵御金融风险能力，但同时也带来了非常高的风险。首先，高额的外汇储备面临着贬值风险。在当前国际金融体系中，美元是全球储备及结算货币，为保持美元国际地位，美国必须保持财政赤字，随着新兴发展中国家外汇储备增加，美国财政赤字也将不断扩大，导致美元不断贬值，最后的结果是新兴发展中国家外汇资产缩水。在这个被称为"特里芬难题"的循环怪圈中，新兴发展中国家持有的外汇储备越多，面临的贬值风险越大。最终的结果是，新兴发展中国家以本国民众辛勤努力为代价换来了美国扩张的现时消费，留给自己却是不断缩水的外汇资产。[①] 其次，高额的外汇储备还会导致通货膨胀等经济问题（谢平、陈超，2009）。在国际贸易顺差的情况下，为维持汇率的稳定，很多新兴发展中国家由央行通过投放基础货币购入外汇而形成外汇储备。在这种情况下，外汇储备积累越多，央行被动地增加基础货币的投放越多，容易造成国内资产价格上涨、通货膨胀等经济问题，从而影响到储备持有国的金融稳定。[②] 为化解以上的外汇储备风险，近年来新兴国家积极改革了外汇储备管理方式，尝试在安全性和流动性的基础上追求外汇储备的赢利性。主权财富基金正是在此背景下迅速崛起，以外汇储备为主要资金来源的主权财富基金，旨在通过全球资产合理配置来实现外汇储备保值、增值目的。因此，追溯主权财富基金缘起的制度根源，它的崛起离不开美国双赤字、石油输出国和东亚出口国巨额外汇盈余、新兴经济体的整体崛起等世界经济发展新形势，实质是全球经济严重失衡的产物。

三　各国主权财富基金的崛起及现状

主权财富基金是指由各经济体中央政府或相对独立的地方政府行政当局

---

① 这一现象被称为"特里芬难题"，即任何一个国家的货币如果充当国际货币，则必然在货币币制稳定方面处于两难境地。

② 外汇储备主要有两种形成方式：一种是财政将盈余资金或通过发债筹集的资金委托央行购入外汇形成外汇储备，如美国、日本、新加坡等；另一种是像我国那样，由央行通过投放基础货币购入外汇形成外汇储备。

设立并管理的投资基金。主权财富基金的资金主要由一国政府通过特定税收与预算分配、可再生自然资源收入和国际收支盈余等方式积累形成的，由政府控制与支配，通常以外币形式持有。根据国际货币基金组织的研究，主权财富基金最早出现在 20 世纪 50 年代的基里巴斯，当时的行政当局设立过一支政府持有的收入均衡基金，被认为是主权财富基金的鼻祖。而至 20 世纪 70—80 年代，由于国际石油价格的暴涨，产生了大量的石油美元，为了管理不断膨胀的石油美元，阿联酋、沙特阿拉伯、科威特和卡塔尔等国家设立了专门的石油美元经营管理机构——投资局，这形成全球主权财富基金的第一次成立高峰。随后，全球各地的各国政府（或地区）纷纷利用石油收入或是贸易盈余设立了各自的主权财富基金。根据 2012 年 9 月国际主权财富基金研究机构（Sovereign Wealth Fund Institute）公布的数据，目前全球排名前 20 位的主权财富基金情况如表 11 - 2 所示。

表 11 - 2　当前世界排名前 20 位的主权财富基金

单位：十亿美元

国家（地区）	主权财富基金名称	规模	成立时间	资金来源	透明度指数
挪威	政府养老基金	656.2	1990	石油收入	10
阿拉伯联合酋长国—阿布扎比	阿布扎比投资局	627	1976	石油收入	5
中国	华安投资公司	567.9**	1997	非石油收入	4
沙特阿拉伯	沙特货币局外汇基金	532.8	未知	石油收入	4
中国	中国投资有限公司	482	2007	非石油收入	7
科威特	科威特投资局	296	1953	石油收入	6
中国香港	香港金融管理局	293.3	1993	非石油收入	8
新加坡	新加坡政府投资公司	247.5	1981	非石油收入	6
新加坡	淡马锡控股公司	157.5	1974	非石油收入	10
俄罗斯	国家福利基金	149.7*	2008	石油收入	5
中国	中国社保基金理事会	134.5	2000	非石油收入	5
卡塔尔	卡塔尔主权投资基金	115	2005	石油收入	5
澳大利亚	澳大利亚未来基金	78.2	2006	非石油收入	10
阿拉伯联合酋长国—迪拜	迪拜投资公司	70	2006	石油收入	4
阿拉伯联合酋长国—阿布扎比	国际石油投资公司	65.3	1984	石油收入	9

续表

国家（地区）	主权财富基金名称	规模	成立时间	资金来源	透明度指数
利比亚	利比亚投资局	65	2006	石油收入	1
哈萨克斯坦	国家基金	61.8	2000	石油收入	8
阿尔及利亚	国家管理基金	56.7	2000	石油收入	1
阿拉伯联合酋长国—阿布扎比	穆巴达拉发展公司	48.2	2002	石油收入	10
韩国	韩国投资公司	43	2005	非石油收入	9

资料来源：根据 SWF Institute 2012 年 9 月发布的数据整理而得。* 这个数据包括了俄罗斯石油平准基金；** 这个数据是最优的估计值。http：//www.swfinstitute.org/fund-rankings。

主权财富基金在全球崛起后，其规模日益扩大，影响力也日益增加（见表 11 - 3）。其资金来源以能源收入为主，地区来源以亚洲等新兴国家为主。根据美国主权财富基金研究 2010 年所发布的数据显示，SWFs 的资金 58% 来自石油和天然气；40% 来自亚洲，35% 来自中东，17% 来自欧洲，3% 来自美国，3% 来自非洲，2% 来自其他地区。最新的数据显示，2012 年 9 月，全球的主权财富基金规模达到 51350 亿美元，成为全球市场的重要投资力量。

表 11 - 3 2007 年第 3 季度—2012 年第 3 季度主权财富基金的市场规模

单位：十亿美元

2007.9	2007.12	2008.3	2008.6	2008.9	2008.12	2009.3	2009.6	2009.9	2009.12	2010.3
3265	3259	3427	3916	4054	4140	3749	3790	3914	4022	4052
2010.6	2010.9	2010.12	2011.3	2011.6	2011.9	2011.12	2012.3	2012.6	2012.9	2012.12
4107	4154	4551	4731	4847	4830	4995	4995	5019	5135	

资料来源：根据 SWF Institute 2012 年 9 月发布的数据整理而得。http：//www.swfinstitute.org/fund-rankings。

第二节 主权财富基金对全球金融稳定的影响

以亚洲和中东等新兴发展中国家和地区为主力的主权财富基金规模的日益膨胀，也带动了新一轮投资热潮的涌动，世界各国的主权财富基金近年来将巨额外汇储备投向全球不同国家地区的不同经济领域，带来了国际间资本的大规模流动，对国际金融形势产生了不可估量的重要影响。

一　主权财富基金对全球金融稳定的贡献

（一）主权财富基金引领了全球金融资本的循环流动

主权财富基金缘起于全球经济失衡，但同时它也是维系全球经济失衡状态的重要力量。当前世界经济失衡的状态之所以能够得到延续，很大程度上依赖于新兴经济体、资源丰裕国家等国际收支盈余方与美国等国际收支赤字方之间的资金回流。在美国体系的扩张中，新兴国家积累了大量的外汇储备，为规避外汇储备的价格风险，同时也由于美国等发达的金融市场、美元的国际霸权地位等原因，盈余国家积累的巨额外汇储备通过投资美国国债等无风险资产流回了美国，弥补了美国的财政赤字和经常账户赤字。根据美国财政部公布的 2011 年的统计数据表明，截止到 2011 年末，美国国债的第一大持有国是中国，持有额为 1.1519 万亿美元；美国国债的第二大持有国是日本，其持有额为 1.0424 万亿美元；而巴西等发展中国家持有美国国债数量也在与日俱增，且巴西为美债世界第五大认购者。① 在美国国债的境外投资主体中，新兴国家央行、外汇储备管理局、主权财富基金是最主要的机构投资者，而主权财富基金又是这些外国官方投资机构中最具有代表性且迅速崛起的投资力量。以主权财富基金为代表的新兴发展中国家的新生代投资力量，将大量的外汇储备投资到美国等发达国家，引领了全球金融资本的循环流动，在世界经济失衡的持续中扮演了极为重要的角色（宋玉华、李峰，2009），对全球经济安全及金融稳定作出了重要的贡献。

（二）主权财富基金平抑了全球金融市场的流动性

2007 年美国次贷危机爆发，导致西方发达国家的流动性短缺和信贷紧缩，同时也使大量的金融机构破产及倒闭。发达国家政府可以通过注资来缓解流动性短缺，但对金融机构的亏损却有心无力。在全球金融危机中，新兴发展中国家的主权财富基金积极参与国际金融机构的注资，扩张了全球金融

---

① 资料来源：《2011 年各国持有美国国债排名》，《中国日报网》2012 年 4 月 5 日。

市场的流动性。根据媒体披露数据统计，2007—2008 年，主权财富基金注
入发达国家银行业的资金量高达近千亿美元，主要金融机构注资情况见表
11－4。主权财富基金对国际金融机构的注资，增强了有关金融机构的资本
缓冲，有助于降低金融机构的风险升水，至少是在短期，因为注资降低了银
行减少资产以维护资本的需要。另外，注资行为对提高市场信心也起到了一
定的作用，吸收了金融危机阶段市场的波动性，对全球金融体系的健康发展
产生了积极效应。但是由于受到金融危机的影响，主权财富基金对金融机构
的注资也使各大基金的业绩有所下降，已经公布 2011 年报的挪威政府养老
基金、阿布扎比投资局（ADIA）、新加坡淡马锡等多家主权财富基金显示业
绩均有不同程度下降。其中，挪威政府养老金 2011 年亏损 154 亿美元，投
资收益率为－2.5%，而 2010 年的收益率则是 9.6%。全球最大的主权财富
基金阿布扎比投资局 201i 年年报则显示，其 20 年年均收益率由 2010 年统
计的 7.6% 下降至最新统计的 6.9%。新加坡淡马锡截至 2012 年 3 月的财政
年度中，一年期股东总回报率由上一财年的 4.6% 下降为 1.5%（蒋飞、杨
倩雯，2012）。由于投资金融机构，造成投资业绩的下降，从 2009 年下半年

表 11－4　主权财富基金向主要国际金融机构的注资情况

单位：亿美元

时　间	主权财富基金机构	接受注资的金融机构	注　资
2007 年 6 月	中国投资有限公司	黑石公司	30
2007 年 7 月	新加坡淡马锡控股公司	巴克莱银行	30
2007 年 11 月	阿联酋阿布扎比投资局	花旗银行	75
2007 年 12 月	新加坡政府投资公司	瑞银集团	97.5
2007 年 12 月	中国投资有限公司	摩根斯坦利	50
2007 年 12 月	新加坡淡马锡控股公司	美林证券	44
2008 年 1 月	新加坡政府投资公司等	花旗银行	145
2008 年 1 月	韩国投资公司等	美林证券	66
2008 年 3 月	科威特投资局	美林证券	30
2008 年 11 月	新加坡淡马锡控股公司	渣打银行	5.42
2008 年 11 月	阿联酋阿布扎比投资局	花旗银行	75
2008 年 12 月	中国投资有限公司	摩根士丹利	50

资料来源：根据中国证券网、东方财富网等公布数据整理而成。

开始，各主权财富基金逐渐减持金融机构股份，如 2009 年 12 月，科威特主权财富基金科威特投资局出售价值 41 亿美元的花旗集团股权；而卡塔尔主权投资基金则在同年 10 月份出售了价值 14 亿英镑的巴克莱集团（Barclays PLC）股票，获利约 6.1 亿英镑。主权财富基金逐渐淡出金融行业后，积极开拓新的投资领域，中东的主权财富基金和远东的主权财富基金在投资对象上发生了显著的区别，中东的基金似乎更青睐制造业，而远东的基金更倾向于新兴产业。从总体投资领域来看，越来越多的主权财富基金海外资产开始投资于能源、金属、农业以及私募股权基金，这些行业成为主权财富基金的重要投资领域。

（三）主权财富基金稀释了全球金融市场的价格波动

截止到 2012 年 9 月，全球各主权财富基金所持资产价值超过 5 万亿美元，其规模已经超过了全球对冲基金和私募基金的总量，成为跨境资本流动的主要力量和国际金融市场重要机构投资者。主权财富基金作为"国家资本主义"的代表，它的兴起改变了国际金融市场投资者的构成，打破了全球资本市场以私人参与者为主的基本结构，使公共部门（即国有投资者）在全球资本市场机构投资者中的地位迅速上升，促进了国际金融市场投资者构成的多元化发展。此外，由于主权财富基金资金来源的稳定性、长期性，它具有比传统基金更高的风险容忍度和回报目标。主权财富基金在投资战略上往往采用长期战略投资，摒弃"追涨杀跌"的羊群行为；而在投资策略上则以保守和谨慎为原则，并没有大量介入高风险的杠杆资产。因此，对于全球金融市场来说，主权财富基金是市场中的稳定剂，它的投资有助于加强市场的深度和广度，增强市场效率，稀释市场的价格波动。建立在商业原则之上的主权财富基金的跨境投资，更是带动了全球资产的合理流动及配置。

二　主权财富基金对金融市场的负面效应

（一）主权财富基金的示范效应和危机传染风险

虽然主权财富基金秉持长期持有的投资战略，与对冲基金等普通机构投资者不同，主权财富基金投资行为本身并不具备"羊群效应"。但考虑到主权财富基金日益庞大的投资规模，其投资行为对其他市场主体的影响不容忽视。由于主权财富基金拥有全球层面的充足资金、灵活的操作模式和追求最大收益的内在需求，它的投资行为具有极强的示范效应。主权财富基金实际发生交易或市场谣言都可能会对特定区域或部门的相关价格评估产生影响并引发其他投资者的"羊群效应"，增加市场的波动性，而且此种效应在缺乏深度的市场表现更为明显。在市场竞争加剧的氛围下，这种投资跟风行为还会传染到其他资产。在极端的情况下，甚至可能会导致部分国家和地区的金融产业崩溃，甚至对全球金融市场产生巨大的影响。如 1997 年发生的亚洲金融危机的始作俑者就是索罗斯的量子基金，随后大量对冲基金、投资基金介入助长了危机的蔓延，产业崩溃，最终从局部市场危机扩大到了全球金融市场（关雪、凌刘西，2008）。因此，主权财富基金是金融市场的一把双刃剑，在提升金融稳定的同时，也带来了大规模资金的暗流涌动，一旦其投资的示范效应引爆其他金融机构的"羊群效应"，则会给金融市场的稳定带来一定的负面影响。

（二）主权财富基金投资范围向高风险资产发展

长期以来，主权财富基金的主要投资组合始终是高信用等级的固定收益类产品及国际金融市场上公开交易的中等流动性权益工具，较少涉及股票投资，更绝少涉及私募股权投资。但近年来，主权财富基金的投资变得更为积极和更加多元化，其投资组合已经扩展到股票、房地产和私募股权等投资领域。如中国投资有限公司最近同美国投资公司——美国黑石集团及摩根士丹利联手，正在研究将投资领域扩大到对冲基金及私募股权基金。而韩国的主权财富基金——韩国投资公司（KIC）也计划加大对股市等领域的投资。KIC 资金规模高达 280 亿美元。运营资产的 9 成投在业绩优良的股票及债券上。2009 年 7 月，KIC 政府新增注资 30 亿美元，KIC 的投资方针是：20 亿美元投资到股票和债券，其余 10 亿美元投资到房地产、对冲基金、私募基金等（崔炯硕，2009）。由上可见，目前主权财富基金的投资组合风格开始转变，已开始涉水较高风险的投资领域以追逐较高的回报。由于投资组合中涵盖了部分高风险资产，这些资产的高杠杆倍率，使主权财富基金控制的资产蕴涵着高额投资风险，一旦这些资产出现问题，将会对东道国及全球的金融市场产生不可估量的影响。

（三）主权财富基金低透明度加深金融市场信息不对称

目前，主权财富基金有关宗旨、投资方向、操作与监控方面的透明度较低。从全球范围来看，具有较高透明度的主权财富基金只有少数几家，包括挪威政府石油基金、新加坡淡马锡控股公司、美国阿拉斯加永久储备基金等。这些基金主动披露投资规模、回报率和投资组合构成的具体信息。但更多的主权财富基金都保持着不同程度的隐蔽性，其中包括阿联酋阿布扎比投资局、科威特投资局和俄罗斯稳定基金等。主权财富基金的低透明度，引发了发达国家的金融保护主义，也是这些国家对主权财富基金充满戒心的主要原因。为维护全球金融稳定，国际社会一直致力于提高主权财富基金的透明度。在国际社会和东道国庞大的压力面前，主权财富基金面临双重两难选择，一是信息披露与主权财富基金母国经济安全之间的矛盾；二是信息披露与主权财富基金投资赢利性之间的矛盾。毕竟，信息披露标准过高，使其他市场参与者们能够得知主权财富基金的投资趋向，乃至具体的投资决策，将导致主权财富基金投资进入和退出的成本激增，从而实际上丧失赢利可能。基于以上原因，大部分主权财富基金仍然保持着较低的透明度，未将自身的投资行为过于暴露。具有国家主权背景的主权财富基金低透明度的事实，使国际社会及东道国很难及时监察其资金的流向，难以进行有效的风险防范，使国际金融市场的信息不对称进一步加剧，对全球金融市场的稳定构成了潜在的威胁。

第三节　金融稳定视角下的主权财富基金监管框架

近年随着全球经济失衡日益严重，新兴经济体主权财富基金的迅速崛起，给全球金融市场稳定带来了正反两方面效应。为引导主权财富基金趋利避害，在作出维护自身利益的投资决策的同时，也不会影响全球金融市场的稳定运行，需在金融稳定的视角下构建主权财富基金的国际监管框架。

一　明晰主权财富基金监管的核心原则

由于主权财富基金既是一国的企业法人，又是国际机构投资者，对其管制应兼顾国际经济法和国内商事法的原则。在国际经济法的基本原则中，对主权财富基金监管应兼顾平等互利原则、商业化原则和外部稳定原则。而在三项原则中，"外部稳定原则"应确立为主权财富基金监管的核心原则。外部稳定原则衍生于 IMF 的汇率政策监督原则①。IMF 在国际汇率监管框架中增加外部稳定原则，既是 IMF 自身角色转变的需要，也是对国际经济全球化事实的认同和应对。由于 IMF 在国际经济事务中的重要影响，外部稳定原则成为经济全球化背景下的重要国际经济法原则。基于金融市场稳定的考虑，外部稳定性原则应作为主权财富基金的核心监管原则。在主权财富基金的监管中，外部稳定原则应不限于汇率政策，还应将稳定的宏观环境和国际收支平衡作为其目标。该原则要求：主权财富基金在确定投资目标时应考虑该项目是否对东道国有益，不会对他国经济金融构成潜在冲击；主权财富基金在投资项目运作中应注意到对东道国经济的潜在影响，不应只考虑自身利润最大而对他国的行业或整体经济造成负面影响；主权财富基金在国际经济失衡时应充当稳定的力量，如在全球经济面临金融危机的严重影响下，主权财富基金向遭受重大损失的金融机构注资以稳定金融环境，应采取对外部稳定有利的投资行为（邓瑞平、詹才锋，2008）。

二　构建主权财富基金的国际规则体系

基于主权财富基金在全球资本跨境流动中的重要地位，其投资行为受到了东道国和国际社会的双重关注，对其监管也主要分为东道国和国际监管两大部分：一是在主权财富基金东道国监管方面，发达国家大都调整了外资投资政策，对主权财富基金以国家安全考虑为理由设置投资障碍，主要方式是对主权财富基金的投资比重加以限制，严格限制涉及国家安全与产业安全的投资。如 2007 年美国颁布了《外国投资和国家安全法》结束了联邦政府内部出于国家安全考虑，对外资在美投资和并购的"方式"和"度"的争论。该法案扩大了政府对计划在涉及美国国家安全和基础设施等经济和技术领域投资的外国公司的审查和管理权限。同时根据美国与新加坡政府投资公司、淡马锡控股公司、阿联酋主权投资基金的单独会议约定，于 2008 年 3 月 20 日，签订了《华盛顿约定》，加强了对主权财富基金的管制。此外，2008 年 6 月，经济合作与发展组织（OECD）发表了"经合组织关于主权财富基金

---

① 2007 年 6 月 IMF 通过的《双边监督决定》（取代了 1977 年的《汇率政策监督决定》）新增了汇率监督的一个核心原则，即"成员国应避免采用导致外部不稳定的汇率政策"的外部稳定原则。

及接受国方针的宣言"，作为主权财富基金投资接受国的行为准则。主要内容包括：一是要求投资接受国实现内外非歧视原则；但也提出如果主权财富基金投资是出于政治目的，对投资接受国会产生国家安全方面的疑虑，投资接受国有理由对主权财富基金的投资设置限制。该宣言秉承了 OECD 一贯的国际投资的各项原则精神，倡导国际投资中的内外非歧视原则、提高信息透明度、实施分阶段自由化等内容，是 OECD 将其国际投资接受国的行为准则在主权财富基金中的一个拓展（巴曙松，2009）。二是在主权财富基金的国际监管方面。2008 年 9 月，在 IMF 协调和支持下，代表全球 26 家主要基金的主权财富基金国际工作组就"公认的原则和行为"（GAPP）在于智利圣地亚哥召开的会议上达成初步协议，该协议被称作"圣地亚哥原则"，代表了在公开市场建立信任里程碑的"公认原则与规范"。圣地亚哥原则是一项由主权财富基金自愿遵守的行为准则。原则规定，主权财富基金应对接受投资国家所关心的领域作出公开的信息披露①；主权财富基金投资决定必须完全以经济考虑为基础，不受主权国政治因素的影响；主权财富基金应强调适当的申报机制、常年审计和专业及道德准则，增强主权财富基金对所属国家的责任（保尔森、苏伟迪、尚达曼，2008）。"圣地亚哥原则"的确立，标志着主权财富基金国际规则体系的初步成形，该原则重申了全球主权财富基金所担负的稳定全球金融市场的使命。为维护全球金融稳定和东道国经济安全，主权财富基金应自愿遵守"圣地亚哥原则"，保持投资目标的安全性、投资决策的独立性，公司治理的完善性、资本运作的透明性，使主权财富基金充当起全球金融市场的中流砥柱，保障国际资本跨境投资和流动的安全。

三　提高主权财富基金的运作透明度

主权财富基金已经成为国际金融市场上不可忽略的力量，但大多数主权财富基金的透明度非常低却是不争的事实，并已成为全球金融保护主义抬头的主要原因。对于主权财富基金的透明度问题，国际主权财富基金研究机构

---

① 包括主权财富基金政策目的和管理框架的清楚声明、投资策略、风险管理和其他有关的金融信息。

发布了有关国际主权财富基金监管透明度的评估方法，设置 Linaburg – Maduell 透明度指标来进行判断。该透明度指数是基于主权财富基金面向公众的十项重要原则进行编制的。国际主权财富基金研究机构对于透明度指标的最低要求是 8 分。具体的十项评价如表 11 – 5 所示。

表 11 – 5　Linaburg – Maduell 透明度指标评估办法

得分	Linaburg – Maduell 透明度指标评估办法
+ 1	完整地介绍基金创设历史、资金来源、所有者结构等
+ 1	主权财富基金提供及时的独立审计的年报
+ 1	主权财富基金提供关于公司持股比例、地理位置的相关信息
+ 1	主权财富基金提供总资产组合的市场价值、投资回报等
+ 1	主权财富基金提供关于公司道德准则制定及投资策略所遵守的相关原则
+ 1	主权财富基金说明清晰的投资策略和目的
+ 1	如果可行的话,主权财富基金介绍其相关分支机构和其联系信息
+ 1	如果可行的话,主权财富基金提供其外部管理人相关信息
+ 1	主权财富基金自行管理网站并且及时公布信息资料
+ 1	主权财富基金提供其办公地址与电话传真等联系信息

在 2012 年国际主权财富基金研究机构的透明度指标评分体系中，全球排名前 20 位的主权财富基金的透明度呈现两极分化的状态（见表 11 – 2）。有些主权财富基金的透明度非常高，如挪威政府养老基金、新加坡淡马锡控股公司、澳大利亚未来基金、阿布扎比穆巴达拉发展公司的透明度指数达到 10 分；超过 8 分的主权财富基金有 5 家，包括香港金融管理局、阿布扎比国际石油投资公司、哈萨克斯坦国家基金、韩国投资公司。而其余的主权财富基金均低于 8 分的标准值，部分主权财富基金的分值非常低，如利比亚投资局、阿尔及利亚国家管理基金的透明度指数为 1。由于部分主权财富基金透明度较低的问题，使东道国对主权财富基金的投资充满担心和疑虑，这也成为部分发达国家金融保护主义抬头的重要借口。因此，提高主权财富基金透明度，加强信息披露无疑是消除东道国和国际社会对主权财富基金隔阂的主要途径。

主权财富基金信息透明化，应本着维护母国公民利益，在保护东道国金融安全以及维护金融市场稳定等目标的基础上，遵循自愿披露原则，披露相关投资信息。从维护母国公民利益来看，应主要披露主权财富基金的资金来源及规模、公司内部治理结构、潜在投资风险和投资管理结果等，有助于母国民众了解主权财富基金的运营情况。从维护东道国金融安全来看，主权财富基金应向东道国公开其投资策略，包括资金积累和赎回的规则和投资目标，帮助东道国了解主权财富基金的风险容忍度、流动性要求、投资期限等重要信息，以获取东道国的信任，防止东道国以"国家安全"为由进行层层阻挠。从维护国际金融稳定的角度出发，主权财富基金应通过年报的形式向国际机构提供资产配置的相关信息，有助于这些国际机构宏观把握国际资本流向，把握全球金融格局，监控金融风险；此外，主权财富基金还应向国际机构提供其杠杆交易比例或至少公开其投资于对冲基金的比例，让国际社会和相关金融机构在知情的基础上评估交易风险，防范主权财富基金违约的现象发生（吕明、叶眉，2008），以维护全球金融市场的稳定。当然，值得欣喜的是目前各国主权财富基金已对透明度问题给予了高度关注，主权财富基金信息披露的透明度提高也不能一蹴而就，应由各SWFs结合本国实际情况，经过循序渐进的过程，逐步从低度透明过渡到中度透明、高度透明。

四　引导主权财富基金社会责任投资

社会责任投资（Socially Responsible Investments，SRI）是一种新的投资理念，也被称为"可持续和负责任的投资"，是一种基于环境准则、社会准则以及金钱回报的投资模式，通过投资者对财务、社会、环境的三重考虑，作出投资决策。社会责任投资与只考虑风险及报酬的传统投资方式不同，在投资对象的筛选中，特别注重社会、环境等企业社会责任的标准。它将投资目的和社会、环境以及伦理问题相统一，以股票投资、融资等形式为那些承担了社会责任的企业提供资金支持。全球的第一支社会责任性投资的基金——柏斯全球基金（Pax World Fund）出现在美国的越战期间。该基金在投资组合中排除了与越战有关的公司。而进入20世纪90年代以来，有关社会责任投资的研究和实践广泛开展。一般来说，社会责任投资的策略有三种：一是社会筛选。在这种方式下，投资人要根据财务绩效和社会绩效来选择投资目标，其中包括社会、环境、伦理等多个方面因素的考量。社会筛选方式包括积极筛选方式和消极筛选方式，积极筛选方式是一种正向选择，即选择那些产品、服务及经营方式对社会有积极贡献的企业；而消极筛选是一种逆向选择，即在投资项目的选择上避免投资于对社会造成伤害的公司。二是股东主张。该方式是指参与社会责任投资的投资者充分发挥其股东的权力，当公司拟发生违背社会责任的经营事件时，与公司管理者积极交涉谈判，必要时采取行动，影响并纠正公司的错误行为，以防止违背公司社会责任事件的发生。三是社区投资。是指来自社会责任投资的资金主要投资于传统金融服务难以覆盖的社区。如为中小微企业提供贷款资金，为弱势金融群体提供金融服务，为重要的社区服务提供金融支持等。

主权财富基金兴起以来，由于其规模庞大，且有国家主权背景，其投资策略和投资方向一直引人注目。因此，有些主权财富基金或为避免非议，或出于长远利益考虑，积极倡导社会责任投资。挪威、澳大利亚等国的主权财富基金在社会责任投资方面较有代表性。它们在作出投资决定时将社会责任性投资的标准纳入考虑范畴，将一些涉及军工、烟草等敏感行业和涉嫌破坏环境等敏感问题的公司排除在投资范围之外。在筛选投资对象时，选择那些在社区贡献、环境保护、国际人权、产品质量方面做得好的企业，排除与社会效益不符的公司和领域，并尽可能地促进公司治理的改进和完善，使那些更多地履行社会责任的公司和领域（如清洁能源、污染控制等行业）得到更好的发展。主权财富基金社会投资的这种"示范效应"不仅能有效引导企业改进公司治理、承担社会责任，而且对于整个社会的可持续发展也十分有益。大多数实证性研究成果说明，社会责任投资不仅能产生良好的社会效益，其投资的绩效也优于传统投资（虎岩，2008），并不与主权财富基金的商业运作的原则相背离。因此，为引导主权财富基金进行全球资产合理配置，防止主权财富基金过多介入风险资产及涉足东道国经济安全的敏感领域，建议 IMF 等国际金融机构提出主权财富基金的社会责任投资标准，引导其在投资决策时纳入社会责任投资标准，要求主权财富基金承担社会投资责任，促进全球经济的健康持续发展。

参考文献

英文文献

Abraham, J., "On the Use of a Cash Flow Time – Series to Measure Property Performance", *Journal of Real Estate Research* 11 (1996), 291 – 308.

Acharya, V. and Richardson, M., *Restoring Financial Stability: How to Repair a Failed System* (Hoboken, New Jersey: John Wiley & Sons, 2009).

Acharya, V., "Theory of Systemic Risk and Design of Prudential Bank Regulation", *Journal of Financial Stability* 5 (2009), 224 – 255.

Adam, "Financial Stability Indicators: Advantages and Disadvantages of Their Use in the Assessment of Financial System Stability", Prague Economic Papers 2, 2008.

Adrian, T. H. and Shin, S., "Liquidity and Leverage", Federal Reserve Bank of New York, Staff Report, No. 328, 2008.

Aghion, P. and Bolton, P., "A Theory of Trickle – Down Growth and Development with Debt Overhang", Unpublished, Nuffield College (Oxford) and LSE, 1993.

Aglietta, M. and Scialom, L., "A Systemic Approach to Financial Regulation: An European Perspective", Working Paper 2009 – 29, 2009.

Agur, I. and Demertzis, M., "A Model of Monetary Policy and Bank Risk Taking", Mimeo, Netherlands Bank, October, 2009.

Aharony, J. and Swary, I., "Contagion Effects of Bank Failures: Evidence from Capital Markets", *Journal of Business* 56（1983），305 – 322.

Akerlof, G. A. and Romer, P. M., "Looting: The Economic Underworld of Bankruptcy for Profit", *Brookings Papers on Economic Activity* 2（1993），1 – 73.

Allen F. and Gale, D., "Bubbles , Crises and Policy", *Oxford Review of Economic Policy* 15（1999），9 – 18.

Allen F. and Gale, D., "Financial Contagion", *The Journal of Political Economy* 108（2000），1 – 33.

Allen F. and Gale, D., "Financial Fragility, Liquidity and Asset Prices", Warton Financial Institutions Center Working Paper 2001 – 37 – B, 2001.

Allen F. and Gale, D., "Financial Fragility", Presented at the Cowles Foundation Conference on "The Future of American Banking: Historical, Theoretical, and Empirical Perspectives", and at the University of Iowa, Jan. 31, 2002.

Allen F. and Gale, D., "Optimal Financial Crisis", *The Journal of Finance* 53（1998），1245 – 1284.

Allen L. and Saunders, A., "Forbearance and Valuation of Deposit Insurance as a Callable Put", *Journal of Banking and Finance* 17（1993），629 – 643.

Allen, F and Gale, D., "Financial Market, Intermediaries and Intertemporal Smoothing", *Journal of Political Economics* 105（1997），523 – 546.

Allen, F. and Carletti, E., "Financial System: Shock Absorber or Amplifier?" BIS Working Paper No. 257, 2008.

Allen, F. and Gale, D., "Bubbles and Crises", *The Economic Journal* 11（2000），236 – 256.

Allen, F. and Gale, D., "Financial Intermediaries and Markets," *Econometrica* 72（2004），1023 – 1061.

Allen, F. and Gale, D., "Optimal Financial Crises", *Journal of Financial* 53（1998），1245 – 1284.

Angelini, P., Neri, S. and Panetta, F., "Grafting Macroprudential Policies in a Macroeconomic Framework: Choice of Optimal Instruments", Mimeo, Bancad' Italia, 2010.

Angeloni, I. and Faia, E. , "A Tale of Two Policies: Prudential Regulation and Monetary Policy with Fragile Banks", Kiel Working Papers No. 1569, Kiel Institute for the World Economy, 2009.

Angkinand A. and Wihlborg C. , "Deposit Insurance Ooverage, Ownership, and Banks' Risk-taking in Emerging markets, *Journal of International Money and Finance* 29 (2010), 252 – 274.

Anon, "Financial Asset Price Volatility: A Source of Instability?" *Global Financial Stability Report* 3 (2003), 62 – 88.

Aoki, K. , Proudman, J. and Vlieghe, G. , "House Prices, Consumption, and Monetary Policy: A Financial Accelerator Approach", *Journal of Financial Intermediation* 13 (2004), 414 – 435.

Atash, F. , "Local Land Use Regulations in the USA: A Study of Their Impacts on Housing Cost", *Land Use policy* 7 (1999), 231 – 242.

Bagehot W. , *Lombard Street: A Description of the Money Market* (London: H. S. King, 1873).

Baily, M. N. , Elmendorf, D. W. and Litan, R. E. , "The Great Credit Squeeze: How it Happened, How to Prevent Another", Brookings Institution Discussion Paper, 2008.

Bank of England, "Financial Stability Report", Jun. , 2009.

Bank of England, "The Role of Macroprudential Policy", Discussion Paper, 2009, http: //www. bankofengland. co. uk/publications/other/financialstability/ roleofmacroprudentialpolicy091121. pdf.

Barrell, R. , Davis, E. , Liadze, I. and Karim, D. , "Bank Regulation, Property Prices and Early Warning Systems for Banking Crises in OECD Countries", NIESR Working Paper 331, 2010.

Barro, R. J. and Gordon, D. B. , "A Positive Theory of Monetary Policy in a Natural-Rate Model", NBER Working Papers 0807, 1983.

Barth, J. , Bartholomew, P. and Bradley, M. , "Determinants of Thrift Institution Resolution Costs", *Journal of Finance* 45 (1990), 731 – 754.

Barth, J. , Bartholomew, P. , and Bradley, M. , "An Analysis of Thrift

Institution FailureCosts", Office of Thrift Supervision, Research Paper 89 – 03, 1989.

Barth, J., Caprio, G. and Levine, R., *Rethinking Bank Regulation: Tills Angel Govern* (New York: Cambridge University Press, 2006).

Bartholomew P., "The Cost of Forbearance during the Thrift Crisis", Congressional Budget Office Staff Memorandum, Washington D. C: CBO, 1991.

Bartholomew, P. and Whalen, G., "Fundamentals of Systemic Risk", *Banking, Financial Markets and Systemic Risk*; *ed. Kaufman, G.* (London: JAI Press, 1995).

Beau, D., Clerc, L. and Mojon, B., "Macro-prudential Policy and the Conduct of Monetary Policy", Mimeo, Banque de France, January, 2011.

Beck, R. and Fidora, M., "The Impact of Sovereign Wealth Funds on Global Financial Markets", SSRN 1144482, 2008.

Beck, T., Demirgüç – Kunt, A. and Levine, R., "Bank Concentration and Fragility: Impact and Mechanics", *The Risks of Financial Institutions*; *eds. Carey, M. and Stulz, R.*, (Chicago: University of Chicago Press, 2006b).

Beck, T., Demirgüç – Kunt, A. and Levine, R., "Bank Concentration, Competition, and Crises: First results", *Journal of Banking and Finance* 30 (2006a), 1581 – 1603.

Bell, S. and Quiggin, J., "Asset Price Instability and Policy Responses: The Legacy of Liberalisation", *Journal of Economic Issues* 9 (2006), 629 – 656.

Benston, G. J. and Carhill, M., "The Thrift Disaster: Myths and Realities", Proceedings of a Conference on Bank Structure and Competition, Federal Reserve Bank of Chicago, 1992, 121 – 144.

Berger, A N, Clarke, G. R. and Cull R, Klapper, L. and Udell, Gregory F., "Corporate Governance and Bank Performance: A Joint Analysis of the Static, Selection, and Dynamic Effects of Domestic, Foreign, and State Ownership", *Journal of Banking & Finance* 29 (2005), 2179 – 2221.

Bernanke B. and Gertle, M., "Monetary Policy and Asset Price Volatility", NBER Working Paper No. 7559, 2000.

Bernanke, B. and Gertler, M. , "Agency Costs, Net Worth and Business Fluctuations", *American Economic Review* 79 (1989), 14 – 31.

Bernanke, B. and James, H. , "The Gold Standard, Deflation, and Financial Crisis in the Great Depression: An International Comparison", NBER Working Paper No. 3488, 1990.

Bernanke, B. , "Asset Price Bubbles and Monetary Policy", Remarks before the New York Chapter of the National Association for Business Economics, New York, NY, Oct. 15, 2002.

Bernanke, B. , "Central Banking and Bank Supervision in the United States", Speech Delivered at the Allied Social Science Association Annual Meeting, Chicago, Jan. 5, 2007a.

Bernanke, B. , "Conducting Monetary Policy at Very Low Short-Term Interest Rates", Presented at the International Center for Monetary and Banking Studies Lecture, Geneva, Switzerland, Jan. 14, 2004a.

Bernanke, B. , "Current Economic and Financial Conditions", Speech Delivered at the National Association for Business Economics 50th Annual Meeting, Washington, DC, Oct. 7, 2008c.

Bernanke, B. , "Economic Outlook", Witness Delivered before the Joint Economic Committee, U. S. Congress, Sept. 24, 2008b.

Bernanke, B. , "Financial Markets, the Economic Outlook, and Monetary Policy", Speech Delivered at the Women in Housing and Finance and Exchequer Club Joint Luncheon, Washington, Jan. 10, 2008a.

Bernanke, B. , "Financial Regulation and Financial Stability", Speech at the Federal Deposit Insurance Corporation's Forum on Mortgage Lending for Low and Moderate Income Households", Arlington, Virginia, 2008.

Bernanke, B. , "Gradualism", Speech Delivered at An Economics Luncheon Co-sponsored by the Federal Reserve Bank of San Francisco (Seattle Branch) and the University of Washington, Seattle, May. 20, 2004b.

Bernanke, B. , "Monetary Policy and the Housing Bubble", Speech at the Annual Meeting of the American Economic Association, Atlanta, Jan. 3, 2010.

Bernanke, B. , " Non-Monetary Effects of the Financial Crisis in the Propagation of the Great Depression", *American Economic Review* 73 (1983), 257 – 276.

Bernanke, B. , " Policy Coordination among Central Banks", Speech Delivered at the Fifth European Central Banking Conference, The Euro at Ten: Lessons and Challenges, Frankfurt, Germany, Nov. 14, 2008e.

Bernanke, B. , "Stabilizing the Financial Markets and the Economy", Speech Delivered at the Economic Club of New York, New York, Oct. 15, 2008d.

Bernanke, B. , " The Crisis and the Policy Response", Speech at London School of Economics, London, Jan. 13, 2009.

Bernanke, B. , " The Macroeconomics of the Great Depression: A Comparative Approach", *Journal of Money, Credit and Banking* XXVII (1995), 1 – 28.

Bernanke, B. , "The Recent Financial Turmoil and Its Economic and Policy Consequences", Speech Delivered at the Economic Club of New York, New York, Oct. 15, 2007b.

Bernanke, B. , Gertler, M. and Gilchrist, S. , "The Financial Accelerator in a Quantitative Business Cycle Framework", Chp. 21 in Handbook of Macroeconomics, 1 (1999), 1341 – 1393.

Bernanke, B. , Gertler, M. and Gilchrist, S. , "The Financial Accelerator and the Flight to Quality", *Review of Economics and Statistics* 78 (1996), 1 – 15.

Bertrand, R. , "The 1985 – 1994 Global Real Estate Cycle: Its Causes and Consequences", World Bank Policy Research Working Paper No. 1452 – 1995, 1995.

Bhattacharya, S. and Gale, D. , "Preference shocks, Liquidity and Central Bank Policy", *New Approaches to Monetary Economics*; *eds. Barnett, W. A. and Singleton, K. J.* , (Cambridge: Cambridge University Press, 1987).

BIS, "Annually Report 2008", 2009.

BIS, " Central Bank Operations in Response to the Financial Turmoil", CGFS Paper No. 31, Jul. , 2008.

BIS, "Financial System: Shock Absorber or Amplifier?" Working Paper No. 257, 2008a.

BIS, "Innovations in Credit Risk Transfer: Implications for Financial Stability", Working Paper No. 255, 2008b.

BIS, "Quarterly Review", Mar., 2009.

Blanchard, O., Dell' Ariccia, G. and Mauro, P., "Rethinking Macroeconomic Policy", IMF Staff Position Notes, SPN/10/03, Feb. 12, 2010.

Blinder, A., "How Central Should the Central Bank Be?" *Journal of Economic Literature* 48 (2010), 123 – 133.

Blinder, A., "Making Monetary Policy by Committee", Presented at Bank of Canada Conference, 2008.

Bloch, F., Genicot, G. and Ray, D., "Informal Insurance in Social Networks", *Journal of Economic Theory* 143 (2008), 36 – 58.

Boot, A. and Thakor, A., "Can Relationship Lending Survive Competition?" *Journal of Finance* 55 (2000), 679 – 713.

Boot, A. and Thakor, A., "Self-interested Bank Regulation", *American Economic Review* 83 (1993), 206 – 212.

Bordo, M. and Jeanne, O., "Asset Priees, Reversals, Eeonomie Instability, and Monetary Poliey", Annual Meeting of the AIneriean Finaneial Assoeiation, Neworleans, Lousiana, 2001.

Bordo, M., and Jeanne, O., "Boom-bust in Asset Prices, Economic Instability, and Monetary Policy", NBER Working Paper No. 8966, 2002.

Bordo, M., Eichengreen, B., Klingebiel, D. and Martinez-Peria, M. S., "Is the Crisis Problem Growing More Severe?" *Economic Policy* 16 (2001), 512 + 53 – 82.

Bordo, Micheal D., "The Lender of Last Resort: Alternative Views and Historical Experience", *Economic Review* 76 (1990), 18 – 29.

Borio C. and Lowe, P., "Asset Prices, Financial and Monetary Stability: Exploring the Nexus", BIS Working Papers, 2002.

Borio, C. and Crockett, A., "In Search of Anchors for Financial and

Monetary Stability", *Greek Economic Review* 20 (2000), 1 – 14.

Borio, C. and Lowe, P., "Assessing the Risk of Banking Crises", BIS Quarterly Review, Dec., 2002, 43 – 54.

Borio, C. and Lowe, P., "To Provision or Not to Provision", BIS Quarterly Review, Jun., 2001, 36 – 48.

Borio, C. and Packer, F., "Assessing New Perspectives on Country Risk", BIS Quarterly Review, Dec., 2004.

Borio, C. and White, W, "Whither monetary and financial stability?" BIS Working Papers No. 147, Feb., 2004.

Borio, C. and Zhu, H., "Capital Regulation, Risk-taking and Monetary Policy: A Missing Link in the Transmission Mechanism?" BIS Working Paper 268, 2009.

Borio, C., "The Macroprudential Approach to Regulation and Supervision: Where Do We Stand?" Erfaringer og utfordringer Kredittilsynet 1986 – 2006, 2008.

Borio, C., "Towards a Macro-prudential Framework for Financial Supervision and Regulation?" *CESifo Economic Studies* 49 (2003), 181 – 216.

Borio, C., "Towards a Macroprudential Framework for Financial Supervision and Regulation", BIS Working Papers No. 128, 2007.

Borio, C., and Drehmann, M., "Assessing the Risk of Banking Crisis-Revisited", BIS Quarterly Review, Mar., 2009.

Borio, C., English, W. and Filardo, A., "A Tale of Two Perspectives: Old or New Challenges for Monetary Policy?" BIS Paper No. 19, 2002.

Borio, C., Furfine, C. and Lowe, P., "Proeyelieality of the Finaneial System and Finaneial Stability: Issues and Poliey options", BIS Working Papers, 2001.

Born, B., Ehrmann, M. and Fraatzscher, M., "Macroprudential Policy and Central Bank Communication", CEPR Discussion Paper 8094, 2010.

Boss, M., Elsinger, H., Thurner, S. and Summer, M., "Network Topology of the Inter-bank Market", *Quantitative Finance* 4 (2004), 1 – 8.

Boyd, J. H. and De Nicoló, G. , "The theory of bank risk-taking and competition revisited", *Journal of Finance* 60 (2006), 1329 – 1343.

Boyd, J. H. and Prescott, E. C. , "Financial Intermediary-coalitions", *Journal of Economic Theory* 38 (1986), 211 – 232.

Boyd, J. H. , De Nicoló, G. and Smith, B. D. , "Crises in Competitive Versus Monopolistic Banking Systems", *Journal of Money, Credit and Banking* 36 (2004), 487 – 506.

Boyer, P. C. and Ponce, J. , "Central Banks, Regulatory Capture and Banking Supervision Reforms", "Paolo Baffi" Centre Research Paper Series, No. 2010 – 85, 2010.

Brimmer, A. F. , "Distinguished Lecture on Economics in Government: Central Banking and Systemic Risks in Capital Markets", *Journal of Economic Perspectives* 3 (1989), 3 – 16.

Brock, P. L. , "Financial Safety Nets: Lessons from Chile", *The World Bank Research Observer* 15 (2000), 69 – 84.

Brunnermeier, M. and Pedersen, L. , "Market Liquidity and Funding Liquidity", *Review of Financial Studies* 22 (2009), 2201 – 2238.

Brunnermeier, M. and Sannikov, Y. , "A Macroeconomic Model with a Financial Sector", Princeton University, November, Mimeo, 2009.

Buch, C. M. and Delong, G. , "Do weak Supervisory Systems Encourage Bank Risk-taking?" *Journal of Financial Stability* 4 (2008), 23 – 39.

Buiter, W. , "The Unfortunate Uselessness of Much of 'State of the Art' Academic Monetary Economics ", ft/maverecon blog, 2009, http://blogs.ft.com/maverecon/2009/03/the-unfortunate-uselessness-of-most-state-of-the-art-academic-monetary-economics/.

Burkhard, D. and Pazarbasioglu, C. , "The Nordic Banking Crises: Pitfalls in Financial Liberalization", the World Bank, WP/95/61 – EA, 1995.

Calomiris, C. and R. Glenn Hubbard, *Imperfect Information, Multiple Loan Markets, and Credit Rationing* (Alvin Stein: Northwestern University Press, 1987).

Calvo, G. A. and Mendoza, E. G. , "Mexico's Balance-of-payments Crisis:

a Chronicle of a Death Foretold", *Journal of International Economics*, *Elsevier* 41 (1996), 235 – 264.

Capie, F., "Can There Be an International Lender of Last Resort?" *International Finance* 1 (1998), 311 – 325.

Caprio, G. and Honohan, P., "Banking Policy and Macroeconomic Stability: An Exploration", World Bank Policy Research Working Paper 2856, 2002.

Carlstrom, G. and Fuerst, T. S., "Agency Costs, Net Worth, Business Fluctuations: A Computable General Equilibrium Analysis", *American Economic Review* 87 (1997), 893 – 910.

Caruana, J., "Macroprudential Policy: Working towards A New Consensus", Remarks at the High-level Meeting on "The Emerging Framework for Financial Regulation and Monetary Policy" Jointly Organised by the BIS Financial Stability Institute and the IMF Institute, Washington D. C., Apr. 23, 2010, http://www. bis. org/speeches/sp100426. pdf.

Case, K., "Real Estate and the Macro-economy", *Brookings Papers on Economic Activity* 2 (2000), 119 – 162.

Castiglionesi, F. and Navarro, N., "Optimal Fragile Financial Networks", Mimeo, Tilburg University, 2007.

Cavallo, M., Kisselev, K., Perri, F. and Roubini, N., "Exchange Rate Overshooting and the Costs of Floating", FRB of San Francisco Working Paper No. 2005 – 07, 2005.

Cecchetti, S. G., "Crisis and Response: The Federal Reserve and the Financial Crisis of 2007 – 2008", NBER Working Paper 14134, Jun., 2008.

Cecchetti, S., Genberg H., Lipsky, J. and Wadhwani, S., "Asset Prices and Central Bank Policy", Geneva Reports on the World Economy No. 2 (London: Centre for Economic Policy Research), 2000.

Cespedes, L., Chang, R. and Velasco, A., "Balance Sheets and Exchange Rate Policy", *American Economic Review* 94 (2004), 1183 – 1193.

Cespedes, L., Chang, R. and Velasco, A., "IS – LM – BP in the

Pampas", *IMF Staff Papers* 50 (2003), 143 – 156.

Cetorelli, N. , Hirtle, B. , Morgan, D. , Peristiani, S. and Santos, J. , "Trends in Financial Market Concentration and Their Implications for Market Stability", *Economic Policy Review* 13 (2007), 33 – 51.

Chailloux, A. , Gray, S. and McCaughrin, R. , "Central Bank Collateral Frameworks: Principles and Policies", IMF Working Paper 08/222, 2008.

Chang, R. and Velasco, A. , "Financial Fragility and the Exchange Rate Regime," *Journal of Economic Theory* 92 (2000), 1 – 34.

Chang, R. , "Financial Crises and Political Crises", NBER Working Paper 11779, 2005.

Chant, J. , "Financial Stability as A Policy Goal", Bank of Canada Technical Report, Ottawa, 95 (2003), 1 – 28.

Chari, V. and Jagannathan, R. , "Banking Panics, Information, and Rational", Federal Reserve Bank of Minneapolis in Its Series Working Papers with Number 320, 1988.

Chari, V. V. and Kehoe, P. J. , "Financial Crises as Herds: Overturning the Critiques", NBER Working Paper 9658, 2003.

Chen, Johnson, C. S. , "Cooperation Among Safety-Net Members in Bank Resolution Practical Considerations", IADI 1st Inter-regional Conference, Istanbul Turkey, 2007.

Christiano, L. J. , Motto, R. , and Rostagno, M. , "The Great Depression and the Friedman-Schwartz Hypothesis", *Journal of Money, Credit, Banking* 35 (2003), 1119 – 1197.

Christopher, C. , Giovanni, D. , Deniz, L. and Pan, R. , "Policies for Macrofinancial Stability: Options to Deal with Real Estate Booms", IMF Staff Discussion Note SDN/11/02, 2011.

Christopher, K. and Philips, L. , "Asset Price Bubbles and Monetary Policy", Reserve Bank of Australia Research Discussion Paper 9709, 1997.

Chu, K. H. , "Financial Crises, Liberalization and Government Size", Cato Journal, 2007.

Cifuentes, R., Ferrucci, G. and H. Shin, S., "Liquidity Risk and Contagion", *Journal of European Economic Association* 3 (2005), 556 – 566.

Cocco, J., Gomes, F. and Martins, N., "Lending Relationships in the Interbank Market", Working Paper, London Business School, 2005.

Cook, D., "Monetary Policy in Emerging Markets: Can Liability Dollarization Explain Contractionary Devaluations?" *Journal of Monetary Economics* 51 (2004), 1155 – 1181.

Corsetti, G., Pesenti, P. and Roubini, N., "What Caused the Asian Currency and Financial Crisis?" *Japan and the World Economy*, *Elsevier* 11 (1999), 305 – 373.

Covitz, D., Liang, N. and Suarez, G., "The Anatomy of a Financial Crisis: The Evolution of Panic-Driven Runs in the Asset-Backed Commercial Paper Market", Working Paper, Board of Governors of the Federal Reserve, 2009.

Crockett, A., "The Theory and Practice of Financial Stability", *De Economist* 144 (1996), 531 – 568.

Crockett, A., "Why is Financial Stability a Goal of Public Policy?" *Economic Review* 4 (1997), 5 – 22.

Curzio, G., "Pitfalls in International Crisis Lending", Princeton Essays, 1999.

Dasgupta, A., "Financial Contagion Through Capital Connections: A Model of the Origin and Spread of Bank Panics", *Journal of European Economic Association* 2 (2004), 1049 – 1084.

Davis, E. and Zhu, H., "Bank Lending and Commercial Property Cycles: Some Cross-country Evidence", BIS Working Papers, 2004.

De Bandt, O. and Hartmann, P., "Financial Economics and Internation Macroeconomics", Systemic Risk: A Survey, Discussion Paper Series No. 2634, 2000.

De Nicoló, G., Bartholomew, P., Zaman, J. and Zephirin, M., "Bank Consolidation, Internalization, and Conglomerization", IMF Working Paper No.

03/158, 2004.

DeGennaro, R. P. and Thomson, J. B., "Capital Forbearance and Thrifts: An Ex Post Examination of Regulatory Gambling", SSRN Working Paper, 2003.

Degryse, H. and Nguyen, G., "Interbank Exposures : An Empirical Examination of Systemic Risk in the Belgian Banking System," Discussion Paper 4, Tilburg University, Center for Economic Research, 2004.

Degryse, H. and Nguyen, G., "Interbank Exposures: An Empirical Examination of Contagion Risk in the Belgian Banking System", *International Journal of Central Banking* 3 (2007), 123 – 171.

Dell' Ariccia, G., Detragiache, E. and Rajan, R. "The Real Effect of Banking Crisis", IMF Working Paper 05/63, 2005.

Dell' Ariccia, G., Igan, D. and Laeven, L., "Credit Booms and Lending Standards: Evidence from the Subprime Mortgage Market", IMF Working Paper wp/08/106, Apr., 2008.

Delong G. and Saunders, A., "Did the Introduction of Fixed-rate Federal Deposit Insurance Increase Long-term Bank Risk-taking?" *Journal of Financial Stability* 12 (2008), 105 – 115.

Delottei, I. M., *The Future of Banking and Securities Industry* (Boston: University of Harvard Press, 2009).

Demirgüç-Kunt, A, and Huizinga H., "Market Discipline and Deposit Insurance", *Journal of Monetary Economics* 51 (2004), 375 – 399.

Demirgüç-Kunt, A, Kane, E. J. and Laeven L., "Deposit Insurance Design and Implementation: Policy Lessons from Research and Practice", Working Paper 3969, 2006.

Demirgüç-Kunt, A., Kane, E. J. and Laeven, L., "Determinants of Deposit-insurance Adoption and Design", *Journal of Financial Intermediation* 17 (2008), 407 – 438.

Demirgüç-Kunt, A. and Huizinga, H. "Market Discipline and Financial Safety Net Design", World Bank Policy Research Working Paper 2183, 1999.

Dewatripont M. and Tirole, J. , *The Prudential Regulation of Banks* (Cambridge: MIT Press, 1994).

Diamond, D. and Dybvig, P. , "Bank Runs, Deposit Insurance, and Liquidity", *Journal of Political Economy* 91 (1983), 401 – 419.

Duisenberg, W. F. , "The Contribution of the Euro to Financial Stability", In: Globalization of Financial Markets and Financial Stability-challenges for Europe, Baden-Baden, 2001, 37 – 51.

Eboli, M. , "Systemic Risk in Financial Networks: A Graph Theoretic Approach", Mimeo Universita di Chieti Pescara, 2004.

ECB, "EU Banking Sector Stability", European Central Bank, 2008.

Edward, J. , and Quintyn, M. "The Benefits and Costs of Intervening in Banking Crises", IMF Working Paper 00/147, 2000.

Egloff, D. , Leippold, M. and Vanini, P. , "A simple model of credit contagion", *Journal of Banking and Finance* 31 (2007), 2475 – 2492.

Eichengreen, B. and Grossman, E. , "Debt Deflation and Financial Instability: Two Historical Explorations", University of California at Berkeley, Economics Working Papers with Number 94 – 231, 1994.

Eichengreen, B. , "Central Banks Cooperation under the Interwar Gold Standard", *Explorations in Economic History* 21 (1984), 64 – 87.

Eichengreen, B. , Klztzer, K. and Mody, A. , "Crisis Resolution: Next Steps", IMF Working Paper 03/196, 2003.

Eichengreen, B. , Mathieson, D. , Sharma, S. , Chadha, B. , Kodres, L. E. and Jansen, A. , "Hedge Funds and Financial Market Dynamics", IMF Occasional Paper No. 166, 1998.

Eichengreen, B. , Rose, A. K. and Wyplosz, C. , "Contagious Currency Crises", NBER Working Papers 5681, 1996.

Eisenberg, L. and Noe, T. , "Systemic Risk in Financial Systems", *Management Science* 47 (2001), 236 – 249.

Elekdag, S. , Justiniano, A. and Tchakarov, I. , "An Estimated Small Open Economy Model of the Financial Accelerator", *IMF Staff Papers* 53 (2006), 219 –

241.

Evans, O. , "Macro-prudential Indicators of Financial System Stability. International Monetary Fund", Special Study No. 192, 2000.

Faia, E. , "Stabilization Policy in a Two Country Model and the Role of Financial Frictions", European Central Bank Working Paper Series No. 56, 2001.

Falko, F. and Marcel, T. , "Optimal Lender of Last Resort Policy in Different Financial Systems", Working Paper, 2003.

Ferguson, R. , "Should Financial Stability Be an Explicit Central Bank Objective?" Paper Presented to an International Monetary Fund Conference on Challenges to Central Banking from Globalized Financial Markets, Washington, D. C. , Sept. 17, 2002.

Fernández de Lis, S. and Herrero, A. G. , "The Spanish Approach: Dynamic Provisioning and Other Tools", BBVA Working Paper No. 0918, 2009.

Filardo, A. , "Asset Prices and Monetary Policy", *Economic Review*, Federal Reserve Bank of Kansas City 3 (2000), 11 – 37.

Filardo, A. , "Should Monetary Policy Respond to Asset Price Bubbles?" *Some Experimental Results*, FRB of Kansas City Working Paper, 7 (2001), 1 – 4.

Financial Services Authority, "A Regulatory Response to the Global Banking Crisis", Mar. , 2009.

Financial Stability Forum, "Guidance for Developing Effective Deposit Insurance Systems", Sept. , 2001.

Fischer, S. , "On the Need for an International Lender of Last Resort," IMF Working Paper, 1999.

Fisher, I. , "The Debt-Deflation Theory of Great DePression", *Econometrica* 1 (1933), 337 – 357.

Flannery, M. J. , "Financial Crises, Payment System Problems, and Discount Window Lending", *Journal of Money, Credit and Banking, Blackwell Publishing* 28 (1996), 804 – 824.

Flood, R. and Garber, P. , "Collapsing Exchange Rate Regimes: Some Linear Examples", *Journal of International Economics* 17 (1984), 1 – 13.

Flood, R. and Marion, N. , "Perspectives on the Recent Currency Crisis Literature", NBER Working Paper 6380, 1998.

Flood, R. , Garber, P. , and Kramer, C. , "Collapsing Exchange Rate Regimes: Another Linear Example", NBER Working Paper No. 5318, 1995.

Foot, M. , "What Is Financial Stability and How Do We Get It?" Roy Bridge Memorial Lecturc, London, Apr. 3, 2003.

Franklin, A. and Douglas, G. , "Bubbles and Crises", *Royal Economic Society* 1 (2000), 356 – 391.

Fratianni, M. , "Financial Crises, Safety Nets and Regulation", Invited Lecture at the Annual Meetings of the Società Italiana Degli Economisti, 2008.

Freixas, X. and Rochet, J. , "Fair Pricing of Deposit Insurance: Is It Possible Yes. Is It Desirable No. ", *Research in Economics* 52 (1998), 217 – 232.

Freixas, X. , Martin, A. and Skeie, D. , "Bank Liquidity, Interbank Markets, and Monetary Policy", Federal Reserve Bank of New York Staff Report No. 371, 2009.

Freixas, X. , Parigi, B. and Rochet, J. , "Systemic Risk, Interbank Relations and Liquidity Provision by the Central Bank", *Journal of Money, Credit and Banking* 32 (2000), 611 – 638.

French, K. and Poterba, J. "Investor Diversification and International Equity Markets", *American Economic Review* 81 (1991), 222 – 226.

Friedman, M. and Schwartz, A. , *A Monetary History of the United States: 1867 – 1960* (Princeton: Princeton University Press, 1963).

Froot, K. , and Obstfeld, M. , "Stochastic Process Switching: Some Simple Solutions", *Econometrica* 59 (1991), 241 – 250.

Frydl, E. and Quintyn, M. , "The Benefits and Costs of Intervening in Banking Crises", IMF Working Paper No. 00/147, 2000.

FSA, "A Regulatory Response to the Global Banking Crisis", Mar. , 2009, Available on http: //www. fsa. gov. uk/pubs/discussion/dp09_ 02. pdf.

FSA, "The Turner Review: A regulatory Response to the Global Banking Crisis", 2009, www. fsa. gov. uk, March.

Fukunaga, I. , "Financial Accelerator Effects in Japan's Business Cycles", Bank of Japan Working Paper No. 2002 – 2, 2002.

Furceri, D. and Mourougane, A. , "Financial Crises: Past Lessons and Policy Implications", OECD Economics Department Working Papers No. 668, 2009.

Furfine, C. , "Interbank Exposures: Quantifying the Risk of Contagion", *Journal of Money*, *Credit and Banking* 35 (2003), 111 – 128.

Furlong, F. T. , and Keeley, M. C. , "Capital Regulation and Bank Risk Taking: A Note", *Journal of Banking and Finance*, 13 (1989), 883 – 891.

G20, "Enhancing Sound Regulation and Strengthening Transparency", 2009.

Gai, P. and Kapadia, S. , "Contagion in Financial Networks", Mimeo, Bank of England, Mar. , 2008.

Galati, G. and Moessne, R. , "Macroprudential Policy – A Literature Review", BIS Working Papers No. 337, Feb. , 2011.

Gauthier, C. , Lehar, A. and Souissi, M. , "Macroprudential Capital Requirements and Systemic Risk", Mimeo, Bank of Canada, 2010.

Geithner, T. F. , "Reducing Systemic Risk in a Dynamic Financial System", Federal Reserve Bank of New York, Jun. 9, 2008.

Gentler, M. and Hubbard, R. G. , "Financial Factors in Business Fluctuations", Federal Reserve Bank of Kansas City, Financial Market Volatility, 1988.

Gentler, M. , "Financial Capacity and Output Fluctuations in an Economy with Multi Period Financial Relationships", *Review of Economic Studies* 59 (1992), 455 – 472.

Gerlach, S. and Peng, W. , "Bank Lending and Property Prices in Hong Kong", *Journal of Banking & Finance* 2005 (29), 461 – 481.

Gertler, M. and Gilchrist, S. , "Monetary Policy, Business Cycles, and the Behavior of Small Manufacturing Firms", *Quarterly Journal of Economics* 109 (1994), 309 – 340.

Gertler, M. and Gilchrist, S. , "The Role of Credit Market Imperfections in the Monetary Transmission Mechanism: Arguments and Evidence", *Scandinavian Journal of Economics* 95 (1993), 43 - 64.

Gertler, M., Simon, G. and Natalucci, F. M., "External Constraints on Monetary Policy and the Financial Accelerator", *Journal of Money, Credit and Banking* 39 (2007), 295 - 330.

Giammarino, R, Lewis T. and Sappington, D., "An Incentive Approach to Banking Regulation", *The Journal of Finance* 48 (1993), 1523 - 1542.

Goetz von, P., "Asset Prices and Banking Distress: Macroeconomic Approach", BIS Working Papers, 2004.

Goldsmith, R. W., *Financial Structure and Development* (New Haven, Conn.: Yale University, 1969).

Goodfriend, M. and King, R., "Financial Deregulation Monetary Policy and Central Banking", *Economic Review* 74 (1988), 3 - 22.

Goodfriend, M., "Financial Stability, Deflation and Monetary Policy", *Monetary and Economic Studies* Special Edition, Feb. (2001), 143 - 175.

Goodhard, C. and Huang, H., "A Model of the Lender of Last Resort", LSE Financial Market Group Discussion Paper 131, 1999.

Goodhart, C. and Danielsson, J., "The Inter-temporal Nature of Risk", 23rd SUERF Colloquium on "Technology and Finance: Challenges for Financial Markets, Business Strategies and Policy Makers", Brussels, Oct., 2001.

Goodhart, C., "Myths about the Lender of Last Resort", *International Finance* 2 (1999), 339 - 360.

Goodhart, C., "The Organizational Structure of Banking Supervision", *Economic Notes* 31 (2002), 1 - 32.

Goodhart, C., "The Regulatory Response to the Financial Crisis", *Journal of Financial Stability* 4 (2008), 351 - 358.

Goodhart, C., "Why Do Banks Need a Central Bank?" *Oxford Economic Papers* 39 (1987), 75 - 89.

Goodhart, C., *The Central Bank and the Financial System* (Cambridge: MIT Press, 1995).

Goodhart, C. , *The Evolution of Central Banks* (Cambridge: MIT Press, 1988).

Gordy, M. and Howells, B. , "Procyclicality in Basel II : Can we Treat the Disease without Killing the Patient?" *Journal of Financial Intermediation* 15 (2006), 395 – 417.

Gorton, G. B. , " Banking Panics and Business Cycles," *Oxford Economic Papers* 40 (1988), 751 – 781.

Gorton, G. B. , *Slapped by the Invisible Hand: The Panic of 2007* (Oxford : Oxford University Press, 2010).

Grauwe, P. and Gros, D. , "A New Two-pillar Strategy for the ECB", CESinfo Working Paper No. 2818, 2009.

Greenspan, A. "Economic Volatility", Remarks at a Symposium Sponsored by the Federal Reserve Bank of Kansas City, Jackson Hole, WY, Aug. 30, 2002.

Greenspan, A. , Opening Remarks at a Symposium Sponsored by the Federal Reserve Bank of Kansas City, Jackson Hole, Wyoming, Aug. 31, 2001.

Greenwald, B. and Stiglitz, J. , "Financial Market Imperfections and Business Cycles", *Quarterly Journal of Economics* 108 (1993), 77 – 114.

Gross, B. , "Beware Our Shadow Banking System", Fortune, Nov. , 2007.

Gruen, D. , Plumb, M. and Stone, A. , "How Should Monetary Policy Respond to Asset Price Bubbles?" *International Journal of Central Banking* 1 (2005), 1 – 31.

Hall, S. , "Financial Accelerator Effects in UK Business Cycles", Bank of England Working Paper No. 150, 2001.

Hallett, A. H. , Libich, J. and Stehlik, P. , "Macroprudential Policies and Financial Stability", Economic Record, 87, 2011, doi: 10. 1111/j. 1475 – 4932. 2010. 00692. x.

Hanson, S. , Kashya, A. and Stein, J. , "A Macroprudential Approach to Financial Regulation", Paper Prepared for the Journal of Economic Perspectives, Jul. , 2010.

Hanson, S. , Kashyap, A. and Stein, J. , "A Macroprudential Approach to

Financial Regulation", *Journal of Economic Perspectives* 25 (2011), 3 – 28.

Hardya, D. C. and Nieto, M. J., "Cross-border Coordination of Prudential Supervision and Deposit Guarantees", Banco de España Working Papers No. 1126, 2011.

Hart, O. and Moore, J., "A Theory of Debt Based on the Inalienability of Human Capital", LSE Financial Market Group Discussion Paper No. 129, 1991.

Hart, O. and Zingales, L., "A New Capital Regulation for Large Financial Institutions", Working Paper, 2009.

Hart, O. and Zingales, L., "To Regulate Finance, Try the Market, Foreign Policy, Mar. 25, 2009, http: //experts. foreignpolicy. com/posts/2009/03/30/to_ regulate_ finance_ try_ the_ market.

Hilbers, P, Krueger, R. and Moretti, M., "New Tools for Assessing the Situation of a Financial System", Finance & Development Working Paper, Sept., 2000.

Hoenig, T., "Financial Modernization: Implication for the Safety Net", Conference on Deposit Insurance Session on Deposit Insurance and Financial Modernization Federal Deposit Insurance Corporation, Washington, D. C., 1998.

Hoggarth, G., Jackson, P. and Nier, E., "Banking Crises and the Design of Safety Nets", *Journal of Banking & Finance* 29 (2005), 143 – 159.

Honahan, P. and Klingebiel, D., "Controlling the Fiscal Costs of Banking Crises", World Bank Policy Research Working Paper 2441, 2000.

Honohan, P. and Klingebiel, D., "The Fiscal Cost Implications of an Accommodating Approach to Banking Crises", *Journal of Banking and Finance* 27 (2003), 1539 – 1560.

Honohan, P., "Should Bank Supervisors in Developing Countries Exercise More or Less Forbearance", The American University of Paris Working Paper No. 5, 2007.

Houben, A., Kakes, J. and Schinasi, G., "Towards a Framework for Safeguarding Financial Stability", IMF Working Paper WP/04/101, 2004.

Hu, X. and Schiantarelli, F., "Investment and Capital Market Imperfections: A Switching Regression Approach Using US Firm Panel Data", *Review of Economicsand Statistics* 80 (1998), 466 – 479.

Humphrey, T. M. and Keleher, R. E., "The Lender of Last Resort: A Historical Perspective", Federal Reserve Bank of Richmond Working Paper No. 84 – 03, 1984.

Iannotta, G., Nocera, G. and Sironi, A., "Ownership Structure, Risk and Performance in the European Banking Industry", *Journal of Banking & Finance* 3 (2007), 2127 – 2149.

IMF and World Bank, Staffs of the World Bank and the International Monetary Fund Analytical Tools of the FASP, 2, 2003, 1 – 32.

IMF, "Executive Summary of Global Financial Stability Report", GFSR, Apr., 2009.

IMF, "Sovereign Wealth Funds2A Work Agenda", Feb. 29, 2008, www. imf. orgPexternalPnpPppPengP2008P022908. pdf .

IMF, "The Recent Financial Turmoil-Initial Assessment, Policy Lessons, and Implications for Fund Surveillance", Apr., 2008, www. imf. org.

IMF, "World Economic Outlook, Financial Crisis: Causes and Indicators", May, 1998.

IMF, "World Economic Outlook: Recovery, Risk, and Rebalancing", Washington, DC, 2010.

Ioannidou, V. P. and Penas, M. F., "Deposit Insurance and Bank Risk-taking: Evidence from Internal Loan Rating", *Journal of Financial Intermediation* 19 (2010), 95 – 115.

Iyer, R. and Peydro-Alcalde, J., "The Achilles Heel of Interbank Markets: Financial Contagion Due to Interbank Linkages", Working Paper ECB, 2007.

Jack, S. and Carolyn, W., "Asset-Price Misalignments and Monetary Policy: How Flexible Should Inflation-Targeting Regimes Be?" Bank of Canada Discussion Paper, 2007.

Jacky, S. and Jason, Z., "Deposit Insurance and Forbearance under Moral

Hazard", *The Journal of Risk and Insurance* 71 (2004), 707 – 735.

James, A. R. and Juan, M. O. , *Asset Securitization: Current Techniques and Emerging Market Applications* (London: Euromoney Publications, 1997).

Jan Willem van den End, "Indicator and Boundaries of Financial Stability", Netherlands Central Bank Research Department Working Paper No. 097, 2006.

Jen, S. , "SWFs' Impact on Financial Assets", Morgan Stanley Research, May 8, 2008.

John M. , Quigley. "Real Estate Prices and Economic Cycles", *International Real Estate Review* 2 (1999), 1 – 20.

John, Y. , "Campbell. Household Finance", *Journal of Finance* 61 (2006), 1553 – 1604.

Jorge, A. , Chan-Lau and Chen, Zhaohui, "Financial Crisis and Credit Crunch as a Result of Inefficient Financial Intermediation", IMF Working Paper 98/04, 1998.

Kahn, C. M. and Santos, J. A. C. , "Allocating Bank Regulatory Powers: Lender of Last Resort, Deposit Insurance and Supervision", *European Economic Review* 49 (2005), 2107 – 2136.

Kamgna, S. Y. , Tinang, N. J. and Tsombou, K. C. , "Macro-Prudential Monitoring Indicators for CEMAC Banking System", 2009, http://mpra. ub. uni-muenchen. de/17095/, MPRA Paper, No. 17095.

Kaminsky, G. and Reinhart, C. "Banking and Balance-of-Payments Crises: Models and Evidence", Board of Governors of the Federal Reserve Working Paper, Washington, DC, 1996.

Kaminsky, G. and Reinhart, C. , "The Twin Crises: the Causes of Banking and Balance-of-Payments Problems", *American Economics Review* 89 (1999), 473 – 500.

Kane, E, J. and Yu, M. , "Measuring the True Profile of Taxpayer Losses in the S&L Insurance Mess", *Journal of Banking & Finance*, 19 (1995), 113 – 136.

Kane, E. J. and Yu, M. , "Opportunity Cost of Capital Forbearance During the Final Years of the FSLIC Mess", *Quarterly Review of Economics and Finance* 36

(1996) , 271 - 290.

Kane, E. J. , "Economic Estimates of the 1986 - 1989 Time Profile of Taxpayer Losses in the S&L Insurance Fund", Congressional Budget Office Project Report, with an Appendix Prepared by M. Yu, Washington DC CBO, 1990.

Kane, E. J. , "Financial Safety Nets: Reconstructing and Modeling a Policymaking Metaphor", NBER Working Paper, 2001.

Kane, E. J. , "Three Paradigms for the Role of Capitalization Requirements in Insured Financial Institutions", *Journal of Banking & Finance* 19 (1995), 431 - 459.

Kane, E. J. , *The Gathering Crisis in Federal Deposit Insurance* (Cambridge: MIT Press, 1985).

Kane, E. J. , *The S&L Insurance Mess: How Did It Happen?* (Washington, DC: The Urban Institute, 1989).

Kaneya, A. and Woo, D. , "The Japan Banking Crisis of the 1990s: Sources and Lessons", International Monetary Fund Working Paper, 2000.

Kannan, P. , Rabanal, P. and Scott, A. , "Monetary and Macroprudential Policy Rules in a Model with House Price Booms", IMF Working Papers WP/ 09/251, 2009.

Karl, E. and Robert, J. , "Forecasting Prices and Excess Returns in the Housing Market", *Real Estate Economics* 18 (1990), 253 - 273.

Kashyap A K and Stein J C, "Cyclical Implications of the Basel II Capital Standards", *Federal Reserve Bank of Chicago Economic Perspectives* 1 (2004), 18 - 31.

Kashyap, A. K. , Stein, J. C. and Hanson, S. , "An Analysis of the Impact of 'Substantially Heightened' Capital Requirements on Large Financial Institutions", Working Paper, 2010.

Kashyap, A. , Lamont, O. and Stein, J. , "Credit Conditions and the Cyclical Behavior of Inventories: A Case Study of the 1981 - 82 Recession", *Quarterly Journal of Economics* 109 (1994), 565 - 592.

Kashyap, A. , Rajan, R. and Stein, J. , "Rethinking Capital Regulation, in Maintaining Stability in a Changing Financial System", Federal Reserve Bank of

Kansas City, 2008.

Kaufman, G. , "Lender of Last Resort: A Contemporary Perspective", *Journal of Financial Services Research 5* (1991), 95 – 110.

Keeley, M. , "Deposit insurance, Risk and Market Power in Banking", *American Economic Review* 80 (1990), 1183 – 1200.

Kent, C. and Lowe, P. , "Asset Price Bubbles and Monetary Policy", Research Discussion Paper 9709, Reserve Bank of Australia, 1990.

Kim, D. and Santomero, A. M. , "Risk in Banking and Capital Regulation", *The Journal of Finance* 43 (1988), 1219 – 1233.

King, R. G. and Levine, R. , "Finance and Growth: Schumpeter Might Be Right", *Quarterly Journal of Economics* 108 (1993), 717 – 737.

Kiyotaki, N. and Moore, J. , "Credit cycles", *The Journal of Political Economy* 105 (1997), 211 – 248.

Klueh, U. , "Safety Net Design and Systemic Risk: New Empirical Evidence", Munich Discussion Paper No. 2005 – 12, 2005.

Klueh, U. , Hoelscher, D. and Taylor M. , "The Design and Implementation of Deposit Insurance Systems", IMF Occasional Paper No. 251, 2006.

Knight, J. , Sirmans, C. and Turnbull, G. , "List Price Signaling and Buyer Behavior in the Housing Market", *The Journal of Real Estate Finance and Economics* 9 (1994), 177 – 192.

Knight, M. D. , "Marrying the Micro and Macro-prudential Dimensions of Financial Stability: Six Years on", Speech Delivered at the 14th International Conference of Banking Supervisors, Oct. , 2006.

Kocherlakota, N. and Shim, I. , "Forbearance and Prompt Corrective Action", *Journal of Money, Credit and Banking* 39 (2007), 1107 – 1129.

Kocherlakota, N. , "Risky Collateral and Deposit Insurance", *The B. E. Journal of Macroeconomics* 1 (2001), 2.

Kohn, D. , "Monetary Policy and Asset Prices", Speech delivered at "Monetary Policy: A Journey from Theory to Practice", a European Central Bank

Colloquium held in honor of Otmar Issing, Frankfurt, March 16, 2002.

Krugman P. Bubble, Boom, Crash: Theoretical Notes on Asia's Crises", Working Paper, MIT, Cambridge, Massachusetts, 1998.

Krugman, P., "A Model of Balance-of-Payments Crises," *Journal of Money, Credit and Banking* 11 (1979), 311 – 325.

Krugman, P., "Balance Sheets, the Transfer Problem, and Financial Crises", MIT, 1999, web. mit. edu/krugman/www/FLOOD. pdf.

Krugman, P., "Bubble, Boom, Crash: Theoretical Notes on Asia's Crisis", Working Paper, MIT, Cambridge, Massachussetts, 1998.

Krugman, P., "Crises: The Next Generation?", Paper Prepared for Razin Conference, Tel Aviv University, Mar. 25 – 26, 2001.

Kunt, D., Detragiache, A. and Tressel, T., "Banking on the Principles: Compliance with Basel Core Principles and Bank Soundness", IMF Working Paper NO. 242, 2006.

Laeven, L. and Valencia, F., "Systemic Banking Crises: A New Database", IMF Working Paper08/224, 2008.

Lagunoff, R., and Schreft, L., "A Model of Financial Fragility", *Journal of Economic Theory* 99 (2001), 220 – 264.

Lahiri, A. and Vegh, C. Krugman, P., "Balance of Payments Crises: are They for Real?" UCLA Working Paper, 1997

Landau, J. P., "Bubbles and Macro Prudential Supervision", Speech Delivered at the Joint Conference on "The Future of Financial Regulation", Organised by the Bank of France and the Toulouse School of Economics (TSE), Paris, Jan. 28, 2009.

Large, A., "A Framework for Financial Stability", Speech Delivered at the International Conference on Financial Stability and Implications of Basel II, Istanbul, Mar. 18, 2005.

LeBaron, B. and Tesfatsion, L., "Modeling Macroeconomics as Open-ended Dynamic Systems of Interacting Agents", *American Economic Review* 98 (2008), 246 – 250.

Leitner, Y., "Financial Networks: Contagion, Commitment, and Private Sector Bailouts", *Journal of Finance* 60 (2005), 2925 – 2953.

Levine, R., "Bank-Based or Market-Based Financial Systems: Which Is Better?" *Journal of Financial Intermediation* 11 (2002), 398 – 428.

Levine, R., "Finance and Growth: Theory and Evidence", NBER Working Paper No. 10766, 2004.

Levine, R., Loayza, N. and Beck, T., "Financial Intermediation and Growth: Causality and Causes", *Journal of Monetary Economics* 46 (2000), 31 – 77.

Lindgren, C., Garcia, G., Saal, M., "Bank Soundness and Macroeconomic Policy", International Monetary Fund, 1996.

Litan, R. E., "Institutions and Policies for Maintaining Financial Stability", Federal Reserve Bank of Kansas City, Proceedings, 1997, 257 – 297.

Loisely, O., Pommeretz, A. and Portierx, F., "Monetary Policy and Herd Behaviour in New-tech Investment", Mimeo, Bank of France, Nov., 2009.

López. M.. "House Prices and Monetary Policy in Colombia", Document Presented at the First Monetary Policy Research Workshop in Latin America and the Caribbean on Monetary Policy Response to Supply and Asset Price Shocks, Santiago, Chile, Nov. 17, 2005.

Lublòy, á., "Domino Effect in the Hungarian Interbank Market", Hungarian National Bank Working Papers, 2004.

Maddaloni, A. and Peydró Alcalde, J. L., "Bank Risk-taking, Securitization and Monetary Policy: Evidence from the Bank Lending Survey", ECB, Mimeo, 2009.

Marinkovic, S. T., "Designing an Incentive-Compatible Safety Net in a Financial System in Transition: The Case of Serbia", DP35 South East Europe Series, 2004.

Masson, P., "Multiple Equilibrium, Contagion and the Emerging Market Crises", IMF Working Paper 99/164, 1999.

McCauley, R., "Macroprudential Policy in Emerging Markets", Presentation at the Central Bank of Nigeria's 50th Anniversary International

Conference on Central banking, Financial System Stability and Growth, May. 4 – 9, 2009.

McCulley, P. , "Teton Reflections", PIMCO Global Central Bank Focus, Agu/Sept. , 2007.

McDonald, R. , "Contingent Capital with a Dual Price Trigger", Working Paper, 2010.

McKinnon, R. and Pill, H. , "Credible Economic Liberalizations and Overborrowing," *American Economic Review* 87 (1997), 189 – 203.

Meltzer, A. , "Financial Failures and Financial Policies", *Deregulating Financial Services: Public Policy in Flux*; *eds. Kaufman, G. G. and Kormendi, R. C.*, (Cambridge: Massachusetts: Ballinge, 1986).

Mendoza, E. G. and Terrones, M. E. , "An Anatomy of Credit Booms: Evidence from Macro Aggregates and Micro Data", Board of Governors of the Federal Reserve System Discussion Papers No. 936, Jul. , 2008.

Merton, R. C. and Bodie, Z. , "The Design of Financial Systems: Towards a Synthesis of Function and Structure", NBER Working Paper No. 10620, 2004.

Merton, R. C. , "Financial Innovation and Economic Performance", *Journal of Applied Corporate Finance* 4 (1992), 12 – 22.

Michael, P. , Dooley, Folkerts-Landau, D. and Garber, P. , "An Essay on the Revived Bretton Woods System", NBER Working Paper 9971, Sept. , 2003.

Miguel, A. M. and Estrada, D. , "A Financial Stability Index for Colombia", *Annals of Finance* 6 (2010), 555 – 581.

Milne, A. , "Macroprudential Policy: What Can It Achieve?" *Oxford Review of Economic Policy* 25 (2009), 608 – 629.

Minsky, H. P. , "The Financial Instability Hypothesis", NBER Working Paper No. 74, 1992.

Minsky, H. , *The Financial Instability Hypothesis: Capitalist Process and the Behavior of the Economy* (Cambridge: Cambridge University Press, 1982).

Mishkin F. S. , "Prudential Supervision: Why Is It Important and What are the Issues?" NBER Working Paper 7926, 2000.

Mishkin, F. S., "Asymmetric Information and Financial Crises: A Historical Perspective", *Financial Markets and Financial Crises*; *ed.* Hubbard, G., (Chicago: the University of Chicago Press, 1991).

Mishkin, F. S., "Financial Instability and Monetary Policy", Speech Delivered at the Risk USA 2007 Conference, New York, Nov. 5, 2007b.

Mishkin, F. S., "Financial Instability and the Federal Reserve as A Liquidity Provider", Speech Delivered at the Museum of American Finance Commemoration of the Panic of 1907, New York, Oct. 26, 2007a.

Mishkin, F. S., "Global Financial Instability: Framework, Events, Issues", *Journal of Economic Perspectives* 13 (1999), 3 – 20.

Mishkin, F. S., "Housing and the Monetary Transmission Mechanism", Finance and Economics Discussion Series, Federal Reserve Board, Washington, D. C., 2007.

Mishkin, F. S., "Lessons from the Asian Crisis", *Journal of International Money and Finance* 18 (1999), 709 – 723.

Mishkin, F. S., "Monetary Policy Flexibility, Risk Management, and Financial Disruptions." Speech Delivered at the Federal Reserve Bank of New York, New York, Jan. 11, 2008a.

Mishkin, F. S., "Preventing Financial Crises: An International Perspective", *The Manchester School of Economic and Social Studies* 62 (1994), 1 – 40.

Mishkin, F. S., "The Federal Reserve's Tools for Responding to Financial Disruptions", Speech Delivered at the Tuck Global Capital Markets Conference, Tuck School of Business, Dartmouth College, Hanover, New Hampshire, Feb. 15, 2008b.

Mishkin, F. S., "Understanding Financial Crises: A Developing Country Perspective", Annual World Bank Conference on Development Economics, 1997.

Mistrulli, P. E., "Interbank Lending Patterns and Financial Contagion", Mimeo, 2005.

Morris, S. and Shin, H., "Liquidity Black Holes", *Review of Finance* 8

(2004), 1 – 18.

Morris, S. and Shin, H. , "Unique Equilibrium in a Model of Self-fulfilling Currency Attacks", *American Economic Review* 88 (1998), 587 – 597.

Morris, S. and Shin, H. , "Financial Regulation in a System Context", Brookings Papers on Economic Activity, Fall, 2008.

Müller, J. , "Interbank credit lines as a Channel of Contagion", *Journal of Financial Services Research* 29 (2006), 37 – 60.

N' Diaye, P. , "Countercyclical Macro Prudential Policies in a Supporting Role to Monetary Policy", IMF Working Paper WP/09/257, Nov. 30, 2009.

Natalucci, F. M. , "Exchange Rate Regimes, Financial Distress, and the Timing of Devaluations ", Mimeo, New York University, 2001.

Nier, E. , Yang, J. , Yorulmazer, T. and Alentorn, A. , "Network Models and Financial Stability", Bank of England Working Paper No. 346, 2008.

Obstfeld, M. , "Models of Currency Crises with Self-fulfilling Features", *European Economic Review* 4 (1996), 1037 – 1047.

Obstfeld, M. , "The Logic of Currency Crises", Cahiers Economiques et Monetaires, *Bank of France* 43 (1994), 189 – 213.

Okina, K. , Shirakawa, M. and Shiratsuka, S. , "The Asset Price Bublle and mMonetary Policy: Experience of Japan's Economy in the Late 1980s and Its Lessons Monetary and Economic Studies", *Monetary and Economic Studies* 2 (2001), 395 – 450.

Ongena, S. and Popov, A. , "Interbank Market Integration, Loan Rates, and Firm Leverage", Paper Presented at the 22nd Australasian Finance and Banking Conference, 2009.

Oosterloo, S. and Haan, J. , "A Survey of Institutional Frameworks for Financial Stability", De Nederlandsche Bank, Occasional Studies, 2003.

Osterberg, W. P. and Thomson, J. B. , "Forbearance, Subordinated Debt, and the Cost of Capital for Insured Depository Institutions", *Federal Reserve Bank of Cleveland Economic Review* 28 (1992), 16 – 26.

Ostry, J. , Ghosh, A. , Habermeier, K. , Chamon, M. , Qureshi, M. and

Reinhardt, D. , "Capital Inflows: The Role of Controls", IMF Staff Position Note 10/04, 2010.

Park, S. and Peristiani, S. , "Are Bank Shareholders Enemies of Regulators or a Potential Source of Market Discipline?" *Journal of Banking & Finance* 31 (2007), 2493 – 2515.

Perotti, E. and Suarez, J. , "Liquidity Risk Charges as A Primary Macroprudential Tool", Duisenberg School of Finance Policy Paper, No. 1, 2010.

Peter, G. , "Asset Prices and Banking Distress: A Marcoeconomic Approach", *Journal of Financial Stability* 5 (2009), 298 – 319.

Plantin, G. , Sapra, H. and Shin, H. S. , "Marking to Market, Liquidity and Financial Stability", 2005, Available at SSRN: http: //ssrn. com/abstract = 1186342.

Poterba, J. M. , "House Price Dynamics: The Role of Tax Policy and Demography", *Brooking Papers on Economic Activity* 2 (1991), 143 – 203.

Radelet, S. and Sachs, J. , "The East Asian Financial Crisis: Diagnosis, Remedies, Prospects", Brookings Papers on Economic Activity 1, 1998.

Rajan, R. G. , "Has Financial Development Made the World Riskier?" NBER Working Paper No. W11728, 2005.

Reinhart, C. and Rogoff, K. , *This Time is Different: Eight Centuries of Financial Folly* (Princeton: Princeton University Press, 2009).

Reinhart, C. and Rogoff, K. , "Is the 2007 Subprime Financial Crisis So Different? An International Historical Comparison", *American Economic Review* 98 (2008), 339 – 344.

Reinhart, C. and Rogoff, K. , "This Time is Different: A Panoramic View of Eight Centuries of Financial Crises", NBER Working Paper 13882, 2008b.

Repullo, R. and Saurina, J. , "The Countercyclical Capital Buffer of Basel III: A Critical Assessment. Banco de España", Mimeograph, 2011.

Repullo, R. , "Who Should Act as A Lender of Last Resort? An Incomplete Contracts Model", *Journal of Money Credit and Banking*, 32 (2000), 580 – 605.

Rochet, J. and Tirole, J., "Interbank Lending and Systemic Risk", *Journal of Money, Credit and Banking* 28 (1996), 733 – 762.

Rochet, J., "Capital Requirements and the Behaviour of Commercial Banks", European Economic Review, 36 (1992), 1137 – 1178.

Roehner, B. M., "Spatial Analysis of Real Estate Price Bubbles: Paris 1984 – 1993", *Regional Science and Urban Economics* 29 (1999), 73 – 88.

Roubini, N. and Setser, B., "Will the Bretton Woods 2 Regime Unravel Soon? The Risk of a Hard Landing in 2005 – 2006", 2005, http://ideas.repec.org/a/fip/fedfpr/y2005ifebx13.html.

Sachs, J., "Do We Need an International Lender of Last Resort?" Lecture Delivered at Princeton University, Princeton, N. J., Apr. 20, 1995.

Sachs, J., Tornell, A. and Velasco, A., "Financial Crises in Emerging Markets: The Lessons from 1995", Working Paper 5576, 1996.

Salant, S. and Henderson, D., "Market Anticipations of Government Policies and the Price of Gold", *Journal of Political Economy* 86 (1978), 627 – 648.

Schaeck, K. and Ĉihák, M., "Banking Competition and Capital Ratios", IMF Working Paper No. 07/216, 2007.

Schaeck, K., Ĉihák, M. and Wolfe, S., "Competition, Concentration and Bank Soundness: New Evidence from the Micro-level", IMF Working Paper No. 06/143, 2006.

Schellhorn, D. C. and Spellman, L J., "Bank Forbearance: a Market-based Explanation", *Quarterly Review of Economics and Finance* 40 (2000), 451 – 466.

Schich, S., "Financial Crisis: Deposit Insurance and Related Financial Safety Net Aspects", Financial Market Trends – ISSN 1995 – 2864 – © OECD, 2008.

Schinasi, G. J., "Responsibility of Central Banks for Stability in Financial Markets," IMF Working Paper, 2003.

Schwartz, A. J., "Financial Stability and the Federal Safty Net", *Restructuring Banking and Financial Services in America*; eds. *Haraf, W. S. and Kushmeider, G. E.*, (Washington: American Enterprise Institute, 1988).

Schwartz, A. J., "Real and Pseudo-Financial Crises", *Financial Crises and the*

World Banking System; *eds. Capie, F. and Wood, G.*, （London: Macmillan, 1986）.

Schwartz, A. J., "Systemic Risk and the Macroeconomy", *Banking Financial Markets and Systemic Risk : Research in Financial Services, Private and Public Policy*; *ed. Kaufman ed, G.*, （Hampton: JAI Press Inc, 1995）.

Schwartz, A. J., "Why Financial Stability Depends on Price Stability", *Economic Affairs* 15 （1995）, 21 – 25.

Selgin, G. A., "Legal Restrictions, Financial Weakening and the Lender of Last Resort", *Cato Journal* 9 （1989）, 429 – 459.

Shafer, J. R., "Managing Crisis in the Emerging Financial Landscape", http: //www. oecd. org/dataoecd/0/60/35591993. pdf.

Sheldon, G. and Maurer, M., "Interbank Lending and Systemic Risk: An Empirical Analysis for Switzerland", *Swiss Journal of Economics and Statistics* 134 （1998）, 685 – 704.

Shim I., "Dynamic Prudential Regulation: Is Prompt Corrective Action Optimal?" BIS Working Paper 206, 2006.

Sibert, A., "A Systemic Risk Warning System", VoxEU, Jan. 16, 2010, http: //www. voxeu. org/index. php? q = node/4495.

Sleet, C, and Smith, B., "Deposit Insurance and Lender-of-Last-Resort Functions", *Journal of Money, Credit and Banking* 32 （2000）, 518 – 575.

Smaghi, L. B., "Going Forward-Regulation and Supervision after the Financial Turmoil", Speech Delivered at the 4th International Conference of Financial Regulation and Supervision "After the Big Bang: Reshaping Central Banking, Regulation and Supervision", Bocconi University, Milan, Jun. 19, 2009.

Solow, R. M., *On the Lender of Last Resort in Financial Crises: Theory, History, and Policy* （Cambridge: Cambridge University Press, 1982）.

Souma. W., Fujiwara, Y. and Aoyama, H., "Complex Networks and Economics", *Physica A* 324 （2003）, 396 – 401.

Stein, J. C., "Monetary Policy as Financial-Stability Regulation", Working

Paper, 2010.

Stein, J. C. , "Presidential Address: Sophisticated Investors and Market Efficiency", *Journal of Finance* 64 (2009), 1517 – 1548.

Stein, J. C. , "Securitization, Shadow Banking, and Financial Fragility", *Daedalus* Fall (2011), 41 – 51.

Stiglitz, J. E. , "Markets, Market Failures, and Development", *American Economic Review* 19 (1989), 197 – 203.

Stiglitz, J. E. , "The Inefficiency of the Stock Market Equilibrium", *Review of Economic Studies*, 49 (1982), 241 – 261.

Tarashev, N. , Borio, C. and Tsatsaronis, K. , "Attributing Systemic Risk to Individual Institutions", BIS Working Papers No. 308, May, 2010.

Taylor, J. B. , "The Financial Crisis and the Policy Responses", NBER Working Paper No. 14631, 2009.

The Department of Treasury of USA, "A Blueprint for Financial Regulatory Reform", Mar. 31, 2008.

Timberlake, R. H. Jr. , "The Central Banking Role of Clearinghouse Associations", *Journal of Money, Credit and Banking* 16 (1984), 1 – 15.

Tobin, J. and Golub, S. , *Money, Credit and Capital* (New York: McGraw-Hill Companies Inc. , 1998).

Tovar C. , "Devaluations, Output, the Balance Sheet Effect: A Structural Econometric Analysis ", Bank for International Settlements Working Paper No. 215, 2006.

Townsend, R. M. , "Optimal Contracts and Competitive Markets with Costly State Verification", *Journal of Economic Theory* 21 (1979), 265 – 293.

Trichet, J. C. , "Credible Alertness Revisited", Intervention at the Symposium on "Financial Stability and Macroeconomic Policy", Sponsored by the Federal Reserve Bank of Kansas City, Jackson Hole, Aug. 22, 2009.

Udaibir, S. D. , Quintyn, M. and Chenard, K. , "Does Regulatory Governance Matter for Financial System Stability? An Empirical Analysis", IMF Working Papers, 2004.

Uhde, A. and Heimeshoff, U. , "Consolidation in Banking and Financial Stability in Europe: Empirical Evidence", *Journal of Banking and Finance* 33 (2009), 1299 – 1311.

United States General Accounting Office, "Financial Audit: Federal Savings and Loan Insurance Corporation's 1986 and 1985 Financial Statements", Washington, DC, GAO, 1987.

United States Government Accountability Office, "A Framework for Crafting and Assessing Proposals to Modernize the Outdated U. S. Financial Regulatory System", www. gao. gov/new. items/d09216. pdf.

Upper, C. , and Worms, A. , "Estimating Bilateral Exposures in the German Interbank Market: Is There a Danger of Contagion?" *European Economic Review* 48 (2004), 827 – 849.

Van Lelyveld, I. and Liedorp, F. , "Interbank Contagion in the Dutch Banking Sector: a Sensitivity Analysis", *International Journal of Central Banking* 2 (2006), 99 – 133.

Van Rijckeghem, C. and Weder, B. , "Spillovers Through Banking Centers: A Panel Data Analysis of Bank Flows", *Journal of International Money and Finance* 22 (2003), 483 – 509.

Vermeulen, P. , "Business Fixed Investment: Evidence ai a Financial Accelerator in Europe", *Oxford Bulletin of Economincs and Statistics* 64 (2002), 213 – 231.

Vijverberg, C. C. , "An Empirical Financial Accelerator Model: Small Firms' Investment and Credit Rationing", *Journal of Macroeconomics* 26 (2004), 101 – 129.

Vinals, J. , "Procyclicality of the Financial System and Regulation", Transcript of a Speech Delivered at the Conference "Managing Procyclicality of the Financial System: Experiences in Asia and Policy Options", Organized by the Hong Kong Monetary Authority and the International Monetary Fund, Nov. 22, 2004.

Walder, A. G. , "The Local Government as an Industrial Corporation",

Zouping in Transition: *the Process of Reform in Rural North China*; *ed. Walder, A. G.*, (Cambridge: Harvard University Press, 1998).

Wells, S., "U. K. Interbank Exposures: Systemic Risk Implications", *Journal of Monetary Economics* 2 (2004), 66 – 77.

White, L. J., *The S&L Debacle*: *Public Lessons for Bank and Thrift Regulation* (New York: Oxford Press, 1991).

White, W. R., "Procyclicality in the Financial System: Do We Need a New Macro-financial Stabilization Framework?" BIS Working Paper No. 193, 2006.

White, W. R., "Are Changes in Financial Structure Extending Safety Nets?" BIS Working Paper No. 145, 2004.

Whited, T., "Debt, LiquidityConstraints, and Corporate Investment: Evidence From Panel Data", *Journal of Finance* 47 (1992), 1425 – 1460.

Witold, W., "The Use of the HP-filter in Constructing Real Estate Cycle Indicators", *Journal of Real Estate Research* 23 (2002), 65 – 87.

Yuliya, S. D. and Otto, V. H., "Understanding the Subprime Mortgage Crisis", *Review of Financial Studies* 24 (2011), 1848 – 1880.

Zhou, C., "Are Banks Too Big to Fail?" DNB Working Paper No. 232, 2010.

Zhou, C., "Why the Micro-prudential Regulation Fails? The Impact on Systemic Risk by Imposing a Capital Requirement", DNB Working Papers No. 256, 2010.

Zhu, H., "Capital Regulation and Banks' Financial Decisions", *International Journal of Central Banking* 4 (2008), 165 – 211.

中文文献

〔美〕弗雷德里克·米什金：《货币金融学》（中文版），李扬等译，中国人民大学出版社 1998 年版。

〔美〕奥利维尔·布兰查德、〔以〕斯坦利·费舍尔：《宏观经济学（高级教程）》，经济科学出版社 1998 年版。

〔美〕保尔森、〔阿〕苏伟迪、〔新〕尚达曼：《主权财富基金准则具积极意义》，叶琦保译，《联合早报》2008 年 10 月 5 日。

〔美〕保罗·克鲁格曼：《萧条经济学的回归和 2008 年经济危机》，刘波译，中信出版社 2009 年版。

〔美〕查尔斯·金德尔伯格：《疯狂、惊恐和崩溃：金融危机史》（第四版），朱隽、叶翔译，中国金融出版社 2007 年版。

〔美〕丹尼斯·迪帕斯奎尔、威廉·惠顿：《城市经济学与房地产市场》，龙奋杰等译，经济科学出版社 2002 年版。

〔美〕凯文·多德：《竞争与金融——金融与货币经济学新解》，丁新娅、桂华、胡宇娟译，中国人民大学出版社 2004 年版。

〔美〕雷蒙德·戈德史密斯：《金融结构与金融发展》，周朔等译，上海三联书店 1994 年版。

〔美〕罗伯特·希尔：《非理性繁荣》，李心丹等翻译，中国人民大学出版社 2008 年版。

〔美〕米尔顿·弗里德曼：《货币稳定方案》，宋宁等译，上海人民出版社 1991 年版。

〔美〕斯坦利·恩格尔曼等：《剑桥美国经济史》（第三卷），高德步等译，中国人民大学出版社 2008 年版。

〔美〕兹维·博迪、罗伯特·莫顿：《金融学》，伊志宏等译，中国人民大学出版社 2000 年版。

〔日〕吉野直行：《日本泡沫经济及对中国的启示》，《国际经济评论》2009 年第 2 期。

〔日〕野口悠纪雄：《土地经济学》，汪斌译，商务印书馆 1997 年版。

〔英〕维多利亚·萨博塔：《宏观审慎政策的角色》，中国人民银行济南分行国际经济金融翻译研究第三小组摘译，《金融发展研究》2010 年第 5 期。

〔英〕约翰·伊特韦尔等编《新帕尔格雷夫经济学大辞典》，经济科学出版社 1996 年版。

巴曙松、刘孝红、牛播坤：《转型时期中国金融体系中的地方治理与银行改革的互动研究》，《金融研究》2005 年第 5 期。

巴曙松：《主权财富基金监管的探索及实践》，《发展研究》2009 年第 9

期。

巴曙松等：《主权财富基金：金融危机冲击下的新发展与监管运作新框架》，《河北经贸大学学报》2009年第11期。

白川方明、何乐：《宏观审慎监管与金融稳定》，《中国金融》2010年第4期。

白钦先、张荔：《发达国家金融监管比较研究》，中国金融出版社2003年版。

白钦先：《金融结构、金融功能演进与金融发展理论的研究历程》，《经济评论》2005年第3期。

蔡林海：《前车之鉴：日本的经济泡沫与"失去的十年"》，经济科学出版社2007年版。

曹刚锋、徐佳伦：《房地产市场博弈中银行行为对宏观调控的影响及对策》，《国家行政学院学报》2010年第5期。

曹荣庆：《论房地产市场宏观调控的"财政拐点"》，《经济理论与经济管理》2011年第3期。

曹荣湘：《风险与金融安排》，社会科学文献出版社2004年版。

曾康霖：《必须关注房地产经济的特殊性及其对金融的影响——对我国现阶段房地产经济的理论分析》，《金融研究》2003年第9期。

曾康霖：《试论我国金融资源的配置》，《金融研究》2005年第4期。

陈向聪：《存款保险机构代位受偿优先权立法探究》，《国际金融研究》2006年第7期。

陈烨：《论政府对武陵地区农村金融资源配置的控制及其效应》，《恩施职业技术学院学报》2007年第4期。

成家军：《审慎监管：概念、特点与政策框架》，《内蒙古金融研究》2009年第7期。

成家军：《资产价格与货币政策》，社会科学文献出版社2004年版。

程承坪、张旭：《非对称性利率政策对中国房价影响的实证分析》，《经济与管理研究》2011年第9期。

崔光灿：《资产价格、金融加速器与经济稳定》，《世界经济》2006年第11期。

邓瑞平、詹才锋：《论主权财富基金的运行、功能及其规制体系》，《暨南学报（哲学社会科学版）》2008 年第 5 期。

窦玉丹、袁永博、刘妍：《商业银行信贷风险预警研究——基于 AHP 权重可变模糊模型》，《技术经济与管理研究》2011 年第 12 期。

杜敏杰、刘霞辉：《人民币升值预期与房地产价格变动》，《世界经济》2007 年第 1 期。

段小茜：《金融稳定及其变迁的新政治经济学分析》，《金融研究》2010 年第 9 期。

冯俊新、李稻葵：《金融监管和货币政策决策机制研究评述》，《经济学动态》2011 年第 9 期。

冯科：《中国房地产市场在货币政策传导机制中的作用研究》，《经济学动态》2011 年第 4 期。

傅波、朱志琴：《我国建立存款保险制度的可行性分析》，《全国商情（经济理论研究）》2009 年第 20 期。

高连和：《金融结构失衡状态下的我国金融效率分析》，《南京审计学院学报》2004 年第 3 期。

高明华、赵峰：《国际金融危机成因的新视角：治理风险的累积》，《经济学家》2011 年第 3 期。

高晓慧：《地价和房价的基本关系》，《中外房地产导报》2001 年第 6 期。

葛鹤军、缑婷：《中国地方政府融资平台信用风险研究》，《经济学动态》2011 年第 1 期。

葛志强、姜全、闫兆虎：《我国系统性金融风险的成因、实证及宏观审慎对策研究》，《金融发展研究》2011 年第 4 期。

龚六堂、杜清源：《带"金融加速器"的 RBC 模型》，《金融研究》2005 年第 4 期。

古越仁、鲁向东：《基于经济增长的金融结构调整思路》，《金融理论与实践》2004 年第 5 期。

关雪、凌刘西：《全球主权财富基金：现状、原因与影响》，《中国人民大学学报》2008 年第 5 期。

郭宏宝：《财产税、城市扩张与住房价格：基于 12 个城市面板的经验分析》，《财贸经济》2011 年第 3 期。

郭金兴：《房地产的虚拟资产性质及其中外比较》，《上海财经大学学报》2004 年第 6 期。

国际货币基金组织：《金融稳健指标编制指南》，中国金融出版社 2006 年版。

国际清算银行：《房地产指标与金融稳定》，中国人民银行金融市场司译，中国金融出版社，2006。

国家统计局：《2008 中国统计年鉴》，中国统计出版社 2008 年版。

国家统计局课题组：《关于房地产对国民经济影响的初步分析》，《管理世界》2005 年第 1 期。

国务院国资委财务监督与考核评价局：《企业绩效评价标准值》，经济科学出版社 2010 年版。

哈继铭、沈建光、邢自强、肖红：《美国金融危机原因、政策反映及对中国的影响》，中国国际金融有限公司，2008。

韩蓓、蒋东生：《房地产调控政策的有效性分析——基于动态一致性》，《经济与管理研究》2011 年第 4 期。

何德旭、王朝阳、应寅锋：《金融服务业对外开放：国际经验与中国实践》，载裴长洪主编《中国服务业发展报告——中国服务业的对外开放与发展》，社会科学文献出版社 2005 年版。

何德旭、张军洲、张雪兰等：《中国金融安全的多向度解析》，社会科学文献出版社 2012 年版。

何德旭、张军洲等：《创新 风险 保障：中国金融发展安全观》，社会科学文献出版社 2012 年版。

何德旭：《构建后 WTO 时代金融稳定长效机制》，《当代经济科学》2007 年第 1 期。

何德旭：《商业银行制度与投资基金制度的比较分析》，载李扬、王国刚、何德旭主编《中国金融理论前沿Ⅲ》，社会科学文献出版社 2003 年版。

何德旭等：《债券市场监管：一个比较分析框架》，《财政研究》2004 年第 7 期。

何风隽：《政府主导型金融资源配置的有效性分析》，《上海金融》2005年第 5 期。

何国钊、曹振良、李晟：《中国房地产周期研究》，《经济研究》1999 年第 12 期。

何林峰：《中国银行在金融稳定中的作用》，四川大学博士学位论文，2007。

洪涛、西宝、高波：《房地产价格区域间联动与泡沫的空间扩散——基于 2000—2005 年中国 35 个大中城市面板数据的实证检验》，《统计研究》2007 年第 8 期。

胡涛、孙振尧：《限购政策与社会福利：一个理论探讨》，《经济科学》2011 年第 6 期。

虎岩：《主权财富基金的社会责任投资》，《经济研究导刊》2008 年第 12 期。

黄俊立、周林新、卢运珍：《国外通货紧缩理论研究评述》，《经济学动态》2000 年第 2 期。

黄佩华：《中国地方财政问题研究》，中国检察出版社 2003 年版。

惠康、任保平、钞小静：《中国金融稳定性的测度》，《经济经纬》2010 年第 1 期。

霍德明、刘思甸：《中国宏观金融稳定性指标体系研究》，《山西财经大学学报》2009 年第 10 期。

贾康：《中国政策性金融向何处去》，中国经济出版社，2010。

金大卫、石晓波：《全球金融危机背景下的主权财富基金：海外投资壁垒及中国发展策略》，《投资研究》2009 年第 5 期。

况伟大：《房地产投资、房地产信贷与中国经济增长》，《经济理论与经济管理》2011 年第 1 期。

况伟大：《房地产相关产业与中国经济增长》，《经济学动态》2010 年第 2 期。

李海平、蒋欢：《地方政府与区域金融发展问题研究》，《金融理论与实践》2008 年第 1 期。

李华、马幸荣：《我国存款保险发展的制度障碍及对策》《现代经济探计》2009 年第 3 期。

李健、史晨昱：《我国银行信贷对房地产价格波动的影响》，《上海财经大学学报》2005 年第 4 期。

李健：《中国金融发展中的结构问题》，中国人民大学出版社 2004 年版。

李孟刚：《中国建立存款保险制度的路径选择与规制研究》《中国行政管理》2007 年第 10 期。

李文泓：《关于宏观审慎监管框架下逆周期政策的探讨》，《金融研究》2009 年第 7 期。

李晓霞：《抑制我国房地产市场过度投机的政策研究》，《技术经济与管理研究》2011 年第 4 期。

李妍：《宏观审慎监管与金融稳定》，《金融研究》2009 年第 8 期。

李燕平、韩立岩：《特许权价值、隐性保险与风险承担——中国银行业的经验分析》，《金融研究》2008 年第 1 期。

李扬：《应加快金融结构调整》，《经济研究参考》2003 年第 87 期。

李赟宏、蒋海：《中国金融安全网建设：理论回顾、国际经验与制度设计》，《南方金融》2009 年第 6 期。

梁静：《个案分析："MBS 第一单"》，《新财经》2006 年第 2 期。

梁云芳、高铁梅：《中国房地产价格波动区域差异的实证分析》，《经济研究》2007 年第 8 期。

廖湘岳、戴红菊：《商业银行贷款与房地产价格的关系研究》，《上海经济研究》2007 年第 11 期。

林波：《论中国金融制度变迁中的国家模型与效用函数》，《金融研究》2000 年第 12 期。

林建设、郭宏宇：《住宅金融市场发展的两难困境——从美国住宅金融市场改革看住房保障与财政风险的两难抉择》，《经济社会体制比较》2011 年第 4 期。

林平：《关于金融安全网的理论及政策思考》，《南方金融》1999 年第 11 期。

凌涛、杜要忠、杨明奇：《存款保险融资制度设计中的公平问题》，《金融研究》2007 年第 5 期。

刘红：《中国房地产企业价格行为的经济学逻辑》，《中央财经大学学报》2010 年第 7 期。

刘静：《日本解决不良资产的曲折路径》，《经济导刊》2004 年第 11 期。

刘琳、刘洪玉：《地价与房价关系的经济学分析》，《数量经济技术经济研究》2003 年第 7 期。

刘明兴、罗俊伟：《金融危机理论综述》，《经济科学》2000 年第 4 期。

刘仁伍：《金融稳定：机理与评价》，中国财政经济出版社，2007。

刘锡良、孙磊：《金融结构视角中的金融安全论》，《经济学动态》2004 年第 8 期。

刘锡良、王磊：《当前影响中国金融稳定的十大主要因素》，《金融时报》2005 年 9 月 26 日。

刘向东：《信息不对称下的金融稳定与宏观经济》，《企业经济》2005 年第 1 期。

刘煜辉、沈可挺：《地方政府行为模式及其对地区金融生态的影响》，《中国金融》2008 年第 10 期。

刘宗燕：《资产证券化研究》，天津大学出版社 2009 年版。

柳立：《着眼"十二五"规划 完善地方政府金融管理体制》，《金融时报》2010 年 12 月 13 日。

卢驰文：《遏制房价过快上涨的有效策略研究》，《财政研究》2011 年第 10 期。

卢伟航：《首届"宏观经济与房地产市场"研讨会综述》，《经济学动态》2011 年第 3 期。

陆磊：《非均衡博弈、央行的微观独立性与最优金融稳定政策》，《经济研究》2005 年第 8 期。

陆磊：《改革成本分担、地方政府融资与资产泡沫》，《财经》2006 年第 7 期。

吕明、叶眉：《主权财富基金信息透明度问题研究》，《广东金融学院学报》2008 年第 5 期。

马君潞、范小云、曹元涛：《中国银行间市场双边传染的风险估测及其系统性特征分析》，《经济研究》2007 年第 1 期。

马戎、王汉生、刘世定：《中国乡镇企业的发展历史与运行机制》，北京大学出版社 1994 年版。

马永坤、杨继瑞：《资产价格波动与中国金融稳定发展》，《学术月刊》2011 年第 3 期。

美国财政部：《美国财政部关于现代化的金融监管架构的蓝图》，中国国务院发展研究中心摘译，2008 年 9 月 22 日。

孟波：《建立存款保险制度的思考》，《经济师》2010 年第 1 期。

孟建华：《重视发挥货币政策维护金融稳定的作用》，《新金融》2005 年第 5 期。

苗文龙：《金融稳定与货币稳定——基于信息约束经济中央银行独立性的分析》，《金融研究》2007 年第 1 期。

倪鹏飞：《中国住房发展报告（2010—2011）》，社会科学文献出版社 2011 年版。

宁琰、许鹏：《房地产投资、固定资产投资和 GDP 关系研究》，《武汉理工大学学报》2008 年第 12 期。

彭刚、苗永旺：《宏观审慎监管框架构建的国际借鉴与中国的选择》，《经济理论与经济管理》2010 年第 11 期。

彭兴韵：《我们为什么需要存款保险》，《南方周末》2005 年 10 月 28 日。

钱颖一、黄海洲：《加入世贸组织后中国金融的稳定与发展》，《经济社会体制比较》2001 年第 5 期。

邱崇明、李辉文：《房价波动、银行不稳定和货币政策》，《财贸经济》2011 年第 3 期。

尚耀华、净晓春：《住房抵押贷款借款人违约风险影响因素及应对措施研究》，《经济与管理研究》2011 年第 1 期。

沈悦、张学峰：《住房支付能力稳定性：理论解读与实证分析》，《财贸经济》2011 年第 2 期。

史晓琳、吴伯磊、饶云清：《中国金融安全网：理论分析与制度设计》，社会科学文献出版社 2012 年版。

宋勃、高波：《房价与地价关系的因果检验：1998—2006》，《当代经济科学》2007 年第 1 期。

宋明海：《金融加速器理论：经济波动的新视角》，《中国金融家》2004年第 3 期。

宋玉华、李峰：《主权财富基金与世界经济失衡关系的互动关系探析》，《经济理论与经济管理》2009 年第 6 期。

孙启明、白丽健、耿林：《我国房地产业发展问题研究述评》，《经济学动态》2010 年第 7 期。

孙天琦、刘社芳：《最后贷款人理论发展综述及对我国的启示》，《上海金融》2007 年第 7 期。

谭文胜：《住房抵押贷款证券化模式选择与 MBS 定价研究》，湖南大学博士学位论文，2007。

谭政勋、王聪：《中国信贷扩张、房价波动的金融稳定效应研究——动态随机一般均衡模型视角》，《金融研究》2011 年第 8 期。

谭政勋、魏琳：《信贷扩张、房价波动对金融稳定的影响》，《当代财经》2010 年第 9 期。

汤凌霄、胥若男：《现代最后贷款人操作规则的创新与发展》，《长沙理工大学学报》2009 年第 3 期。

汤凌霄：《构建我国现代最后贷款人制度的目标、范围与原则》，《财政研究》2009 年第 10 期。

汤凌霄：《我国经济转型期最后贷款人问题研究》，《金融研究》2005年第 12 期。

唐黎军：《谈如何完善我国的金融安全网》，《浙江金融》2009 年第 5 期。

唐双宁：《地方金融·地方政府·金融业——在第十届地方金融论坛上的演讲》，http://www.ebchina.com/ebchina/htmlDocument/2010 - 09 - 28/detail_ 1188. shtml。

唐双宁：《关于国有商业银行改革的几个问题》，金融学会年会报告，2005。

万晓莉：《中国 1987—2006 年金融体系脆弱性的判断与测度》，《金融研究》2008 年第 6 期。

汪成豪、黎建强、董纪昌：《从美国次贷危机透视房地产信用风险防范》，《系统工程理论与实践》2010 年第 3 期。

王爱俭、沈庆领：《人民币汇率与房地产价格的关联性研究》，《金融研究》2007 年第 6 期。

王刚、李赫：《金融稳定、金融效率与我国金融安全网制度建设》，《武汉金融》2007 年第 5 期。

王国刚：《实施存款保险制度不宜操之过急》，《国际金融研究》2007 年第 7 期。

王恒：《地方政府：中国金融发展的重要视角》，《金融理论与实践》2010 年第 2 期。

王明国：《当代房地产金融创新：资产证券化及其在房地产领域的应用研究》，经济管理出版社 2007 年版。

王明华、黎志成：《金融稳定评估指标体系：银行稳定的宏观成本控制研究》，《中国软科学》2005 年第 9 期。

王培辉：《中国房地产价格泡沫原因分析》，《经济理论与经济管理》2011 年第 3 期。

王雪峰：《中国金融稳定状态指数的构建——基于状态空间模型分析》，《当代财经》2010 年第 5 期。

王永利：《存款保险制度的推出需要相关制度的配套改革》，《国际金融研究》2005 年第 4 期。

王云海、宋泓明、闫小娜：《金融加速器理论述评》，《经济学动态》2003 年第 10 期。

王子明：《泡沫与泡沫经济——非均衡分析》，北京大学出版社 2002 年版。

王自力：《金融稳定与货币稳定关系论》，《金融研究》2005 年第 5 期。

王自力：《FDIC 经验与我国存款保险制度建设》，《金融研究》2006 年第 3 期。

王自力：《地方政府隐性金融干预行为及福利损失分析》，《甘肃金融》2007 年第 12 期。

魏莉：《对我国货币政策与金融稳定协调机制的思考》，《华北金融》2010 年第 1 期。

吴成颂：《我国金融风险预警指标体系研究》，《技术经济与管理研究》2011 年第 1 期。

吴鹤立：《不堪回首忆"狂潮"——海南房地产泡沫经济沉浮始末》，《金融经济》2003 年第 11 期。

吴建环、赵君丽、王韬：《金融加速器理论及其发展》，《统计与决策》2004 年第 4 期。

吴敬琏：《银行改革，中国金融改革的重中之重》，《中国经济快讯》2002 年第 30 期。

吴敬琏：《中国经济转型的困难与出路》，《改革》2008 年第 2 期。

吴军：《我国当前推行存款保险的利弊分析》，《商场现代化》2009 年第 4 期。

吴念鲁、郧会梅：《对我国金融稳定性的再认识》，《金融研究》2005 年第 2 期。

武康平、皮舜、鲁桂华：《中国房地产市场与金融市场共生性的一般均衡分析》，《数量经济技术经济研究》2004 年第 10 期。

夏斌：《反思房市调控路在何方》，《经济学动态》2010 年第 2 期。

肖本华：《我国的信贷扩张与房地产价格》，《山西财经大学学报》2008 年第 1 期。

谢经荣、朱勇等：《地产泡沫与金融危机》，经济管理出版社 2002 年版。

谢平、陈超：《论主权财富基金的理论逻辑》，《经济研究》2009 年第 2 期。

徐洪才：《全球金融危机对完善我国"最后贷款人"制度的启示》，《中国金融》2009 年第 12 期。

徐以升：《超过 1 万亿的代价——中国央行对冲外汇占款机制及成本评估与展望》，《国际经济评论》2011 年第 4 期。

许光建、魏义方、戴李元、赵宇：《中国城市住房价格变动影响因素分析》，《经济理论与经济管理》2010 年第 8 期。

薛星、张世峰、侍方平、郝彬：《房地产市场预警系统实证研究》，《金融纵横》2010 年第 4 期。

阎维杰：《金融机构市场退出研究》，中国金融出版社 2006 年版。

颜海波：《存款保险制度与中央银行最后贷款人》，《中国金融》2005 年第 11 期。

颜海波：《中国建立存款保险制度所面临的困境与选择》，《金融研究》2004 年第 11 期。

杨帆、李宏谨、李勇：《泡沫经济理论与中国房地产市场》，《管理世界》2005 年第 6 期。

杨洪波：《存款保险制度与银行公司治理》，《金融研究》2008 年第 7 期。

杨慎：《邓小平关于建筑业和住宅问题的谈话》，《发展》2010 年第 5 期。

杨伟、谢海玉：《资产价格与货币政策困境："善意忽视"能解决问题么?》，《国际金融研究》2009 年第 11 期。

于宁：《细解中央银行再贷款》，《财经》2005 年第 15 期。

余永定：《美国次贷危机：背景、原因与发展》，《当代亚太》2008 年第 5 期。

袁剑：《大裂变来了?》，凤凰资讯，http：//www. ifeng. com/2008 - 08 - 01。

袁志刚、樊潇彦：《房地产市场理性泡沫分析》，《经济研究》2003 年第 3 期。

张岑遥：《城市房地产价格中的地方政府因素：成因、机制和效应》，《中央财经大学学报》2005 年第 10 期。

张成思：《货币政策传导机制研究新前沿——全球新型金融危机视角下的理论述评》，《国际经济评论》2010 年第 5 期。

张红军、王爱民、杨朝军：《基于微观视角的流动性危机模型及应用》，《管理评论》2008 年第 8 期。

张虹、陈凌白：《美国住房抵押贷款证券化风险防范机制述评及启示》，《经济社会体制比较》2011 年第 5 期。

张建森、吴智慧：《我国地方政府金融办职能研究》，《深圳金融》2011 年第 1 期。

张明、郑联盛：《华尔街的没落》，中国财政经济出版社 2009 年版。

张桥云、郎波：《美国住房金融市场：运行机制、监管改革及对中国的启示》，《经济社会体制比较》2011 年第 3 期。

张润林、邱宇、赵昱光：《金融稳定：基于金融结构的分析视角》，《生产力研究》2006 年第 8 期。

张涛、龚六堂、卜永祥：《资产回报、住房按揭贷款与房地产均衡价格》，《金融研究》2006 年第 2 期。

张涛、王学斌、陈磊：《公共设施评价中的异质性信念与房产价格——中国房产泡沫生成的可能解释》，《经济学（季刊）》2007 年第 1 期。

张伟：《存款保险、信息不对称与预警机制》，《世界经济》2005 年第 11 期。

张一舟：《金融办难成地方金管会 融资功能宜剥离》，《21 世纪经济报道》2010 年 11 月 3 日。

张永波：《地方政府干预金融发展问题分析》，《中国证券期货》2010 年第 6 期。

张玉梅、潘素昆：《实行显性存款保险制度的必要性和可行性分析》，《海南金融》2006 年第 5 期。

张振勇：《论我国房地产市场预警系统的建立》，《工业技术经济》2011 年第 8 期。

张正平、何广文：《我国银行业市场约束力的实证研究（1994—2003）》，《金融研究》2005 年第 10 期。

赵黎明、贾永飞、钱伟荣：《房地产预警系统研究》，《天津大学学报（社会科学版）》1999 年第 12 期。

赵振全、于震、刘淼：《金融加速器效应在中国存在吗?》，《经济研究》2007 年第 6 期。

郑联盛、何德旭：《宏观审慎管理与中国金融安全》，社会科学文献出版社 2012 年版。

中国人民银行金融稳定分析小组：《中国金融稳定报告 2005》，中国金融出版社 2005 年版。

中国人民银行金融稳定分析小组：《中国金融稳定报告 2009》，中国金融出版社 2009 年版。

仲彬：《金融稳定监测的理论、指标和方法》，《上海金融》2004 年第 9 期

周京奎：《房地产价格波动与投机行为——对中国 14 城市的实证研

究》，《当代经济科学》2005 年第 4 期。

周京奎：《房地产泡沫生成与演化——基于金融支持过度假说的一种解释》，《财贸经济》2006 年第 5 期。

周京奎：《公积金约束、家庭类型与住宅特征需求》，《金融研究》2011 年第 7 期。

周京奎：《金融支持过度与房地产泡沫——理论与实证研究》，北京大学出版社 2005 年版。

周京奎：《信念、反馈效应与博弈均衡：房地产投机泡沫形成的一个博弈论解释》，《世界经济》2005 年第 5 期。

周厉：《西方最后贷款人理论的发展与评价》，《经济评论》2006 年第 3 期。

周立：《改革期间中国国家财政能力和金融能力的变化》，《财贸经济》2003 年第 4 期。

周小川：《关于改变宏观与微观顺周期性的进一步讨论》，2009，www.pbc.gov.cn。

周小川：《金融稳定，防范道德风险》，《金融研究》2004 年第 4 期。

周小川：《金融政策对金融危机的响应——宏观审慎政策框架的形成背景、内在逻辑和主要内容》，《金融研究》2011 年第 1 期。

朱波、范方志：《金融危机理论与模型综述》，《世界经济研究》2005 年第 6 期。

索　引

图书在版编目（CIP）数据

中国金融稳定：内在逻辑与基本框架/何德旭等著. —北京：社会科学
文献出版社，2013.3
（国家哲学社会科学成果文库）
ISBN 978 - 7 - 5097 - 4225 - 9

Ⅰ.①中…　Ⅱ.①何…　Ⅲ.①金融 - 研究 - 中国　Ⅳ.①F832

中国版本图书馆 CIP 数据核字（2013）第 014762 号

·国家哲学社会科学成果文库·

中国金融稳定：内在逻辑与基本框架

著　　者／何德旭 等

出 版 人／谢寿光
出 版 者／社会科学文献出版社
地　　址／北京市西城区北三环中路甲 29 号院 3 号楼华龙大厦
邮政编码／100029

责任部门／经济与管理出版中心（010）59367226　　　责任编辑／史晓琳
电子信箱／caijingbu@ ssap. cn　　　　　　　　　　　责任校对／刘宏桥
项目统筹／史晓琳　　　　　　　　　　　　　　　　　责任印制／岳　阳
封面设计／肖　辉　马　宁
经　　销／社会科学文献出版社市场营销中心（010）59367081　59367089
读者服务／读者服务中心（010）59367028

印　　装／北京盛通印刷股份有限公司
开　　本／787mm×1092mm　1/16　　　　　　　　　印　　张／27
版　　次／2013 年 3 月第 1 版　　　　　　　　　　　彩插印张／0.375
印　　次／2013 年 3 月第 1 次印刷　　　　　　　　　字　　数／458 千字
书　　号／ISBN 978 - 7 - 5097 - 4225 - 9
定　　价／128.00 元